国家社会科学基金西部项目
"宋元明清六经图文献整理与研究"(19XZW018)阶段性成果。

杨甲《六经图》整理与研究

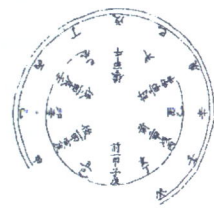

乔辉 著

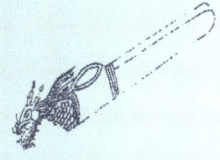

社会科学文献出版社
SOCIAL SCIENCES ACADEMIC PRESS (CHINA)

目　录

绪　论 …………………………………………………………………… 001

第一章　杨甲生平及《六经图》版本、撰述体例 ………………… 011
　　第一节　杨甲生平及《六经图》版本说略 ………………………… 011
　　第二节　《六经图》撰述体例 ……………………………………… 020

第二章　"周易图""尚书图""诗经图"内容考证 ………………… 027
　　第一节　《大易象数钩深图》内容考 ……………………………… 027
　　第二节　《尚书轨范撮要图》内容考 ……………………………… 058
　　第三节　《毛诗正变指南图》内容考 ……………………………… 130

第三章　"周礼图""礼记图""春秋图"内容考证 ………………… 181
　　第一节　《周礼文物大全图》内容考 ……………………………… 181
　　第二节　《礼记制度示掌图》内容考 ……………………………… 201
　　第三节　《春秋笔削发微图》内容考 ……………………………… 250

第四章　杨甲《六经图》版本比勘 ………………………………… 288
　　第一节　杨甲《六经图》"四库本"与"吴本"比勘 …………… 288
　　第二节　杨甲《六经图》"尚书图"与明清六经图"尚书图"
　　　　　　比勘 ……………………………………………………… 306

第三节　杨甲《六经图》"诗经图"与明清六经图"诗经图"
　　　　比勘 …………………………………………………… 317
第四节　杨甲《六经图》"礼图"与明清六经图"礼图"
　　　　比勘 …………………………………………………… 328

第五章　杨甲《六经图》的价值 …………………………… 341

结　论 ………………………………………………………… 349

参考文献 ……………………………………………………… 351

绪　论

"六经"之名，始于《庄子·天运》，包括《诗》《书》《礼》《乐》《易》《春秋》，经秦火后，《乐》不传，《礼》存《周礼》《仪礼》，后人亦称《诗》《书》《周礼》《仪礼》《易》《春秋》为"六经"。经解之名始于戴圣，历考"六经"并无以"经"字作书名解者。六经乃儒家之要籍，经学之源头，其中《诗》以道志，《书》以道事，《礼》以道行，《乐》以道和，《易》以道阴阳，《春秋》以道名分，六经之旨亦如《春秋繁露》卷一《玉杯》言："《诗》《书》序其志，《礼》《乐》纯其美，《易》《春秋》明其知。六学皆大，而各有所长。《诗》道志，故长于质；《礼》制节，故长于文；《乐》咏德，故长于风；《书》著功，故长于事；《易》本天地，故长于数；《春秋》正是非，故长于治人。"[①] 六经内容包罗万象，所涉象数、名物、制度、礼义、仪节、地理沿革等，历代学者皆有著述，先秦以迄明清，相关六经文献有万余种，至清代，六经之学已臻极盛。研治六经之法亦有数端，以图解经乃其一端。因时代悬隔，制度难解，器物难明，汉魏以来，以图释经遂为解读六经之法，与文字之注释相辅相成，可谓凡书所不能言者，非图无以彰其形，图所不能画者，亦非书无以尽其意，尤以烦碎之仪文，如再得图以实之，使读者按图以求其说，似更简易省力。是书之与图，譬诸经纬，不可偏废也。故古人言经图是治六艺之津梁，穷经之指南。

古人以图书并称，古人著述，有"左图右书"之制，夫六经自汉唐以

[①] 董仲舒：《春秋繁露》，上海古籍出版社，1989，第13页。

来多有谱图，六经之图多见载于史籍，如《后汉书·王景传》载有《禹贡图》，《七录》卷三载有《毛诗图》，《隋书·经籍志》言郑玄、阮谌撰《三礼图》九卷，唐裴孝源《贞观公私画史》载有无名氏《禹贡图》二卷等等。考六经之有图，肇端于汉代，马王堆汉墓出土有汉初《丧服图》，清朱彝尊《经义考》辑录东汉以来，谱图之著述，凡有九十八种之多。后经图发展于魏晋隋唐，至宋代大兴。宋代为经学变古时代，受"疑经辨伪"之风影响，"六经"之图作多而精，其类以"总图"和"别图"而分，既有垂范后世之作（即"范本"），如聂崇义《三礼图集注》、杨甲《六经图》等，亦有典范之别图影响后世，《诗》图之作如马和之《诗经图》，《书》图之作如程大昌《禹贡山川地理图》，《礼》图之作如杨复《仪礼图》，《易》图之作如刘牧《易数钩隐图》，《春秋》图之作如税安礼《春秋列国图说》等。其中，杨甲在历史上首次以图释全部六经，汇辑而成《六经图》（简称"杨图"），是书成为后世学者编撰六经图之范本，于经图史而言，杨甲有筚路蓝缕之功。有关杨图之撰作，《四库全书总目》言杨图编于绍兴年间（1131～1162），未刻板，只勒石于昌州郡学。乾道元年（1165），吴羽飞、毛邦翰等人编辑增补杨图并刻板流传于世，后又经叶仲堪重补刊。其后元明清三代学者皆本其图而新撰《五经图》《六经图》《七经图》《九经图》等十余种，另日本学者松本愚山《五经图汇》〔早稻田大学藏天明五年（1785）和刻本〕亦以杨图为祖本，其影响力可见一斑。

一

宋郑樵《通志·图谱略·索象篇》云："图，经也。书，纬也。……古之学者为学有要，置图于左，置书于右，索象于图，索理于书，故人亦易为学，学亦易为功，举而措之，如执左符。"[①] 明王应电《周礼图说》曰："古称左图右书，凡书所不能言者，非图无以彰其形，图所不能画者，亦非书无以尽其意，此古人所以不偏废也。"[②] 清顾栋高《春秋大事表·春秋舆图》言："古称左图右史，惟春秋列国，尤不可不图。亦惟春秋列国

---

① 郑樵：《通志二十略》，王树民点校，中华书局，1995，第1825页。
② 王应电：《周礼图说》，上海古籍出版社，1989，第284页。

尤难图，以其强兼弱削，大小无定形，不可画定分封时疆界为某国；又犬牙相错，棼如乱丝，有以今之一县而四国错壤者。"① 盖图书并重，相资为用，自古而然。六经图具有"图像"之特质，观之则一目了然，用之则文意涣然冰释。据《四库全书》《续修四库全书》《丛书集成初编》《丛书集成续编》《丛书集成三编》《二十四史》《经义考》等记载，宋之前六经总图较少，别图较多，举例如下。

（1）《周易》图类：（晋）郭璞《易斗图》一卷（佚）、《易八卦命录斗内图》一卷（佚），（晋）袁宏《周易谱》一卷（佚），（晋）沈熊《周易略谱》一卷（佚），（梁）《周易新图》一卷（佚，撰者不详），（梁）薛景和《周易普玄图》八卷，（唐）成玄英《周易穷寂图》五卷（佚），（唐）释一行《大衍玄图》一卷（佚），（唐）吕子《吕子易说》（无卷数，存）。

（2）《尚书》图类：（汉）王恽《汉禹贡图》一卷（佚），（晋）裴秀《禹贡地域图》十八篇（佚），（晋）顾恺之《夏禹治水图》一卷（佚），（唐）无名氏《禹贡图》二卷（佚），（唐）文宗皇帝《尚书君臣事迹图》（佚），（唐）宋璟《无逸图》一卷（佚）。

（3）《诗经》图类：（汉）刘褒《北风图》一卷（佚），（汉）郑玄《诗谱》一卷（存），（吴）徐整《毛诗谱》三卷（佚），（梁）《毛诗图》三卷（佚），《毛诗孔子经图》十二卷（佚），《毛诗古圣贤图》二卷（佚），亡名氏《毛诗图》（《七录》作三卷，佚），《毛诗孔子经图》（《七录》作十二卷，佚），《毛诗古圣贤图》（《七录》作二卷，佚），（晋）卫协《北风图》一卷（佚）、《黍离图》一卷（佚），（刘宋）陆探微《毛诗新台图》一卷（佚），《韩诗图》（十四卷，见张彦远《名画记》，佚），（唐）杨嗣复等《毛诗草木虫鱼图》十二卷（佚）。

（4）《礼》图类：（汉）郑玄、阮谌《三礼图》九卷（佚），亡名氏《周官郊祀图》（《七录》作二卷，佚），《周官礼图》（《隋志》作十四卷，佚），《梁月令图》（《七录》作一卷，佚），梁正《三礼图》（卷数不详，佚），（唐）张镒《三礼图》（卷数不详，佚），（唐）王涯《月令图》一

---

① 顾栋高辑《春秋大事表》，吴树平、李解民点校，中华书局，1993，第2633页。

卷（佚）。

（5）《春秋》图类：（汉）严彭祖《春秋左氏图》十卷（佚）、《古今春秋盟会地图》一卷（佚），（蜀）冯继先《春秋名号归一图》二卷（存），（晋）杜预《春秋世谱》（《通志》作《小公子谱》，《宋志》作七卷，《通志》作六卷，佚），（南朝·宋）谢庄《春秋图》（佚），梁简文帝《春秋左氏图》十卷（佚），（唐）张杰《春秋图》五卷（佚）。

有宋一代，图学大兴，经图之作可谓汗牛充栋。无论经图之数量还是影响力皆远胜以往。笔者钩稽史料，爬梳文献，汇辑整理，就目力所及，将宋代经图之作举例如下。

总图：杨甲《六经图》十卷（文渊阁《四库全书》、文澜阁《四库全书》作十卷，《宋史》《经义考》作六卷，存），毛邦翰《增补六经图》六卷（存），叶仲堪《六经图》七卷（未见），俞言《六经图说》十二卷（佚），李焘《五经传授图》一卷（佚），亡名氏《授经图》三卷（佚），亡名氏《六经图》（佚），朱熹《新定六经图》十六卷（佚）。

别图：（1）《周易》图类：刘牧《易数钩隐图》三卷（存）、《易数钩隐图遗论九事》一卷（存），朱震《周易卦图》三卷（存，《宋志》作《卦图》三卷），吴仁杰《周易图说》二卷（存），董楷《周易图说》一卷（佚），程大昌《易原》八卷（存），朱熹《周易本义》（图一卷，存）、《易学启蒙》（《宋史》作三卷，《直斋书录解题》作一卷，存），张行成《易通变》四十卷（存），王湜《易学》一卷（存），林至《易裨传》二卷（存）、《易裨传外篇》一卷（存），赵汝楳《易雅》一卷（存），税与权《易学启蒙小传》一卷（存），胡方平《易学启蒙通释》二卷（存），丁易东《大衍索隐》三卷（存），朱元升《三易备遗》十卷（存），俞琰《读易举要》四卷（存），陈抟《易龙图》一卷（未见），李溉《卦气图》一篇（存），郑东卿《易卦疑难图》二十五卷（未见），高志宁《周易化源图》卷数不详（佚），黄黎献《续钩隐图》一卷（佚），李之才《变卦反对图》八篇（阙）、《六十四卦相生图》一篇（存），范谔昌《大易源流图》一卷（佚），陈希亮《家人噬嗑二卦图》二篇（佚），掌禹锡《周易流演遁甲图》一卷（佚），石汝砺《乾生归一图》（《宋志》作十卷，《通考》作二卷，存），叶昌龄《周易图义》二卷（未见，《宋志》作《图义》

二卷），李平《西河图传》一卷（未见，《宋志》作李平西《河图传》一卷），彭汝砺《伏羲俯仰画卦图》一卷（佚），黄庶先《易图》一卷（佚），赵克颐《周易开奥图》卷数不详（佚），陈高《八卦数图》二卷（佚），康平《河图解》二卷（佚）、《周易卦图》三卷（存），陈知柔《易图》一卷（佚），彭与《神授易图》四册（佚）、《易义文图》二轴（佚），黄开《周易图说》一集（佚），孙份《周易先天流衍图》十二卷（佚），乐洪《周易卦气图》一卷（佚），王宗道《易说指图》十卷（佚），司马子已《先后天图》卷数不详（佚），柳中锡《三易图说》十卷（佚），吕中《易图》一卷（佚），齐梦龙《周易附说卦变图》卷数不详（佚），程新恩《易图》卷数不详（佚），张杲《周易罔象成名图》一卷（佚，《宋志》作张果），郑仪孙《易图说》卷数不详（佚），余琰《易图纂要》二卷（存）、《六十四卦图》卷数不详（佚），刘整《易纂图》一卷（佚），谢仲直《易三图》十卷（佚），顾蒙《大衍图》三卷（佚），吴适《大衍图》一卷（佚），史弥《大衍极图说》卷数不详（佚），周敦颐《太极图说》一卷（存），饶鲁《太极三图》一卷（未见），戴亨《太极图说》一卷（佚），余童《太极图说》八卷（佚），王万《太极图说》一卷（佚），朱中《太极图说》一卷（佚），孙义《太极图说》一卷（佚），程若庸《太极图说》一卷（佚），徐霖《太极图说》一卷（佚），王幼孙《太极图说》一卷（佚），程存《太极图说》一卷（佚），吕洙《太极图说》一卷（佚），朱本《太极图解》（佚），戴琥《太极图说》一卷（未见），叶应《太极图说》一卷（佚），左辅《太极后图说》一篇（存）。

（2）《尚书》图类：郑东卿《尚书图》一卷（存），程大昌《书谱》二十卷（佚）、《禹贡论图》五卷（未见，《万卷堂目》作二卷），亡名氏《尚书治要图》（《宋志》作五卷，《通志》作一卷，佚），陈知柔《尚书古学井图》二卷（佚），范雍《尚书四代图》一卷（佚），宋真宗皇帝《尚书图诗》一卷（佚），李焘《尚书百篇图》一卷（佚），黄千能《禹贡图说》卷数不详（佚），孟先《禹贡治水图》一卷（佚），王柏《禹贡图》一卷（未见），张性善《禹贡沿革图》卷数不详（佚），李郡《旅獒图》一卷（未见），颜直之《金滕图》一卷（佚），王洙、蔡襄《无逸图》一卷（佚），宋仁宗皇帝《洛书五事图》一卷（佚），卢硕《洪范图章》一篇（存），吴仁杰《尚书洪范辨图》一卷（未见），楼钥《金滕图说》一篇（存）。

（3）《诗经》图类：马和之《毛诗图》（卷数不详，阙），《纂图互注毛诗》二十卷（存），李公麟《缁衣图》一卷（佚），亡名氏《小戎图》二卷（佚），赵孟頫《豳风图》一卷（佚），唐无名氏《吉日图》一卷（佚），俞琰《弦歌毛诗谱》一卷（佚），无名氏《诗纂图》四帙、《诗图说》卷数不详（存）。

（4）《礼》图类：聂崇义《三礼图集注》二十卷（存），陈祥道《礼书》一百五十卷（存）、《周礼纂图》（佚），林希逸《鬳斋考工记解》二卷（存），余希文《井田王制图》一卷（存），唐仲友《帝王经世图谱》十六卷（存），王洙《周礼礼器图》卷数不详（佚），龚原《周礼图》十卷（未见），夏休《周礼井田谱》二十卷（佚），魏了翁《周礼井田图说》（佚），项安世《周礼丘乘图说》一卷（未见），郑景炎《周礼开方图说》一卷（未见），李觏《明堂定制图》一卷（图佚），姚舜仁《明堂定制图序》一卷（佚），朱熹《明堂图说》一卷（存），方承赟《投壶图》一卷（佚），阮逸《王制井田图》一卷（佚），刘先之《月令图》一卷（佚），舒岳祥《深衣图说》一卷（佚），姚称《摄生月令图》一卷（佚）。

（5）《春秋》图类：崔表《春秋世本图》一卷（佚），杨蕴《春秋公子谱》一卷（佚）、《春秋年表》一卷（存），张暄《春秋龟鉴图》一卷（佚），亡名氏《演左氏传谥族图》五卷（佚）、《春秋宗族名谥谱》五卷（佚）、《春秋指掌图》二卷（佚）、《春秋十二国年历》一卷（《通考》作《二十国年表》，佚），王晢《春秋明例隐栝图》一卷（佚），郑寿《春秋世次图》四卷（佚），沈滋仁《春秋兴亡图鉴》一卷（佚），杨湜《春秋地谱》十二卷（佚），罗茮恭《春秋盟会图》卷数不详（佚），税安礼《春秋列国图说》一卷（存），郑樵《春秋地名谱》十卷（未见），徐梅龟《春秋指掌图》（佚），洪勋《春秋图鉴》五卷（佚），刘英《春秋列国图》一卷（佚），亡名氏《春秋氏族名谥谱》五卷（佚）。

二

杨图，《宋史》等文献有载，是书乃六经图之范本，垂范后世，影响力极大。然是书，国内外学者鲜有研究，相关成果不多，就目力所及，笔者整理相关研究成果略述如次。

（1）汪前进《石刻〈六经图〉综考》①，文章据江西上饶石刻《六经图》中的六幅地图进行考证，同时参以其他《六经图》版本进行比勘。

（2）吴长庚、冯会明《〈六经图〉碑本书本之流传与演变》②，文章结合新发现碑本拓片，考查了杨甲《六经图》之碑本、书本的流变及文字异同。

（3）吴长庚《六经图碑述考》③，吴氏以其祖父留下的《六经图》版本和四库本《六经图》比勘，从版本学角度介绍杨甲的《六经图》版本流传、差异及其价值。

（4）王敏、徐自强《石刻〈六经图〉记》④，该文对《六经图》刻石拓片进行整理，说明了石本经图的文献价值，指出杨甲《六经图》之祖本所在。

（5）汪潞《历代图说〈诗经〉文献概况》⑤，文章概说了历代《诗经》图作的内容、价值等。

（6）成一农《"十五国风"系列地图研究》⑥，文章对杨甲《六经图》、吴继仕《七经图》、章达和卢谦《五经图》、卢云英《五经图》、王皜《六经图》、杨魁植《九经图》中所涉"十五国风"为主题的地图进行综合考辨，归纳总结出古代地图的特点等。

（7）吴长庚《〈六经图〉碑本研究》⑦，以上饶博物馆藏《六经图》碑本为文本，以杨甲《六经图》等为例，综合考证了其版本源流、内容、价值等。

当代学者对杨图的研究主要集中在版本、校勘、部分图作的考释等方面，大多数论文、著作仅是从某一角度对某一类图进行考证或述说。将杨

---

① 汪前进：《石刻〈六经图〉综考》，《自然科学史研究》1993年第1期。
② 吴长庚、冯会明：《〈六经图〉碑本书本之流传与演变》，《江西社会科学》2003年第2期。
③ 吴长庚：《六经图碑述考》，《孔子研究》2003年第2期。
④ 王敏、徐自强：《石刻〈六经图〉记》，《国家图书馆学刊》1980年第3期。
⑤ 汪潞：《历代图说〈诗经〉文献概况》，《儒藏论坛》2012年。
⑥ 成一农：《"十五国风"系列地图研究》，《安徽史学》2017年第5期。
⑦ 吴长庚：《〈六经图〉碑本研究》，江西人民出版社，2017年。

图作为一个整体去研究，迄今尚无学者完成。学界对杨图的研究尚未深入全面展开，仅是就杨图的某一图进行考说，缺乏系统整理与考证。总之，目前学界对杨图的研究还不够系统、全面，在诸多方面留下若干空白，有不少问题亟待解决。如杨图中具体每一经图的编撰体例、内容比勘、内容真伪考证、影响和文献价值，以及杨图与其他经图间的关系等方面尚需研究。因此我们的研究目标即为全面而系统整理杨图，通过分析杨图撰作体例，考释相关经图内容的真伪，比勘不同版本间的差异，来描述杨图的经图特性。

三

章学诚《文史通义·礼教》言："近人致功于'三礼'，约有五端：溯源流也，明类例也，综名数也，考同异也，搜遗逸也。"[①] 此治"礼"之法亦适用于其他五经。基于此，我们欲以图为线索，从共时和历时相结合的角度系统地对杨甲《六经图》进行研究。

其一，版本。杨甲《六经图》文献见于《直斋书录解题》《玉海》《宋史》等，然史籍对杨图的版本情况记载不多，我们欲结合相关史料、杨图内容，考索其版本源流。

其二，体例。杨甲《六经图》的撰作，必然有一定的体例。杨图撰作体例不明，文献亦不言。笔者以为其图作当依经注和前人图作而撰，杨图体例与前人图作撰作体例必有不同，这种体例的差异亦能说明经图文献的发展情况，有助于探讨经图发展史。

其三，内容注释、真伪考辨。杨甲《六经图》有图无文之处需要注释、说明，据经文释图之由来；杨图内容之真伪迄无考论，有待进一步考证。如"周易图"之《河图》《洛书》九十之辨；"尚书图"之冕之旒前后皆有还是有前无后、牺尊是画牛于尊还是尊乃牛形；"诗经图"之"十五国风地理图"多有异说；"春秋图"之春秋族谱、爵姓等亦有不明之处；对于"周礼图""礼记图"之柷、敔、匜、禁等形制，学者持不同看法。因此，结合出土实物和相关文献对这类问题的真伪考释工作不可或缺。

[①] 章学诚：《章氏遗书》（第一册），文物出版社，1982，第37页。

其四，比勘补正。从共时角度比勘杨甲《六经图》各版本的内容，找出异同，根据异文，结合文献，辨伪存真，复原杨图之本真。从历时角度比勘杨甲《六经图》与元明清时期主要"六经图"文献的内容，通过内容比勘，可明源流、辨真伪，建立相对完整的资料体系，为今后研究"六经图"发展史奠定良好的基础。

四

本书采用传统考据方法，结合相关语料，辅以出土文献及出土实物进行比勘。具体来说，依据史志目录等查找宋之前经图文献、杨图文献及研究资料等，制作简易数据库，对杨图之每一经图概况分别进行考说。

同时采用历史比较的方法，结合不同时期的主要《六经图》文献进行比勘研究。如杨甲《六经图》与陈仁锡《六经图》、王皓《六经图》、郑之侨《六经图》等的比勘。本书以杨甲《六经图》的经图内容考索和诸版本间的比勘为研究重点，分别对杨图之体例、内容、价值等进行考索；同时兼顾其他时期的重要六经图文献进行考证，做到详略得当、重点突出。

本书以图说六经，欲勾勒出杨甲《六经图》的经图特性，考辨出杨图中某些图的真伪问题，考释杨图中某些名物的由来。本书研究意义涉及多个方面：就"经学"而言，它可以为研究"六经"提供新的线索、途径，有助于解决经学中存在的某些名物训诂的问题；就"史学"而言，它将有益于对经图史的进一步研究；就"考古金石学"而言，它可提供有关出土实物的样图依据，且杨图内容与出土实物可相互补充验证，以辨明真伪；就"建筑学"而言，杨图所涉宫室图可提供当代仿古建筑构建的样本。

就学术价值和社会效益而言，本书可作为经学研究、文献学研究的重要参考；研究内容涉及八卦象数、天文地理、山川河流、宫室建筑、礼器礼制等方面。其应用价值亦辐射众多领域：如"尚书图"之"中星图""禹贡图"对于今之天文学、山川河流沿革研究等均有文献参考价值，"周礼图"之"朝位寝庙社稷图""明堂图""宫寝图""冕服图"对于今天的古代制度、古代建筑、古代服饰研究皆有重要样图价值，"春秋图"之"世次谱""爵姓谱"对于今之族谱、家谱等的编撰和研究有着重要的文献参考价值，研究成果将会被文史类研究所、博物馆、高校图书馆、考古部门、文化部门、建筑设计院、服饰研究领域等参考使用。在习近平总书记提出要大力弘扬中国传统文化的今天，作为"六经"文献整理的成果，它有利于传统文化的传承和弘扬，进一步促进当代国学教育建设和文化建设。

  本书通过比勘"六经图"文献版本，纠正讹误，从而恢复文本的真实性；从理论上讲，现代辞书如《十三经辞典》《三礼辞典》等在名物举例和图录举例方面力求解释精准完备和图录准确，而实际上由于各种原因很难完全达到这个要求，"六经图"文献在这些方面能起到补苴作用。

第一章
杨甲生平及《六经图》版本、撰述体例

第一节 杨甲生平及《六经图》版本说略

一 杨甲生平

宋人杨甲,史书无传,其名以著述得传于世。《宋史》卷二〇二《艺文志一》载杨甲《六经图》六卷,《棣华馆小集》载有杨甲文两篇、诗二十首。其中《六经图》于南宋时期历经毛邦翰、叶仲堪、陈森等人增补编刻,并被抚州、建州等地用为州学教材,南宋主要官私目录多有著录,一时流行颇广。元明清之六经图文献撰作亦以杨甲《六经图》为范本,在其基础上增删补缀,或承杨图,或撰新图,另立新说。至清代,朱彝尊《经义考》有载,官修《四库全书》亦收入,其作一时流行颇广。

杨甲生平,诸多文献有说。陈振孙《直斋书录解题》卷三:"《六经图》七卷:东嘉叶仲堪思文重编。案《馆阁书目》有六卷,昌州布衣杨甲鼎卿所撰。"[1]《两宋名贤小集》卷三七四《棣华馆小集》:"杨甲,字鼎卿,重庆昌州人,大观时游京师,颇有声望。尝仕于蜀,旋以事去官,寓居灵泉山中,有《棣华馆小集》一卷。"《玉海》卷四二:"《绍兴六经图》:《书目》六卷,绍兴中布衣杨甲撰。"[2]《舆地纪胜》卷一六一《潼川

---

[1] 陈振孙:《直斋书录解题》,上海古籍出版社,1987,第82~83页。
[2] 王应麟:《玉海》,广陵书社,2016,第836页。

府路·昌州》"碑记":"《六经图碑》,在郡学,郡人杨甲鼎卿所著也。"①《文献通考》卷一八五《经籍十二》:"《六经图》七卷:陈氏曰:'东嘉叶仲堪思文重编。按《馆阁书目》有六卷,昌州布衣杨甲鼎卿所撰。'"②《宋会要辑稿》"选举二"之二〇言:"乾道二年三月……第五人杨甲以下并左文林郎、两使职官。"③《四库全书总目·经部·五经总义类存目》《六经图》提要云:"宋杨甲撰,毛邦翰补。甲字鼎卿,昌州人(今重庆永川区)。乾道二年进士,《成都文类》载其数诗,而不详其仕履。其书成于绍兴中。"④ 文溯阁《四库全书提要》⑤、文津阁《四库全书提要汇编》⑥所言杨甲生平与《四库全书总目》同。《四库全书总目提要补正》卷八《五经总义类》:"《六经图》六卷……陆氏《仪顾堂题跋》云:'甲字嗣清,四川遂宁人。乾道二年对策,言恢复之志不坚者二事,上览对不悦,置第五,赐文林郎,清议推之,有声西州。……隐居灵泉山,著有《棣华小稿》。"⑦ 乾隆《遂宁县志》卷三《乡宦》云:"杨甲,字嗣清,遂宁人,乾道二年进士,其弟杨辅,字嗣勋,遂宁人,与甲同科进士,《宋史》有传。"⑧

据上述可知,杨甲字(鼎卿或嗣清)、里籍(昌州或遂宁)有二说,似非一人。关于其生平之异说,后世学者亦参诸文献进行考索。傅增湘《宋代蜀文辑存·作者考》:"杨甲字鼎卿,一字嗣清,昌州人,乾道二年进士,任国子学录。有《六经图》。"⑨ 许肇鼎《宋代蜀人著作存佚录》"遂宁":"杨甲,字嗣清,又字鼎卿,杨辅兄,乾道二年进士。籍贯或作大足。《六经图》(毛邦翰补)六卷,存。"⑩《宋人传记资料索引》:"杨甲,字鼎卿,一字嗣清,昌州人,辅弟。乾道二年进士,为国子学录,有

---

① 王象之:《舆地纪胜》,中华书局,1992,第4375页。
② 马端临:《文献通考》,中华书局,1986,第1588页。
③ 徐松:《宋会要辑稿》(第五册),中华书局,1957,第4254~4255页。
④ 永瑢等:《四库全书总目》,中华书局,1965,第271页。
⑤ 金毓黻等:《四库全书提要》,中华书局,2014,第621页。
⑥ 《四库全书》出版工作委员会编《四库全书提要汇编》,商务印书馆,2006,第452页。
⑦ 胡玉缙撰,王欣夫辑《四库全书总目提要补正》,上海书店出版社,1998,第197页。
⑧ 张松孙修,寇质言、李培峘纂《遂宁县志》,清乾隆五十二年(1787)刻本。
⑨ 傅增湘编纂《宋代蜀文辑存》,台北新文丰出版公司,1974。
⑩ 许肇鼎:《宋代蜀人著作存佚录》,巴蜀书社,1986,第166页。

《六经图》六卷。"① （按：该书所言辅弟，辅乃杨辅。《宋史》卷三九七《杨辅传》言："杨辅字嗣勋，遂宁人。乾道二年进士甲科，召试馆职，除秘书省正字，迁校书郎。出知眉州，累迁户部郎中、总领四川财赋，升太府少卿、利西安抚使。"②）《宋史》未言杨辅乃杨甲之兄弟，不知许肇鼎、昌彼德等据何为说。《民国重修大足县志》卷五《杨甲传》："杨甲，字鼎卿，一字嗣清，邑人。宋县令何光震《饯郡守王梦应记》云'人品有杨贤良、王文汕之清，亭沼有香霏鉴湖之胜'，又云'有杨贤良《六经图》勒石'。《通志》以甲为遂宁人，非也。甲性刚直，经学湛深，为诸生时受知于蜀帅范公，极礼重之，成都修学宫及縻枣堰皆属甲为之记。大观间举贤良方正科，得人最盛，尹洙、富弼、张方平辈出焉，甲亦自矜重，不肯以礼下人。试于部，部使者以绣衣自骄，怒其不降意，诬劾以罪，赵卫公为白其繇于当国者，始寝。及后登乾道二年萧国梁榜进士，其对策言恢复之志不坚者有二：一谓妃嫔满前，圣论几于惑溺；一谓策士之始及兵者不过一言而已，是以谈兵革为讳为迂也。孝宗览对不悦，置之第五，赐文林郎。教授嘉陵而卒。著有《六经图》六卷、《棣华馆小集》一卷。《六经图》旧勒石于县学，今亡。"③ 此书所言有理有据，然亦有不足之处，对此，李更《杨甲生平及著作考辨》④ 一文对《民国重修大足县志》所言进行了考辨，指出其问题所在，兹不赘述。我们以为后世学者虽多方钩稽，各自立说，然立据不足，有待商榷。综合文献所言，宋史名杨甲者实非一人。

文渊阁《四库全书》本杨甲《六经图》六卷乃抚州教授毛邦翰增补编订本，此本前有乾道元年（1165）苗昌言序言，其序所言乃抚州知州陈森编刻《六经图》之事，然未提及杨甲撰书之事，由此可推，杨甲其人非宋代知名学者，有文献言及杨甲乃一布衣，此或可说明杨甲并非进士，文林郎一说或为宋代另一杨甲。又《直斋书录解题》言："福唐俞意掌教建安，同里儒刘游以杨鼎卿所编增益刊之，洪景卢（按，洪迈：1123~1202）作序。"俞意、刘游修订《六经图》并刊之，洪迈为此《六经图》作序，陈

---

① 昌彼德等编《宋人传记资料索引》（第四册），台北鼎文书局，1984，第3100页。
② 脱脱等：《宋史》，中华书局，1985，第12096页。
③ 陈习删：《民国重修大足县志》，中国学典馆北泉分馆印刷厂排印，1945。
④ 李更：《杨甲生平及著作考辨》，《北京大学古文献研究所集刊》（第1辑），燕山出版社，1999，第262~266页。

振孙乃南宋人，其书撰作与杨甲所出时代相近，其言增益《六经图》之事当为史实，故我们以为其言杨鼎卿即为杨甲，则杨甲字为鼎卿。

除《直斋书录解题》外，王象之《舆地纪胜》、王应麟《玉海》所言杨甲生平颇为简略，与陈说一致。我们以为南宋文献言及杨甲生平简略，则杨甲不为知名学士（史书无传），亦不为名儒大家，其布衣身份无疑。

至于文献言科第之说，李更据文献《宋会要辑稿》、清雍正《四川通志》、《金石苑》、《鹤山大全集》等考释出"其人释褐后尝为国子学录，并于乾道七年在四川主持考试。此时距《中兴馆阁书目》之编纂仅早数年，如其人即《六经图》之作者，《中兴馆阁书目》应不至毫无反映，故无疑为另一人"，其说可谓有理有据。

关于其生活时代，我们欲从其撰书时代和撰书内容两方面考索。据《四库全书总目·经部·五经总义类存目》《六经图》提要，杨甲《六经图》六卷撰于绍兴年间（1131~1162），成书于乾道年间（1165~1173）。由"绍兴""乾道"两年号可知，杨甲当生于北宋末，活动于两宋之际。杨甲图后经毛邦翰增补，始收图三百零九幅，其后永嘉叶仲堪（字思文）又重编此书，厘为七卷，增图至四百三十五幅，其图包括《大易象数钩深图》《尚书轨范撮要图》《毛诗正变指南图》《周礼文物大全图》《礼记制度示掌图》《春秋笔削发微图》，杨图未撰《仪礼》图，原因当与"三礼"（《周礼》《礼记》《仪礼》）地位有关。《仪礼》内容烦琐，仪节繁复，随着时代的变迁，其实用性大为弱化，这也直接导致《仪礼》在"三礼"中地位处于最后，由最初的立于学官而逐渐为统治者所弃用。[①] 直至南宋朱熹撰作《仪礼经传通解》，《仪礼》逐渐成为士大夫们的必读书目，后朱熹弟子黄榦、杨复承其《仪礼》学之余绪，《仪礼》之经学地位逐渐提升，后杨复于1228年完成《仪礼图》[②]，至此包括《仪礼图》在内的六经之图才最终全部完成。由此可见，杨甲《六经图》不包括《仪礼图》当与其所处的时代有关，据这一史实来看，杨甲之学术活动当在两宋之交。由于其布衣身份，杨甲未能在两宋学界占据一席之地，无论毛邦翰、叶仲堪还是

[①] 有关"三礼"地位的升降情况，参见王培峰《汉唐时期"五经"学系统的内部调整与发展》（《新华文摘》2018年第21期）。

[②] 参见乔辉《杨复〈仪礼图〉考索》，《古籍整理研究学刊》2019年第2期。

其后学者对其生平及具体撰书情况提之甚少，然其作却流行于后世，其名亦以此图显之。

又杨甲《六经图》卷一《大易象数钩深图》"易有太极图"言"右《太极图》，周敦实茂叔传二程先生"，卷二《尚书轨范撮要图》"老泉先生洪范之图"、"尧典四仲中星图"之"尧典历数"言"康节先生《皇极经世》亦然……今至帝尧演纪之端推而至于宋庆历甲申……积年数……开元至宋庆历四年……自演纪至于宋尧德日子"，卷三《毛诗正变指南图》"齐国风挈壸氏图"言"今因旧图，取唐之吕才，今之燕肃所制，列之于图"，卷一〇末有"古今易学传授图"，至司马光（1019～1086）子思纯、黄黎献（刘牧之徒）为止。杨氏提及"周敦实"（1017～1073，后改名周敦颐）、"二程先生"（程颐，1033～1107；程颢，1032～1085）、"老泉先生"（苏洵，1009～1066）、"康节先生"（邵雍，1011～1077）、"今之燕肃"（961～1040）、司马光子、黄黎献等人或为北宋初人，或为北宋中期人，生活时代最晚至北宋末期；杨图还提及"宋庆历四年"（1044）等，结合杨图撰作和完成时间，可推知，杨甲所处时代当在北宋末期至南宋中期。

综上，我们以为《六经图》作者杨甲，北宋末期人，字鼎卿，大足人，未仕，布衣，学术影响力不大，其名世乃以《六经图》，另有诗文传世；《宋会要辑稿》等文献载担任官职之杨甲乃另一杨甲，与此撰《六经图》之杨甲实非一人；又文献言其兄杨辅，亦失之。

由其生平，清代曹廷栋《宋百家诗存》称甲为"昌州（今大足县）人"为是，清人厉鹗《宋诗纪事》称甲为"射洪人"失当。《四库大辞典》（吉林大学出版社，1996年版）："《六经图》六卷，宋·杨甲撰，宋·毛邦翰补。杨甲……遂宁（今属四川）人，乾道二年进士，有诗文传世。"《四库大辞典》所说失当。

二　杨甲《六经图》版本

杨甲《六经图》，最早著录于《中兴馆阁书目》（今佚），后《直斋书录解题》有载。陈振孙《直斋书录解题》卷三："《六经图》七卷：'东嘉叶仲堪思文重编。案《馆阁书目》有六卷，昌州布衣杨甲鼎卿所撰，抚州教授毛邦翰复增补之。《易》七十，今百三十；《书》五十五，今六十三；《诗》四十七，今同；《周礼》六十五，今六十一；《礼记》四十三，今六十二；《春秋》二十九，今七十二。然则仲堪盖又以旧本增损改定者耶？福唐俞意掌教建安，同里儒刘游以杨鼎卿所编增益刊之，洪景卢（洪迈）作序。'"① 据陈说，杨甲《六经图》，《中兴馆阁书目》载有六卷，杨图后为东嘉叶仲堪重新编订，陈氏言七卷本乃叶仲堪增损杨图之本，陈氏又言建安书院俞意和里儒刘游增益杨图并刊刻，洪迈为此本作序，此本即南宋建阳刘游刻本（坊本），亦称"建阳刻本"，是最早见于著录的刻本。今国家图书馆存有绍熙间刻本《尚书图》一卷，原书一卷，白麻纸精印，有图七十七幅。版式为上图下文，图上有题。《中国版刻图录》曾收其中"有虞氏韶乐器之图"一幅。见于著录的宋建本中，建安钱塘王朋甫刻印的《尚书》十三卷，首有图十九幅。另有明代的翻刻本。

《藏园群书经眼录》卷二《经部二》："《六经图残本》，宋刊巾箱本，高四寸一分，宽二寸七分。存《毛诗图说》计一至三十七图，都三十九叶，《春秋图说》存六十七至百十四，计五十七图，都五十六叶，行格不一，十行十七字、十三行二十五字、十五行二十二字不等，四周单栏。宋讳贞、桓缺末笔。原跋录后：'书籍最重宋本，而初印袖珍尤足宝贵。予鄙人也，未尝学问，乌知此中奥义！缘辛未丙子六载之间，两荷翠华南幸，当事不察，谬与陈设书史之任，何识何知，悚惶孔亟，辞不获已。爰是勉力讲求，多方咨询，然终是门外汉也。计得宋本先后不下三十余种，幸邀天鉴，赏收十余种，余悉因公用支取无存。承办屡年，未得留存片纸，此中未免有情，复于书肆敝篓中捡得零落宋本百余叶，虽属断简残篇，实是袖珍善本，付工装成，聊以自娱，倘必完美是求，其不为大力攫取者几希，噫！凡事类然，宁独此哉！乾隆丙子岁夏四月古歙浯村水南乡杏城鄙人朱嘉勤记。'（韩左泉送阅。丁卯）"②

傅增湘藏宋刊巾箱本《六经图》，虽为残本，然如跋所言，是本具有极高文献价值。有关此本，台湾"中研院"图书馆藏有宋末建刊巾箱本杨甲《六经图》（不分卷，四册）。美国国会图书馆藏杨甲《六经图》残二

---

① 陈振孙：《直斋书录解题》，上海古籍出版社，1987，第 82~83 页。
② 傅增湘：《藏园群书经眼录》，中华书局，1983，第 111~112 页。

种（缩影资料），美国国会图书馆摄制，北平图书馆善本书胶片：十行，原分四册，十一厘米，据宋末建刊巾箱本摄制。日本京都大学图书馆藏宋刊巾箱本《宋版六经图》，题宋杨甲撰，宋毛邦翰补，影印本，六册。

王象之《舆地纪胜》卷一六一《潼川府路·昌州》之"碑记"言，《六经图碑》在郡学，乃郡人杨甲著，可知杨甲《六经图》曾勒石于昌州郡学，惜无拓本传世，已难详考其图目。《四库全书总目》言乾道元年（1165），抚州知州陈森、通判刘涛令州学教授毛邦翰等增补杨甲的《六经图》，并刻木本成书，二年（1166）功成，共为图三百零九幅，其中《大易象数钩深图》七十幅、《尚书轨范撮要图》五十五幅、《毛诗正变指南图》四十七幅、《春秋笔削发微图》二十九幅、《周礼文物大全图》六十五幅、《礼记制度示掌图》四十三幅。监丞苗昌言为此本作序。由《舆地纪胜》《四库全书总目》知，杨图有石刻本、木刻本。《六经图》成书刊石，胡玉缙《四库全书总目提要补正》亦有载。杨甲曾镌碑立于昌州郡学，称"昌州石本"，后渐渐湮没。元至元间卢天祥据昌州石本在广信府学重刻，为"信州石本"。杨图木本即王象之所言由陈森、刘涛主持，毛邦翰增补杨图的六卷木刻本，亦称"陈森刻本"，此本乃《六经图》最早之书籍本，实为官修之本。

有关信州石本，清代陆耀遹《金石续编》卷一八《宋六》之"六经图刻"按语言："道光十二年访碑岭外，元和刘小岩经历昱以装本巨册持赠，更假番禺叚绋秋秀才佩兰旧藏十二轴拓本，校正次第因仿卢天祥刻石之式录之，以存杨甲原图之意，次于绍兴乾道之间。"① 由是，则《金石续编》缩刻存目之《六经图》十二版，应是信州石本之复原，也即杨甲《六经图》之概观。据《金石续编》等载，可将信州石刻《六经图》之原貌概括如下：其图共六石，阴阳俱刻，前后拓得十二幅，每石一经，每经分图上和图下，共为二幅；每幅依其图之不同规格区分为三至六层，每层又一至十格不等，碑文正书，额篆书，四字，每字径四寸左右。② 此信州石本，后世多其拓本。北京图书馆藏有《六经图说》，题签曰"信州学石刻拓本，一帙，一百开，佚编者名"。《金石续编》卷一八亦载《六经图刻》

---

① 陆耀遹：《金石续编》（第三册），上海古籍出版社，2020，第1659页。
② 王敏等：《石刻〈六经图〉记》，《国家图书馆学刊》1980年第3期，第35页。

之信州石本的特征，即"《周易下》'序卦图'后、《尚书下》'律度量衡图'后并有'思可录'三字"①，此本亦名"思可录本"。台湾"中研院"图书馆有藏本，题曰"南宋府学《六经图》，宋思可录，拓本。1幅，165.5×94.5公分，裱于167×97公分。正书：江西上饶。陆氏金石编列目于绍兴年后。"2018年上海博古斋拍卖一藏品"明拓元信江书院石刻《六经图》"（注：宋杨甲撰，明拓本，一巨册，纸本，尺寸58.5厘米×29.2厘米）。宋版《六经图》，国外亦有载。日本《静嘉堂文库宋元版图录·宋版·经部》载《毛诗举要图》，卷末言"《毛诗图》终"，内容为"乐舞图"（图文并茂，附七图）、"授图下"（谱文并茂，附毛诗传授谱一），上有钤记"湖州陆氏所藏"。②《静嘉堂文库》所收乃宋版《六经图》之《毛诗图》。

明代章达、卢谦据信州石本翻刻木刻本《五经图》五卷，此本后为《四库全书》收录，乃卢云英雍正二年（1724）刻本《五经图》，版本一栏题"襄城常定远得明章达原本重刻"，据《四库全书总目》，此雍正刻本乃据明章达原本刻，而章达原本又得自"卢侍御"即卢天祥，可见此信州石本拓本在明末清初已几经翻刻，原本难觅。叶仲堪《六经图》七卷本后经明清学者翻刻，今存明万历四十三年（1615）吴继仕熙春楼刻本、万历卫承芳刻本、万历四十四年（1616）郭若维刻本、崇祯五年（1632）王与胤刻本、《四库全书》本等。明代郑敷教《易经图考》十二卷，自序云："宋绍兴中，布衣杨甲著《六经图》，陈森补而刻之，为图三百有九，凡得易七十，迨于我明，侍御胡宾，复为编辑六经各有图，易得四十有六，皆足以启蒙发聩。图之为学，粗者以形示，精者以意尽，于是乎不可忽矣。六经统于易，易本于图。图者应三皇之符而出后世因之以为教，其可易言哉。"此乃胡宾《六经全图》。除胡宾图外，明代还有陈仁锡《六经图》等。国外亦有明藏本，如日本岛根大学图书馆藏有明顾起元（注记：1565~1628，起居编算章奏江宁顾起元撰并书）编撰《六经图》六卷，万历四十三年刻本，全六册，40.2厘米×26.3厘米。版心书名：《周易》《尚书》《毛诗》《周礼》《春秋》《礼记》。注记：四周单边有界，内框廓35.3厘

---

① 陆耀遹：《金石续编》（第三册），上海古籍出版社，2020，第1656页。
② 静嘉堂文库编纂《静嘉堂文库宋元版图录》，京都汲古书院，1992，第7~8页。

米×23.9厘米，墨印。印记：明善堂藏书画印记、松江高等学校图书印。保存状态：破损，虫损。

《六经图》在流传过程中，大部分原刊本逐渐散佚，今存版本多为明代人据宋建本翻刻的。另有多种元明清刻本及清《四库全书》本存世，但明清本对杨图内容改变颇多，特别是清初学者对图学的批判，在他们的经图著作中多有体现，兹不赘述。据章达、卢谦《五经图》原序二、周中孚《郑堂读书记》①卷二、《四库全书总目·经部·五经总义类存目》言，兹将元明清《六经图》文献的版本情况列为表1-1。

表1-1 杨甲《六经图》元明清版本

朝代	作者	书名	版本
元代	卢天祥	六经图说 一帙	江西广信府文庙碑拓本
明代	胡宾	六经图全集 六卷	明万历四十二年（1614）刻本
明代	章达、卢谦	五经图 五卷	明万历四十二年刻本
明代	吴继仕	七经图 七卷	明万历四十三年（1615）熙春楼刻本
明代	陈仁锡	六经图 六卷	明天启六年（1626）刊本
明代	卫承芳	六经图 六卷	明万历四十三年刻本
明代	郭若维	六经图 六卷	明万历四十五年（1617）修吉堂刻本
明代	王与胤	六经图 六卷	明崇祯五年（1632）刻本
清代	江为龙	朱子六经图 十六卷	清康熙四十八年（1709）刻本
清代	王皜	六经图 六卷	清乾隆五年（1740）向山堂刻本
清代	郑之侨	六经图 十二卷	乾隆八年（1743）鹅湖述堂刻本
清代	常定远	六经图 六卷	雍正年间章达刻本
清代	卢云英	五经图 五卷	清雍正二年（1724）刻本
清代	杨恢基	重刻五经图 五卷	清雍正二年刻本
清代	牟钦元	六经图 一册	清道光二十五年（1845）慕古堂重修本
清代	杨魁植	九经图	乾隆三十七年（1772）信芳书房刻本
清代	潘寀鼎	六经图考 六卷	康熙六十一年（1722）礼耕堂刻本
清代	杨甲	六经图 十卷	文渊阁《四库全书》本
清代	杨甲	六经图 十卷	文澜阁《四库全书》本

① 周中孚：《郑堂读书记》，商务印书馆，1959。

据文献言,结合表 1-1,可总结出信州石刻《六经图》系统及杨图石刻系统(见图 1-1)。

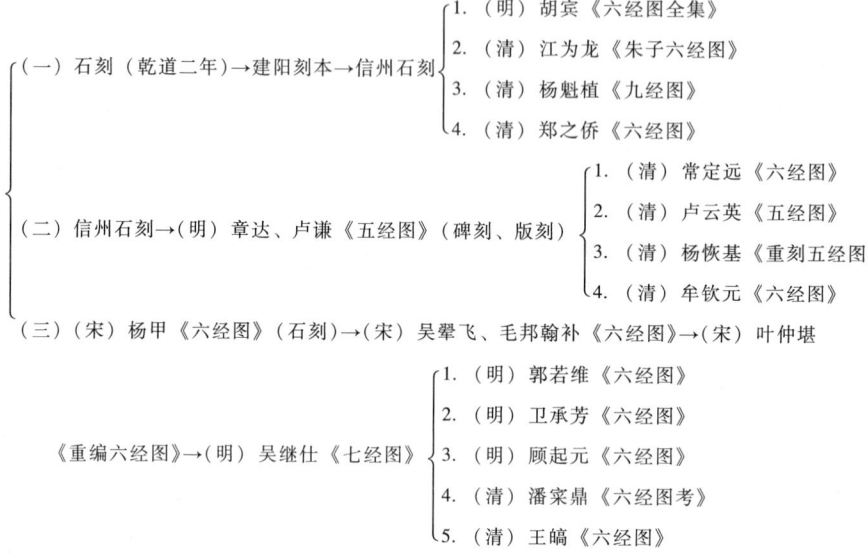

图 1-1 信州石刻《六经图》系统及杨图石刻系统

第二节 《六经图》撰述体例

宋代,图作大兴。杨甲《六经图》乃经图之集大成之作,对于这部较有影响力的经图之作,学者研究不多,有关其体例,迄无考索。《四库全书总目·经部·五经总义类存目》《六经图》提要言杨甲《六经图》内容由《大易象数钩深图》《尚书轨范撮要图》《毛诗正变指南图》《周礼文物大全图》《礼记制度示掌图》《春秋笔削发微图》组成,其中图有三百零九幅。是书以图为主,亦有谱,图谱结合,辅以文字(文字或有或无),是典型的"图录体"之作。其文字或说明图之内容来源,或注释图之内容,或汇集诸家说法之长,其中注释图之内容为主要部分,占全部内容的三分之二,故此书又为"注解体"。

一 图录体

图录体文献,古已有之,文献有载。《汉书·艺文志》中《论语家》

有《孔子徒人图法》二卷，盖孔子弟子画像。武梁祠石刻七十二弟子像，大抵皆其遗法，而《兵书略》所载各家兵法，均附有图。《隋书·经籍志》"礼类"有《周官礼图》十四卷，又注云"梁有《郊祀图》二卷，亡"。"《论语》类"有郭璞《尔雅图》十卷，又注云"梁有《尔雅图赞》二卷，郭璞撰，亡"。这类图录体之作，今不详。存世可见之"左书右图"体最早之作为聂崇义《三礼图集注》。杨图有图有谱，笔者结合杨图具体内容分别从图文位置、图文数量、征引旧图等方面略释其体例。

1. 就图文位置而言，分为五类

杨图或"左书右图"，或"左图右书"，或"上图下文"，或"有图无文"，或"有文无图"。

（1）"左书右图"类，《大易象数钩深图》凡36例，《尚书轨范撮要图》凡18例，《毛诗正变指南图》凡13例，《周礼文物大全图》凡201例，《礼记制度示掌图》凡77例，《春秋笔削发微图》凡21例。如：卷一《大易象数钩深图》"易有太极图"言"右《太极图》，周敦实茂叔传二程先生。……万物生生而变化无穷焉"；卷二《尚书轨范撮要图》"周宗彝""君牙太常图""平王锡圭瓒图"；卷三《毛诗正变指南图》"公刘相阴阳图""楚丘揆日景图"；卷四《周礼文物大全图》"经涂九轨图""夏世室"；卷五《周礼文物大全图》"躬圭""蒲璧""大璋"；卷七《周礼文物大全图》"巾车玉辂制图"；卷九《礼记制度示掌图》"黄目"；卷十《春秋笔削发微图》"周世次""鲁世次"。

（2）"左图右书"类，《毛诗正变指南图》1例：卷三《毛诗正变指南图》"十五国风地理图"。

（3）"上图下文"类，《尚书轨范撮要图》凡5例，《毛诗正变指南图》2例。如：卷二《尚书轨范撮要图》之"尧典四仲中星图""日月会次舍图""四仲日永短图""四时测中星图""诸侯玉帛图"；卷三《毛诗正变指南图》"秦国风小戎制图""族谱"。

（4）"有图无文"类，《大易象数钩深图》凡34例，《尚书轨范撮要图》凡31例，《毛诗正变指南图》凡4例，《周礼文物大全图》凡11例，《礼记制度示掌图》凡8例，《春秋笔削发微图》凡2例。如：卷一《大易象数钩深图》"四卦合律图""二仪得十变化""十日五行相生""阳中阴"

"阴中阳""伏羲八卦图""八卦取象图"等；卷二《尚书轨范撮要图》"帝王世次图""日月会次舍图""舜巡四岳图""五声八音图"；卷三《毛诗正变指南图》"周公世次""日居月诸图""商颂王畿图""四诗传授图"；卷四《周礼文物大全图》"王宫制图""营国制图""宗庙图""治朝图""社稷图""燕朝图"；卷七《周礼文物大全图》"土圭测日图""水地法图"；卷九《礼记制度示掌图》"袷庙制图"；卷十《春秋笔削发微图》"春秋诸国地理图""春秋三传传授图"。

（5）"有文无图"类，《大易象数钩深图》凡2例，《尚书轨范撮要图》凡4例，《毛诗正变指南图》凡15例，《礼记制度示掌图》凡1例，《春秋笔削发微图》凡3例。如：卷一《大易象数钩深图》"三陈九卦之图""十三卦取象图"；卷二《尚书轨范撮要图》"五十八篇数""逸书篇数""作时世书""尧典历数"；卷三《毛诗正变指南图》"诗篇名""作诗时世""释鸟名""释木名""释兽名""释谷名""释鱼名""释兵农器名"；卷八《礼记制度示掌图》"四十九篇数"；卷十《春秋笔削发微图》"地名所属""春秋始于隐公""春秋终于获麟"。

综观杨图，其图文位置之类以"左书右图"为主，即图在右，文在左。

2. 就图文数量而言，多数为"一文一图"

杨图主要采用"一文一图"式撰作。其中《大易象数钩深图》凡31例，《尚书轨范撮要图》凡23例，《毛诗正变指南图》凡14例，《周礼文物大全图》凡210例，《礼记制度示掌图》凡78例，《春秋笔削发微图》凡21例，共计377例。其他情况如下："一文二图"式凡14例，"一文三图"式凡2例，"一文四图"式凡3例，"一文五图"式凡2例，"一文六图"式凡2例，"一文十一图"式凡1例，"一文十二图"式凡1例，"二文二图"式凡1例，"四文四图"式凡1例。

（1）"一文一图"例：卷一《大易象数钩深图》"阳卦顺生""阴卦逆生"；卷二《尚书轨范撮要图》"四时测中星图""日月行冬夏图"；卷三《毛诗正变指南图》"辟雍泮宫图""斯干考室图"；卷四《周礼文物大全图》"夏世室""商重屋""周明堂"；卷五《周礼文物大全图》"管图"；卷六《周礼文物大全图》"爵坫""玉爵"；卷七《周礼文物大全图》"太

常""物";卷八《礼记制度示掌图》"月令明堂图""冕旒图";卷九《礼记制度示掌图》"毕""相""黄目"。

（2）"一文二图"例：卷二《尚书轨范撮要图》"玑衡图""五刑四罪图""舜舞干羽图";卷三《毛诗正变指南图》"齐国风挈壶氏图""秦国风小戎制图";卷四《周礼文物大全图》"次宸制图""几筵制图""笋虡钟磬制图""编钟磬""金铎""木铎";卷八《礼记制度示掌图》"月令十二律管候气图""王畿九州图""百里十里图"。

（3）"一文三图"例：卷七《周礼文物大全图》"墨车制度图";卷九《礼记制度示掌图》"昏礼器图"。

（4）"一文四图"例：卷一《大易象数钩深图》"参伍以变图""六十四卦反对变图";卷二《尚书轨范撮要图》"律度量衡图"。

（5）"一文五图"例：卷二《尚书轨范撮要图》"牧誓兵器图";卷九《礼记制度示掌图》"习射礼图"之"鹿中""兕中""皮树中""闾中""虎中"。

（6）"一文六图"例：卷一《大易象数钩深图》"复姤临遯泰否六卦生六十四卦图";卷二《尚书轨范撮要图》"费誓兵器图"。

（7）"一文十一图"例：卷二《尚书轨范撮要图》"九韶乐器图"。

（8）"一文十二图"例：卷二《尚书轨范撮要图》"十二章服图"。

（9）"二文二图"例：卷一《大易象数钩深图》"易有太极图"载有周敦颐《太极图》和旧《太极图》。

（10）"四文四图"例：卷二《尚书轨范撮要图》之"尧典四仲中星图"，按照仲春、仲夏、仲秋、仲冬四个时节，参以尧典内容分别为图。

综观杨图，其图文数量之类以"一文一图"式为主，即一文对应一图。

3. 征引旧图体例

"旧图"是相对杨氏"新图"而言。杨图引旧图凡例，其中《大易象数钩深图》5例，《尚书轨范撮要图》3例，《毛诗正变指南图》2例，《周礼文物大全图》167例，《礼记制度示掌图》8例，《春秋笔削发微图》2例。笔者就杨图具体内容征引旧图的体例略说如次。

（1）据旧图，撰新图。如：卷四《周礼文物大全图》"几筵制图"言阮谌图乃旧图，以马融"几"说、《周礼·司几筵》另撰新图。

（2）因旧图，存之。如：卷一《大易象数钩深图》"易有太极图"征引周敦颐《太极图》，亦征引旧图言"旧有此图"，保存旧图；卷二《尚书轨范撮要图》"费誓兵器图"言"旧图二篇但画兵器，今略载其文"；卷三《毛诗正变指南图》"齐国风挈壶氏图"言"今因旧图，取唐之吕才，今之燕肃所制，列之于图"；卷七《周礼文物大全图》"兽侯麋豕首"言"见《礼记》习射礼图"。

（3）驳旧图，撰新图。如：卷二《尚书轨范撮要图》"十二章服图"言"旧图所画取孔氏传……今取之以易旧图"；卷四《周礼文物大全图》"职方氏九服图"以大司马、职方氏辨九服之邦国旧图失之，"其职虽异，地里则同，今以左右列为一图"。

（4）旧图无，撰新图。如卷四《周礼文物大全图》"后服制图"之"褖衣"言"礼书旧图不画，考《天官·追师》掌王后之首服为副……近图所画非古也，今删去"。

（5）据旧图，补新图。如卷五《周礼文物大全图》"瑟"图言"旧图：雅瑟长八尺一寸，广一尺八寸"，据旧图说补新图。

（6）据旧图立图，不言旧图出处。卷六《周礼文物大全图》的"圭璧璋瓒藻藉制图""鼓制图""乐器制图"，以及卷七《周礼文物大全图》"祭器制图""六尊制图""六彝制图""掌客器图""鬯人制图""九旗制图"等内容，勘之四库全书本聂崇义《三礼图集注》相关内容，我们以为它们在文字、图式方面大都相同。聂崇义《三礼图集注》早于杨图，相较于杨图，聂图为旧图。杨图引聂图内容，不言出处。

二 注解体

根据杨图之内容，其文字部分以注释图之内容为主，抑或征引某一文献之说，是典型的"注释体"。具体分为如下几类。

1. 以某一文献所言注解图之内容，不言文献出处

卷一《大易象数钩深图》"仰观天文图""俯察地理图"内容未言出处，检之文献，二图所言出自《易·系辞传》；卷二《尚书轨范撮要图》"九畴合八畴数图"言"合为十者，二合为十五者，亦二总而为大衍之数

五十"，此文不言出处，检之文献，此文出自蔡沈；卷五《周礼文物大全图》"中璋瓒"言"中璋九寸，勺口径九寸，鼻射寸"不言出处，检之文献，此文出自聂崇义《三礼图集注》；卷七《周礼文物大全图》"虎侯"言"虎侯谓以虎皮饰其侯之侧"，此文不见出处，检之文献，出自《周礼注疏》；卷八《礼记制度示掌图》"月令十二律管候气图"言"气候之法为室三重……其气自平，但在调其案上之土耳"，未言出处，检之文献，此文出于《后汉书》。

2. 以某一文献所言注解图之内容，言明文献出处

卷一《大易象数钩深图》"易有太极图"言"右《太极图》，周敦实茂叔传二程先生。茂叔曰：无极而太极，太极动而生阳，动极而静，静极而动。一动一静，互为其根"，"邵氏皇极经世图"引用邵雍图说，"温公潜虚拟玄图"引用司马光图说；卷二《尚书轨范撮要图》之"玑衡图"引《隋志》注释图之内容，"刘向洪范传图""老泉先生洪范之图"引苏洵《嘉祐集》"洪范说"注释内容；卷四《周礼文物大全图》"夏世室"言"夏世室：堂修二七，广四修一……室三之一"，杨图以《周礼·考工记》文注释"夏世室"图；卷五《周礼文物大全图》"止"图引《尔雅》文释"止"；卷九《礼记制度示掌图》"相"图引《乐记》文释"相"之功用、材质。

3. 引用诸家文献，进行考说立图

卷一《大易象数钩深图》"方圆相生图"引郑玄、扬雄、关朗、魏伯阳、邵尧夫等说言方圆相生之义；卷二《尚书轨范撮要图》"箫"图引《尚书》、《尚书正义》、汉初以来学者之说考释"箫"之形制，据此立图；卷二《尚书轨范撮要图》"费誓兵器图"引《尚书》《说文解字》《世本》等文献考说兵器形制，进而撰图；卷三《毛诗正变指南图》"齐国风挈壶氏图"引"唐制吕才定""今制燕肃定"等说明"刻漏"之形制；卷五《周礼文物大全图》"镈"图引用《国语》文，参以韦昭、杜预"镈为小钟"说及郑玄"镈如钟"说，另绘镈图；卷九《礼记制度示掌图》"礼记传授图"引《礼记》文，以及马融、郑玄、孔颖达等说立图。

4. 汇合诸家说法，注解图之内容

如卷二《尚书轨范撮要图》"周宗彝"引《尚书》《尚书大传》《左

传》及杜注释说周宗彝图;卷二《尚书轨范撮要图》"平王锡圭瓒图"引《尚书》《周礼注疏》《毛诗正义》等考说圭瓒图;卷三《毛诗正变指南图》"秦国风小戎制图",其文言"横一木而可凭者,轼也。轼前又有横木曰轨,轨前直一木而案之者,辕也。辕之末受一木以横曰衡,衡者,轭也。辕之渐曲而上至于衡,居衡之上而下拘曰軜……觼者,受靷之所也。《诗》曰:六辔在手,而不言八者,以夫阴靷之在轼也";卷五《周礼文物大全图》"簠"图引《周礼》《广雅》《说文解字》等注解"簠"之形制;卷十《春秋笔削发微图》"春秋始于隐公"引《左传》、《公羊传》、《穀梁传》、《左传》杜预注、《穀梁传》范宁注、陆淳《春秋集传纂例》等文考索"春秋始于隐公"。

第二章
"周易图""尚书图""诗经图"内容考证

第一节 《大易象数钩深图》内容考

一 "易有太极图"

卷一提要阐述了《太极图》的阴阳五行变化之理,其曰:

> 右《太极图》,周敦实茂叔传二程先生。茂叔曰:"无极而太极,太极动而生阳,动极而静,静极复动。一动一静,互为其根。分阴分阳,两仪立焉。阳变阴合,而生水火木金土。五气顺布,四时行焉。五行一阴阳也,阴阳一太极也,太极本无极也。五行之生也,各一其性。无极之真,二五之精妙,合而凝。乾道成男,坤道成女。三气交感,化生万物,万物生生而变化无穷焉。"①

杨图"易有太极图"(见图2-1)以周敦颐的《太极图》②(简称"周图")所言作为立论基础,据周图内容,杨图"三气交感"当为"二气交感"。结合二图,比勘如下:杨图"易有太极图"从上到下分为五个部分,周图(见图2-2)亦包括五部分。杨图最上面第一部分为一圆

---
① 杨甲:《六经图》,台湾商务印书馆,1982,第140页。
② 周敦颐:《太极图说》,朱熹注解,广陵书社,2019。

形，无文字注释；周图这部分为一圆形，朱熹题为"无极而太极"。杨图第二部分为左右黑白相间的三个同心圆，注释文字为"阴静"；周图则为左右黑白相间相反的一对卦——左离右坎，题为阳动（左）阴静（右），毛奇龄《太极图说遗议》称此为《水火匡廓图》。杨图第三部分为金、木、水、火、土五行，五行呈正方形排列，其中金、木、水、火各占正方形一角，土居正方形之中，分别与金、木、水、火四行斜线相连，水、火直线上有"阳动"二字。周图则金、木、水、火、土五行，分列为五圈（五圈之下又有一小圈，合计为六圈），并有线相连，毛氏称为《三五至精图》。杨图第四部分为一圆形，圆形左侧标注"乾道成男"，右侧标注"坤道成女"；周图亦为一圆形，圆形左侧标注"乾道成男"，圆形右侧标注"坤道成女"。最后一部分，杨图则一圆形，下方左右两侧分别标注"化生""万物"；周图则"万物化生"四字上有一圆圈。杨图虽本周图，然亦有图示之别。

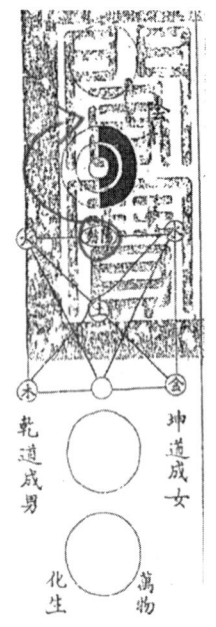 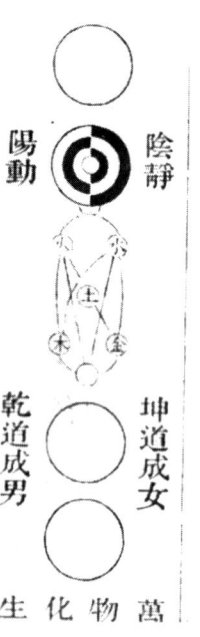

图 2-1　杨甲《六经图》"易有太极图"　　图 2-2　周敦颐《太极图》

作为杨图立说之本的周图乃宋代图解易学之代表，其后学者多有论及，如黄宗炎《太极图说辩》①。黄氏以为，周敦颐的《太极图》创自河上公，乃方士修炼之术也。其图自下而上，以明逆为成丹之法，其重在水火。火性炎上，逆之使下，则火不熛烈，惟温养而和燠，水性润下，逆之使上，则水不卑湿，惟滋养而光泽，滋养之至，接续不已，温养之至，坚固而不败。其最下圈，名为玄牝之门，玄牝即谷神。牝者为窍也，谷者为虚也，两者指人身命门两肾的空隙之处，气由此而生，是为祖气，凡人五官百骸之运用知觉，皆根源于此。于是提祖气上升，为梢上一圈，名为炼精化气，炼气化神。炼有形之精，化为微茫之气；炼依稀呼吸之气，化为出有入无之神。使贯彻于五脏六腑，而为中层之左木火、右金水、中土相联络之一圈，名为五气朝元。行之而得也，则水火交媾而为孕。又其上之中分黑白而相间杂之一圈，名为取"坎"填"离"，乃成圣胎，又使复还于无始，而最上之一圈，名为炼神还虚，复归无极，而功用至矣。盖始于得窍，次于炼己，次于和合，次于得药，终于脱胎求仙，真长生之秘诀也。周敦颐得此图，而颠倒其序，更易其名，附于大《易》……周敦颐之意，以顺而生人，故从上而下。太虚无有，有必本无，乃更最上圈炼神还虚，复归无极之名曰无极而太极。太虚之中脉络分辨，指之为理，乃更其次圈取"坎"填"离"之名曰阳动阴静。气生于理，名为气质之性，乃更第三圈五气朝元之名，曰五行各一其性。理气既具，而形质呈，得其全灵者为人，人有男女，乃更第四圈炼精化气、炼气化神之名曰"乾"道成男、"坤"道成女。得其偏者、蠢者为万物，更最下圈玄牝之名曰万物化生。黄氏此论不但道出其渊源，而且将气功丹家之秘一语道破，后人多有赞誉。

有关太极之说，文献所载，莫衷一是。《周易·系辞上》："易有太极，是生两仪。两仪生四象，四象生八卦。"韩注："夫有必始于无，故太极生两仪也。太极者，无称之称，不可得而名。取有之所极，况之太极者也。"孔疏："正义曰：太极谓天地未分之前元气，混而为一即是太初。太，一也，故老子云'道生一'，即此太极是也。又谓混元既分，即有天地，故曰太极生两仪，即老子云'一生二也'。不言天地而言两仪者，指其物体

---

① 黄宗炎：《太极图说辩》，黄宗羲《易学象数论》（外二种），郑万耕点校，中华书局，2010。

下与四象相对,故曰两仪谓两体容仪也。'两仪生四象'者,谓金木水火禀天地而有,故云两仪生四象。土则分王四季,又地中之别,故唯云四象也。'四象生八卦'者,若谓震木离火兑金坎水各主一时。又巽同震木乾同兑金加以坤艮之土为八卦也。"① 据韩注、孔疏,太极即为天地未分之前元气,源自无极,乃道家言"道生一",此即"无极生太极""太极元气说"等论说。

朱熹《周易本义》序言:"所谓易有太极,是生两仪。太极者,道也;两仪者,阴阳也。阴阳一道也,太极无极也。万物之生,负阴而抱阳,莫不有太极,莫不有两仪。"朱熹在诠释周图时有"无极而太极""太极本体说"等论说,其注解周图要义有二:其一,《太极图》首圈为"无极而太极",无极乃是对太极的形容,太极才是本体;其二,《太极图》是周子自身思想的表达,并以《太极图说》的思想规范《太极图》。②

张伯行《太极图详解》卷一"朱子图解":"○此所谓无极而太极也。所以动而阳静而阴之本体也。然非有以离乎阴阳也。即阴阳而指其本体,不杂乎阴阳而为言耳。☯此○之动而阳静而阴也。中○者,其本体也。☾者,阳之动也。○之用,所以行也。☽者,阴之静也。○之体,所以立也。☾者,☾之根也。☽者,☽之根也。⚛此阳变阴合而生水火木金土也。↳者,阳之变也。↲者,阴之合也。㊌阴盛,故居右。㊋阳盛,故居左。㊍阳稚,故次火。㊎阴稚,故次水。㊏冲气,故居中。而水火之⋈交系乎上,阴根阳,阳根阴也。水而木,木而火,火而土,土而金,金而复水,如环无端。五气布,四时行也。⚛五行一阴阳,五殊二实无余欠也。阴阳一太极,精粗本末无彼此也。太极本无极,上天之载,无声臭也。五行之生,各一其性。气殊质异,各一其○,无假借也。Ψ此无极二五所以妙合而无

---

① 韩康伯注,孔颖达正义《周易正义》,中华书局,1980,第82页。
② 白发红:《以〈说〉证〈图〉:周子〈太极图〉试析》,《周易研究》2019年第2期,第65~73页。

间也。○乾男坤女，以气化者言也。各一其性而男女一太极也。○万物化生，以形化者言也。各一其性，而万物一太极也。惟人也，得其秀而最灵，则所谓人○者，于是乎在矣。然形⟩之为也，⟨之发也，五性⟨图⟩之德也。"① 张伯行以图示述说太极五行之理。

方孔炤、方以智《周易时论合编》卷一"图书"之"太极冒示图说"："《野同录》曰：不可以有无言，故曰太极。太极何可画乎？姑以圜象画之，非可执圜象为太极也。……潜老夫曰：不得不形之卦画，号曰有极。而推其未始有形，号曰无极。因贯一不落有无者，号曰太极。……周子合无极与阴阳而明太极，人未亲切也。邵子合无极与有象，而明道极为无体之一，又曰有无之极，又曰心为太极……朱子曰：自一阴一阳，而五行之变，至不可穷，无适非太极之本然；太极不杂乎阴阳，不离乎阴阳，一而二，二而一者也，有亲切者乎！……不落有无之太极，即在无极有极中，而无极即在有极中。……论声以◎为本，今取以象三极之贯。太极在无极有极中，而无极即在有极中。两间之气贯虚实，而凝地之实以成用人物之神与气，皆凝精成形，以用中一自分为二用，而一与二为三。诸家之图皆用三立象以范围之，三即一也。"② 方孔炤、方以智以太极、无极、有极取象三极之贯，太极在无极有极中，而无极在有极中。

《周易·系辞上》："是故易有太极，是生两仪。"李鼎祚集解："干宝曰：发初言是故总众篇之义也。虞翻曰：太极，太一分为天地，故生两仪也。"李道平纂疏："马氏云：易有太极谓北辰也。太极太一者，《乾凿度》曰：太一取七八九六之数以行九宫，四正四维皆合于十五。郑彼注云：太一者，北辰之神名也。居其所曰太一，常行于八卦日辰之间曰天一。又引《星经》曰：天一太一主气之神，然则太一即乾元也，在天为北辰，在易为神。……太极者，《说文》：极，栋也。《逸雅》：栋，中也。居屋之中也，是极者，中也。未分曰一，故谓之太一。未发为中，故谓之太极。在人为皇极，即郑氏所谓极中之道是也。……《吕氏春秋》曰：太一出两仪，即分为天地，故生两仪之义也。郑氏又云太极函三为一相并俱生，是

---

① 张伯行辑《太极图详解》，学苑出版社，1990，第 2~3 页。
② 方孔炤、方以智：《周易时论合编》，郑万耕点校，中华书局，2019，第 3~7 页。

太极生两仪而三才已具矣。"① 李道平以为未发为中，中即为极，未发即为太极，就人而言则为皇极，太极与天地人之三才皆处其中。

胡渭《易图明辨》卷三："案三轮肖坎离二卦，五行即天地之生数……唐《真元妙经品》有太极先天图，合三轮五行为一，而以三轮中一○五行下一○为太极，又加以阴静阳动男女万物之象，凡四大○。阴静在二轮之上，阳动在三轮之下。（注：三轮左离在坎者，水火既济之象。二○上阴下阳者，天地交泰之象。鼎器歌云阴在上阳下奔，即此义也。）男女万物皆在五行之下，与宋绍兴甲寅朱震在经筵所进周子《太极图》正同。今《性理大全》所载者以三轮之左为阳动，右为阴静，而虚其上下之二○以为太极，乃后人所改，非其旧也。此不在本义九图之列，或曰陈抟传穆修，穆修传周子，或曰周子所自作而道家窃之以入藏，疑不能明存而弗论云。"②

张惠言《易图条辨》"太极图"（见图2-3）："右见朱子发《汉上易图》。子发云：陈抟以《太极图》授种放，放传穆修，修传周敦实，敦实传二程先生。"③ 二程讲易学，本于周敦颐《太极图说》，指明"阴阳无始，动静无端"。用图表示，第一个圆圈即表示《太极图说》自"太极动而生阳"至"五气顺布，四时行焉"之全部天道内容。其中绕圆周而运动的是天地之气，阴与阳乃气之运动形成的两种不同状态。《朱子语类》卷六五言："阴阳只是一气，阳之退便是阴之生。不是阳过了，又别有个阴生。""阳气只是六层（六爻），只管上去，上尽后下面空缺处便是阴。"④ 朱熹以为"太极动而生阳，动极复静，静而生阴"，动静有时间的先后，其说失之。以离卦和坎卦表示左阳与右阴，源于《说卦》"天地定位，山泽通气，雷风相薄，水火不相射"。邵雍认为此是先天卦位：乾上坤下，左离右坎（或离东坎西）。如此，坎水与离火平列，不上下相重，即"不相射"。离表阳，坎表阴。《太极图》即用此种卦位表示左阳右阴。邵雍讲

---

① 李道平纂疏《周易集解纂疏》（下册），台北广文书局，1976，第785页。
② 胡渭：《易图明辨》，阮元、王先谦编《清经解续编》（第九册），凤凰出版社，2005，第245页。
③ 张惠言：《易图条辨》，阮元、王先谦编《清经解续编》（第十册），凤凰出版社，2005，第1607页。
④ 黎靖德编《朱子语类》，王星贤点校，中华书局，1986，第1602~1603页。

先天卦位，源于陈抟。周敦颐年轻时在京师研习《周易》，对于这种卦位自然比较熟悉。

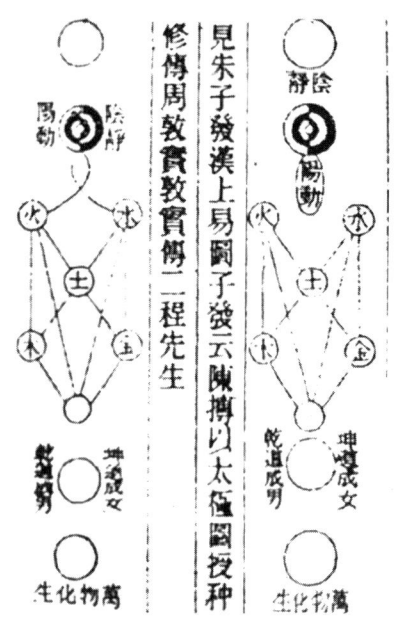

图 2-3　张惠言《易图条辨》"太极图"

又《易图条辨》"太极图"："右载《性理大全》。朱子曰：《太极图》者，濂溪先生之所作也○，此所谓无极而太极也◎。此○之动而阳静而阴也，中○者，其本体也；☾者，阳之动也。○之用所以行也。☽者，阴之静也；○之体所以立也。☽者，☾之根也；☾者，☽之根也。⚛，此阳变阴，合而生水火木金土也。⏜者，阳之变也；⏝者，阴之合也。㊌阴盛故居右，㊋阳盛故居左，㊍阳稚故次火，㊎阴稚故次水，㊏冲气故居中，而水火之⋈交系于上阴根阳，阳根，阴也。⚘此无极二五，所以妙合而无间也。○乾男坤女以气化者言也。各一其性而男女一太极也。○万物化生，以形化者言也。各一其性而万物一太极也。"[1] 张惠言"太极说"与张伯行说大致同，仅图示有别而已。

---

[1] 张惠言：《易图条辨》，阮元、王先谦编《清经解续编》（第十册），凤凰出版社，2005，第1607页。

又《易图条辨》"太极图"："毛奇龄《太极图说遗议》云：《参同契》诸图自朱子注后，则学者多删之。……唯彭本有水火匡廓图、三五至精图、斗建子午图、将指天罡图、昏见图、晨见图、九宫八卦图、八卦纳甲图，含元播精，三五归一图。然或并至精归一图，或并斗建将指图，故或七或九。今藏书家与道家多有之。"①

现代学者亦有论及周敦颐《太极图》。冯友兰《中国哲学史新编》②以为周图第二部分为"取坎填离"，说黑白相间的左边一半是阳阴阳，就是一个离卦；右边一半是阴阳阴，就是坎卦。"取坎填离"，就是把坎卦中的那个阳爻取过来，填在离卦之中，替代那个阴爻。这样左边那一半就成为乾卦，右边那一半就成为坤卦。有学者认为这即内丹术所谓由"小周天功"升至"乾坤交媾"之"大周天功"。③冯友兰认为第三部分有五行，与《易传》不合，《系辞》原本言"两仪生四象，四象生八卦"，然周敦颐在这里却不言八卦而讲五行。这或许暗示《太极图》之前身即为《无极图》，因为《无极图》在这一层上是"五气朝元"，故而《太极图》不用八卦而用五行。侯外庐等主编《宋明理学史》④亦认为周图是道教炼丹所用的《太极先天之图》，"太极"由"无极"而生，"无极"是最高范畴，乃老子"有生于无"思想。牟宗三《心体与性体》⑤在诠释周图时则删除五行及有关文字，使周图有首无身，残而不全。实际上，图之"太极"源于《系辞》"易有太极"章。既然"太极"为《周易》所本有，就不可能为"无"或由"无"所生。按《周易》之辞，阴阳无始无终，"周流六虚，惟变所适"，不是由"无"生出的。

《周易》经《易传》至汉代，有一大变化，即以律历说《周易》，如司马迁《史记·太史公自序》言"易著天地阴阳四时五行，故长于变"。阴阳四时五行已成为一个体系，有如今通行之《京氏易传》。今《京氏易

---

① 张惠言：《易图条辨》，阮元、王先谦编《清经解续编》（第十册），凤凰出版社，2005，第1607~1608页。
② 冯友兰：《中国哲学史新编》，人民出版社，2001。
③ 郑吉雄：《易图象与易诠释·周敦颐〈太极图〉及其相关诠释问题》，台北乐学书局，2002，第239页。
④ 侯外庐等主编《宋明理学史》（上），人民出版社，1984。
⑤ 牟宗三：《心体与性体》，上海古籍出版社，1999。

传》中"纳甲"即四时、律历,加上"五行",皆与吉凶生克相联系。1973年湖南长沙马王堆汉墓出土帛书之《周易经传》载《要》篇言:"故《易》又(有)天道焉,而不可以日月、生(星)辰尽称也,故为之以阴阳;又(有)地道焉,不可以水、火、金、土、木尽称也,故律之以柔刚;又(有)人道焉,不可以父子、君臣、夫妇、先后尽称也,故要之以上下;又(有)四时之变焉,不可以万勿(物)尽称也,故为之以八卦。"①《要》篇所言即如杨图所示:太极图的五层圈自上而下分别对应太极、天道、地道、人道和万物化生之道。其中第一层圈表征太极本体,是天地之心与天地之理的结合;第二层圈表征天道,即万物通过气化而初生;第三层圈表征地道,即万物通过形化而再生;第四层圈表征人道,即人类文明的开端与确立,即肇始于伏羲而完成于孔子的人文延续过程;第五层圈表征一个可能被人文力量所转化的宇宙,一个盛德之下才可能有的大业。②

杨图言天地阴阳五行,董仲舒《春秋繁露》卷一三"五行相生"以为"天地之气,合而为一,分为阴阳,判为四时,列为五行"。又卷一一"天辨在人":"金木水火,各奉其所主以从阴阳,相与一力而并功,其实非独阴阳也。然而阴阳因之以起,助其所主。故少阳因木而起,助春之生也;太阳因火而起,助夏之养也;少阴因金而起,助秋之成也;太阴因水而起,助冬之藏也。"又卷一六"循天之道":"和者,天之正也,阴阳之平也,其气最良,物之所生也……中者,天地之大极也,日月之所至而却也,长短之隆,不得过中,天地之制也。"③

《太极图》与《太极图说》即上述内容之图示。其中"五行"为圆周上的方位:东方为木为春,南方为火为夏,西方为金为秋,北方为水为冬,中为空虚为土。图之曲线所示,即由春、木、东而夏、火、南,而秋、金、西,而冬、水、北,经土而复至春、木、东。一气运行于其中,所谓"五殊二实,二本则一",故不可机械地以为"五气"指阴阳真的分为五种"气"。

---

① 裘锡圭主编《长沙马王堆汉墓简帛集成》(第三册),中华书局,2014,第119页。
② 唐文明:《气化、形化与德化——周敦颐太极图再论》,《清华大学学报》(哲学社会科学版)2021年第4期,第135~137页。
③ 董仲舒:《春秋繁露》,上海古籍出版社,1989,第76、69、92页。

作为哲学，《太极图》与《太极图说》之文化背景乃中国古有的作为立国立民之本的农业与农业生态。作为宇宙图式，它的最早的表现，即以北斗为中轴（"太极"）之时空结合之农业时序，如《鹖冠子·环流》"斗柄东指，天下皆春；斗柄南指，天下皆夏；斗柄西指，天下皆秋；斗柄北指，天下皆冬"言。春夏秋冬与东南西北构成依次相继的生态时空区，以后即演化为阴阳五行学说。在《吕氏春秋·十二纪》《淮南子·时则训》《礼记·月令》中，它表现为政令时则。汉儒将其整合，使其系统化理论化，发展为阴阳五行四时之宇宙运行生化图式，并配以道德属性，而使阴阳循环往复，万物生长收藏，生生不息，成为"天心"之体现，《太极图》与《太极图说》即体现这一精神。

二 "四卦合律图"[①]

杨图"四卦合律图"（见图2-4），有图无文。有关"八卦律吕"之说，文献有载。《周礼·春官·大师》："大师掌六律六同，以合阴阳之声。

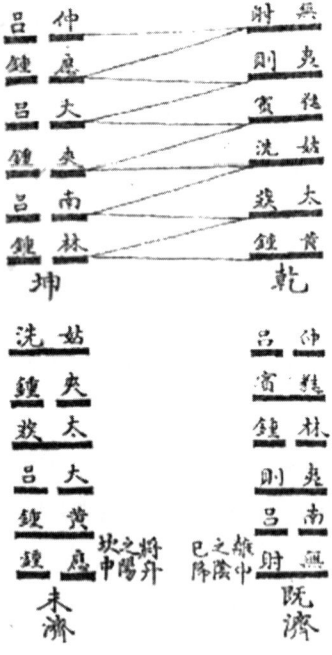

图2-4 杨甲《六经图》"四卦合律图"

---

① 杨甲：《六经图》，台湾商务印书馆，1982，第149页。

阳声：黄钟、大簇、姑洗、蕤宾、夷则、无射。阴声：大吕、应钟、南吕、函钟、小吕、夹钟。"郑注："其相生则以阴阳六体为之，黄钟，初九也，下生林钟之初六，林钟又上生大簇之九二，大簇又下生南吕之六二，南吕又上生姑洗之九三，姑洗又下生应钟之六三，应钟又上生蕤宾之九四，蕤宾又下生大吕之六四，大吕又上生夷则之九五，夷则又下生夹钟之六五，夹钟又上生无射之上九，无射又上生中吕之上六。同位者，象夫妻；异位者，象子母。"[1] 据郑玄注，"初九"至"上九"乃就六爻之乾卦而言，"初六"至"上六"乃就六爻之坤卦而言。据郑玄文制表 2-1（简称"律吕阴阳相合图"）。

表 2-1　律吕阴阳相合图

阳声	黄钟	大簇	姑洗	蕤宾	夷则	无射
六爻	初九	九二	九三	九四	九五	上九
阴声	林钟	南吕	应钟	大吕	夹钟	中吕
六爻	初六	六二	六三	六四	六五	上六

郑玄言阴声之"林钟""中吕"，与《周礼》文相异。《周礼·春官·大司乐》："乃奏夷则，歌小吕，舞大濩，以享先妣。"郑注："小吕，一名中吕。"小吕即中吕。又《大司乐》："乃奏蕤宾，歌函钟，舞大夏，以祭山川。"郑注："函钟，一名林钟。"林钟即函钟。

杨图以乾卦、坤卦、既济卦、未济卦配合相关律吕撰图。观杨图，结合郑图分别比勘如下。

第一卦：乾卦之六爻所配律吕，乃郑玄言阳声。郑图作"大簇"，杨图作"太簇"，太、大古通，故杨图乾卦所配阳声内容与郑图相符。

第二卦：坤卦之六爻所配律吕，乃郑玄言阴声。杨图坤卦之六三为"夹钟"，与郑图六三为"应钟"相异；杨图坤卦之六五为"应钟"，与郑图六五为"夹钟"相异。据《周礼》及郑注文，杨图失之。又杨图坤卦之上六为"仲吕"，与郑图上六为"中吕"相异。"仲吕"，《吕氏春秋·季夏》《淮南子·天文训》高诱注皆为四月，《白虎通·五行》言四月为仲

---

[1] 郑玄注，贾公彦疏《周礼注疏》，中华书局，1980，第 795 页。

吕，故"仲吕"义与"中吕"义无涉，杨图坤卦之上六为"仲吕"失当，当为"中吕"。

第三卦：既济卦之六爻所配律吕，乃郑玄言阴声、阳声之混合。杨图既济卦之初九为无射，郑图则为黄钟，郑图上九为无射，则上九降为初九；杨图之九三为夷则，郑图作姑洗，郑图九五为夷则，则九五降为九三；杨图之六四为林钟，郑图则为大吕，郑图初六为林钟，则初六升为六四；杨图之九五为蕤宾，郑图作夷则，郑图九四为蕤宾，则九四升为九五；杨图上六为仲吕，郑图为中吕，据文献，杨图"仲吕"当为"中吕"。杨图既济卦言"离中之阴已降"，既济卦乃上坎下离，故离中之阴乃既济卦之六二，如杨图言，六二已降。

第四卦：未济卦之六爻所配律吕，乃郑玄言阴声、阳声之混合。杨图未济卦之初六为应钟，郑图则为林钟，郑图六三为应钟，则六三降为初六；杨图之九二为黄钟，郑图作大簇，郑图初九为黄钟，则初九升为九二；杨图之六三为大吕，郑图则为应钟，郑图六四为大吕，则六四降为六三；杨图之九四为太簇，郑图作蕤宾，郑图九二为大簇，则九二升为九四；杨图之上九为姑洗，郑图为无射，郑图九三为姑洗，则九三升为上九。杨图未济卦言"坎中之阳将升"，未济卦乃上离下坎，故坎中之阳乃未济卦之九二，如杨图言。

《周易参同契》云："天地设位，而易行乎其中矣。"天地者，乾坤之象也，设位者，列阴阳配合之位也。易谓坎离，坎离者，乾坤二用。二用无爻位，周流行六虚，往来既不定，上下亦无常，幽潜沦匿，变化于中，包囊万物，为道纲纪。以无制有，器用者空，故推消息，坎离没亡。朱熹以为，此引《周易》而释析，使人明白乾坤坎离之作用。言乾上而坤下，离降而坎升也。乾坤二用，谓乾用九，坤用六，九老阳，六老阴也。乾坤二卦，六爻九六各有定位，唯用九、用六无定位，而六爻之九六，即此九六之周流升降也。坎离二用无定位者，六卦之阴阳即坎离中爻之周流升降也。

三 "重易六爻图"[①]

杨图"重易六爻图"（见图2-5），有图无文。有关"重易六爻"，文

[①] 杨甲：《六经图》，台湾商务印书馆，1982，第154页。

献有载。《周易·系辞下》:"八卦成列,象在其中矣。因而重之,爻在其中矣。"韩注:"夫八卦备天下之理而未极其变,故因而重之以象其动用,拟诸形容以明治乱之宜,观其所应以著适时之功,则爻卦之义,所存各异。"孔疏:"因此八卦之象而更重之,万物之爻在其所重之中矣。然象亦有爻,爻亦有象,所以象独在卦,爻独在重者,卦则爻少而象多,重则爻多而象少,故在卦举象,在重论爻也。……八卦大略有八,以备天下大象大理,大者既备则小者亦备矣,直是不变之备,未是变之备也,故云'未极其变',故因而重之以象。"①据韩康伯、孔颖达说,象乃卦之形体,各因一卦而以八卦次第加之为六十四,爻乃六爻也,既重而后卦有六爻也。

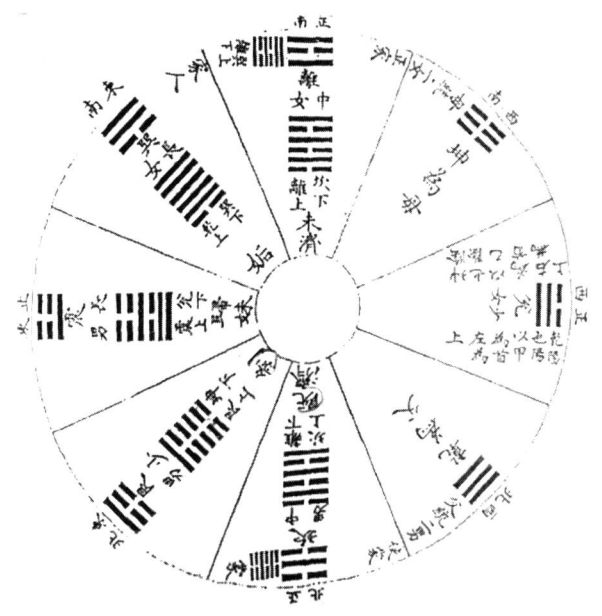

图 2-5　杨甲《六经图》"重易六爻图"

观杨图,正北:坎卦(中男),既济卦(坎上离下),蒙卦(震上坎下,有误,当为艮上坎下);坎卦、离卦相对,坎、离相重,一阴一阳,重之为既济卦;坎卦、艮卦相邻,阴阴相交,重之为蒙卦。

正南:离卦(中女),未济卦(离上坎下),家人卦(巽上离下);离卦、坎卦相对,一阳一阴,重之为未济卦;离卦、巽卦相邻,阳阳相交,

---

① 韩康伯注,孔颖达正义《周易正义》,中华书局,1980,第85页。

重之为家人卦。

正东：震卦（长男），归妹卦（震上兑下）；震卦、兑卦相对，一阴一阳，重之为归妹卦。

正西：兑卦（少女）。兑卦、震卦相对，一阳一阴，重之为随卦（兑上震下）。又兑卦，旁注为：乾，阳也。阳以甲为首，左为上。坤，阴也。阴以乙为首，右为上。

西北：乾卦，乾为父。父统二男使蒙（"使蒙"二字在坎卦）。

西南：坤为母。母统二女正家（"正家"二字在离卦）。

东北：艮卦（少男），剥卦（艮上坤下），艮卦、坤卦相对，重之为剥卦。

东南：巽卦（长女），姤卦（乾上巽下），乾卦、巽卦相对，重之为姤卦。

杨图"八卦"乃后天八卦，杨图内容，文献有载。林至《易裨传·法象篇》言："以造化之序论之，先天所以立体也，后天所以致用也。……后天震居东方，万物出生之地；巽居东南，万物洁齐之地；坤西南，万物致养之地。兑正西，物之所说；乾西北，阴阳之相薄；坎正北，物之所归；艮东北，所以成终成始者也。以阴阳之体论之，巽、离、兑本阳体也，而阴来交之；震、坎、艮本阴体也，而阳来交之。……后天之卦，得一阴者为三女，得一阳者为三男。……后天之位，三男附乎乾，三女附乎坤者，阴附阴，阳附阳也。"杨图言"乾为父。父统二男使蒙"，"坤为母。母统二女正家"，与文献言相合。

杨图所言八卦六子，《周易·说卦传》有说，其言："乾，天也，故称乎父。坤，地也，故称乎母。震一索而得男，故谓之长男。巽一索而得女，故谓之长女。坎再索而得男，故谓之中男。离再索而得女，故谓之中女。艮三索而得男，故谓之少男。兑三索而得女，故谓之少女。"朱熹《周易本义》卷四："索，求也。谓揲蓍以求爻也。男女，指卦中一阴一阳之爻而言。"[1]

杨图"重易六爻图"以后天八卦示之，观图，乾卦、坤卦、兑卦无重

---

[1] 朱熹：《周易本义》，中国书店，1994，第127页。

卦，当补之。兑卦，旁注为：乾，阳也。阳以甲为首，左为上。坤，阴也。阴以乙为首，右为上。其中，"乾，阳也。阳以甲为首，左为上"当在乾卦；"坤，阴也。阴以乙为首，右为上"当在坤卦。"使蒙"二字在坎卦，不确，当属乾卦；"正家"二字在离卦，当属坤卦。清代王皜图已经更之。

四 "参伍以变图"

> 参，合也。配，偶也。天地之数各相参配，错综往来而相生，故生成之数大备而天地之文生焉。《系辞》曰：参伍以变，错综其数。通其变，遂成天地之文，此之谓也。[1]

杨图"参伍以变图"（见图2-6）内容源自《周易·系辞上》。《系辞上》言："参伍以变，错综其数，通其变，遂成天下之文，极其数，遂定天下之象。"孔疏："正义曰：'参伍以变'者，参，三也；伍，五也。或三或五以相参合，以相改变，略举三五，诸数皆然也。'错综其数'者，错谓交错，综谓总聚，交错总聚其阴阳之数也。'通其变'者，由交错总聚，通极其阴阳相变也；'遂成天地之文'者，以其相变，故能遂成就天地之文。"[2] 孔颖达以为"参伍以变"指或三或五以相参合，以相改变，略举三五，诸数皆然也。

有关"参伍以变"，其他文献亦有说。朱熹《周易本义》卷三《系辞上传》："参者，三数之也。伍者，五数之也。既参以变，又伍以变，一先一后，更相考核，以审其多寡之实也。错者，交而互之，一左一右之谓也。综者，总而挈之，一低一昂之谓也。此亦皆谓揲蓍求卦之事，盖通三揲两手之策，以成阴阳老少之画；究七八九六之数，以定卦爻动静之象也。参伍错综皆古语，而参伍尤难晓，按荀子云：'窥敌制变，欲伍以参。'韩非曰：'省同异之言，以知朋党之分；偶参伍之验，以责陈言之实。'又曰：'参之以此物，伍之以合参。'《史记》曰：'必参而伍之。'

---

[1] 杨甲：《六经图》，台湾商务印书馆，1982，第167页。
[2] 韩康伯注，孔颖达正义《周易正义》，中华书局，1980，第81页。

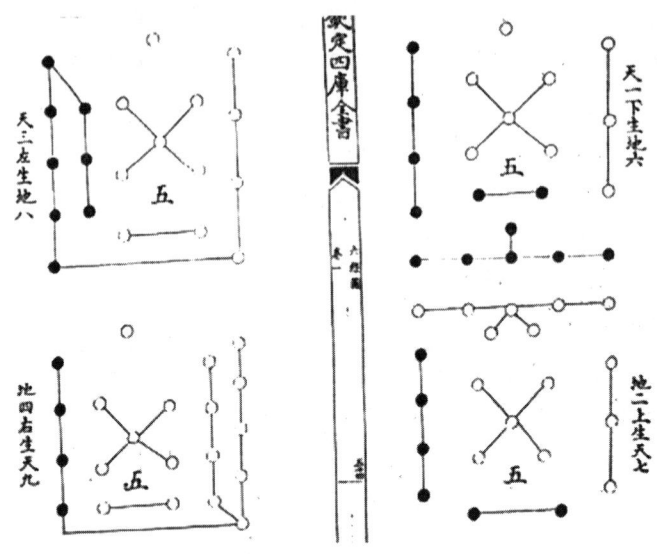

图 2-6 杨甲《六经图》"参伍以变图"

又曰:'参伍不失。'《汉书》曰:'参伍其贾,以类相准。'此足以相发明矣。"① 朱熹以为参、伍皆数,乃交互变化之辞,《史记》《汉书》有参伍之说。

方孔炤、方以智《周易时论合编》卷四"三五错综说":"汉《志》引《易》参五错综,而以三辰五星、三统五行、三德五事合举言之。……夫四象八卦因重八八,皆四周之数所为。此中五与十者,天地之中终也。十统于五,大一之枢也。无实无虚之至用也,合为十五乃三五五。生数也,近周围一二三四,乃二五也,而统于中之一五,外周围六七八九,乃六五也,合统于中之三五,此三五之本论也。天以地立方体,而以圆用之,故举二即藏参矣,布四即藏五矣。约而称之,六七八九皆一二三四得五而成者也。言一言五而二四在中,参两在中矣。故曰参五以变,错综其数。前儒纷纭,详《系传》注。即以蓍言,分二象三三也,合分二与象三即五也,四揲藏一即五也。凡极数以参两,而以五纪之,十乃五之节也。"② 方孔炤、方以智言三五之义即"言一言五而二四在中,参两在中

---

① 朱熹:《周易本义》,中国书店,1994,第114页。
② 方孔炤、方以智:《周易时论合编》,郑万耕点校,中华书局,2019,第186页。

矣"，三、五为数无疑。

《周易·系辞上》："参五以变，错综其数。"李鼎祚集解："虞翻曰：逆上称错，综，理也。谓五岁再闰，再扐而后挂，以成一爻之变，而倚六画之数，卦从下升，故错综其数，则'三天两地而倚数'者也。"李道平纂疏："《说卦》曰易逆数也，故错称逆上。刘向《列女传》推而往引而来综也。综有文理，易顺性命之理，有阴阳往来之义，故云综理也。参，三也。一挂两揲，两扐为五岁，再闰挂当为卦，再扐而后卦，凡三变而成一爻是三，其五以成一爻之变，故曰参五以变。"①李道平以为"凡三变而成一爻是三，其五以成一爻之变"，即为"参五以变"。参、五亦皆为数。

今之学者对"参伍以变"亦有论说。《周易·系辞上》："参伍以变，错综其数，通其变，遂成天下之文。"南怀瑾注："三才五行或阴阳之数参合五位的变化，错综其数字的推演，通达它的变化，终于成就阴阳之数的神妙，而易中阴阳卦爻的文辞也由此可以推知了。"②南怀瑾以为"参伍以变"乃"三才五行或阴阳之数参合五位的变化"。《十三经辞典》之《周易卷》言"参伍以变"指三番五次地演变蓍草。③《周易大辞典》释"参伍以变，错综其数"为"《系辞上传》对《周易》大义的阐发。参，三；伍，五。'参伍'犹言三番五次。'参伍以变，错综其数'犹言三番五次地研求变化、错综反复地推衍蓍数"。④汪显超以为，"参伍以变，错综其数"并非讲《九宫数图》的数字规律"纵横交错，都是十五"，它是对《周易》筮法的核心内容"三变成爻"的具体操作形式的概括性描述。⑤张克宾以为"参伍"之原意非指数目，而是参合比伍的意思；"错综"则是错杂交互而统合有序。就文本语境而言，"参伍""错综"首先是指行筮过程中蓍策的参合比伍、错综统合，继而是指卦爻象数参合交互的有机变通。古人多从"参伍"之语源义三五之数立论，一方面以"参伍""错综"诠解"大衍筮法"，使得大衍筮法内蕴之机理越发精微，筮占理论更为丰富；

---

① 李道平纂疏《周易集解纂疏》，台北广文书局，1976，第771页。
② 南怀瑾、徐芹庭注译《周易今注今译》，台湾商务印书馆，1987，第403页。
③ 《十三经辞典》编纂委员会编写《十三经辞典》（周易卷），陕西人民出版社，2012，第58页。
④ 萧元、廖名春：《周易大辞典》，中国工人出版社，1991，第575页。
⑤ 汪显超：《"参伍以变，错综其数"与〈洛书〉》，《中山大学学报》（社会科学版）2000年第2期。

另一方面随着易图学的兴起,"参伍""错综"成为易图学建构和发展的基础性理论。①

我们以为"参伍以变"之"参",亦作"三",二字相通;"伍"亦作"五",二字相通;"参""伍"本义为数字三、五,于《周易》而言当指参合交互,由数字义衍生而来。杨图释"参伍以变"之参为"合"义,与孔说有异,然其释义符合《周易》文语境,有理。

观杨图"参伍以变图",其图有四:其一为"天一下生地六",其二为"地二上生天七",其三为"天三左生地八",其四为"地四右生天九"。杨图所载四图之文,文献亦有载。《周易·系辞上》:"天数五,地数五,五位相得而各有合。"韩注:"五,奇也。五,耦也。天地之数各五,五数相配,以合成金木水火土。"孔疏:"若天一与地六相得合为水,地二与天七相得合为火,天三与地八相得合为木,地四与天九相得合为金,天五与地十相得合为土也。"② 据韩注、孔疏,奇偶之数相合与五行相配,即一六为水、二七为火、三八为木、四九为金、五十为土。杨图所言与孔颖达疏相合,其言有据。杨图以白圈表示天,黑圈表示地,以明阴阳之别。杨图绘四图皆五居中位,据图中文言上下左右之象,图呈四方之状,图一"天一下生地六"则无七八九等数,图二"地二上生天七"则无一六八九等数,图三"天三左生地八"则无三六七九等数,图四"地四右生天九"则无三六七八等数。据孔颖达一六为水、二七为火、三八为木、四九为金、五十为土,我们以为杨图绘四图当标注五行,即图一为水、图二为火、图三为木、图四为金。张克宾言"参伍错综"乃易图学建构和发展的基础性理论,据杨图可见一斑。

五 "先甲后甲图"

> 自甲午至癸亥三十日。先甲:黑晕。起申至巳,自甲子至癸巳。后甲:白晕。起寅至亥。③

---

① 张克宾:《从文辞到象数:论〈系辞传〉"参伍""错综"说的意义衍生》,《周易研究》2019年第1期。
② 韩康伯注,孔颖达正义《周易正义》,中华书局,1980,第80页。
③ 杨甲:《六经图》,台湾商务印书馆,1982,第169页。

杨图"先甲后甲图"(见图 2-7)所言"先甲后甲"出自蛊卦。《周易·蛊卦》:"蛊,元亨,利涉大川。先甲三日,后甲三日。象曰:'蛊,刚上而柔下,巽而止,蛊。蛊元亨而天下治也。利涉大川,往有事也。先甲三日,后甲三日。终则有始,天行也。'"孔疏:"正义曰:'先甲三日,后甲三日'者,甲者,创制之令既在有为之时,不可因仍旧令。今用创制之令以治于人,人若犯者未可即加刑罚,以民未习,故先此宣令之前三日殷勤而语之,又如此宣令之后三日更丁宁而语之,其人不从乃加刑罚也。其褚氏、何氏、周氏等并同郑义以为:甲者,造作新令之日。甲前三日,取改过自新,故用辛也。甲后三日,取丁宁之义,故用丁也。今案辅嗣注:甲者,创制之令,不云创制之日。又巽卦九五'先庚三日,后庚三日',辅嗣注:申命令谓之庚。辅嗣又云:甲、庚皆申命之谓。则辅嗣不以甲为创制之日,而诸儒不顾辅嗣注旨,妄作异端,非也。"① 据孔疏,先甲三日用辛,后甲三日用丁。孔颖达引王弼言甲非创制之日,甲义为创制之令,诸儒所言与王弼不符,失当。

图 2-7 杨甲《六经图》"先甲后甲图"

所谓"先甲""后甲"皆关涉"纳甲"一说,有关"纳甲",文献有

---

① 韩康伯注,孔颖达正义《周易正义》,中华书局,1980,第35页。

说。沈括《梦溪笔谈》卷七："《易》有'纳甲'之法，未知起于何时。予尝考之，可以推见天地胎育之理。乾纳甲壬，坤纳乙癸者，上下包之也。震、巽、坎、离、艮、兑纳庚、辛、戊、己、丙、丁者，六子生于乾、坤之包中，如物之处胎甲者。左三刚爻，乾之气也；右三柔爻，坤之气也。乾之初爻交于坤生震，故震之初爻纳子午；中爻交于坤生坎，初爻纳寅申；上爻交于坤生艮，初爻纳辰戌。坤之初爻交于乾生巽，故巽之初爻纳丑未；中爻交于乾生离，初爻纳卯酉；上爻交于乾生兑，初爻纳巳亥。"[1] 赵彦卫《云麓漫钞》卷一一："纳甲例说并图。甲者，五行之首，六甲也。乙、丙、丁、戊、己、庚、辛、壬、癸……干以十言之，支以十二言之。每支配干得五。纳者干支相配，而纳归之为五行也。八卦：乾、坤、震、坎、艮、巽、离、兑。乾坤纳两头，乾纳甲与壬，坤纳乙与癸，上下包之也，配合而归五行也。其源出于八卦。乾坤为父母，包括始终，故乾甲坤乙，乾壬坤癸，包十干而无为。震、庚干而支子午，盖有长子代乾之义。巽、辛干而支丑未，盖有长女代坤之义。"[2] 有关纳甲之说，如沈括、赵彦卫所言，纳者干支相配，乾坤纳两头，即乾纳甲壬，坤纳乙癸。

有关"先甲三日，后甲三日"，古今学者皆有论说。朱熹《周易本义》卷一《上经》之"蛊"："先甲三日，后甲三日。（甲，日之始，事之端也。先甲三日，辛也；后甲三日，丁也。）"[3] 李道平《周易集解纂疏》卷三《上经》："先甲三日，后甲三日。"李鼎祚集解："《子夏传》云：先甲三日者，辛壬癸也；后甲三日者，乙丙丁也。马融曰：甲在东方，艮在东北，故云先甲；巽在东南，故云后甲。所以十日之中唯称甲者，甲为十日之首，蛊为造事之端，故举初而明事始也。言所以三日者，不令而诛谓之暴，故令先后各三日欲使百姓遍习行而不犯也。"李道平纂疏："《子夏传》：此统甲之先后三日言也。以纳甲言之，甲谓乾也，乾纳甲，泰内卦本乾，故言先甲后甲。先甲三日，辛也；巽纳辛，坤上之初成巽，在乾之先，故先甲三日也。郑氏谓取改过自新，故用辛是也。后甲三日，丁也，兑纳丁四体，兑在乾之后，故后甲三日也。郑氏谓取丁宁之义，故用丁是

---

[1] 沈括著，胡道静校证《梦溪笔谈校证》，上海古籍出版社，1987，第327页。
[2] 赵彦卫：《云麓漫钞》，中华书局，1958，第165页。
[3] 朱熹：《周易本义》，中国书店，1994，第45页。

也。马注：艮巽合而互震，震，东方之卦也。震为木，甲东方木神，故云甲在东方。艮，西北之卦也，故云先甲。巽，东南之卦也，故云后甲。甲为乾首，郑氏所谓造作新令之日是也。事不生于无事，而生于有事，故蛊为造事之端。事欲慎终于始，故举初以明事始。《论语》曰：不戒视成谓之暴，即不令而诛之谓也。惟于事之未行先三日而告之，事之既行后三日而戒之，庶百姓遍习行而不犯也。"①

《十三经辞典》之《周易卷》释"先甲三日，后甲三日"为："甲日前第三日，甲日后第三日。为《蛊》卦爻辞。古代以十天干记日。每旬第一日为甲日，第十日为癸日，周而复始。甲日前第三日，为辛日；甲日后第三日，为丁日……由辛日至丁日，恰为七日，此正说明天道运行，'终则有始'，往复循环。"②

《周易今注今译·上经》言："据子夏传说：'先甲三日者，辛、壬、癸也。后甲三日者，乙、丙、丁也。'马融说：'甲在东方。艮在东北，故云先甲。巽在东南，故云后甲。所以十日之中，唯称甲者，甲为十日之首。蛊为造事之端，故举初而明事始也。言所以三日者，不令而诛谓之暴。故令先后各三日，欲使百姓遍习，行而不犯也。'马氏所说的先甲后甲，还是象数易学家的本色。至于'三日'的解释，便又走入儒理与为政的观念，不能说他不对，但各人都有牵强附会的一套观点，例如王弼的注解，便把先甲的辛干的辛字，解释为对颁布政令时的申诫情形。后甲的丁干的丁字，解释为颁布政令以后的叮咛训诫。这等于后世测字先生们的讲解，实在不足以为训。其实，本卦所谓先甲后甲的问题，与巽卦九五爻的'先庚三日，后庚三日'都包括古代气象学与地区、时令、风向的记载，颇有价值。"③

由上，"先甲三日"即辛、壬、癸，"后甲三日"即乙、丙、丁，"先甲"在西北位，"后甲"在东南位。

杨图文"自甲午至癸亥三十日"为"先甲"，观杨图，其文"起申至

---

① 李道平纂疏《周易集解纂疏》，台北广文书局，1976，第260页。
② 《十三经辞典》编纂委员会编写《十三经辞典》（周易卷），陕西人民出版社，2012，第43页。
③ 南怀瑾、徐芹庭注译《周易今注今译》，台湾商务印书馆，1987，第132~133页。

巳"当为"起申至戌","先甲"方向为西北，与马融说同。又杨图文"自甲子至癸巳"为"后甲"，观其图，其文"起寅至亥"当为"起寅至午"，"后甲"方向为东南，与马融说同。

关于杨图"先甲""后甲"之起止，文献有异说。马国翰《玉函山房辑佚书》"经编易类"之《归藏》："朱元昇《三易备遗》曰：'《归藏易》以六甲配六十四卦。所藏者，五行之气也。所用者，五行之象也。'又曰：'《归藏易》首坤尾剥。'又曰：'《归藏》二篇，自甲子至癸巳为先甲，自甲午至癸亥为后甲，其策万有八百。'"① 马国翰辑佚《归藏》言"自甲子至癸巳为先甲，自甲午至癸亥为后甲"与杨甲图所言相反。《归藏》乃三易之一种，杨甲易图乃本《周易》，《周易》亦为三易之一种，二说或皆有理。

六 "六爻三极"②

杨图"六爻三极"有图无文（见图2-8）。"六爻三极"文源于《周易·系辞上》。

《周易·系辞上》："圣人设卦观象，系辞焉而明吉凶，刚柔相推而生变化。是故，吉凶者，失得之象也；悔吝者，忧虞之象也；变化者，进退之象也；刚柔者，昼夜之象也。六爻之动，三极之道也。"韩注："三极，三材。兼三材之道，故能见吉凶成变化也。"孔疏："此覆明变化进退之义。言六爻递相推动而生变化，是天地人三才至极之道，以其事兼三材，故能见吉凶而成变化也。"③ 据孔颖达言，所谓"六爻三极"即六爻的动态就是天地人三才的道理。

朱熹《周易本义》卷三《系辞上传》："柔变而趋于刚者，退极而进也；刚化而趋于柔者，进极而退也。既变而刚，则昼而阳矣；既化而柔，则夜而阴矣。六爻：初二为地，三四为人，五上为天。动，即变化也。极，至也。三极，天、地、人之至理，三才各一太极也。此明刚柔相推以生变化，而变化之极复为刚柔，流行于一卦六爻之间，而占者得因所

---

① 马国翰：《玉函山房辑佚书》，京都中文出版社，1979，第36页。
② 杨甲：《六经图》，台湾商务印书馆，1982，第151页。
③ 韩康伯注，孔颖达正义《周易正义》，中华书局，1980，第76~77页。

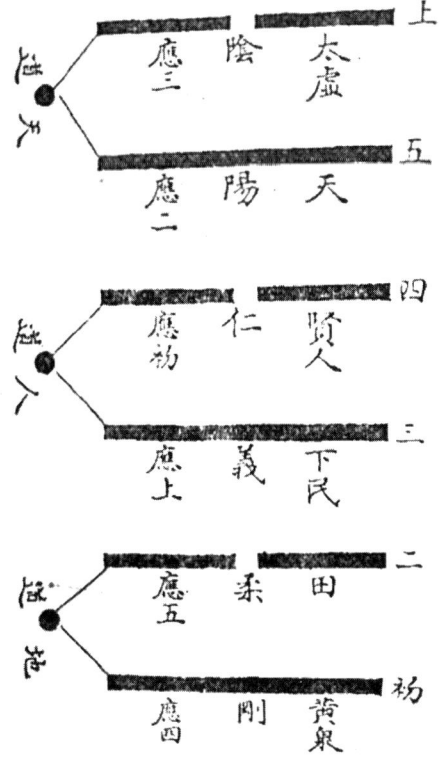

图 2-8 杨甲《六经图》"六爻三极"

值以断吉凶也。"① 杨图"六爻三极"言五上为天道、三四为人道、初二为地道，亦是按照天上、地下、人中之天地人合一的原则撰图，与朱熹说同。

《周易·系辞上》："六爻之动，三极之道也。"李鼎祚集解："陆绩曰：天有阴阳二气，地有刚柔二性，人有仁义二行，六爻之动法乎此也。此三才，极至之道也。初四下极，二五中极，三上上极也。"李道平纂疏："《说卦》：立天之道曰阴与阳，故云天有阴阳二气。立地之道曰柔与刚，故云地有刚柔二性。立人之道曰仁与义，故云人有仁义二行。六爻之动兼乎三才，故云法乎此也。此言六爻为三才，极至之道，以初四为下极，二五为中极，三上为上极，分内外为三极，不应经义，盖极者，中也。《说

---

① 朱熹：《周易本义》，中国书店，1994，第 107 页。

文》：极，栋也。《逸雅》：栋，中也。居屋之中也。故《洪范》建用皇极，《周礼》设官分职以为民极，郑氏皆训极为中也。郑《易》注：三极，三才也。《周书》小开武曰：三极，一维天九星，二维地九州，三维人四虞，故郑以三极为三才也。以五行言则五六为天地之中，以姤复言则二至为天地之中，以四时言则春秋为天地之中，以爻位言则二五为天地之中也。《春秋传》曰：民受天地之中以生天地人，故称三极六爻兼三才而两之，故曰三极之道也。"① 李道平言天地人之道与六爻相配，三极之道言六爻之初爻、四爻为下级，六爻之二爻、五爻为中极，六爻之三爻、上爻为上级。八卦各有三画，下为地，上为天，中为人。六十四卦各有六画，初与二为地之道，三与四为人之道，五与上为天之道，以易之六爻彰显其与天地人的契合关系。

杨图"六爻三极"所涉"世应说"具体为：初爻——应四、二爻——应五、三爻——应上、四爻——应初、五爻——应二、六爻——应三。此说源于《彖传》和《象传》提及的应位说。应位说乃用应位上的有应无应关系解释《周易》卦爻辞之吉凶的学说，简言之，即一卦中的上下两经卦各爻之间有着一种两两相对应的关系，处在对应位置上的两爻若能阴阳相应，即为吉祥之象，若阴阳相敌，则为凶灾之象。

汉代京房的"世应说"亦源于此，京氏说着眼于《周易》六爻之间的关系，由于占卜需要，必须确立六爻之间的相互关系。一卦中有一个主爻，此主爻决定该卦的吉凶祸福，此主爻名为卦主。京房以为一卦的卦主即为世爻，与主爻相对的即是应爻，应爻是辅助爻。主爻和世爻确立的依据在于八宫爻变的原则，具体为：一世卦初爻变，故初爻为世爻，四爻为应爻；二世卦二爻变，则五爻为应爻；三世卦三爻变，则上爻为应爻；四世卦四爻变，则初爻为应爻；五世卦五爻变，则二爻为应爻；游魂卦四爻变，则初爻为应爻；归魂卦三爻及以下二爻变，则上爻为应爻。京房此说影响较大，后世学者多从其说，如宋代朱震《汉上易传》②亦言卦一世者四应、二世者五应、三世者上应、四世者初应、五世者二应、六世者三

---

① 李道平纂疏《周易集解纂疏》，台北广文书局，1976，第 711~712 页。
② 朱震：《汉上易传》，种方点校，中华书局，2020。

应。元代李道纯《周易尚占》① 言一世卦，应在四；二世卦，应在五；三世卦，应在上；四世卦，应在初；五世卦，应在二；八纯卦，应在三；游魂卦，应在初；归魂卦，应在上。彼为应，世为我。应为晦，世为贞。杨图所言与京房说亦同。

杨图"六爻三极"以阴阳在天道，仁义在人道，刚柔在地道，此说出自《周易·说卦》"是以立天之道曰阴与阳，立地之道曰柔与刚，立人之道曰仁与义"。故杨图绘图乃据三才而绘之，如陆绩所言"天有阴阳二气，地有刚柔二性，人有仁义二行，六爻之动法乎此"。

杨图"六爻三极"言上爻为太虚，五爻为天。张载《正蒙·太和》："太虚无形，气之本体；其聚其散，变化之客形尔。"张氏言太虚乃宇宙万物最原始的实体——气。天乃至尊之上帝，至刚至上，故此二爻为天道。三爻为下民，如《尚书·益稷》言下民即为普通百姓。四爻为贤人，贤人即有才有德之人。初爻为黄泉，黄泉为人死后居住的地下世界。二爻为田，乾卦第二爻"见龙在田，利见大人"之"田"即为地上。《周易》孔疏言"六爻递相推动而生变化，是天地人三才至极之道"，此递相推动而生变化当指：黄泉（地下）→田（地上）→下民（百姓）→贤人（有才德之人）→天（上帝）→太虚（宇宙）。此变化体现了由下至上、由低级至高级、由微观到宏观、由具体到抽象这样一个不断循环的过程，"六爻三极"体现了朴素的辩证法思想。杨图所言"太虚""天""贤人""下民""田""黄泉"分别对应六爻，此说无文献依据，当杨己见，然较为符合"六爻三极"之辩证法的往复循环、吉凶转换之象。后世易图之作多因袭其说，或在此基础上另辟新说。

关于杨图"黄泉"，《道藏·洞真部》"灵图类"之"大易象数钩深图"卷上第二十五作"黄"，与文意不符，失之。

七 "帝出震图"②

杨图"帝出震图"（见图2-9）有图无文。"帝出震"见于《周易·说卦传》。

---

① 李道纯：《周易尚占》，上海古籍出版社，1987。
② 杨甲：《六经图》，台湾商务印书馆，1982，第151页。

图2-9 杨甲《六经图》"帝出震图"

《周易·说卦传》:"帝出乎震,齐乎巽,相见乎离,致役乎坤,说言乎兑,战乎乾,劳乎坎,成言乎艮。"孔疏:"帝出乎震至,故曰成。言乎艮者,康伯于此无注。然益卦六二:王用亨于帝吉,王辅嗣注云:帝者,生物之主……则辅嗣之意以此帝为天帝也。帝若出万物则在乎震,洁齐万物则在乎巽,令万物相见则在乎离,致役以养万物则在乎坤,说万物而可言者则在乎兑,阴阳相战则在乎乾,受纳万物勤劳则在乎坎,能成万物而可定则在乎艮也。"①《周易本义》卷四《说卦传》注言:"帝者,天之主宰。邵子曰:'此卦位乃文王所定,所谓后天之学也。'"朱熹所言"帝出震"之文所涉八卦乃后天八卦之卦位。②《周易时论合编》卷一三"说卦传"言:"黄帝曰:帝无常处也,有处者乃无处也。孔子曰:乾坤阴阳之主也……君道倡始,臣道正终。邵子曰:坤统三女居西南,乾统三男于西北。乾坤交而为泰,坎离交而为既济也。其得天地之用乎?程子曰以主宰言谓之帝,朱子取之。《易简录》曰:出震之半属阳,属生,长男女用事,便代父母;入兑之半属阴,属杀,须得乾坤夹之。物物皆有一震以为之主宰。潜老夫曰:时行物生,万古当前,义《易》一有俱有。或文王阐而著之,建寅首春,称为帝出……智曰:播五行于四时,言环中必轮用也,以岁为征。"③

又:"万物出乎震,震,东方也。齐乎巽,巽,东南也,齐也者,言万物之洁齐也。离也者,明也,万物皆相见,南方之卦也。圣人南面而听天下,向明而治,盖取诸此也。"孔疏:"'万物出乎震,震,东方'者,解上帝出乎震,以震是东方之卦,斗柄指东为春,春时万物出生也。'齐乎巽,巽,东南也,齐也者,言万物之洁齐也。'解上'齐乎巽',以巽是东南之卦,斗柄指东南之时,万物皆洁齐也。'离也者,明也,万物皆相

---

① 韩康伯注,孔颖达正义《周易正义》,中华书局,1980,第94页。
② 朱熹:《周易本义》,中国书店,1994,第126页。
③ 方孔炤、方以智:《周易时论合编》,郑万耕点校,中华书局,2019,第1297页。

见，南方之卦也。圣人南面而听天下，向明而治盖取诸此也'者……日出而万物皆相见也，又位在南方，故圣人法南面而听天下，向明而治也。"又："坤也者，地也，万物皆致养焉，故曰致役乎坤。兑，正秋也，万物之所说也，故曰说言乎兑。战乎乾，乾，西北之卦也，言阴阳相薄也。坎者，水也，正北方之卦也，劳卦也，万物之所归也，故曰劳乎坎。艮，东北之卦也，万物之所成终，而所成始也，故曰成言乎艮。"孔疏："'言阴阳相薄也'者，解上'战乎乾'，以乾是西北方之卦，西北是阴地，乾是纯阳而居之，是阴阳相薄之象也……'坎者，水也，正北方之卦也，劳卦也，万物之所归也'……又是正北方之卦，斗柄指北，于时为冬，冬时万物闭藏纳受为劳……'艮，东北之卦也，万物之所成终，而所成始也，故曰成言乎艮'者……东北在寅丑之间，丑为前岁之末，寅为后岁之初，则是万物之所成终而所成始也。"①

据孔颖达、朱熹、方以智等言，《说卦传》"帝出乎震"之文义为：万物出现于震，震是东方之位，中国居北半球，看到太阳从东方开始照耀。由此开始，日照东南（巽），在九点、十点之间，万物欣欣齐整，普被阳光之泽。日正当中之时（离），万物都能相见。日光下移，约下午三点，万物皆依靠着地，而获至养育。至黄昏之际（兑），夕阳无限好，意味着万物所喜悦的正是这一时刻。日光即将进入黑暗之际，正是阴阳交接之时，故曰战俱于乾。黑暗之际，万物归息，即是坎卦所在北方之位，故言劳累于坎。周而复始，万物所成、终结之处亦是万物开始之地，此时即为黑夜将终，白天将临，故言成就于艮卦（东北）。我们以为，据《说卦》及孔颖达疏，八卦是有方位属性的，其次序是按照日出—日落周而复始之方位先后排定的，具体而言即是：震（东方）、巽（东南方）、离（南方）、坤（西南方）、兑（西方）、乾（西北方）、坎（北方）、艮（东北方）。每一方位之内容即根据日出日落之规律，结合万物生长规律撰写而成。杨甲"帝出震图"即是依据《说卦》内容而成。世所谓"后天八卦图"（又称"文王八卦图"，见图2-10），亦是基于《说卦》文而定，"后天八卦图"即以震卦为起点，其位正东，按顺时针方向，依次为巽卦，东

---

① 韩康伯注，孔颖达正义《周易正义》，中华书局，1980，第94页。

南;离卦,正南;坤卦,西南;兑卦,正西;乾卦,西北;坎卦,正北;艮卦,东北。序数为:坎一,坤二,震三,巽四,五为中宫,乾六,兑七,艮八,离九。杨图"帝出震图"与"后天八卦图"皆是据《说卦》而成,杨图"帝出震图"呈方形排列,与"后天八卦图"呈圆形排列相异。就内容而言,杨图"帝居中央",主造化之尊称,即天五也,"后天八卦图"未画有中宫之位。又杨图据《说卦》文,每一卦及其所代表方位皆有文字描述,后天八卦图无。我们以为杨图"帝出震图"是在"后天八卦图"基础上的创新之图,不仅方位清楚,而且辅以内容,更能说明此图的撰作主旨和意义所在,若以圆形示之,则更能体现八卦之义。

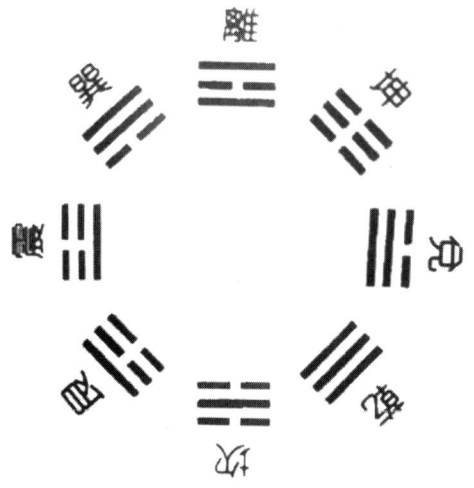

图 2-10 《十三经辞典》"后天八卦图"

八 "三陈九卦之图"[①]

杨图"三陈九卦之图"有文无图。其文如下:

	履德之基	谦德之柄	复德之本
一	恒德之固	损德之修	益德之裕
	困德之辩	井德之地	巽德之制

---

① 杨甲:《六经图》,台湾商务印书馆,1982,第165~166页。

	履和而至　谦尊而光　复小而辨于物
二	恒杂而不厌　损先难而后易　益长裕而不谦
	困穷而通　井居其所而迁　巽称而隐
	履以和行　谦以制礼　复以自知
三	恒以一德　损以远害　益以兴利
	困以寡怨　井以辨义　巽以行权

上经卦三，三叙而九。下经卦六，三叙而十八。履十、谦十五、复二十四；恒二、损十一、益十二、困十七、井十八、巽二十七。九卦之数，总一百三十有六。凡三求之，四百有八也。周大三百六十成数也，余四十八，阴阳所以进退也。阳进于乾六月各四十八。注：复至乾也。阴退于坤六月亦四十八。注：姤至坤也。此九卦数之用也。

"三陈九卦"说见于《周易·系辞下》。《系辞下》："易之兴也，其于中古乎。作易者，其有忧患乎。是故履，德之基也。谦，德之柄也。复，德之本也。恒，德之固也。损，德之修也。益，德之裕也。困，德之辨也。井，德之地也。巽，德之制也。"韩注："基，所蹈也。夫动本于静，语始于默。复者，各反其所始，故为德之本也。……能益物者，其德宽大也。困而益明。所处不移，象居得其所也巽所以申命明制也。"孔疏："易之兴也，至巽以行权，此第六章明所以作《易》为其忧患，故作《易》既有忧患，须修德以避患，故明九卦为德之所用也……以为忧患行德为本也。六十四卦悉为修德防患之事，但于此九卦最是修德之甚，故特举以言焉，以防忧患之事，故履卦为德之初基，故为德之时先须履践其礼，敬事于上，故履为德之初基也。……言为德之时，以谦为用。……为德之时，恒能执守始终不变则德之坚固。……行德之时恒自降损，则其德自益而增新。……若遭困之时，守操不移，德乃可分辨也。……改邑不改井，井是所居之常处，能守处不移是德之地也。……巽申明号令以示法制，故能与德为制度也。自此已上，明九卦各与德为用也。"[①] 据孔疏，此言九卦与德

---

① 韩康伯注，孔颖达正义《周易正义》，中华书局，1980，第89页。

之关系,知此九卦乃修德之本,其用乃防忧患之事,故三次述说此九卦之义,故言"三陈九卦"。杨图"损德之修"之"修",《周易正义》作"脩";又"困德之辩"之"辩",《周易正义》作"辨"。

又:"履和而至,谦尊而光,复小而辨于物,恒杂而不厌,损先难而后易,益长裕而不设,困穷而通,井居其所而迁,巽称而隐。"韩注:"和而不至,从物者也;和而能至,故可履也。……刻损以脩身,故先难也;身脩而无患,故后易也。有所兴为以益于物,故曰长裕。因物兴务,不虚设也。……称扬命令而百姓不知其由也。"孔疏:"自此已下,明九卦之德也。言履卦与物和谐而守其能至,故可履践也。'谦尊而光'者以能谦卑,故其德益尊而光明也。'复小而辨于物'者,言复卦于初细微小之时,即能辨于物之吉凶,不远速复也。恒卦虽与物杂碎并居,而常执守其操,不被物之不正也。先自灭损是先难也,后乃无患是后易也。益是增益于物,能长养宽裕于物,皆因物性自然而长养,不空虚妄设其法而无益也。言困卦于困穷之时而能守节,使道通行而不屈也。言井卦居得其所,恒住不移,而能迁其润泽,施惠于外也。言巽称扬号令而不自彰伐而幽隐也。自此已上,辨九卦性德也。"① 据孔疏,此乃言九卦之本性,故言性德。杨图"益长裕而不谦"之"谦",《周易正义》作"设",据韩注、孔疏言,杨图失之

又:"履以和行,谦以制礼,复以自知,恒以一德,损以远害,益以兴利,困以寡怨,井以辩义,巽以行权。"韩注:"求诸己也。以一为德也。止于脩身,故可以远害而已。……施而无私,义之方也。权反经而合道必合乎巽,顺而后可以行权也。"孔疏:"'履以和行'者,自此以下论九卦各有施用而有利益也。言履者,以礼敬事于人,是调和性行也。谦以制礼者,性能谦顺可以裁制于礼。'复以自知'者,既能返复求身,则自知得失也。恒能终始不移,是纯一其德也。……自降损脩身无物害己,故远害也。'益以兴利'者,既能益物,物亦益己,故兴利也。'困以寡怨'者,遇困守节不移,不怨天,不尤人,是无怨于物,故寡怨也。井能施而无私,则是义之方所,故辨明于义也。巽顺以既能顺时合宜,故可以权行

---

① 韩康伯注,孔颖达正义《周易正义》,中华书局,1980,第89页。

也。若不顺时制变，不可以行权也。"① 据韩注、孔疏，此言九卦之利与用，趋利避害之功效。

朱熹《周易本义》卷三《系辞下传》："履，礼也。上天下泽，定分不易，必谨乎此，然后其德有以为基而立也。谦者，自卑而尊人，又为礼者之所当执持而不可失者也。九卦皆反身修德以处忧患之事也，而有序焉。基，所以立。柄，所以持。复者，心不外而善端存。恒者，守不变而常且久，惩忿窒欲以修身，迁善改过以长善。困以自验其力，井以不变其所，然后能巽顺于理，以制事变也。"② 又："此如《书》之九德。礼非强世，然事皆至极。谦以自卑而尊且光，复阳微而不乱于群阴，恒处杂而常德不厌，损欲先难习熟则易，益但充长而不造作，困身困而道亨，井不动而及物，巽称物之宜而潜隐不露。"朱熹言"三陈九卦"，以明处忧患之道。

《周易今注今译》之"系辞下传"第七章南怀瑾注："所以履卦是教人行礼，它是建立德业之初基，为其根本。谦卦教人卑己尊人，虚心忍受，是道德的把柄。复卦教人除去物欲，教人从善，是德性的根本。恒卦是教人始终如一，恒久不已，它是道德稳固之所由。损卦是教人惩忿窒欲的道理，为修德的功夫。益卦教人迁善改过，使德性日益宽大。困卦教人穷困不乱，守着正道，是道德的分辨。井卦教人德泽似井，取之不尽，用之不竭，以达到道德的地步。巽卦是教人因势利导，是道德的制宜。"③ 据南注，"三陈九卦"之"九卦"乃教人以礼待人、尊敬他人、除欲向善、始终如一、惩忿窒欲、迁善改过、穷困不乱、利用德泽、因势利导，最终实现德之大业。

据文献，我们以为"三陈九卦"是从九卦之用（九卦与德之关系）、性（九卦之本性）、利（九卦之利弊）三个方面分别述说，人处忧患之道，当趋利避害，趋吉避凶，修德立业，实现真正之道德。由文献及文意，"三陈九卦图"当如图2-11所绘。

---

① 韩康伯注，孔颖达正义《周易正义》，中华书局，1980，第89页。
② 朱熹：《周易本义》，中国书店，1994，第122页。
③ 南怀瑾、徐芹庭注译《周易今注今译》，台湾商务印书馆，1987，第431~432页。

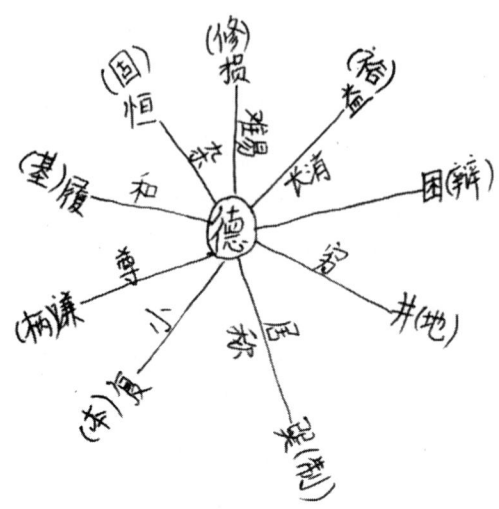

图 2-11　笔者绘"三陈九卦图"

第二节　《尚书轨范撮要图》内容考

一　"舜巡四岳图"①（见图 2-12）

"舜巡四岳"，《史记》有载。《史记》卷二八《封禅书》："辑五瑞，择吉月日，见四岳诸牧，还瑞。岁二月，东巡狩，至于岱宗。岱宗，泰山也。柴，望秩于山川。遂觐东后。东后者，诸侯也。合时月正日，同律度量衡，修五礼，五玉三帛二生一死贽。五月，巡狩至南岳。南岳，衡山也。八月，巡狩至西岳。西岳，华山也。十一月，巡狩至北岳。北岳，恒山也。皆如岱宗之礼。中岳，嵩高也。五载一巡狩。"《正义》："《括地志》云：'泰山，一曰岱宗，东岳也，在兖州博城县西北三十里。……衡山，一名岣嵝山，在衡州湘潭县西四十里。……华山在华州华阴县南八里。……恒山在定州恒阳县西北百四十里。'"② 据《史记》，杨图"东岳岱山"当作"东岳泰山"，"在兖州东北"当作"在兖州西北"；南岳衡山之"在衡州东"当作"在衡州西"；西岳华山之"在华州东南"当作"在华州

---

①　杨甲：《六经图》，台湾商务印书馆，1982，第 193 页。
②　司马迁：《史记》，中华书局，1982，第 1355~1356 页。

南";北岳恒山之"在并州"当作"在定州西北","十二月巡狩"当作"十一月巡狩"。

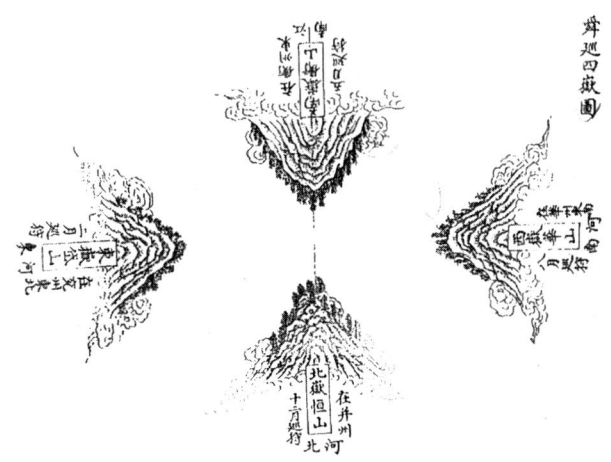

图 2－12　杨甲《六经图》"舜巡四岳图"

二　"七政五辰图"①

杨图"七政五辰图"（见图 2－13）之"七政五辰"，文献有说。《尚书·舜典》："在璇玑玉衡，以齐七政。"孔传："七政，日月五星各异政，舜察天文齐七政以审己当天心与否。"孔疏："七政，其政有七，于玑衡察之必在天者，知七政谓日月与五星也。木曰岁星，火曰荧惑星，土曰镇星，金曰太白星，水曰辰星。《易·系辞》云：天垂象见吉凶，圣人象之，此日月五星有吉凶之象，因其变动为占，七者各自异政，故为七政，得失由政，故称政也。"②孔颖达所言即"七政五辰"之说。

观杨图，木（岁星），其文："太岁在四仲，则岁行三宿；在四孟四季，则岁行二宿。二八十六，三四十二，而行二十八宿，十二岁而周天。"《史记》卷二七《天官书》："察日、月之行，以揆岁星顺逆。"张守节《正义》："晋灼云：'太岁在四仲，则岁行三宿；太岁在四孟四季，则岁行

---

① 杨甲：《六经图》，台湾商务印书馆，1982，第 194 页。
② 孔安国传，孔颖达正义《尚书正义》，中华书局，1980，第 126 页。

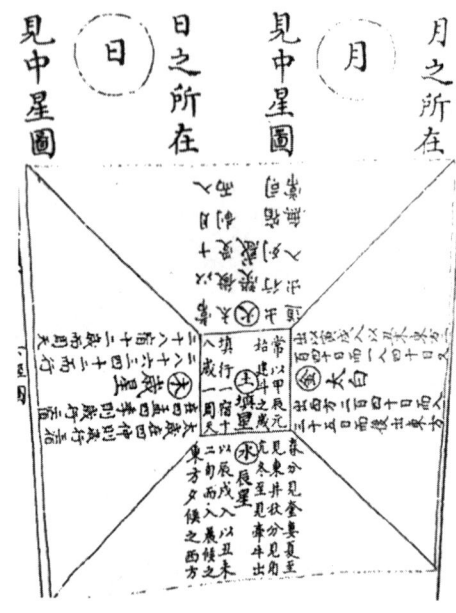

图 2-13 杨甲《六经图》"七政五辰图"

二宿。二八十六，三四十二，而行二十八宿，十二岁而周天。'"① 据《史记》，杨图"木（岁星）"文乃言依照日月运行，岁星顺逆之情状。

又火（荧惑），其文："常以十月入太微，受制而出行列宿，司道出入无常"。《史记》卷二七《天官书》："察刚气以处荧惑。曰南方火，主夏，日丙、丁。"司马贞《索隐》："晋灼云：'常以十月入太微，受制而出行列宿，司无道，出入无常。'"② 据司马贞言，杨图"火（荧惑）"文"司道"，《索隐》引晋灼文作"司无道"。

又土（填星），其文："常以甲辰元始建斗之，岁填行一宿，十八岁一周天"。《史记》卷二七《天官书》："历斗之会以定填星之位。曰中央土，主季夏，日戊、己，黄帝，主德，女主象也。"司马贞《索隐》："历斗之会以定镇星之位。晋灼曰：'常以甲辰之元始建斗，岁镇一宿，二八岁而周天。'《广雅》曰：'镇星，一名地侯。'《文耀钩》云：'镇，黄帝含枢

---

① 司马迁：《史记》，中华书局，1982，第1312页。
② 司马迁：《史记》，中华书局，1982，第1317~1318页。

纽之精,其体旋玑,中宿之分也。'"① 据《索隐》,杨图"填",司马贞、晋灼作"镇",《广雅》《文耀钩》亦作"镇";杨图"十八岁",晋灼作"二八岁"。

又金(太白),其文:"出以寅、戌,入以丑、未,东方二百四十日,而一入四十日又出西方,二百四十日而入,三十五日,而后出东方。"《史记》卷二七《天官书》:"察日行以处位太白。曰西方,秋,日庚、辛,主杀。"司马贞《索隐》:"太白晨出东方曰启明,故察日行以处太白之位也。《韩诗》云'太白晨出东方为启明,昏见西方为长庚'。"张守节《正义》:"晋灼云:'常以正月甲寅与荧惑晨出东方,二百四十日而入,入四十日又出西方,二百四十日而入,入三十五日而复出东方。出以寅、戌,入以丑、未。'"② 据张守节言,杨图"入以丑、末"当为"入以丑、未";杨图"而后出东方"当作"而复出东方"。

又水(辰星),其文:"春分见奎、娄,夏至见东井,秋分见角、亢,冬至见牵牛,出以辰、戌,入以丑、未,二旬而入,晨候之东方,夕候之西方。"《史记》卷二七《天官书》:"察日辰之会,以治辰星之位。曰北方水,太阴之精,主冬,日壬、癸。"张守节《正义》:"晋灼云:'常以二月春分见奎、娄,五月夏至见东井,八月秋分见角、亢,十一月冬至见牵牛。出以辰、戌,入以丑、未,二旬而入。晨候之东方,夕候之西方也。'"③ 据张守节言,杨图言"春分""夏至""秋分""冬至"当补相应月份。

"地支五行",其关系结合四季言之。杨图"五行"内容如下。

木:生于亥,壮于卯,死于未。寅卯,正木之辰。东方,木也,岁星主之,执规治春七十二日。《淮南子》卷三《天文训》:"东方,木也……执规而治春。其神为岁星……木生于亥,壮于卯,死于未,三辰皆木也。"④ 五星按木火土金水之序,相继出现于北极天空,每星各行七十二天,五星合周天三百六十度。即杨图所言"执规治春七十二日"。

---

① 司马迁:《史记》,中华书局,1982,第1319~1320页。
② 司马迁:《史记》,中华书局,1982,第1322~1323页。
③ 司马迁:《史记》,中华书局,1982,第1327页。
④ 刘文典:《淮南鸿烈集解》,冯逸等点校,中华书局,2013,第105、144页。

又火：生于寅，壮于午，死于戌。巳午，火之辰正。南方，火也。荧惑主之。执衡治夏七十二日。《淮南子》卷三《天文训》："南方，火也……执衡而治夏。其神为荧惑……火生于寅，壮于午，死于戌，三辰皆火也。"① 杨图所言与《淮南子》相合。

又土：生于申，壮于戌，死于寅。辰戌丑未，正土之辰。中央，土也。填星主之，执绳泊四方七十二日。《淮南子》卷三《天文训》："中央，土也……执绳而制四方。其神为镇星……土生于午，壮于戌，死于寅，三辰皆土也。"② 据《淮南子》，杨图"生于申"当为"生于午"；杨图"执绳泊四方"之"泊"当为"制"。

又金：生于巳，壮于酉，死于丑。申酉，正金之辰。西方，金也。太白主之，执矩治秋七十二日。《淮南子》卷三《天文训》："西方，金也……执矩而治秋。其神为太白……金生于巳，壮于酉，死于丑，三辰皆金也。"③ 据《淮南子》，杨图"申西"当为"申酉"。

又水：生于申，壮于子，死于辰。亥子，正水之辰。北方，水也。辰星主，执之权治冬七十二日。《淮南子》卷三《天文训》："北方，水也……执权而治冬。其神为辰星……水生于申，壮于子，死于辰，三辰皆水也。"④ 杨图所言与《淮南子》相合。

观杨图，"七辰"乃日、月、五星，图中"日""月"皆言"见中星图"，"日""月"之下，按照木、火、土、金、水之东、南、中、西、北方向绘图，参以文献所言配以相应文字。文字偶有失当之处，按照《淮南鸿烈集解》"地支五行图"（见图2-14）和地支五行表（见表2-2）校正。

表2-2 地支五行

四季	春			夏			秋			冬		
地支	寅	卯	辰	巳	午	未	申	酉	戌	亥	子	丑
五行	木	木	土	火	火	土	金	金	土	水	水	土

---

① 刘文典：《淮南鸿烈集解》，冯逸等点校，中华书局，2013，第105、144页。
② 刘文典：《淮南鸿烈集解》，冯逸等点校，中华书局，2013，第105、144页。
③ 刘文典：《淮南鸿烈集解》，冯逸等点校，中华书局，2013，第106、144页。
④ 刘文典：《淮南鸿烈集解》，冯逸等点校，中华书局，2013，第106、144页。

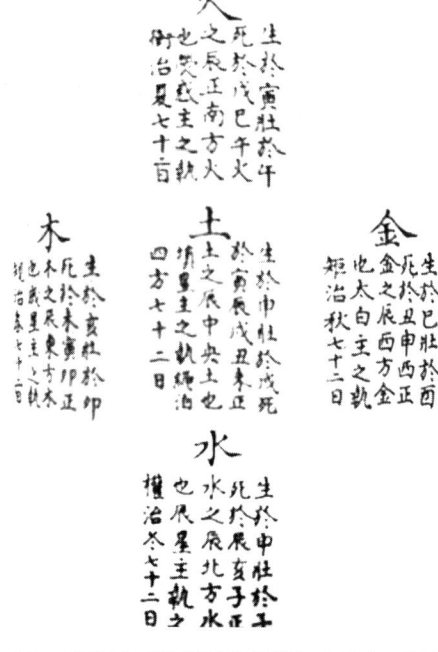

图 2-14　刘文典《淮南鸿烈集解》"地支五行图"

三　"五声八音图"[①]

杨图"五声八音图"（见图 2-15），有图无文。"五声八音"，文献有载。《尚书·益稷》："予欲闻六律、五声、八音，在治忽。"孔疏："金、石、丝、竹、匏、土、革、木，八物各出其音谓之八音，八音之声皆有清浊，圣人差之以为五品。宫商角徵羽谓之五声，五声高下各有所准，则圣人制为六律，与五声相均，作乐者，以律均声，声从器出……六律六吕当有十二。惟言'六律'者，郑玄云：举阳阴从可知也。《传》以五言为五德之言者，《汉书·律历志》称五声播于五常，则角为仁，商为义，徵为礼，羽为智，宫为信，《志》之所称，必有旧说也。言五声与五德相协，此论乐事。而云'出纳五言'，知是出纳五德之言也。乐音和则五德之言得其理。音不和则五德之言违其度，故亦以乐音察五言也。"[②]《周礼·春

---

① 杨甲：《六经图》，台湾商务印书馆，1982，第 203 页。
② 孔安国传，孔颖达正义《尚书正义》，中华书局，1980，第 142~143 页。

官·大师》:"皆播之以八音:金、石、土、革、丝、木、匏、竹。"郑注:"金,钟镈也。石,磬也。土,埙也。革,鼓鼗也。丝,琴瑟也。木,柷敔也。匏,笙也。竹,管箫也。"孔疏:"钟镈以金为之,磬以石为之,埙以土为之,鼓鼗以革为之,柷敔以木为之,笙以插竹于匏,但匏笙一也,故郑以笙解匏。箫管以竹为之,故以钟磬等释金石等八音,但匏笙亦以竹为之,以经别言匏,故匏不得竹名也。"① 此即郑玄、孔颖达言"五声八音"具体内容。陈旸《乐书》卷一〇五《乐图论》:"夫物生而有情,情发而为声,故天五与地十合,而生土于中,其声为宫;地四与天九合,而生金于西,其声为商;天三与地八合,而生木于东,其声为角;地二与天七合,而生火于南,其声为徵;天一与地六合,而生水于北,其声为羽。盖五声本于五行,布于五位,其数起于黄钟九寸之管……今夫宫生徵,徵生商,商生羽,羽生角,故弹宫而徵应,弹徵而商应,弹商而羽应,弹羽而角应。是五声以相生为和,相胜为缪,先王立乐之方也。司马迁推五音相生,而以宫生角,角生商,商生徵,徵生羽,羽生宫,非通论也。"② 陈旸所言五声乃源于五行,列于五位,司马迁所言五音相生乃一说。

观杨图,"五声八音图"乃"五声"(宫、商、角、徵、羽)、"八音"(金、石、土、革、丝、木、匏、竹)配以"八卦"(兑、乾、坤、坎、离、巽、艮、震)和"方位"(羽声居北方,徵声居南方,角声居东方,商声居西方,宫声居中央)。

又杨图"五声"配"八卦":坎卦配羽声,震卦配角声,离卦配徵声,兑卦配商声,宫声居中央。"五声"所配弦数:宫(弦数八十一丝)、商(弦数七十二丝)、角(弦数六十四丝)、徵(弦数五十四丝)、羽(弦数四十八丝)。《史记》卷二四《乐书》:"宫为君,商为臣,角为民,徵为事,羽为物。"司马贞《索隐》:"居中总四方,宫弦最大,用八十一丝……商是金,金为决断,臣事也。弦用七十二丝,次宫……弦用六十四丝,声居宫羽之中……徵属夏……弦用五十四丝……羽为水……弦用四十

---

① 郑玄注,贾公彦疏《周礼注疏》,中华书局,1980,第795~796页。
② 陈旸:《乐书》,《中华礼藏·礼乐卷·乐典之属》(第二册),浙江大学出版社,2016,第585~586页。

第二章·"周易图""尚书图""诗经图"内容考证 / 065

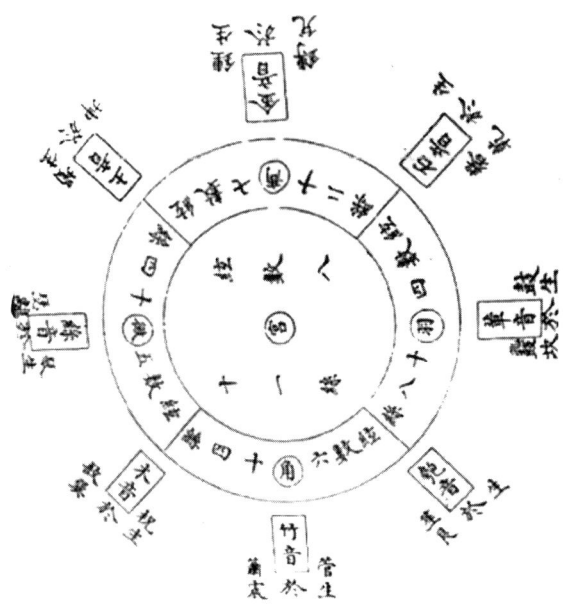

图 2-15　杨甲《六经图》"五声八音图"

八丝。"张守节《正义》:"宫属土,居中央……角属木……徵属火。"① 杨图"五声"所配弦数与《史记索隐》相合。又《史记索隐》《史记正义》言"五声"与"五行"相配,即宫属土,商属金,角属木,徵属火,羽属水。杨图未画五行,可据文献补其图。

又杨图"八音"所配乐器:金音(钟镈)、石音(磬)、土音(埙)、革音(鼗鼓)、丝音(琴瑟)、木音(柷敔)、匏音(笙)、竹音(管箫)。杨图所绘与《周礼》郑玄注同。

"五声"配五方、四时之说,《汉书》等文献有载,据《汉书》卷二一《律历志》可知:宫为土声,居中央,与五方、四时相配;角为木声,居东方,四时为春;徵为火声,居南方,四时为夏;商为金声,居西方,四时为秋;羽为水声,居北方,四时为冬。陈旸《乐书》卷一〇八《乐图论》言"先王作乐,莫不文之以五声,播之以八音,故列琴瑟于南,列管

---

① 司马迁:《史记》,中华书局,1982,第 1181~1183 页。

于东南,列磬于西北,列钟于北,所以正其位也"①,陈旸《乐书》亦绘有"五声图"(见图 2 – 16)。揆之陈图,宫声居中央,商声居西方,角声居东方,徵声居南方,羽声居北方。其"五声"配以"五方""五色""五常""五体"等,呈"天圆"之象。

图 2 – 16 陈旸《乐书》"五声图"

五声八音之图,文献亦有载。南宋叶时《礼经会元》云:"五声,宫为土,商为金,角为木,徵为火,羽为水。"又八卦之五行,兑为金,震为木,离为火,坎为水,艮为土,故"五声"与"八卦""五行"相配,据此即可绘出五声八音图。

宋代鲍云龙《天原发微》②附各类图中列出了"五声八音图",清代赵世迥《易经告蒙》③卷首"图注"中列出了《元音图》,皆将五音与八卦相配。鲍云龙之图,以坎卦配羽声,震卦配角声,离卦配徵声,兑卦配商声,宫声居中央。赵世迥之图,除以坎卦配羽声,震卦配角声,离卦配

---

① 陈旸:《乐书》,《中华礼藏·礼乐卷·乐典之属》(第二册),浙江大学出版社,2016,第 604 页。
② 鲍云龙:《天原发微》,鲍宁辨正,上海古籍出版社,1987。
③ 赵世迥:《易经告蒙》,上海古籍出版社,1987。

徵声，兑卦配商声，宫声居中央外，还为八卦匹配了十数《河图》分解之数：北方六属乾，南方二属巽，东方八属艮，西方四属坤；北方坎一为羽声数，南方离七为徵声数，东方震三为角声数，西方兑九为商声数，中央五与十为宫声数。

关于五声数，江永《河图五音本数图》以为一六配羽声，二七配徵声，三八配角声，四九配商声，五十配宫声，且言"《河图》为数之源，音律实昉于此"，即出于十数黑白点《河图》数是"五音本数"，"五音"数源于《河图》之数。

总之，八卦具有方位和五行属性，五声也有方位和五行属性，八卦配五声用的乃是后天八卦，杨图亦当据文献所言八卦、五行、五方、四时与五声相配撰图。

四 "禹贡九州谱图"[①]

（1）冀：附：岛夷，《史记》《汉书》皆作"鸟夷"。水道，杨图无。《史记》卷二《夏本纪》作"夹右碣石，入于海"，裴骃《集解》"徐广曰：海，一作河"。《汉书》卷二八《地理志上》作"夹右碣石，入于河"。据《史记》《汉书》，水道可补为"夹右碣石，入于海（河）"。

（2）兖：《史记》作"沇"。水道：浮于齐，《史记》作"浮于济"，《汉书》作"浮于沛"，"济""沛"为异体字，故"齐"当作"济"或"沛"。

（3）青：居民：海滨，《汉书》作"海濒"。贡：海物惟错，《史记》作"海物维错"；鈆，《史记》作"铅"，《玉篇·金部》："铅，亦作鈆。"篚（《汉书》作"棐"）：檿丝，《史记》作"酓丝"。水道：达于齐，《史记》作"通于济"，《汉书》作"达于沛"，杨图"齐"当作"济"。

（4）徐：泽：大野，《汉书》作"大壄"，《汉书·地理志上》："昌壄分州。"颜注："壄，古野字。"杨图"野"亦作"壄"。贡：夏翟，《史记》《汉书》皆作"夏狄"，《说文·羽部》段玉裁注"翟羽，《经》《传》多假狄为之；狄人字，传多假翟为之"[②]，"翟"，一作"狄"。水道：达于

[①] 杨甲：《六经图》，台湾商务印书馆，1982，第211页。
[②] 段玉裁注《说文解字注》，上海古籍出版社，1988，第138页。

河，《史记》作"通于河"。

（5）杨：《史记》《汉书》皆作"扬"。赋：下上上错，《史记》作"下上上杂"，《汉书》作"下上上错"。地：岛夷，《汉书》作"鸟夷"。草木：篠簜，《史记》作"竹箭"；草夭，《汉书》作"中夭"。贡：瑶，《汉书》作"瓘"，《说文·玉部》"瓘，瑶或从贯"，"瑶""瓘"为异体字；羽毛，《史记》作"羽旄"；木，《史记》《汉书》皆无。杨图"木"乃衍。水道：沿于江海，《史记》《汉书》皆作"均江海"；达于淮、泗，《史记》作"通淮、泗"，《汉书》作"通于淮、泗"。

（6）荆：泽：云梦，《史记》作"云土、梦"。贡：毛，《史记》《汉书》作"旄"，杨图"毛"当为"旄"；扰、干、括、栢，《史记》作"杶、榦、栝、柏"，《汉书》作"杶、干、栝、柏"，杨图"扰""括"乃"扌""木"形旁讹误，当作"杶""栝"，"干"与"榦"、"柏"与"栢"乃异体字；砺，《汉书》作"厉"，《说文新附·石部》徐铉按"砺，经典通用厉"；箘辂，《史记》作"箘簬"，《汉书》作"箘簵"。筐（《汉书》作"棐"）：纁，《史记》《汉书》皆作"玑"，玑乃珠类，纁不知何字，杨图"纁"当为"玑"。水道：潜，《史记》作"涔"，《汉书》作"灊"；逾于格，《史记》作"逾于雒"，《汉书》作"逾于洛"；"达于河"，《史记》《汉书》皆作"至于南河"。

（7）豫：赋：错上中，《史记》作"杂上中"。泽：孟猪，《史记》作"明都"，司马贞《索隐》言"明都音孟猪，孟猪泽在梁国睢阳县东北。《尔雅》《左传》谓之'孟诸'，今文亦为然，唯《周礼》称'望诸'，皆此地之一名"，《汉书》作"盟猪"。贡：枲，《史记》作"丝"，《书·禹贡》"厥贡漆枲缔纻"，刘逢禄《尚书今古文集解》言"枲，本纪作丝。段云：丝今文，二字同音"，杨图"枲"亦作"丝"。筐（《汉书》作"棐"）：纤纩，《史记》作"纤絮"。水道：浮于洛，《史记》作"浮于雒"，《诗·周颂·清庙序》"既成雒邑"陆德明释文"雒，本亦作洛，水名。字从水，后汉都洛阳，以火德，为水克火，故改为各傍佳"，杨图"洛"亦可从《史记》作"雒"；达于河，《汉书》作"入于河"。

（8）梁：土：青黎，《史记》作"青骊"，"黎""骊"皆有"黑色"义，《说文·马部》段玉裁注"骊，亦假黎、棃为之"，杨图"黎"亦作

"骊"。贡：狸，《史记》《汉书》皆作"貍"，《楚辞·九歌·山鬼》"乘赤豹兮从文狸"旧校"狸，一作貔"，杨图"狸"亦作"貔"。水道：浮于洛，《史记》作"浮于潜"，《汉书》作"浮于灉"，"潜""灉"古通用，杨图言"浮于洛"当为"浮于潜"；逾于沔，《汉书》作"踰于沔"；达于河，《史记》《汉书》皆作"乱于河"。

（9）雍：地：猪野，《史记》作"都野"，《汉书》作"猪壄"；崐崘，《史记》作"昆仑"，《汉书》作"昆崘"；折支，《史记》《汉书》皆作"析支"，杨图"折"当为"析"，此乃形讹。贡：球，《史记》作"璆"，《尔雅·释器》"璆，玉也"陆德明释文"璆，本或作球字"。

五 "禹贡九山名数图"①

（1）（冀）雷首山：在河东河中府满坂县南。

按：《史记》卷二《夏本纪》："道九山……壶口、雷首至于太岳。"《索隐》："雷首山在河东蒲阪县东南。"②《汉书》卷二八《地理志上》："壶口、雷首，至于大岳。"颜注："自壶口、雷首而至大岳也。雷首在河东蒲阪南。"③《元和郡县图志》卷一二《河东道一》之"河中府"："河东县，本汉蒲坂县地也，属河东郡。隋开皇三年罢郡，县仍属蒲州。十六年。移蒲坂县于城东，仍于今理别置河东县……雷首山，一名中条山，在县南十五里。"④《通典》卷一七九《州郡九》："河东郡……蒲州……唐虞所都蒲坂也……开元九年五月，置中都，改为河中府……领县八：河东，汉蒲坂县……又有雷首山。"⑤《水经注疏》卷四〇："雷首山在河东蒲坂县东南。原注'《汉志》，河东郡蒲反雷首山在南。《续汉志》作蒲坂，属河东同'。"⑥《尚书今古文注疏》卷三"壶口、雷首"孙星衍疏："案：蒲反即今山西蒲州府，雷首山在府南。"⑦ 文献皆言雷首山在河东蒲反县。杨图言

---

① 杨甲：《六经图》，台湾商务印书馆，1982，第212页。
② 司马迁：《史记》，中华书局，1982，第67~68页。
③ 班固：《汉书》，中华书局，1962，第1533页。
④ 李吉甫：《元和郡县图志》，贺次君点校，中华书局，1983，第325页。
⑤ 杜佑：《通典》，王文锦、陈玉霞点校，中华书局，1988，第4725~4726页。
⑥ 郦道元注，杨守敬、熊会贞疏《水经注疏》，段熙仲点校，陈桥驿复校，江苏古籍出版社，1989，第3348页。
⑦ 孙星衍：《尚书今古文注疏》，陈抗、盛冬铃点校，台北文津出版社，1977，第183页。

"满坂县"与文献不符,故"满"乃"蒲"之讹误。

(2)(冀)太岳:在河东彘县东上党西,一名霍山。

按:据杨图"禹贡九山名数图"体例,"太岳"后当补"山"。《史记》卷二《夏本纪》:"道九山……壶口、雷首至于太岳。"《集解》:"孔安国曰:'三山在冀州;太岳在上党西也。'"《索隐》:"即霍泰山也。"《正义》:"《括地志》云:'太岳,霍山也,在沁州沁源县。'"①《汉书》卷二八《地理志上》:"河内曰冀州;其山曰霍。"颜注:"在平阳永安县东北。"② 裴骃《史记集解》载太岳在上党西。张守节《史记正义》言太岳在沁州沁源县。《汉书》颜注以为霍山在平阳永安县。杨图以为太岳山在河东彘县东上党西。

《元和郡县图志》卷一二《河东道一》之"霍邑县":"霍邑县,本汉彘县也,属河东郡,因彘水为名……后汉顺帝时改为永安县……隋开皇十八年改为霍邑县,属晋州,因霍山为名……霍山,一名太岳,在县东三十里。《禹贡》曰'壶口、雷首,至于太岳',郑玄注曰'今河东彘县霍太山是也'。"又卷一三《河东道二》:"沁州,《禹贡》冀州之域……管县三……沁源县……霍山,一名太岳,在县西七十八里。"③《元和郡县图志》言霍山在河东郡霍邑县(汉彘县、后汉永安县)东三十里、沁州沁源县西七十八里。

《通典》卷一七九《州郡九》:"平阳郡……晋州……秦为河东郡地,二汉因之……领县九……霍邑,汉彘县……有霍山,即《职方》冀州之镇,一名太岳山,《禹贡》所谓岳阳。"④ 杜佑以为霍山在霍邑县(汉彘县)。

《水经注疏》卷四〇:"太岳山在河东永安县。原注'守敬按:《汉志》河东郡彘,霍太山在东。《分水注》,霍太山即太岳山,《禹贡》所谓岳阳也。后汉改县曰永安,仍属河东同。在今霍州东南十五里'。"⑤《读史

---

① 司马迁:《史记》,中华书局,1982,第67~68页。
② 班固:《汉书》,中华书局,1962,第1541页。
③ 李吉甫:《元和郡县图志》,贺次君点校,中华书局,1983,第340、380~381页。
④ 杜佑:《通典》,王文锦、陈玉霞点校,中华书局,1988,第4729页。引文中小字照录原文格式,下同。
⑤ 郦道元注,杨守敬、熊会贞疏《水经注疏》,段熙仲点校,陈桥驿复校,江苏古籍出版社,1989,第3349~3350页。

方舆纪要》卷三九《山西一》："霍山，在平阳府霍州东南三十里。亦曰太岳，亦曰霍太山。"① 杨图所言当据汉代孔安国、郑玄等说，太岳山隶属"彘县"或"永安县"，太岳山一名霍山，又名霍太山。

（3）（冀）厎柱山：在太阳关东，析城之西。

按：《史记》卷二《夏本纪》："道九山……砥柱、析城至于王屋。"《集解》："孔安国曰：'此三山在冀州（之）南河之北。'"《索隐》："《水经》云砥柱山在河东大阳县南河水中也。"《正义》："《括地志》云：'厎柱山，俗名三门山，在陕州硖石县东北五十里黄河之中。'孔安国云'厎柱，山名。河水分流，包山而过，山见水中，若柱然也'。"② 司马贞以为砥柱山在河东大阳县，张守节以为厎柱山在陕州硖石县。《汉书》卷二八《地理志上》："厎柱、析城，至于王屋。"颜注："厎柱在陕县东北，山在河中，形若柱也。"③ 颜师古以为厎柱山在陕县东北。《淮南子·览冥训》："饮砥柱之湍濑。"高诱注："砥柱，河之隘也，在河东大阳之东。"高诱以为砥柱山在河东大阳。《水经注疏》卷四〇："砥柱山在河东大阳县东河中。原注'《禹贡》作厎，《史记·夏本纪》作砥……孔《传》，厎柱，山名。在河水中，若柱'。"④ 杨守敬以为砥柱山在河东大阳县。据文献，砥柱山或在河东大阳县，或在陕州硖石县，或在陕县。杨图言厎柱山在太阳关东，与三说皆异。

《元和郡县图志》卷六《河南道二》之"陕县"："陕县，本汉县也，历代不改……以县属陕州……太阳故关，在县西北四里，后周大象元年置，即茅津也。"又"硖石县"："硖石县，本汉陕县地，属弘农郡，自汉至宋不改……厎柱山，俗名三门山，在县东北五十里黄河中。《禹贡》曰：'导河积石，至于龙门，东至于厎柱。'河水分流包山，山见水中，若柱然也。"⑤ 李吉甫言太阳故关、硖石县皆为陕县地，厎柱山在硖石县。《通典》卷一七七亦言厎柱山在陕州硖石县。《元丰九域志》卷三《陕西路》："大

---

① 顾祖禹：《读史方舆纪要》，贺次君、施和金点校，中华书局，2005，第1785页。
② 司马迁：《史记》，中华书局，1982，第67~68页。
③ 班固：《汉书》，中华书局，1962，第1533页。
④ 郦道元注，杨守敬、熊会贞疏《水经注疏》，段熙仲点校，陈桥驿复校，江苏古籍出版社，1989，第3348页。
⑤ 李吉甫：《元和郡县图志》，贺次君点校，中华书局，1983，第156~158页。

都督府，陕州，陕郡，保平军节度。唐保义军节度。皇朝太平兴国元年改保平军。治陕县……县七……上，陕……有虢山、砚头山、二崤山、底柱山。"①王存言底柱山在陕州陕县。《金史》卷二五《地理志中》所载与王存所言同。

据《史记》言，砥柱、析城乃冀州之山，当在河东大阳；张守节、李吉甫、杜佑、王存等言底柱山乃荆州之山，当在陕州陕县或硖石县。《尚书今古文注疏》卷三"砥柱、析城"孙星衍疏："《水经·禹贡山水泽地所在》云：'砥柱山在河东大阳县东河中。'"又"东至于砥柱"孙星衍疏："薛综注《东京赋》云：'厎柱，山名也，在河东县东南，向居河中，犹柱然也。'案：大阳县在今山西平陆县东北。砥柱，一名三门，在河南陕县东北五十里。"② 我们以为，孙星衍所言有理，砥柱当在河南陕县，砥柱山在大阳县。杨图言冀之底柱山当在河东大阳县一带，杨氏言"在太阳关东"之"太阳"当为"大阳"。

"底柱山"之"底"，文献或作"砥""厎"。《广雅·释诂三》："厎，磨也。"王念孙疏证："厎，与砥同。"《战国策·齐策五》："魏王身披甲厎剑。"鲍彪注："厎、砥同，砺也。"《说文·广部》朱骏声通训定声："厎，假借为底。""砥""厎""底"三字通假。杨图"底柱山"亦作"砥柱山""厎柱山"。

（4）（冀）太行山：在河内泽州山阳县西北。

按：《史记》卷二《夏本纪》："道九山……太行、常山至于碣石。"《索隐》："太行山在河内山阳县西北。"《正义》："《括地志》云：'太行山在怀州河内县北二十五里，有羊肠阪。'"③《汉书》卷二八《地理志上》："太行、恒山，至于碣石，入于海。"颜注："太行山在河内山阳西北。"④《列子》卷五《汤问》："太形王屋二山，方七百里，高万仞；本在冀州之南，河阳之北。"张湛注："形当作行。太行在河内野王县。"⑤《魏书》卷一〇六《地形志上》："怀州……河内郡，领县四……野王，二汉、晋属，

---

① 王存：《元丰九域志》，王文楚、魏嵩山点校，中华书局，第106~107页。
② 孙星衍：《尚书今古文注疏》，陈抗、盛冬铃点校，台北文津出版社，1977，第183、189页。
③ 司马迁：《史记》，中华书局，1982，第67~68页。
④ 班固：《汉书》，中华书局，1962，第1533页。
⑤ 杨伯峻：《列子集释》，中华书局，2013，第167页。

州、郡治。有太行山、华岳神。"① 司马贞、颜师古以为太行山在河内山阳县，张湛、魏收以为太行山在河内野王县。

《元和郡县图志》卷一五《河东道四》之"晋城县"："晋城县，本汉高都县，属上党郡。隋开皇三年改属泽州，十八年改为丹川县……太行山，在县南四十里。《禹贡》曰：'太行、恒山，至于碣石。'"又卷一六《河北道一》之"河内县"："河内县，本春秋时野王邑……汉以为县，属河内郡。隋开皇十三年，改为河内县，皇朝因之。太行山，在县北二十五里。《禹贡》曰'太行、恒山，至于碣石'。"② 李吉甫以为太行山或在晋城县，或在河内县。《通典》卷一七八《州郡八》："河内郡……怀州……太行山在焉。"③ 杜佑以为太行山在河内怀州。《水经注疏》卷四〇："太行山在河内野王县西北。原注'守敬按：《汉志》河内郡壄〔古文野字〕王太行山在西北。后汉、魏县属河内同。在今河内县北二十里'。"④ 杨守敬以为太行山在河内野王县（河内县）。

《禹贡锥指》卷一一："又按《金史·地理志》云：济源县有太行山，以沁水为界，西为王屋，东为太行。则此山实起于济源，盖自河南怀庆府入山西泽州，迤而东北，跨陵川、壶关、平顺、潞城、黎城、武乡、辽州、和顺、平定、乐平，以及河南之辉县、武安，直隶之井陉、获鹿诸州县界中，皆有太行山，延袤千余里焉。林少颖曰：太行在今怀州之北，连亘数州，为河北脊，以接恒岳。程子谓太行千里片石，众山皆石上起尔。《朱子语录》曰：太行山一千里，河北诸州皆旋其趾。潞州上党在山脊最高处。"⑤ 胡渭所言太行山横跨众多区域，起于河南济源，由河南怀庆府入山西泽州。太行山横跨多个地域，杨图所言冀州之太行山仅是太行山之一支所在，其在山阳县、野王县皆有理。

（5）（冀）碣石山：在北平骊城县西南，今平州。

按：《史记》卷二《夏本纪》："冀州：既载壶口，治梁及岐……夹右

---

① 魏收：《魏书》，中华书局，1974，第2480~2481页。
② 李吉甫：《元和郡县图志》，贺次君点校，中华书局，1983，第423、444页。
③ 杜佑：《通典》，王文锦、陈玉霞点校，中华书局，1988，第4693页。
④ 郦道元注，杨守敬、熊会贞疏《水经注疏》，段熙仲点校，陈桥驿复校，江苏古籍出版社，1989，第3348页。
⑤ 胡渭：《禹贡锥指》，邹逸麟整理，上海古籍出版社，2006，第349页。

碣石，入于海。"《索隐》："《地理志》云'碣石山在北平骊城县西南'。《太康地理志》云'乐浪遂城县有碣石山，长城所起'。又《水经》云'在辽西临渝县南水中'。"① 又卷一二九《货殖列传》："龙门、碣石北多马、牛、羊、旃裘、筋角。"《正义》："碣石山在平州卢龙县。"② 司马贞以为碣石山或在北平骊城县，或在乐浪遂城县，或在辽西临渝县；张守节以为碣石山在平州卢龙县。

《汉书》卷六《武帝纪》："复东巡海上，至碣石。"文颖注："在辽西絫县。絫县今罢，属临榆。此石著海旁。"③《魏书》卷一〇六《地形志上》："平州……辽西郡，领县三……肥如，二汉、晋属。有孤竹山祠、碣石……北平郡，领县二。"④《元和郡县图志阙卷逸文》卷一《河北道》之"平州"："卢龙县。碣石，在县南二十三里。"⑤ 文颖以为碣石在辽西絫县，魏收言碣石在辽西肥如县，李吉甫言碣石在平州卢龙县，然三人皆未言碣石山所属地域。

《通典》卷一七八《州郡八》："北平郡……平州……秦为右北平及辽西二郡之境，二汉因之。晋属辽西郡。后魏亦曰辽西郡。隋初置平州，炀帝初州废，复置北平郡。大唐因之。领县三：卢龙，汉肥如县。有碣石山，碣然而立在海旁，故名之。"⑥ 杜佑以为碣石山在平州卢龙县（汉代肥如县）。杨图言"碣石山"在北平，据《魏书》《通典》，杨图言"北平"当即"平州"。

《尚书后案》卷三："太行、恒山至于碣石，入于海。……又案曰：'……今直隶永平府抚宁县之东南，昌黎县之东，皆滨大海。抚宁之南境、西南境与昌黎界。自汉以来，县名经屡改屡省之后，壤地交错，不可得详。而汉骊成故城大约在今抚宁县界，絫县故城大约在今昌黎县界……碣石当以在今昌黎北及抚宁西南者为正。'"⑦ 王鸣盛以为碣石山在今昌黎（絫县）北及抚宁西南。

---

① 司马迁：《史记》，中华书局，1982，第52、54页。
② 司马迁：《史记》，中华书局，1982，第3254页。
③ 班固：《汉书》，中华书局，1962，第192页。
④ 魏收：《魏书》，中华书局，1974，第2496页。
⑤ 李吉甫：《元和郡县图志》，贺次君点校，中华书局，1983，第1049页。
⑥ 杜佑：《通典》，王文锦、陈玉霞点校，中华书局，1988，第4715页。
⑦ 王鸣盛：《尚书后案》，《清经解》（第3册），凤凰出版社，2005，第3258~3260页。

《水经注疏》卷四〇："碣石山在辽西临渝县南水中也。注：'赵云：《禹贡锥指》曰，《汉志》右北平骊成县下云，大碣石山在县西南，莽曰碣石。辽西郡絫县下云，有碣石水南入官，不言有山也。及文颖注《武纪》曰，碣石在辽西絫县。絫县今罢，入临渝，此石著海旁。颖字叔良……谓此山临渝之孤石，与班固异……《水经》有魏、晋间人所附益。故亦云碣石在临渝。《后汉志》无骊成，刘昭《补注》遂于临渝言碣石。'"① 杨守敬以为碣石山或在北平骊成县，或在辽西临渝县（絫县）。

基于文献所载，有关碣石山之地域，众说纷纭：或在北平骊城县，或在辽西临渝县，或在平州卢龙县（肥如县），或在昌黎县等。学者对此亦有考说，如吕绍纲《说〈禹贡〉碣石》②、任乃宏《"碣石"新考》③等，然亦各持己见，我们以为碣石山跨越多个地界，杨图所言冀州之碣石山所在与司马贞言同，其所说乃碣石山之一支，另外几支可据文献补苴罅漏。

（6）（青）岱山：本属兖州莱芜县。

按：《史记》卷一《五帝本纪》："东至于海，登丸山，及岱宗。"《正义》："泰山，东岳也。在兖州博城县西北三十里也。"④《汉书》卷二八《地理志上》："泰山郡……县二十四……博，有泰山庙。岱山在西北（求山上）[兖州山]。"⑤ 张守节以为泰山在兖州博城县。

《元和郡县图志》卷一〇《河南道六》之"乾封县"："乾封县，本齐之博邑……后魏改博县为博平，隋开皇十七年改博平为博城县……乃于岱山下改博城县为乾封县，属兖州。泰山，一曰岱宗，在县西北三十里。"又"莱芜县"："莱芜县，本汉县也，故城在今淄州东南六十里……贞观元年废，入博城县。至长安四年又于废嬴县置莱芜县，取汉旧名也，属兖州。"⑥ 李吉甫以为泰山在兖州乾封县（博城县），莱芜县于贞观元年废，

---

① 郦道元注，杨守敬、熊会贞疏《水经注疏》，段熙仲点校，陈桥驿复校，江苏古籍出版社，1989，第3349页。
② 吕绍纲：《说〈禹贡〉碣石》，《史学集刊》1995年第1期。
③ 任乃宏："碣石"新考》，《文物春秋》2014年第2期。
④ 司马迁：《史记》，中华书局，1982，第6页。
⑤ 班固：《汉书》，中华书局，1962，第1581页。
⑥ 李吉甫：《元和郡县图志》，贺次君点校，中华书局，1983，第267~268页。

入博城县，故泰山亦在兖州莱芜县。

《通典》卷一八〇《州郡十》："古徐州……鲁郡，今之兖州……领县十一……乾封，有泰山。"[1] 杜佑以为泰山在兖州乾封县。《水经注疏》卷四〇："泰山为东岳，在泰山博县西北。注'守敬按：《汉志》泰山郡博县岱山在西北。岱、泰字古通用。后汉魏县属泰山同。在今泰安县北五里'。"[2] 杨守敬以为泰山在博县（即博城县，今泰安县）。

据文献，杨图"本属兖州莱芜县"当为"本属博城县"。

（7）（豫）大伾山：潞州黎阳县山是。

按：《史记》卷二《夏本纪》："至于大邳，北过降水。"《索隐》："《尔雅》云'山一成曰邳'。或以为成皋县山是。"《正义》："李巡云：'山再重曰英，一重曰邳。'《括地志》云：'大邳山，今名黎阳东山，又曰青坛山，在卫州黎阳南七里。张揖云今成皋，非也。'"[3]《汉书》卷二八《地理志上》："东过洛汭，至于大伾。"颜注："山再重曰伾。大伾山在成皋。"[4]《国语·周语上》："商之兴也，梼杌次于丕山。"韦昭注："丕，大。邳山在河南。"[5]《水经注疏》卷四〇："大邳地在河南成皋县北。《尔雅》曰：山一成谓之邳，然则大邳山名，非地之名也。注：'今黎阳县山临河，是大岯也。'"[6] 杨图"大伾山"，文献或作"大邳山""大岯山""丕山"。《书·禹贡》："至于大伾。"陆德明释文："伾，本又作岯。"孙星衍今古文注疏："伾，史公作邳。"《说文·邑部》朱骏声通训定声："邳，假借为丕。""邳""伾""岯""丕"皆可通用。杨图作"大伾山"有理。

《史记》卷四《周本纪》："明年，败耆国。"《正义》："即黎国也。邹诞生云本或作'黎'。孔安国云黎在上党东北。《括地志》云：'故黎城，

---

[1] 杜佑：《通典》，王文锦、陈玉霞点校，中华书局，1988，第4777、4781~4782页。
[2] 郦道元注，杨守敬、熊会贞疏《水经注疏》，段熙仲点校，陈桥驿复校，江苏古籍出版社，1989，第3346页。
[3] 司马迁：《史记》，中华书局，1982，第70、72页。
[4] 班固：《汉书》，中华书局，1962，第1534~1535页。
[5] 左丘明：《国语》，上海师范大学古籍所点校，上海古籍出版社，1988，第31页。
[6] 郦道元注，杨守敬、熊会贞疏《水经注疏》，段熙仲点校，陈桥驿复校，江苏古籍出版社，1989，第3372页。

黎侯国也，在潞州黎城县东北十八里。'"①《元和郡县图志》卷一六《河北道一》："卫州，《禹贡》冀州之域。后为殷都……黎阳县，古黎侯国……隋开皇三年属卫州……大伾山，正南去县七里。即黎山也。"《通典》卷一七八《州郡八》："汲郡……卫州……黎阳，汉旧县……有大伾山，今名黎阳东山，又名青檀山，在县南七里。其张揖云'成皋山是大伾山'，谬也。"② 杨图言大伾山乃潞州黎阳县山有误，据史料所载，潞州有黎城县，无黎阳县，卫州有黎阳县。程大昌《禹贡山川地理图》卷上"大伾"言："薛瓒、杜佑以河内黎阳山为大伾……臣故与瓒、佑有取正以其理有当焉尔。"③ 程氏以为黎阳山为大伾山。故杨图"大伾山"乃卫州黎阳县山。

（8）（豫）熊耳山：在洪农卢氏县东。

按：《史记》卷二《夏本纪》："道九山……熊耳、外方、桐柏至于负尾。"《集解》："郑玄曰：'《地理志》熊耳在卢氏东。'"《索隐》："熊耳山在弘农卢氏县东。"《正义》："《括地志》云：'熊耳山在虢州卢氏县南五十里。'"④《汉书》卷二八《地理志上》："弘农郡……县十一……卢氏，熊耳山在东。"⑤《元和郡县图志》卷六《河南道二》之"虢州"："《禹贡》雍及豫二州之境……至汉武帝元鼎四年置弘农郡……大业二年又改属豫州。三年，又于弘农县置弘农郡……卢氏县，本汉旧县，春秋时西虢之邑。地有卢氏山……隋开皇三年改为虢州，大业三年废，以卢氏属河南郡……熊耳山，在县南五十里。"⑥《通典》卷一七七《州郡七》："古荆河州……弘农郡……虢州……卢氏，汉旧县，有熊耳山，《尚书》云'导洛自熊耳'，即此山。"⑦《水经注疏》卷四〇："熊耳山，在弘农卢氏县东。原注'守敬按：《汉志》弘农郡卢氏，熊耳山在东。后汉、魏县属弘农同。

---

① 司马迁：《史记》，中华书局，1982，第118页。
② 杜佑：《通典》，王文锦、陈玉霞点校，中华书局，1988，第4694~4695页。
③ 程大昌：《禹贡山川地理图》，上海古籍出版社，2003，第8页。
④ 司马迁：《史记》，中华书局，1982，第67、69页。
⑤ 班固：《汉书》，中华书局，1962，第1548~1549页。
⑥ 李吉甫：《元和郡县图志》，贺次君点校，中华书局，1983，第161~163页。
⑦ 杜佑：《通典》，王文锦、陈玉霞点校，中华书局，1988，第4659页。

山在今卢氏县东南'。"① 据文献，杨图"洪"当作"弘"。

（9）（荆）大别山：郑玄云在安丰县。按：《左传》吴既与楚夹汉，然后楚乃济汉而陈自小别至于大别，然则二别近汉之名，无缘得在安丰县，要与内方相接，汉水所经必在荆州界也。今汉阳军。

按：《史记》卷二《夏本纪》："道九山……内方至于大别。"《集解》："郑玄曰：'《地理志》……大别在庐江安丰县。'"《索隐》："大别山在六安国安丰县，今土人谓之甑山。"②《汉书》卷二八《地理志下》："六安国。故楚，高帝元年别为衡山国，五年属淮南，文帝十六年复为衡山……安丰，《禹贡》大别山在西南。莽曰美丰。"③《史记集解》《史记索隐》《汉书》言荆州之大别山在安丰县。杨图以为大别山不在安丰县。

《元和郡县图志》卷二七《江南道三》之"沔州"："本汉安陆县地……大业二年改为汉阳县。"又："汉阳县……鲁山，一名大别山，在县东北一百步。其山前枕蜀江，北带汉水，山上有吴将鲁肃神祠。"④《元和郡县图志》言大别山又名鲁山，在汉阳县（汉之安陆县）东北。《通典》卷一八三《州郡十三》："汉阳郡……沔州……汉阳，汉安陆县地，隋初置汉津县，后改为汉阳……又有沌水、潆水、鲁山。"⑤ 杜佑亦以为鲁山在汉阳县。

《水经注疏》卷四〇："大别山在庐江安丰县西南。注：'朱《笺》曰：《禹贡》，内方至于大别。孔《传》云，二山在荆州，汉所经也。孙云，荆州大别山在江夏郡，此庐江大别，疑非一山。赵云：按大别是鲁山，即古翼际山，不在安丰也。会贞按：《汉志》六安国安丰，《禹贡》大别山在西南。后汉县属庐江，魏属安丰，此称庐江安丰，盖魏安丰郡后省，仍属庐江也。山在今商城县南，罗田县北。守敬按：大别在安丰，班、郑无异说，故《水经》从之。自李吉甫以鲁山当大别，而后人多为所惑，然古谊不可易也。'"⑥ 杨守敬所言有理，杨图以为大别山不在安丰县，

---

① 郦道元注，杨守敬、熊会贞疏《水经注疏》，段熙仲点校，陈桥驿复校，江苏古籍出版社，1989，第3364页。
② 司马迁：《史记》，中华书局，1982，第67、69页。
③ 班固：《汉书》，中华书局，1962，第1638~1639页。
④ 李吉甫：《元和郡县图志》，贺次君点校，中华书局，1983，第647~648页。
⑤ 杜佑：《通典》，王文锦、陈玉霞点校，中华书局，1988，第4871页。
⑥ 郦道元注，杨守敬、熊会贞疏《水经注疏》，段熙仲点校，陈桥驿复校，江苏古籍出版社，1989，第3366页。

不确。

(10)（荆）衡山：在潭州湘南县东南。

按：《史记》卷二《夏本纪》："道九山……汶山之阳至衡山。"《索隐》："在长沙湘南县东南。《广雅》云：'岣嵝谓之衡山。'"《正义》："《括地志》云：'……衡山在衡州湘潭县西四十一里。'"① 司马贞以为衡山在长沙湘南县，张守节以为衡山在衡州湘潭县。《汉书》卷二八《地理志上》："崏山之阳，至于衡山。"颜注："衡山在长沙湘南之东南。崏山，江所出。衡山，江所经。"又《地理志下》："长沙国，秦郡，高帝五年为国。莽曰填蛮。属荆州……县十三……湘南，《禹贡》衡山在东南，荆州山。"②《汉书》、《汉书》颜注以为衡山在长沙湘南县。

《元和郡县图志》卷二九《江南道五》之"衡州"："秦属长沙郡……隋开皇九年罢郡为衡州，以衡山为名……衡山县，本汉阴山县……天宝八年改为衡山……衡山，南岳也，一名岣嵝山，在县西三十里。"③ 李吉甫以为衡山在衡州衡山县（汉之阴山县）。《通典》卷一八三《州郡十三》："衡阳郡……衡州……领县六……湘潭，有南岳衡山。汉阳山县。"④ 杜佑以为衡山在衡州湘潭县，与张守节言同。《水经注疏》卷四〇："衡山在长沙湘南县南。原注'会贞按：《汉志》长沙国湘南，《禹贡》衡山在东南。后汉、吴初县属长沙同。山在今衡山县西三十里'。"⑤ 熊会贞以为衡山在衡山县西。

杨图以为衡山在潭州湘南县东南，文献皆无此说。潭州，文献有载。《旧唐书》卷四〇《地理志三》："潭州中都督府，隋长沙郡……潭州领长沙、衡山、醴陵、湘乡、益阳、新康六县……湘潭，后汉湘南县地，属长沙郡。吴分湘南立衡阳县，属衡阳郡。隋废郡，县属潭州……衡山，吴分湘南县置。旧属潭州，后割属衡州。"⑥ 据《旧唐书》，潭州六县不含湘南

---

① 司马迁：《史记》，中华书局，1982，第67、69页。
② 班固：《汉书》，中华书局，1962，第1533~1534、1639页。
③ 李吉甫：《元和郡县图志》，贺次君点校，中华书局，1983，第705~706页。
④ 杜佑：《通典》，王文锦、陈玉霞点校，中华书局，1988，第4876~4877页。
⑤ 郦道元注，杨守敬、熊会贞疏《水经注疏》，段熙仲点校，陈桥驿复校，江苏古籍出版社，1989，第3367页。
⑥ 刘昫等：《旧唐书》，中华书局，1975，第1612、1614页。

县，杨图所言失之。我们以为衡山当在衡州湘南县。

(11)（梁）岷山：蜀郡有湔道，岷山在西徼外。

按：《史记》卷二《夏本纪》："道九山……汶山之阳至衡山。"《正义》："《括地志》云：'岷山在茂州汶川县。'"① 又："华阳黑水惟梁州：汶、嶓既蓺，沱、涔既道。"《集解》："郑玄曰：'《地理志》岷山在蜀郡湔氐道。'"《索隐》："汶，一作'嶓'，又作'岐'。岐山，《封禅书》一云渎山，在蜀都湔氐道西徼，江水所出。"《正义》："《括地志》云：'岷山在岷州溢乐县南一里，连绵至蜀二千里，皆名岷山。'"② 裴骃、司马贞以为岷山在蜀郡湔氐道，张守节以为岷山或在茂州汶川县，或在岷州溢乐县。据《旧唐书》《新唐书》《读史方舆纪要》等言，岷州溢乐县乃秦陇西郡临洮县，乃雍州之域，非梁州之属。故《史记》三家注言梁之岷山地望实为二说：一为蜀郡湔氐道，二为茂州汶川县。

《汉书》卷二五《郊祀志》："岳山，岐山，吴山，鸿冢，渎山，蜀之岷山也。"颜注："岷山在湔氐道。"又卷二八《地理志上》："嶓山之阳，至于衡山。"颜注："嶓山在蜀郡湔氐西。"又："蜀郡……湔氐道，《禹贡》嶓山在西徼外，江水所出。"③ 颜师古以为岷山在蜀郡湔氐道。

《元和郡县图志》卷三二《剑南道中》："茂州……《禹贡》梁州之域……今州即汉蜀郡汶江县也……大业三年罢会州为汶山郡……管县四：汶山，汶川，通化，石泉。汶山县，本汉汶江县地……按汶山，即岷山也，南去青山、石山百里，天色晴明，望见成都。"④ 李吉甫以为岷山在茂州汶山县，不在汶川县，与张守节言异。《通典》卷一七五《州郡五》："古梁州……岷、嶓既艺，沱、潜既道。岷山在今通化郡汶山县。"⑤ 杜佑以为岷山在通化郡汶山县。检之《元和郡县图志》，茂州有通化县，无通化郡，且汶山县属汶山郡，故杜说失之。《元丰九域志》卷七《成都府路》之"茂州"："岷山，王羲之与谢安书云：蜀中山川如岷山夏含霜苞。"又"怀

---

① 司马迁：《史记》，中华书局，1982，第67、69页。
② 司马迁：《史记》，中华书局，1982，第63～64页。
③ 班固：《汉书》，中华书局，1962，第1206～1207、1533～1534、1598页。
④ 李吉甫：《元和郡县图志》，贺次君点校，中华书局，1983，第811页。
⑤ 杜佑：《通典》，王文锦、陈玉霞点校，中华书局，1988，第4574页。

安军"："汶山郡有岷山，大江所出。"① 王存言茂州、怀安军之汶山郡有岷山。《水经注疏》卷四〇："岷山在蜀郡湔氐道西。原注'此作湔氐道，足见《江水经》作氐道之为脱误。《汉志》蜀郡湔氐道，《禹贡》崏山在西徼外，后汉县属蜀郡同'。"② 杨守敬以《汉志》等言岷山在蜀郡湔氐道为是。

有关湔氐道地望，学界亦有考论。童恩正《古代的巴蜀》③ 认为湔氐道在今灌县至汶川一带；罗开玉《秦汉三国湔氐道、湔县考——兼论川西北的开发序例及其氐人诸题》④ 以为秦汉三国时的湔氐、湔县的辖境约在成都平原灌县、彭县辖地，汶川的东部。由此可见，湔氐道地望大致包括茂州汶川县，我们以为岷山地望广义而言在蜀郡湔氐道，狭义而言在茂州汶川县。

杨图"岷山"，《史记》《元和郡县图志》作"汶山"，"汶""岷"为通假字，其他文献或作"崏山""岐山""嶓山"。检之文献，《玉篇·山部》言岷、崏为异体字，⑤《六书故·山部》言"岷，别作崏、嶓、岐"，⑥《龙龛手镜·平声卷第一·山第五》言嶓、岷为异体字，⑦"岷""崏""岐""嶓"皆为异体字。又，文献言岷山在"湔氐道"，杨图"湔道"当脱一"氐"字。

（12）（梁）嶓冢山：梁州云岷、嶓既艺，是嶓冢在梁州。

按：杨图未言"嶓冢山"地望，仅言其在梁州。有关嶓冢山，文献所言多有不同。《史记》卷二《夏本纪》："华阳黑水惟梁州：汶、嶓既艺，沱、涔既道。"《集解》："郑玄曰：'……嶓冢山在汉阳西。'"《索隐》："嶓冢山在陇西西县，汉水所出也。"《正义》："《括地志》云：'……嶓冢

---

① 王存：《元丰九域志》，王文楚、魏嵩山点校，中华书局，1984，第663~664、668页。
② 郦道元注，杨守敬、熊会贞疏《水经注疏》，段熙仲点校，陈桥驿复校，江苏古籍出版社，1989，第3364页。
③ 童恩正：《古代的巴蜀》，四川人民出版社，1979。
④ 罗开玉：《秦汉三国湔氐道、湔县考——兼论川西北的开发序例及其氐人诸题》，《四川师院学报》（社会科学版）1985年第3期，第116~123页。
⑤ 顾野王：《大广益会玉篇》，中华书局，1987，第102页。
⑥ 戴侗：《六书故》，上海社会科学院出版社，2006，第99页。
⑦ 释行均：《龙龛手镜》，中华书局，1985，第71页。

山在梁州金牛县东二十八里。"① 裴骃以为嶓冢山在汉阳西,张守节以为嶓冢山在梁州金牛县。《汉书》卷二八《地理志上》:"道嶓冢,至于荆山。"颜注:"嶓冢山在梁州南。"又《地理志下》:"陇西郡……县十一……西。《禹贡》嶓冢山,西汉所出,南入广汉白水,东南至江州入江。"② 颜师古言嶓冢山在梁州南,班固以为嶓冢山在陇西郡西县。

《魏书》卷一〇六《地形志下》:"梁州……华阳郡,领县三……嶓冢,有嶓冢山、汉水出焉。"③ 魏收以为嶓冢山在华阳郡嶓冢县。《元和郡县图志》卷二二《山南道三》之"兴元府":"《禹贡》'华阳、黑水惟梁州'……二十年又为梁州。兴元元年,因德宗迁幸,改为兴元府……金牛县,本汉葭萌县地……嶓冢山,县东二十八里。汉水所出。"④ 李吉甫以为嶓冢山在梁州金牛县。《通典》卷一七五《州郡五》:"古梁州……岷、嶓既艺,沱、潜既道。……嶓山在今汉中郡金牛县也。"⑤ 杜佑以为嶓冢山在汉中郡金牛县。

《水经注疏》卷四〇:"嶓冢山在陇西郡氐道县之南。注'守敬按:《汉志》陇西郡西县下,载《禹贡》嶓冢山。《续汉志》亦称西有嶓冢山。此言山在氐道,与西接壤也。两汉县并属陇西,山在今秦州南'。"⑥ 杨守敬以为嶓冢山或在陇西郡西县,或陇西郡氐道县。

据文献,杨图"岷、嶓既艺"亦作"汶、嶓既蓺";"嶓冢山"亦作"嶓山"。有关其地望之异说,我们以为嶓冢山横贯多个地域,综合而言,梁州之嶓冢山或梁州金牛县,或在梁州嶓冢县,或在陇西郡西县,或在陇西郡氐道县。此可补苴杨图"嶓冢山"之阙。

(13)(雍)惇物山,在武功县东。

按:《史记》卷二《夏本纪》:"终南、敦物至于鸟鼠。"《集解》:"郑玄曰:'《地理志》终南、敦物皆在右扶风武功也。'"《索隐》:"《地理志》

---

① 司马迁:《史记》,中华书局,1982,第63~64页。
② 班固:《汉书》,中华书局,1962,第1533~1534、1610页。
③ 魏收:《魏书》,中华书局,1974,第2616~2617页。
④ 李吉甫:《元和郡县图志》,贺次君点校,中华书局,1983,第557~560页。
⑤ 杜佑:《通典》,王文锦、陈玉霞点校,中华书局,1988,第4574页。
⑥ 郦道元注,杨守敬、熊会贞疏《水经注疏》,段熙仲点校,陈桥驿复校,江苏古籍出版社,1989,第3352页。

云'太一山古文以为终南，（华）[垂]山古文以为敦物'，皆在扶风武功县东。"①《汉书》卷二八《地理志上》："终南、惇物，至于鸟鼠。"颜注："终南、惇物二山皆在武功。"②颜师古、裴骃、司马贞皆以惇物山在扶风武功县。

《通典》卷一七三《州郡三》："古雍州……终南、惇物，至于鸟鼠。原注'终南、惇物二山，皆在今长安及武功二县'。"又："古雍州……终南、惇物，至于鸟鼠。京兆府……领县二十三……武功。本汉旧县……又有敦物山。"③杜佑以为惇物山在武功县。《元丰九域志》卷三《永兴军路》："京兆府……次畿，武功。自注'府西北一百五十里。二乡。有敦物山、武功山、渭水'。"④王存言敦物山在京兆府武功。

《水经注疏》卷四〇："敦物山在扶风武功县西南也。注：'朱敦作惇，戴、赵同。会贞按：朱从吴本作惇。守敬按：残宋本、明钞本、黄本并作敦。考《禹贡》作惇，《汉志》武功下则作敦[《续志》同]，此《经》所据也。今改敦以还旧观。《汉志》右扶风武功，太壹山，古文以为终南。垂山，古文以为敦物，皆在县东[当作南]。后汉、魏县属扶风同，太壹山今曰太白山，在武功县南九十里。垂山今曰武功山，在县南一百里。'"⑤杨守敬以为敦物山在扶风武功南，其言有理。

杨图"惇物山"之"惇"，文献或作"敦"。《礼记·乐记》："乐者惇和。"陆德明释文："惇，本又作敦。"《玄应音义》卷一"惇直"注引《苍颉解诂》云："惇，古文敦，同。""敦""惇"通，杨图作"惇物山"亦为是。据杨守敬言，杨图"在武功县东"当为"在扶风武功县南"。

（14）（雍）三危山：《地理志》杜林以为燉煌郡即古瓜州。杜预亦云"郑玄引《地记书》云在鸟鼠西南"，孔颖达非之，以为必在河之南。

按：杨图言"雍州之三危山"见于《尚书正义》。《尚书·禹贡》："三危既宅，三苗丕叙。"孔疏："《地理志》杜林以为燉煌郡即古瓜州也。

---

① 司马迁：《史记》，中华书局，1982，第65~66页。
② 班固：《汉书》，中华书局，1962，第1532页。
③ 杜佑：《通典》，王文锦、陈玉霞点校，中华书局，1988，第4505、4508、4511页。
④ 王存：《元丰九域志》，王文楚、魏嵩山点校，中华书局，1984，第103、105页。
⑤ 郦道元注，杨守敬、熊会贞疏《水经注疏》，段熙仲点校，陈桥驿复校，江苏古籍出版社，1989，第3351页。

昭九年《左传》云：先王居梼杌于四裔，故允姓之奸居于瓜州。杜预云：允姓之祖，与三苗俱放于三危。瓜州，今燉煌也。郑玄引《地记书》云：三危之山，在鸟鼠之西，南当岷山。则在积石之西南。《地记》乃妄书，其言未必可信。要知三危之山，必在河之南也。禹治水未已，窜三苗，水灾既除，彼得安定，故云三危之山已可居，三苗之族大有次叙，记此事以美禹治之功也。"① 孔颖达以为三危山在河之南，非在鸟鼠山西。杨图引孔颖达说，未言正确与否，故未言明三危山地望。

有关"三危山"地望，文献有说。《史记》卷一《五帝本纪》："迁三苗于三危，以变西戎。"《正义》："《括地志》云：'三危山有三峰，故曰三危，俗亦名卑羽山，在沙州敦煌县东南三十里。'"② 张守节以为三危山在沙州敦煌县东南。《汉书》卷五七《司马相如传下》："直径驰乎三危。"张揖注："三危山在鸟鼠山之西，与崏山相近，黑水出其南陂。《书》曰'导黑水至于三危'也。"③ 张揖仅言三危山之周围地域，未言明具体地望。

《元和郡县图志》卷四〇《陇右道下》之"沙州"："燉煌县，本汉旧县，属敦煌郡……三危山，在县南三十里。山有三峰，故曰三危。"④ 李吉甫以为三危山在敦煌县南。《通典》卷一七三《州郡三》："古雍州……三危既宅。三危，山名……三危山在今燉煌郡县界。"又卷一七四"州郡四"："燉煌郡……燉煌，汉旧县。三危山在东南，山有三峰。"又卷一七五《州郡五》："古梁州：《禹贡》曰：'华阳黑水惟梁州。'原注：'郑玄云：按三危在鸟鼠之西，而南当岷山，又在积石之西，南当黑水祠。'"⑤ 杜佑以为三危山在敦煌县东南。

《水经注疏》卷四〇："三危山在敦煌县南。注：'赵燉作敦，下同，云：燉煌之敦不从火。守敬按：历史、地志皆作敦，《集韵》作燉。段玉裁以为浅人改。汉县为敦煌郡治。后汉、魏、晋、后魏因。今敦煌县治。《经》三危山云云，与《注》所指之山异。《括地志》三危山在沙州敦煌

---

① 孔安国传，孔颖达正义《尚书正义》，中华书局，1980，第150页。
② 司马迁：《史记》，中华书局，1982，第28~29页。
③ 班固：《汉书》，中华书局，1962，第2596、2598页。
④ 李吉甫：《元和郡县图志》，贺次君点校，中华书局，1983，第1026页。
⑤ 杜佑：《通典》，王文锦、陈玉霞点校，中华书局，1988，第4505、4556、4574页。

县东南三十里。唐敦煌即今县治。'"① 杨守敬所言有理，有关孔说，杨氏在《水经注疏》中亦有详论，兹不赘述，其论可谓精审有理，孔说失之。我们以为杨图"三危山"当在沙州敦煌县南，在鸟鼠山西，紧邻岷山。

（15）（雍）合黎山：在张掖县西北。

按：《史记》卷二《夏本纪》："道九川：弱水至于合黎。"《索隐》："《水经》云合黎山在酒泉会水县东北。郑玄引《地说》亦以为然。孔安国云水名，当是其山有水，故所记各不同。"《正义》："《括地志》云：'兰门山，一名合黎，一名穷石山，在甘州删丹县西南七十里。'"② 司马贞以为合黎山在酒泉会水县，张守节以为合黎山在甘州删丹县。

《汉书》卷二八《地理志上》："道弱水，至于合藜。"颜注："合藜山在酒泉。流沙在敦煌西。"③ 颜师古以为合藜山在酒泉。《汉志》"合藜山"，杨图作"合黎山"。《书·禹贡》："至于合黎。"刘逢禄《尚书今古文集解》："黎，《地理志》作藜，《水经》作离。"黎，或作"藜""离"，"合黎山"亦作"合藜山""合离山"。

《元和郡县图志》卷四〇《陇右道下》之"甘州"："张掖县……晋改名永平县。隋开皇三年，改永平为酒泉县，大业二年改为张掖县……合黎山，俗名要涂山，在县西北二百里。"④ 李吉甫以为合黎山俗名要涂山，在酒泉县。

《水经注疏》卷四〇："合离山在酒泉会水县东北。合黎山也。注：'赵云：按《元和志》合黎山，俗名要涂山，在张掖县西北二百里。《括地志》云，兰门山，一名合黎，误。《行都司志》，合黎山在甘州卫北四十里，迤逦至镇夷所，出石硖口三百里。一作合离。《禹贡锥指》，汉会水县故城在今肃州卫东北。《十六国春秋》……战于合离。羌谷水北至张掖县合黎山下……守敬按：《史记·夏本纪·索隐》称郑玄引《地说》与《水经》同，惟变离作黎。马国翰云，《水经》合离即合黎，用今文《尚书》字。《汉志》删丹下云，桑钦以为道弱水自此，西至酒泉合黎。谓至酒泉

---

① 郦道元注，杨守敬、熊会贞疏《水经注疏》，段熙仲点校，陈桥驿复校，江苏古籍出版社，1989，第3360页。
② 司马迁：《史记》，中华书局，1982，第69~70页。
③ 班固：《汉书》，中华书局，1962，第1534页。
④ 李吉甫：《元和郡县图志》，贺次君点校，中华书局，1983，第1020~1021页。

之会水县也。后汉、魏县属酒泉同。'"① 杨守敬言合黎山在酒泉会水县，张守节言甘州删丹县失之。由上，杨图载"合黎山在张掖县西北"亦作"合黎山在酒泉县西北"，"甘州删丹县"说不确。

（16）（雍）三条山：中条自雍州西倾，朱圉、鸟鼠至豫熊耳、外方、桐柏、陪尾。南条自雍州嶓冢至于荆州荆山、内方、大别。北条自雍州岍、岐、荆山至冀之壶口、雷首、泰山、底柱、析城、王屋、太行、恒山、碣石。

《史记》卷二《夏本纪》："道九山：汧及岐至于荆山。"《索隐》："汧、壶口、砥柱、太行、西倾、熊耳、嶓冢、内方、岐是九山也。古分为三条，故《地理志》有北条之荆山。马融以汧为北条，西倾为中条，嶓冢为南条。郑玄分四列，汧为阴列，西倾次阴列，嶓冢为阳列，岐山次阳列。"② 又："道嶓冢，至于荆山。"《集解》："郑玄曰：'《地理志》荆山在南郡临沮。'"《索隐》："此东条荆山，在南郡临沮县东北隅也。"③ 又卷一《五帝本纪》："舜耕历山。"《正义》引《括地志》曰："蒲州河东县雷首山，一名中条山，亦名历山，亦名首阳山，亦名蒲山。"《汉书》卷二八《地理志上》："左冯翊……襄德，《禹贡》北条荆山在南，下有强梁原。" 又"南郡……临沮，《禹贡》南条荆山在东北，漳水所出。"④ "三条之说"，马融有之，郑玄乃"四列"说。《尚书今古文注疏》卷三"导岍及岐"孙星衍疏："史公'导'作'道'者，扬子《法言》：'道，治也。'字与导通。'岍'及'岐'上有'九山'二字，盖孔安国古文也，今文亦有之，故汉人有三条之说。马、郑本或无。" 又"至于荆山"注："马融曰：'三条：导汧，北条；西倾，中条；嶓冢，南条。'郑康成曰：'四列：导汧为阴列，西倾为次阴列，嶓冢为次阳列，岷山为正阳列。'"⑤ 司马贞言"马融以汧为北条"，孙星衍言马融以导汧为北条；司马贞言郑玄以汧为阴列，孙星衍则言郑玄以导汧为阴列。

---

① 郦道元注，杨守敬、熊会贞疏《水经注疏》，段熙仲点校，陈桥驿复校，江苏古籍出版社，1989，第3357~3358页。
② 司马迁：《史记》，中华书局，1982，第67页。
③ 司马迁：《史记》，中华书局，1982，第67、69页。
④ 班固：《汉书》，中华书局，1962，第1545、1566页。
⑤ 孙星衍：《尚书今古文注疏》，陈抗、盛冬铃点校，台北文津出版社，1987，第183页。

《水经注疏》卷四〇："荆山在南郡临沮县东北。东条山也。注：'赵云……从导汧至敷浅原，旧说有三条之目。《地理志》云，《禹贡》北条荆山在襄德，南条荆山在临沮，而临洮之西顷不云是中条，既不袭用马融、王肃之说。郦氏前遵马、王，又杂采班氏，然以荆山为东条，则大缪矣。三条，郑玄又分为四列，导汧为正阴列，西顷为次阴列，嶓冢为次阳列，岷山为正阳列。胡渭曰，四列长于三条，或嫌其阴阳之名近怪，余曰，阴阳只作南北字用。朱子据导字分南北，实本康成，而又参以一行山河两戒之说。然则究无东条也。'"①

（17）（梁）蔡山：不知所在。

杨图未言蔡山地望，王皞图、郑之侨图皆作"（梁）蔡山：在今雅州严道县"。《史记》卷二《夏本纪》："沱、涔既道，蔡、蒙旅平。"《集解》："孔安国曰：'蔡、蒙，二山名。祭山曰旅。平言治功毕也。'郑玄曰：'《地理志》蔡、蒙在汉嘉县。'"《索隐》："此非徐州之蒙，在蜀郡青衣县。青衣后改为汉嘉。蔡山不知所在也。蒙，县名。"《正义》："《括地志》云：'蒙山在雅州严道县南十里。'"② 裴骃以为蔡山在汉嘉县；司马贞以为蒙山在蜀郡汉嘉县，蔡山地望不详；张守节以为蔡山在雅州严道县。

《汉书》卷二八《地理志上》："蔡、蒙旅平。"颜注："蔡、蒙，二（水）[山]名。旅，陈也。旅平，言已平治而陈祭也。"③ 颜师古未言蔡山地望。《尚书今古文注疏》卷三"蔡蒙旅平"注："郑康成曰：'《地理志》蔡蒙在汉嘉县。'"孙星衍疏："郑注见《史记集解》。引《地理志》者，《汉志》：蜀郡青衣有《禹贡》蒙山。郑云'在汉嘉'者，'青衣'，应劭注《汉志》云：'顺帝更名汉嘉也。'案：青衣，今四川雅州府名山县地。郑以蔡蒙为一山，《伪传》误云'二山'，疏云：'蔡山不知所在。'盖本无此山也。"④ 孙氏引郑玄"蔡蒙在汉嘉县"说，以为郑玄言蔡蒙乃一山，非二山。据孙说，蔡山乃蔡蒙山之讹，杨图以蔡、蒙为二山，与孙说

---

① 郦道元注，杨守敬、熊会贞疏《水经注疏》，段熙仲点校，陈桥驿复校，江苏古籍出版社，1989，第3365页。
② 司马迁：《史记》，中华书局，1982，第63～64页。
③ 班固：《汉书》，中华书局，1962，第1531页。
④ 孙星衍：《尚书今古文注疏》，陈抗、盛冬铃点校，台北文津出版社，1977，第174页。

有异。

王皜图、郑之侨图言"在今雅州严道县"当据张守节说，张说乃一家之言，阙疑。

（18）杨甲图"常山""三条山"，郑之侨图、王皜图等皆无。郑之侨图、王皜图"恒山""梁山"，杨甲图无。郑之侨图"嶧山"，杨甲图无。王皜图"岐山"，杨甲图无。

杨图"禹贡九山名数图"，明清六经图文献亦有载，然内容有异同，诸本内容比勘见表2-3。

表2-3 "禹贡九山名数图"诸本内容比勘

山名	（宋）杨甲 禹贡九山名数图	（明）吴继仕 禹贡九山名数图	（明）陈仁锡 禹贡九山名数之图	（清）郑之侨 禹贡九州山名总图	（清）江为龙 禹贡九山名数图	（清）王皜 禹贡九山名数	（清）潘宷鼎 禹贡九山名数图	（清）杨魁植 禹贡九山名数图
（冀）壶口山	√	√	√	√	√	√ 无"山"，下同	√	√
雷首山	√	√	√	√	√	√	√	√
太岳	√	√	大岳	太岳山	√	大岳	大岳	√
厎柱山	√	√	√	√	√	√	√	√
析城山	√	√	√	√	√	√	√	√
王屋山	√	√	√	√	√	√	√	√
太行山	√	√	√	√	√	大行	√	√
恒山	×	×	×	√	×	√	×	×
常山	√	√	√	×	√	√	√	√
碣石山	√	√	√	√	√	√	√	√
梁山	×	×	×	×	×	√	×	×
岐山	×	×	×	×	×	√	×	×
（兖、青）岱山	兖青 √	兖青 √	兖青 √	√	兖青 √	青 √	兖青 √	× 无高山
（徐）蒙山	√	√	√	√	√	√	√	√
羽山	√	√	√	√	√	√	√	√

续表

山名	（宋）杨甲 禹贡九山名数图	（明）吴继仕 禹贡九山名数图	（明）陈仁锡 禹贡九山名数之图	（清）郑之侨 禹贡九州山名总图	（清）江为龙 禹贡九山名数图	（清）王崏 禹贡九山名数	（清）潘眔鼎 禹贡九山名数图	（清）杨魁植 禹贡九山名数图
峄山	×	×	×	√	×	×	×	√
（豫）大伾山	√	√	√	√	√	√	√	√
熊耳山	√	√	√	√	√	√	√	√
外方山	√	√	√	√	√	√	√	√
桐柏山	√	√	√	√	√	√	√	√
陪尾山	√	√	√	√	√	√	√	√
（扬）敷浅原	杨√	杨√	杨√	杨√	杨√	√	杨√	杨√
（荆）荆山	√	√	√	√	√	√	√	√
内方山	√	√	√	√	√	√	√	√
大别山	√	√	√	√	√	√	√	√
衡山	√	√	√	√	×	√	√	√
（梁）梁山	×	×	×	√	√	×	×	√
岷山	√	√	√	√	√	√	√	√
嶓冢山	√	√	√	√	√	√	√	√
蔡山	√	√	√	√	√	√	√	√
蒙山	√	√	√	√	√	√	√	√
（雍）岍山	√	√	√	研山	√	√	√	√
岐山	√	√	√	√	√	√	√	√
荆山	√	√	√	√	√	√	√	√
西倾山	√	√	√	√	√	√	√	√
朱圉山	√	√	√	√	√	√	√	√
鸟鼠山	√	√	√	√	√	√	√	√
太华山	√	√	√	√	√	√	√	√
终南山	√	√	√	√	√	√	√	√

090 \ 杨甲 《六经图》 整理与研究

续表

山名	（宋）杨甲 禹贡九山名数图	（明）吴继仕 禹贡九山名数图	（明）陈仁锡 禹贡九山名数图	（清）郑之侨 禹贡九州山名之图	（清）江为龙 禹贡九山名数总图	（清）王崙 禹贡九山名数	（清）潘宷鼎 禹贡九山名数图	（清）杨魁植 禹贡九山名数图
惇物山	√	√	√	√	√	√	√	√
三危山	√	√	√	√	√	√	√	√
积石山	√	√	√	√	√	√	√	√
合黎山	√	×	×	√	×	×	×	×
三条山	√	√	√	×	√	×	√	√

六 "禹贡九州水名总图"

（1）（冀）降水：在襄国信都县，今冀州信都。

按：《史记》卷二《夏本纪》："北过降水，至于大陆，北播为九河，同为逆河，入于海。"《集解》："郑玄曰：'《地理志》降水在信都（南）。'"《索隐》："《地理志》降水字从'系'，出信都国，与虖池、漳河水并流入海。"《正义》："《括地志》云：'降水源出潞州屯留县西南，东北流，至冀州入海。'"① 又卷二九《河渠书》："北载之高地，过降水，至于大陆，播为九河。"《正义》云："降水源出潞州屯留县西南方山东北。"② 《汉书》卷二八《地理志上》："北过降水，至于大陆。"颜注："降水在信都。"③ 司马贞、裴骃、颜师古皆言降水在信都，张守节言降水出潞州屯留县。

《史记》卷七《项羽本纪》："王赵地，都襄国。"《正义》："《括地志》云：'邢州城本汉襄国县，秦置三十六郡，于此置信都县，属钜鹿郡，项羽改曰襄国。'"《通典》卷一七八《州郡八》："今之冀州……信都。汉旧县。禹导河北过洚水，即此。亦曰枯洚渠，西南自南宫县界入。"④ 杨图冀之降水

---

① 司马迁：《史记》，中华书局，1982，第 70、72 页。
② 司马迁：《史记》，中华书局，1982，第 1405~1406 页。
③ 班固：《汉书》，中华书局，1962，第 1534~1535 页。
④ 杜佑：《通典》，王文锦、陈玉霞点校，中华书局，1988，第 4700~4701 页。

在襄国信都县，今冀州信都，其言与张守节、杜佑言同。有关绛水之源，杨守敬有详说。《水经注疏》卷四〇："绛水出屯留西南，东入海。注：'各本海作漳。赵云：《禹贡锥指》曰，宋张洎云，绛水即浊漳也，字或作绛。《地理志》，上党郡屯留县下云，桑钦言绛水出西南，东入海。郦道元引此文作入漳。一清按：后钜鹿县下，引《地理志》信都国信都县下，班固原文云，入海，则此漳字，明是道元所改，观其自相诘难知之。以绛水为入漳，绛渎为入海，然绛渎自是漳水一时之徙流，非《禹贡》之绛水，盖班《志》之误，道元未敢颂言之。守敬按：《汉志》作入海，以信都下又言绛水入海，知屯留下不作入漳，审矣。此处于绛水入漳之下，恐人不知漳、绛互受通称之义，随即引桑钦说，绛水出屯留东入海，盖绛水径屯留，漳水亦径屯留，于其合入之处，桑钦言绛水出屯留不复言漳水者，已并漳、绛言之。自此以下，以明凡称漳水，亦有绛水缠络其中。又于后文引《地理志》云，绛水发源屯留，下乱漳津，是乃与漳俱得通称。'"[1] 我们以为杨守敬考之绛水源流，有理。故绛水源自屯留，在襄国信都县，可据杨守敬说补苴杨图之未备。

杨图"降水"之"降"，文献或作"洚""绛"。如：《汉书》卷二九《沟洫志九》"北载之高地，过洚水"[2]，《后汉书》卷二三《郡国志五》"上党郡……屯留，绛水出"[3]，《魏书》卷一〇六《地形志上》"并州……上党郡，领县五……屯留。注：'二汉、晋属。有屯留城……绛水自寄氏界来入浊漳，因名交漳'"[4]。《书·大禹谟》"洚水儆予"蔡沈集传："洚，古文作降。"《说文·水部》："洚，一曰下也。"段玉裁注："洚与夅、降音义同。"李富孙《春秋左传异文释》卷五："《书》：北过降水。《水经·河水注》作绛。"降、洚、绛古通，杨图作"降水"有理。《中国古今地名大辞典》"九画"："降水，《书·禹贡》'北过降水，至于大陆'。今本作洚。《阮元校勘记》'唐石经、宋临安石经俱作降。知自古无作洚者'。

---

[1] 郦道元注，杨守敬、熊会贞疏《水经注疏》，段熙仲点校，陈桥驿复校，江苏古籍出版社，1989，第916～917页。
[2] 班固：《汉书》，中华书局，1962，第1675页。
[3] 范晔：《后汉书》，中华书局，1965，第3522页。
[4] 魏收：《魏书》，中华书局，1974，第2466～2467页。

据此则涂水自当作降。至降水所在。其说有三。"①《中国古今地名大辞典》所言古无作"涂水"者，失当。

（2）（兖）灉水：无。

《史记》卷二《夏本纪》："济、河维沇州：九河既道，雷夏既泽，雍、沮会同。"《集解》："雍水沮水相触而合入此泽中。"《索隐》："《尔雅》云'水自河出为雍也'。"《正义》："《括地志》云：'雷夏泽在濮州雷泽县郭外西北。雍、沮二水在雷泽西北平地也。'"② 司马贞以为雍水自黄河出，张守节言沇州之雍水在雷泽西北平地。

《水经注疏》卷一八"渭水中"："渭水又东，雍水注之。水出雍县雍山。注'赵云：雍山上当云，雍水出雍山……《寰宇记》凤翔府天兴县下云，雍水在县北二里，源出西北平地。而李应祥《雍胜略》云，雍山在凤翔县西北三十里，雍水出。应劭曰，四面积高曰雍……会贞按：雍县在今凤翔县南……以今雍水之道言之，出凤翔县西北，东南流径凤翔、岐山、扶风、武功四县南'。"③ 杨守敬言雍水非兖州之雍水。

《尔雅·释水》："水自河出为灉。"郝懿行义疏："灉者，《说文》云：'河灉水，在宋。'又云：'汳，水受陈留浚仪阴沟，至蒙为雝水（汳，即"汴"字）。'……《淮南·人间》篇云：'楚庄王胜晋于河雍之间。'是'雍'即'灉'矣……《水经·瓠子河》注引作'水自河出为雝'，《释名》作'水从河出曰雍沛'，'雍、雝'古今字，皆假借也。"④《经籍籑诂》卷二《冬韵》："灉……《书·禹贡》'灉沮会同'，《史记·夏本纪》作'雍沮会同'。"⑤ 可见，灉亦作雍、雝。杨图兖之灉水当出自黄河，在雷泽西北平地。

（3）（兖）沮水：无。

按：《史记》卷二《夏本纪》："济、河维沇州：九河既道，雷夏既泽，雍、沮会同。"《正义》："《括地志》云：'雷夏泽在濮州雷泽县郭外

---

① 臧励龢等编《中国古今地名大辞典》，商务印书馆，1931，第671页。
② 司马迁：《史记》，中华书局，1982，第54~55页。
③ 郦道元注，杨守敬、熊会贞疏《水经注疏》，段熙仲点校，陈桥驿复校，江苏古籍出版社，1989，第1528页。
④ 郝懿行：《尔雅义疏》，王其和等点校，中华书局，2017，第659页。
⑤ 阮元：《经籍籑诂》，成都古籍书店，1982，第28页。

西北。雍、沮二水在雷泽西北平地也。'"① 张守节言沇州之沮水在雷泽西北平地。

《汉书》卷二八《地理志上》："南郡……临沮，《禹贡》南条荆山在东北，漳水所出，东至江陵入阳水，阳水入沔，行六百里。"应劭注："沮水出汉中房陵，东入江。"颜注："沮水即《左传》所云'江、汉、沮、漳，楚之望也'。"又："常山郡……属冀州……县十八：元氏，沮水首受中丘西山穷泉谷，东至堂阳入黄河。"② 应劭、颜师古言沮水出汉中房陵，非兖州之沮水。

《水经注疏》卷一六："沮水出北地直路县，东过冯翊祋祤县北，东入于洛。"③ 据文献，杨图"兖之沮水"当在雷泽西北。

（4）（兖）漯水：出东都东武县，至青州洛安千乘县入海。

按：《史记》卷二《夏本纪》："浮于济、漯，通于河。"《集解》："郑玄曰：'《地理志》云漯水出东郡东武阳。'"《索隐》："济水出河东垣县王屋山东，其流至济阴，故应劭云'济水出平原漯阴县东，漯水出东郡东武阳县北，至千乘县而入于海'。"④《汉书》卷二八《地理志上》："浮于汴、漯，通于河。"颜注："漯水出东郡东武阳。"⑤《通典》卷一八〇《州郡十》："古兖州……浮于济漯。漯水在汉水之东郡东武阳县，今魏郡莘县有东武阳城，无此水矣。"⑥ 裴骃、司马贞、颜师古、杜佑皆以为漯水出东郡东武阳。杨图言漯水出东都东武县，与诸说有异。

《汉书》卷二八《地理志上》："东郡，秦置。莽曰治亭。属兖州……县二十二……东武阳，禹治漯水，东北至千乘入海，过郡三，行千二十里。莽曰武昌。"⑦ 据班固言，杨图所言"东都东武县"当为"东郡东武阳"。

（5）（青）汶水：出泰山郡莱芜县原，至西南入济也。

按：《史记》卷二《夏本纪》："浮于汶，通于济。"《集解》："郑玄曰：'《地理志》汶水出泰山莱芜县原山，西南入济。'"《汉书》卷二八

---

① 司马迁：《史记》，中华书局，1982，第54～55页。
② 班固：《汉书》，中华书局，1962，第1566～1567、1575页。
③ 郦道元注，杨守敬、熊会贞疏《水经注疏》，段熙仲点校，陈桥驿复校，江苏古籍出版社，1989，第1451页。
④ 司马迁：《史记》，中华书局，1982，第54～55页。
⑤ 班固：《汉书》，中华书局，1962，第1525～1526页。
⑥ 杜佑：《通典》，王文锦、陈玉霞点校，中华书局，1988，第4755页。
⑦ 班固：《汉书》，中华书局，1962，第1557页。

《地理志上》:"浮于汶。"颜注:"汶水出泰山郡莱芜县原山。"① 裴骃、颜师古皆言汶水出于泰山郡莱芜县原山。《通典》卷一八〇《州郡十》:"鲁郡……领县十一……莱芜。汉旧县地,汶水所出,而流出沛。"② 杜佑以为汶水出莱芜县。《水经注疏》卷二四:"汶水出泰山莱芜县原山。注'守敬按:《汉志》泰山郡莱芜原山……莱芜县详《淄水篇》。《括地志》,原山在淄川县东北七十里'。"③

据裴骃、颜师古、杨守敬等言,杨图言"莱芜县原"当为"莱芜县原山"。

(6)(徐)淮水:出桐柏山旁小山胎簪山,会泗、沂入海。

按:《史记》卷二《夏本纪》:"海岱及淮维徐州:淮、沂其治。"《索隐》:"《水经》云淮水出南阳平氏县胎簪山,东北过桐柏山。"④《汉书》卷二八《地理志上》:"淮、沂其乂。"颜注:"淮出大复山。"⑤《淮南子》卷四《坠形训》:"淮出桐柏山。注:桐柏山在南阳。"⑥《元和郡县图志》卷二一《山南道一》:"唐州,《禹贡》豫州之域……桐柏县,汉平氏县之东界也……隋开皇十八年改为桐柏……淮水,出县南桐柏山,一名大复山。"⑦《通典》卷一八〇《州郡十》:"古徐州……淮、沂其乂。淮水出今淮安郡桐柏山。"⑧ 司马贞以为淮水出南阳平氏县胎簪山,颜师古以为淮水出大复山,李吉甫、杜佑皆以为淮水出桐柏山。

《水经注疏》卷三〇:"淮水出南阳平氏县胎簪山。东北过桐柏山。《山海经》曰:淮出余山,在朝阳东,义乡西。《尚书》:导淮自桐柏。《地理志》曰:南阳平氏县,王莽之平善也。《风俗通》曰:南阳平氏县桐柏大复山在东南,淮水所出也……潜流地下,三十许里,东出桐柏之大复山南,谓之阳口。注:'……《汉志》《风俗通》称桐柏大复山,则桐柏、

---

① 班固:《汉书》,中华书局,1962,第1526~1527页。
② 杜佑:《通典》,王文锦、陈玉霞点校,中华书局,1988,第4781~4783页。
③ 郦道元注,杨守敬、熊会贞疏《水经注疏》,段熙仲点校,陈桥驿复校,江苏古籍出版社,1989,第2056页。
④ 司马迁:《史记》,中华书局,1982,第56~57页。
⑤ 班固:《汉书》,中华书局,1962,第1527页。
⑥ 刘文典:《淮南鸿烈集解》,冯逸等点校,中华书局,2013,第181页。
⑦ 李吉甫:《元和郡县图志》,贺次君点校,中华书局,1983,第538~540页。
⑧ 杜佑:《通典》,王文锦、陈玉霞点校,中华书局,1988,第4777~4778页。

大复一山。而《荆州记》以桐柏淮源东出三十里为大复。又《水经》云，淮出胎簪山，东北过桐柏山；《元和志》，桐柏山在桐柏县西南九十里；《寰宇记》，胎簪山在县西北三十里不同。《水道提纲》谓大复、胎簪皆桐柏之支峰也。《禹贡锥指》，《桐柏县志》云，县西二十里有淮井，有泉三处涌出，伏流地中，经六七里成川。今俗名淮河。'①杨守敬以为淮水出桐柏山，桐柏山、大复山乃一山，胎簪山乃桐柏山之支峰。

《读史方舆纪要》卷一《历代州域形势一》："海、岱及淮惟徐州。注：'海在南直淮安府东北。淮水出河南桐柏县桐柏山，至南直安东县东北入海。'"②顾祖禹以为淮水出桐柏山。杨图"出桐柏山旁小山胎簪山"，据杨守敬言，胎簪山乃桐柏山之支峰，故淮水出桐柏山（大复山）为是。

（7）（徐）泗水：出济阴乘氏县东，至临淮睢陵县入淮。乘氏，今属曹州。

按：《史记》卷二《夏本纪》："海岱及淮维徐州……泗滨浮磬。"《集解》："郑玄曰：'泗水出济阴乘氏也。'"又："浮于淮、泗。"《正义》："《括地志》云：'泗水源在兖州泗水县东陪尾山。其源有四道，因以为名。'"③《汉书》卷二八《地理志上》："泗濒浮磬。"颜注："泗水出济阴乘氏县。"④郑玄、颜师古以为泗水出济阴乘氏县。《尚书·禹贡》："浮于淮泗，达于河。"孔疏："《地理志》：泗水出济阴乘氏县东南，至临淮睢陵县入淮，行千一百一十里也。"⑤杨图所言出自《地理志》。据孔言，杨图言"出济阴乘氏县东"之"东"后当脱一"南"字。

《元和郡县图志》卷一〇《河南道六》之"兖州"："《禹贡》兖州之域，兼得徐州之地……泗水县，汉卞县之地……隋分汶阳县于此城置泗水县，属兖州……泗水，源出县东陪尾山，其源有四。"又卷一一《河南道七》："乘氏县，本汉旧县也，属济阴郡。隋开皇三年罢郡，以县属曹州。

---

① 郦道元注，杨守敬、熊会贞疏《水经注疏》，段熙仲点校，陈桥驿复校，江苏古籍出版社，1989，第2493~2494页。
② 顾祖禹：《读史方舆纪要》，贺次君、施和金点校，中华书局，2005，第3页。
③ 司马迁：《史记》，中华书局，1982，第56~58页。
④ 班固：《汉书》，中华书局，1962，第1527页。
⑤ 孔安国传，孔颖达正义《尚书正义》，中华书局，1980，第148页。

大业末年废，武德四年重置。"① 李吉甫以为兖州之泗水源头乃泗水县（汉卞县）东陪尾山。《通典》卷一八〇《州郡十》："鲁郡……泗水。汉卞县地，亦泗水国也……有尼丘山、洙泗水。"② 杜佑言泗水乃汉卞县地。《元丰九域志》卷一《京东路》："大都督府，兖州，鲁郡……县七……上，泗水。注：'有陪尾山、尼丘山、云云山、泗水、洙水。'"又《元丰九域志》卷一"兖州"："泗水，《水经》云：'泗水出鲁国卞县。'"③ 王存言兖州之泗水出卞县。

《水经注疏》卷二五："泗水出鲁卞县北山。《地理志》曰：出济阴乘氏县，又云：出卞县北，《经》言北山，皆为非矣。《山海经》曰：泗水出鲁东北……《博物志》十曰：泗水出陪尾……泗水自卞而会于洙水也。原注'守敬按：《汉书·诸侯王表》颜《注》引晋灼曰，《水经》云，泗水出鲁卞县。……今本《地理志》鲁国卞县，泗水西南至方与入沛，不言出卞县北。郦氏谓泗水出卞县东南'。"④ 杨守敬以为泗水出济阴乘氏县，非卞县。

据文献，杨图载"徐州之泗水"出自济阴乘氏县东南。

（8）（荆）沧浪水：别流在荆州，出荆山，今襄州。

按：《史记》卷二《夏本纪》："又东为苍浪之水。"《索隐》："马融、郑玄皆以沧浪为夏水，即汉河之别流也。"《正义》："《括地志》云：'均州武当县有沧浪水。'庾仲雍《汉水记》云'武当县西四十里汉水中有洲，名沧浪洲'也。《地记》云'水出荆山，东南流为沧浪水'。"⑤《汉书》卷二八《地理志上》："又东为沧浪之水。"颜注："出荆山东南流为沧浪之水。"⑥ 张守节以为均州武当县有沧浪水，颜师古以为沧浪水出荆山东南流。

《读史方舆纪要》卷一二四《川渎一》："沧浪水，在今湖广襄阳府均

---

① 李吉甫：《元和郡县图志》，贺次君点校，中华书局，1983，第263、269~270、293页。
② 杜佑：《通典》，王文锦、陈玉霞点校，中华书局，1988，第4781~4782页。
③ 王存：《元丰九域志》，王文楚、魏嵩山点校，中华书局，1984，第16~17、546页。
④ 郦道元注，杨守敬、熊会贞疏《水经注疏》，段熙仲点校、陈桥驿复校，江苏古籍出版社，1989，第2095~2099页。
⑤ 司马迁：《史记》，中华书局，1982，第70、73页。
⑥ 班固：《汉书》，中华书局，1962，第1534~1535页。

州北，《地志》云：汉水中有洲曰沧浪洲，汉水亦名沧浪水。注'俗讹为千龄州，在今均州城北四十里'。"①顾祖禹以为沧浪水在今湖广襄阳府均州，即为汉水。《尚书今古文注疏》卷三："又东为沧浪之水。疏：'郑注见《水经·夏水注》。《史记集解》引马融说同。以沧浪为夏水者，《水经·夏水注》引刘澄之《永初山川记》云：夏水，古文以为沧浪水，渔父所歌也。《史记正义》引《括地志》云：均州武当县有沧浪水。庾仲雍《汉水记》云：武当县西四十里汉水中有洲，名沧浪洲也。《地记》云：水出荆山，东南流为沧浪水。案：武当，今湖北县。'"②孙星衍以为沧浪水即夏水，水出荆山，湖北均州武当县有此水。

《水经注疏》卷二七："《地说》曰：水出荆山，东南流为沧浪之水。近楚都。故渔父歌曰：沧浪之水清兮，可以濯我缨……余按《尚书·禹贡》言：导漾水东流为汉，又东为沧浪之水，不言过而言为者，明非他水决入也，盖汉沔水，自下有沧浪通称耳。原注：'守敬按水出荆山则《地说》所称沧浪是别一水，与《禹贡》不合，故郦氏辨之。《御览》六十三引《十道志》，荆楚之地，水驾山而上者，皆呼为襄，故陆澄《地理记》曰，襄阳无襄水。按《名胜志》襄水或即汉水之别名，今人呼汉水为襄河，襄字即沧浪之合音。陆澄不知此，故云无襄水也。'"③杨守敬以为沧浪水即湖北襄阳之襄水。

综合以上文献，我们以为杨图荆州之沧浪水当出荆山，湖北襄阳府均州有此水，其名亦为夏水、襄水，或云汉水之一支。

（9）（荆）三澨：在江夏竟陵县，今复州景陵县。

按：《史记》卷二《夏本纪》："过三澨，入于大别。"《集解》："孔安国曰：'三澨，水名。'郑玄曰：'在江夏竟陵之界。'"《索隐》："《水经》云'三澨，地名，在南郡邔县北'。孔安国、郑玄以为水名。今竟陵有三参水，俗云是三澨水。"④《汉书》卷二八《地理志上》："过三澨，至于大

---

① 顾祖禹：《读史方舆纪要》，贺次君、施和金点校，中华书局，2005，第5369页。
② 孙星衍：《尚书今古文注疏》，陈抗、盛冬铃点校，台北文津出版社，1987，第194页。
③ 郦道元注，杨守敬、熊会贞疏《水经注疏》，段熙仲点校，陈桥驿复校，江苏古籍出版社，1989，第2351~2352页。
④ 司马迁：《史记》，中华书局，1982，第70、73页。

别。"颜注:"三澨水在江夏竟陵。"① 裴骃、司马贞、颜师古以为三澨水在江夏竟陵。

《读史方舆纪要》卷七七《湖广三》之"景陵县":"三澨水在县南三十里。出京山县西七十里之磨石山,流入县界,东注入嵩台湖。或以为即《禹贡》之三澨也。亦曰三汊口。"顾祖禹以为三澨水出京山县磨石山,在景陵县南三十里。

《水经注疏》卷四〇:"三澨池在南郡邔县之北,《尚书》曰:导汉水过三澨。《地说》曰:沔水东行过三澨,合流触大别山陂,故马融、郑玄、王肃、孔安国等,咸以为三澨,水名也……杜预亦云:水际及边地名也。今南阳、淯阳二县之间,淯水之滨,有南澨、北澨矣。而诸儒之论,水陆相半,又无山源出处之所,津涂关路,惟郑玄及刘澄之言在竟陵界。原注:'会贞按:《史记·夏本纪·集解》引郑玄曰,在江夏竟陵之界。'"②

据文献,荆州之三澨水当在湖北江夏竟陵县南三十里,出京山县磨石山。

《元和郡县图志》卷二一《山南道二》之"复州":"竟陵县,汉旧县也,属江夏郡……周属复州。"③《旧唐书》卷三六《天文志下》:"翼、轸,鹑尾之次……江夏。注'竟陵今为复州'。"④ 据李吉甫、刘昫等言,杨图"复州景陵县"当为"复州竟陵县"。

(10)(荆)沣水:在长沙沣陵县,今沣州。

按:《史记》卷二《夏本纪》:"东会于沣。"《正义》:"《括地志》云:'雍州鄠县终南山,沣水出焉,北入渭也。'"⑤ 张守节言沣水乃雍州之水,非荆州之水。《汉书》卷二八《地理志上》:"武陵郡……属荆州……县十三……充。酉原山,酉水所出,南至沅陵入沅,行千二百里。历山,沣水所出,东至下隽入沅,过郡二,行一千二百里。"⑥ 班固言沣水出自武

---

① 班固:《汉书》,中华书局,1962,第1534~1535页。
② 郦道元注,杨守敬、熊会贞疏《水经注疏》,段熙仲点校,陈桥驿复校,江苏古籍出版社,1989,第3374~3375页。
③ 李吉甫:《元和郡县图志》,贺次君点校,中华书局,1983,第536页。
④ 刘昫等:《旧唐书》,中华书局,1975,第1314页。
⑤ 司马迁:《史记》,中华书局,1982,第70、74页。
⑥ 班固:《汉书》,中华书局,1962,第1594~1595页。

陵郡充县历山。《后汉书》卷三《肃宗孝章帝纪》："二月，武陵澧中蛮叛。"李注："武陵，郡，今澧州。《水经》曰'澧水出武陵充县西历山之北'也。"① 《后汉书》李贤注引《水经》言澧水所出与《汉书》言同。

《水经注疏》卷三七："澧水出武陵充县西历山，东过其县南。澧水自县东径临澧、零阳二县故界……又东至长沙下雋县西北，东入于江。澧水流注于洞庭湖，俗谓之曰澧江口也。原注：'今澧水自桑植县东流，径永定县、慈利县、石门县，澧州安乡县，至华容县西南，入洞庭湖。'"② 杨守敬言澧水出武陵充县西历山，其所经之地未有长沙澧陵县。

据文献言，荆州之澧水当出自澧州充县历山。杨图言澧水在长沙澧陵县与传世文献所言不符，失之。

（11）（豫）伊水：出洪农卢氏县东熊耳山，东北入洛。

按：《史记》卷二《夏本纪》："荆河惟豫州：伊、雒、瀍、涧既入于河。"《索隐》："伊水出弘农卢氏县东……皆入于河。"《正义》："《括地志》云：'伊水出虢州卢氏县东峦山，东北流入洛。'"③ 《汉书》卷二八《地理志上》："弘农郡……县十一……卢氏，熊耳山在东。伊水出，东北入雒，过郡一，行四百五十里。又有育水，南至顺阳入沔。"④

《元和郡县图志》卷五《河南道一》之"河南府"："《禹贡》豫州之域……河南县，本汉旧县……伊水，在县东南十八里……伊阳县，本陆浑县南界之地……伊水路，在县西南，出鸾掌山，东流。《水经》云：'出南阳鲁阳县蔓渠山，东北过陆浑县南，又东北过伊阙中，又东北入于洛。'……陆浑县……至汉为陆浑县，属弘农郡，后属河南尹……伊水，在县西南，自虢州卢氏县界流入。"⑤

《水经注疏》卷一五："伊水出南阳鲁阳县西蔓渠山。《山海经》曰：蔓渠之山，伊水出焉。《淮南子》曰：伊水出上魏山。《地理志》曰：出熊耳山。原注'说者谓《地理志》，伊水出宏农卢氏熊耳山，与《水经》何

---

① 范晔：《后汉书》，中华书局，1965，第133页。
② 郦道元注，杨守敬、熊会贞疏《水经注疏》，段熙仲点校，陈桥驿复校，江苏古籍出版社，1989，第3065、3072~3073页。
③ 司马迁：《史记》，中华书局，1982，第62~63页。
④ 班固：《汉书》，中华书局，1962，第1548~1549页。
⑤ 李吉甫：《元和郡县图志》，贺次君点校，中华书局，1983，第129、131、136、143页。

以有异？不知南阳［南阳二字当删］有三熊耳，卢氏之外，宜阳、陕俱有之'。"①

杨图言豫之伊水出洪农卢氏县东熊耳山，"洪农"当为"弘农"。据《汉志》上下文辞，其言伊水出弘农郡卢氏县无疑，然未言伊水出熊耳山，其他文献亦不言出自熊耳山，故我们以为伊水当出自弘农卢氏县。

（12）（豫）洛水：出洪农上洛县冢领山东北，至河南巩县东入河。

按：《史记》卷二《夏本纪》："荆河惟豫州：伊、雒、瀍、涧既入于河。"《索隐》："洛水出弘农上洛县冢领山……皆入于河。"《正义》："《括地志》云：'……洛水出商州洛南县冢领山，东流经洛州郭内，又东合伊水。'"② 司马贞以为豫州之洛水出自弘农上洛县冢领山。张守节言洛水出商州洛南县，其言非豫州之洛水。

《汉书》卷二八《地理志上》："弘农郡……县十一……上雒。《禹贡》雒水出冢领山，东北至巩入河，过郡二。"③ 班固以为洛水所出与司马贞所言同。《元和郡县图志》卷五《河南道一》之"河南府"："《禹贡》豫州之域……洛阳县，本汉旧县……洛水，在县西南三里……河南县，本汉旧县……洛水，在县北四里。"④ 李吉甫以为洛水在洛阳县西南、河南县北。

《尔雅·释水》："洛为波。"郝懿行义疏："洛水亦有二：《汉志》：'左冯翊褱德，洛水东南入渭，雍州浸。'《诗》所谓'瞻彼洛矣'者也。'弘农郡上雒，《禹贡》雒水出冢领山，东北至巩入河，豫州川'，《书》所谓'伊洛瀍涧'者也。《水经注》云：'洛水又东，门水出焉。《尔雅》所谓'洛别为波也'。'是郦以门水为波水。《职方》郑注：'波读为播。'"⑤

《水经注疏》卷一五："洛水出京兆上洛县谨举山……《山海经》曰：出上洛西山；又曰：谨举之山，洛水出焉。注'守敬按：《中次四经》文。今洛水出雒南县西冢领山'。"⑥ 杨守敬以为洛水出雒南县西。

---

① 郦道元注，杨守敬、熊会贞疏《水经注疏》，段熙仲点校，陈桥驿复校，江苏古籍出版社，1989，第 1333~1334 页。
② 司马迁：《史记》，中华书局，1982，第 62~63 页。
③ 班固：《汉书》，中华书局，1962，第 1548~1549 页。
④ 李吉甫：《元和郡县图志》，贺次君点校，中华书局，1983，第 131 页。
⑤ 郝懿行：《尔雅义疏》，王其和等点校，中华书局，2017，第 659~660 页。
⑥ 郦道元注，杨守敬、熊会贞疏《水经注疏》，段熙仲点校，陈桥驿复校，江苏古籍出版社，1989，第 1287 页。

据文献，杨图"洪农"当为"弘农"，其云洛水所出与《史记》《汉书》所载同，与《山海经》《水经注疏》《元和郡县图志》异。

（13）（豫）瀍水：出河南谷城县朁亭北，西东南入洛。

按：《史记》卷二《夏本纪》："荆河惟豫州：伊、雒、瀍、涧既入于河。"《索隐》："瀍水出河南谷城县暂亭北……皆入于河。"《正义》："《括地志》云：'……瀍水出洛州新安县东，南流至洛州郭内，南入洛。'"①《汉书》卷二八《地理志上》："河南郡……县二十二……谷成，《禹贡》瀍水出朁亭北，东南入雒。"②司马贞以为瀍水出河南谷城县朁亭，班固作"朁亭"，张守节以为瀍水出洛州新安县。

《元和郡县图志》卷五《河南道一》之"河南府"："《禹贡》豫州之域……河南县，本汉旧县……瀍水，在县西北六十里……《水经》云：'源出河南谷城县北。'今验水西从新安县东入县界。"③李吉甫以为瀍水出河南谷城县，经过勘验，此水西从新安县东入县界。《水经注疏》卷一五："瀍水出河南谷城县北山。县北有潜亭，瀍水出其北梓泽中。注'守敬按：《汉志》谷城县，《禹贡》瀍水出朁亭北，此言水出其北，本《汉志》'。"④杨守敬以为瀍水所出与《汉志》同。

据班固、张守节言，豫州之瀍水东南入洛水，杨图言"西东南入洛"乃衍一"西"字。杨图"瀍水"出河南谷城县朁亭北之"朁亭"之"朁"，文献或作"暂""朁""潜""潛"。《正字通·曰部》："朁，今作替。"又《水部》："潛，俗从二先。"杨图作"朁"有理。杨图言瀍水出朁亭北，据李吉甫言，瀍水之西从新安县东入县界；又据张守节言，瀍水之南出洛州新安县，故李、张二说可补苴杨图之未备。

（14）（豫）涧水：出洪农新安县东，南入洛。

按：《史记》卷二《夏本纪》："荆河惟豫州：伊、雒、瀍、涧既入于河。"《索隐》："涧水出弘农新安县东，皆入于河。"《正义》："《括地志》云：'……涧水源出洛州新安县东白石山，东北与谷水合流，经洛州郭内，

---

① 司马迁：《史记》，中华书局，1982，第62~63页。
② 班固：《汉书》，中华书局，1962，第1555~1556页。
③ 李吉甫：《元和郡县图志》，贺次君点校，中华书局，1983，第129、131~132页。
④ 郦道元注，杨守敬、熊会贞疏《水经注疏》，段熙仲点校，陈桥驿复校，江苏古籍出版社，1989，第1353~1354页。

东流入洛也。'"①《汉书》卷二八《地理志上》："弘农郡……县十一……新安，《禹贡》涧水在东，南入雒。"② 司马贞以为涧水出弘农新安县；张守节以为涧水出洛州新安县，东入洛；杨图"南入洛"与张说"东入洛"相异。班固言涧水出弘农郡新安县东，南入雒，杨图与班固说同。

《读史方舆纪要》卷一二四《川渎异同一》："涧水，出河南渑池县白石山，东至洛阳南入洛。"③《水经注疏》卷一五："涧水出新安县南白石山。《山海经》曰：白石之山，惠水出于其阳，东南注于洛，涧水出于其阴，北流注于谷。"④ 顾祖禹以为涧水出渑池县白石山；杨守敬以为涧水出新安县白石山，其说与张守节说同。《元和郡县图志》卷五、《元丰九域志》卷一言渑池县、新安县皆无白石山，故豫州之涧水出白石山说阙疑。

《中国古今地名大辞典》"十五画"："涧水，亦曰涧河。出河南渑池县东北白石山。曰涧水，南流合谷水，是为涧河。东流经新安至洛阳县西南入于洛。"⑤ 据文献，杨图"洪农"当为"弘农"。其言豫之涧水之源与《汉志》合，与《水经注疏》《读史方舆纪要》《中国古今地名大辞典》有异。

（15）（豫）沇水：在河阳温郡西北平地，今孟州温县及济源县。

按：《史记》卷二《夏本纪》："道沇水，东为济，入于河。"《集解》："郑玄曰：'《地理志》沇水出河东垣县东王屋山，东至河内武德入河，泆为荥。'"⑥《汉书》卷二八《地理志上》："道沇水，东流为泲。"颜注："泉出王屋山，名为沇。"⑦《山海经》卷七："济水出河东垣县东王屋山，为沇水。"《水经注疏》卷七："济水出河东垣县东王屋山，为沇水……孔安国《书传》曰：泉源为沇，流去为济。"⑧ 据《史记集解》、《汉书》颜

---

① 司马迁：《史记》，中华书局，1982，第 62~63 页。
② 班固：《汉书》，中华书局，1962，第 1548~1549 页。
③ 顾祖禹：《读史方舆纪要》，贺次君、施和金点校，中华书局，2005，第 5377 页。
④ 郦道元注，杨守敬、熊会贞疏《水经注疏》，段熙仲点校，陈桥驿复校，江苏古籍出版社，1989，第 1355 页。
⑤ 臧励龢等编《中国古今地名大辞典》，商务印书馆，1931，第 1176 页。
⑥ 司马迁：《史记》，中华书局，1982，第 70、73 页。
⑦ 班固：《汉书》，中华书局，1962，第 1535~1536 页。
⑧ 郦道元注，杨守敬、熊会贞疏《水经注疏》，段熙仲点校，陈桥驿复校，江苏古籍出版社，1989，第 625~626 页。

注等，豫州之沇水皆出自河东垣县东王屋山。

《读史方舆纪要》卷四一《山西三》："垣曲县……东至河南济源县百七十里。汉河东郡垣县地……大业初州废，改县为垣县，属绛郡……王屋山，在县东北百里。接河南济源县及泽州阳城县界，沇水出焉。"①《说文·水部》："沇，水。出河东东垣王屋山，东为泲。"段注："沇水，出河东垣东王屋山。谓垣县东之王屋山。《水经》云垣县东王屋山是也……《汉志》真定县故东垣非此地。若《晋史》《宋志》《后魏志》《隋志》之东垣，则今河南府之新安县也。河东郡垣、二志同，今山西绛州垣曲县、河南怀庆府济源县是其地。垣曲县县西北二十里有垣县城是也。《前志》垣下曰：《禹贡》王屋山在东北，沇水所出。东南至武德入河，轶出荥阳北地中。又东至琅槐入海……《水经》曰：济水，出河东垣东王屋山为沇水，东至温县西北为济水，南当巩县北，南入于河。王屋山今在济源县西八十里，沇水所出。"② 顾祖禹、段玉裁以为沇水出自垣曲县（汉之垣县）王屋山，王屋山在今河南济源县。

《元丰九域志》卷一《京西路》："望，孟州，河阳三城节度。注'治河阳县'……县六。注'庆历三年以河南府王屋县隶州'……望，温。注'州东七十里。三乡。有黄河、□水'。"原注："□水，《太平寰宇记》卷五二'孟州温县'下载有济水，疑此所阙当为'济'字。"③ 王存言孟州河阳和温县无"沇水"。杨图言沇水在河阳温郡西北平地有误，据文献，沇水当出自河东垣东王屋山。

（16）（梁）沱水：在蜀郡郫县、南郡枝江县有沱水，其尾入江。

按：《史记》卷二《夏本纪》："荆及衡阳维荆州……沱、涔已道。"《集解》："孔安国曰：'沱，江别名。涔，水名。'郑玄曰：'水出江为沱，汉为涔。'"《索隐》："沱出蜀郡郫县西，东入江……故《尔雅》云'水自江出为沱'。"《正义》："《禹贡》曰'岷山导江，东别为沱'，源出益州新繁县。"④ 裴骃以为水出江为沱；司马贞言沱水出蜀郡郫县西，东入江；张守节言沱水源出益州新繁县，关于张说，文献皆无记载，不知所据，阙疑。

---

① 顾祖禹：《读史方舆纪要》，贺次君、施和金点校，中华书局，2005，第1920、1922页。
② 段玉裁注《说文解字注》，上海古籍出版社，1988，第527~528页。
③ 王存：《元丰九域志》，王文楚、魏嵩山点校，中华书局，1984，第32~33、57页。
④ 司马迁：《史记》，中华书局，1959，第60~61页。

《汉书》卷二八《地理志上》："南郡……县十八……枝江，故罗国。江沱出西，东入江……蜀郡……县十五……郫，《禹贡》江沱在西，东入大江……汶江……江沱在西南，东入江。"颜注："沱即江别出者也。"①《汉志》言南郡枝江、蜀郡郫县、蜀郡汶江县皆有沱水，东入江。然《汉志》未言沱水之源。

有关沱水之源，杜佑有说。《通典》卷一七五《州郡五》："古梁州……沱、潜既道。沱水在今濛阳郡唐昌县。"②《元和郡县图志》卷三一《剑南道上》之"彭州"："《禹贡》梁州之地……唐昌县，望。东至州三十里。本郫县、导江、九陇三县之地……濛阳县……在濛江之水北。"③《元丰九域志》卷七《成都府路》："紧，彭州，濛阳郡，军事。注'治九陇县'……县四。注'乾德四年以导江县隶永康军。开宝四年改唐昌县为永昌县'……望，永昌。注'州西二十六里。二十三乡。一茶场。有昌化山、都江'。"④检之李吉甫、王存所说，杜佑言濛阳郡唐昌县并无沱水，当为臆言。

《读史方舆纪要》卷一二四《川渎异同一》："《汉志》蜀郡郫县、南郡枝江县皆有江沱。今按沱水大抵在四川境内。"⑤顾祖禹言沱水大概在四川境内，亦未言其源头。《尔雅·释水》："江为沱。"郝懿行义疏："江为沱者，《汉志》：'蜀郡郫，《禹贡》江沱在西，东入大江。'《说文》云：'沱，江别流也，出崏山东，别为沱。'《寰宇记》引李巡云：'江溢出流为沱。'《禹贡》正义引郭《音义》云：'沱水自蜀郡都安县揣山与江别而更流。'又引郑注云：'今南郡枝江县有沱水，其尾入江耳，首不于江出也。华容有夏水，首出江，尾入沔，盖此所谓沱也。'是郑以夏水为荆州之沱，郭以郫江为梁州之沱，二说不同，兼之乃备。"⑥郝懿行以为梁州之沱水在蜀郡郫县，郑玄言南郡枝江之沱水非梁州之沱水。

《水经注疏》卷四〇："益州沱水在蜀郡汶江县西南。其一在郫县西

---

① 班固：《汉书》，中华书局，1962，第1566~1567、1598页。
② 杜佑：《通典》，王文锦、陈玉霞点校，中华书局，1988，第4574页。
③ 李吉甫：《元和郡县图志》，贺次君点校，中华书局，1983，第772、774页。
④ 王存：《元丰九域志》，王文楚、魏嵩山点校，中华书局，1984，第310~311页。
⑤ 顾祖禹：《读史方舆纪要》，贺次君、施和金点校，中华书局，2005，第5372页。
⑥ 郝懿行：《尔雅义疏》，王其和等点校，中华书局，2017，第659~661页。

南，皆还入江。荆州沱水在南郡枝江县。注：'会贞按：《汉志》南郡枝江，江沱出西，东入江。后汉、吴，县属南郡同。水在今枝江县东。《寰宇记》所谓南为外江者，岷江之正流也，北为内江者，沱水也。今则南江微而北江盛矣。全云，汶江县之沱，为开明所凿。郫县之沱，是湔堋江，李冰所堰，皆非禹迹也。顾祖禹尝疑之，而不能指沱之所在……'"① 熊会贞以为梁州之沱水在蜀郡郫县。

据郝懿行、熊会贞等言，我们以为杨图言梁之沱水在蜀郡郫县为是，其言沱水又在南郡枝江县，失之。

（17）（梁）潜水：在漾之下，汉之上，经三泉金牛驿为潜水。

按：《史记》卷二《夏本纪》："华阳黑水惟梁州……逾于沔。"《集解》："孔安国曰：'汉上水为潜。'郑玄曰：'或谓汉为潜。'"② 又卷二八《封禅书》："自华以西，名山七，名川四……潜，祠汉中。"《索隐》："《水经》云'潜水出武都沮县'。"③ 《汉书》卷二八《地理志上》："逾于沔。"颜注："汉上曰潜。"④ 裴骃、颜师古皆以梁州之潜水在汉水之上。司马贞以为潜水出武都沮县。

《通典》卷一七五《州郡五》："汉中郡，今之梁州……领县六……金牛。汉葭萌县地。有嶓冢山，禹导漾水，至此为汉水，亦曰沔水。颜师古云：'汉上曰潜。'……三泉。"⑤ 杜佑以梁州金牛县、三泉县有潜水在，且在汉水之上。杨图所言与杜佑同。

《读史方舆纪要》卷一二七《川渎四》："《水经》以为潜水出武都沮县东狼谷中，沮县，今陕西略阳县。东南流注汉……汉水在沔县南十余里。孔氏曰：'汉上曰潜，县以水名也。'又东南流经褒城县南四里，而东入南郑县界。"⑥ 顾祖禹以为潜水出武都沮县。《水经注疏》卷二七："潜水出武都沮县东狼谷中……孔安国曰：漾水东流为汉，盖与潜合也。至汉

---

① 郦道元注，杨守敬、熊会贞疏《水经注疏》，段熙仲点校，陈桥驿复校，江苏古籍出版社，1989，第3373页。
② 司马迁：《史记》，中华书局，1982，第63~65页。
③ 司马迁：《史记》，中华书局，1982，第1372~1373页。
④ 班固：《汉书》，中华书局，1962，第1531~1532页。
⑤ 杜佑：《通典》，王文锦、陈玉霞点校，中华书局，1988，第4576~4578页。
⑥ 顾祖禹：《读史方舆纪要》，贺次君、施和金点校，中华书局，2005，第5339~5440页。

中为汉水,是互相通称矣。"① 杨守敬言沔水出武都沮县,在漾水之东,流经汉中,与汉水互相通称。

杨图不言"沔水"所出,据文献,沔水当出武都沮县,其流在漾水东,汉水上。

(18)(梁)汉水:漾水至武郡为汉水,今汉中。

按:《史记》卷二《夏本纪》:"荆及衡阳维荆州:江、汉朝宗于海。"《正义》:"《孙卿子》云'江水其源可以滥觞'也。又云:'汉水源出梁州金牛县东二十八里嶓冢山。'""道九川……嶓冢道漾,东流为汉。"《集解》:"郑玄曰:'《地理志》漾水出陇西氐道,至武都为汉。'"《索隐》:"《水经》云漾水出陇西氐道县嶓冢山,东至武都沮县为汉水……故孔安国云'泉始出山为漾水,东南流为沔水,至汉中东流为汉水'。"②

《水经注疏》卷二〇:"漾水出陇西氐道县嶓冢山,东至武都沮县为汉水。常璩曰:汉水有二源,东源出武都氐道县漾山,为漾水。《禹贡》导漾东流为汉是也。"又卷二七:"孔安国曰:漾水东流为沔,盖与沔合也。至汉中为汉水,是互相通称矣。"③

《中国古今地名大辞典》"十四画":"汉水,源出陕西宁羌县北之嶓冢山,亦曰东汉水,初名漾水。《书·禹贡》'嶓冢导漾,东流为汉'即此。东南经沔具为沔水。经褒城县纳褒水,始为汉水。东经南郑、城固、洋县数县之南。曲折东南流至紫阳县南,折而东北流,至洵阳县东南会乾祐河之水……《清一统志》:《禹贡》所云沔、漾、汉,皆指东汉水。今宁羌州嶓冢山出者是也。《汉志》以漾水出氐道为东汉水之源,移《禹贡》嶓冢于陇西西县下,谓西汉水所出,至汉中之汉水……今氐道不知所在,西县之嶓冢,别在秦州。东西两汉水,源流绝无交涉。出东狼谷之沮水,乃东汉之别源,《禹贡》所不言。《汉志》所载,与《禹贡》多所不合。《华阳国志》、《水经注》承《汉志》之误。"④

---

① 郦道元注,杨守敬、熊会贞疏《水经注疏》,段熙仲点校,陈桥驿复校,江苏古籍出版社,1989,第2295、2297页。
② 司马迁:《史记》,中华书局,1982,第60~61、69~70、72页。
③ 郦道元注,杨守敬、熊会贞疏《水经注疏》,段熙仲点校,陈桥驿复校,江苏古籍出版社,1989,第1679、2297页。
④ 臧励龢等编《中国古今地名大辞典》,商务印书馆,1931,第1103页。

杨图言梁之汉水与文献所载基本相符，杨图"武郡"，文献皆作"武都"。漾，文献或作"瀁"。

（19）（梁）桓水：出蜀郡蜀山西南，行羌中，入南海。

按：《史记》卷二《夏本纪》："华阳黑水惟梁州……西倾因桓是来。"《索隐》："西倾在陇西临洮县西南。桓水出蜀郡岐山西南，行羌中入南海也。"①《汉书》卷二八《地理志上》："蜀郡……《禹贡》桓水出蜀山西南，行羌中，入南海。莽曰导江。属益州。"② 司马贞以为桓水出蜀郡岐山西南，班固言桓水出蜀山西南。

《水经注疏》卷三六："桓水出蜀郡岷山，西南行羌中，入于南海。注'守敬案：《经》本《汉志》，惟蜀作岷。《广雅》，蜀山谓之崏'。"③ 杨守敬以为桓水出蜀郡岷山。杨图言桓水出蜀山，其他文献或言桓水出岷山，或言桓水出岐山。《广雅》卷九下《释山》："蜀山谓之崏山。"王念孙《疏证》云："崏，《说文》作崏，字或作岷，又作汶。……蜀读为独，字或作渎，《史记·封禅书》云'渎山，蜀之汶山也'。《水经·江水注》云'岷山即渎山也'。"④ 杨守敬言蜀山亦谓之岷山，我们以为岷、岐、崏等字通，杨图"蜀山"亦作"岷山""岐山""崏山"等。

（20）（雍）渭水：出鸟鼠同穴。

按：《史记》卷二《夏本纪》："黑水西河惟雍州……泾属渭汭。"《索隐》："渭水出首阳县鸟鼠同穴山。"《正义》："《括地志》云：'……渭水源出渭州渭原县西七十六里鸟鼠山，今名青雀山。渭有三源，并出鸟鼠山，东流入河。'"⑤《后汉书》卷二三《郡国志五》："陇西郡……首阳有鸟鼠同穴山，渭水出。"⑥《通典》卷一七三《州郡三》："古雍州：《禹贡》曰：'黑水、西河惟雍州……泾属渭汭。'渭水出今陇西郡渭源县。"⑦《水经注疏》卷一七："渭水出陇西首阳县渭首亭南鸟鼠山。渭水

---

① 司马迁：《史记》，中华书局，1982，第63~64页。
② 班固：《汉书》，中华书局，1962，第1598页。
③ 郦道元注，杨守敬、熊会贞疏《水经注疏》，段熙仲点校，陈桥驿复校，江苏古籍出版社，1989，第2940页。
④ 王念孙：《广雅疏证》（附索引），钟宇讯点校，中华书局，2004，第302页。
⑤ 司马迁：《史记》，中华书局，1982，第65页。
⑥ 范晔：《后汉书》，中华书局，1965，第3516页。
⑦ 杜佑：《通典》，王文锦、陈玉霞点校，中华书局，1988，第4505页。

出首阳县首阳山渭首亭南谷。山在鸟鼠山西北。"① 《读史方舆纪要》卷一二四《川渎一》："《水经注》：'渭水出南谷山，在鸟鼠西五里。其别源出鸟鼠同穴山，渭水流合焉。'夫南谷去鸟鼠止四五里，则导渭自鸟鼠同穴宜矣。程大昌《记》云'渭水出鸟鼠同穴山，泉源周七尺，四时流注，即渭水之源'云。"② 杨图雍之渭水"出鸟鼠同穴"当为"出鸟鼠同穴山"。

（21）（雍）泾水：出泾州浮阳县西汧头山，东南至冯翊陵阳县入渭。

按：《史记》卷二《夏本纪》："黑水西河惟雍州……泾属渭汭。"《集解》："孔安国曰：'……水北曰汭。言治泾水入于渭也。'郑玄曰：'《地理志》泾水出安定泾阳。'"《索隐》："《说文》云：'水相入曰汭。'"《正义》："《括地志》云：'泾水源出原州百泉县西南笄头山泾谷。'"③《汉书》卷二八《地理志下》："安定郡……县二十一……泾阳，开头山在西，《禹贡》泾水所出，东南至阳陵入渭，过郡三，行千六十里，雍州川。"④《后汉书》卷二三《郡国志五》："安定郡……朝那。刘昭注：'郭璞注《山海经》曰：泾水出县西（丹）[开]头山，入渭。'"⑤ 杨图言雍州之泾水"出泾州浮阳县西汧头山"与《史记》三家注载"出安定泾阳""出原州百泉县西南笄头山"二说，《汉志》出安定泾阳西开头山，《后汉书》出安定郡朝那县西（丹）[开]头山等所出县有异，所出山名基本一致，山名仅"汧""笄""开"字形有异。

《元和郡县图志》卷三《关内道三》："泾州，今为泾原节度使理所……《禹贡》雍州之域……管县五：保定，灵台，临泾，良原，潘原。保定县，本汉安定县地，今临泾县安定故城也……泾水，在县东一里。"⑥ 据《元和郡县图志》，泾州无浮阳县，泾水出汉安定县，杨图言"出泾州浮阳县"不知据何。《通典》卷一七三《州郡三》："古雍州……冯翊

---

① 郦道元注，杨守敬、熊会贞疏《水经注疏》，段熙仲点校，陈桥驿复校，江苏古籍出版社，1989，第1469页。
② 顾祖禹：《读史方舆纪要》，贺次君、施和金点校，中华书局，2005，第5376页。
③ 司马迁：《史记》，中华书局，1982，第65页。
④ 班固：《汉书》，中华书局，1962，第1615页。
⑤ 范晔：《后汉书》，中华书局，1965，第3519页。
⑥ 李吉甫：《元和郡县图志》，贺次君点校，中华书局，1983，第55~56页。

郡……领县七：冯翊，朝邑，白水，澄城，韩城，郃阳，河西。"①《三辅黄图》卷六"陵墓"："景帝阳陵，在长安城东北四十五里。按景帝五年作阳陵，起邑阳陵山，方百二十步，高十丈。"②陈直校注："《太平寰宇记》卷二十六云：'阳陵城，故弋阳县，景帝改为阳陵县。'又《陕西通志》卷七十云：'阳陵，今在高陵县西南三十里鹿苑原上。'《陕西通志》卷九亦同。"据文献，杨图"冯翊陵阳县入渭"之"陵阳县"当为"阳陵县"。

《通典》卷一七三《州郡三》："古雍州：《禹贡》曰：'黑水、西河惟雍州……泾属渭汭。'泾水出今平凉郡平高县。"③《元和郡县图志》卷三《关内道三》："原州，平凉……《禹贡》雍州之域……汉为安定郡……管县四：平高，平凉，百泉，萧关。平高县……本汉高平县，属安定郡……笄头山，一名崆峒山，在县西一百里……《汉书》曰开头山，在泾阳西。《禹贡》泾水所出……百泉县，本汉朝那县地……泾水，源出县西南泾谷。"④据《元和郡县图志》《后汉书》《史记正义》《通典》所言，泾水当出汉代安定郡高平县或朝那县。

《汉书》卷二八《地理志上》："丹扬郡……县十七……句容，泾。"韦昭注："泾水出芜湖。"⑤《水经注疏》卷二九："又东合泾水。原注'韦氏当是谓泾水自泾县北出芜湖也。《后汉书·明帝纪·注》，泾县有泾水，出芜湖。因水立名，可证。《元和志》，徽领山在泾县东南二百五十里，泾水所出'。"⑥"泾水"出芜湖，杨图与此说相异。

（22）（雍）沣水：出凤翔鄠县东南，北过上林苑入渭。

按：《史记》卷二《夏本纪》："黑水西河惟雍州……沣水所同。"《索隐》："沣水出右扶风鄠县东南，北过上林苑。"《正义》："《括地志》云：'雍州鄠县终南山，沣水出焉。'"⑦《汉书》卷二八《地理志上》："黑水、

---

① 杜佑：《通典》，王文锦、陈玉霞点校，中华书局，1988，第4505、4513~4515页。
② 佚名：《元本三辅黄图》，国家图书馆出版社，2018，第234页。
③ 杜佑：《通典》，王文锦、陈玉霞点校，中华书局，1988，第4505页。
④ 李吉甫：《元和郡县图志》，贺次君点校，中华书局，1983，第57~60页。
⑤ 班固：《汉书》，中华书局，1962，第1592页。
⑥ 郦道元注，杨守敬、熊会贞疏《水经注疏》，段熙仲点校，陈桥驿复校，江苏古籍出版社，1989，第2432、2433页。
⑦ 司马迁：《史记》，中华书局，1982，第65~66页。

西河惟雍州……漆、沮既从，酆水逌同。"颜注："酆水出鄠之南山。言漆、沮既从入渭，酆水亦来同也。"又"武陵郡……县十三……充……历山，沣水所出，东至下隽入沅，过郡二。"①《魏书》卷一〇六《地形志下》："雍州……京兆郡，领县八……鄠。注'二汉属右扶风，晋属始平，真君七年分属。豊水出焉'。"②《汉书》"酆水"、《魏书》"豊水"，杨图作"沣水"。《经籍籑诂》卷一《东韵》："沣……《书·禹贡》'沣水攸同'，《汉书·地理志》作'酆水逌同'，'东会于沣'作'东会于酆'。《书·禹贡正义》引《地理志》'沣水出扶风鄠县东南'，《汉书·地理志》'右扶风鄠县作酆水出东南'。"③故"沣"又作"酆"，杨图"沣水"与《汉志》言"酆水"为同一水流。《元和郡县图志阙卷逸文》卷一："沣州，《禹贡》荆州之域……沣阳县，本汉零陵县地，属武陵郡……沣水，在县南六十步。"④《三辅黄图》卷六"杂录"："豊水出鄠南山豊谷，北入渭。"⑤《通典》卷一七三《州郡三》："古雍州：《禹贡》曰：'黑水、西河惟雍州……沣水攸同。'沣水出今长安县之南山。"⑥

《读史方舆纪要》卷一二四《川渎一》："沣水出终南山谷中，北至咸阳入渭。注'终南山，见陕西名山。沣水，见西安府大川'。"⑦

《水经注疏》卷三七："沣水出武陵充县西历山，东过其县南。原注'《舆地纪胜》引《元和志》，故充城在慈利县西二百四十里。则在今永定县西。今沣水二源，北源出桑植县西北山，曰两家源河。南源出永顺县西北山，曰上洞河，东北入桑植境，与北源合'。"⑧

杨图言雍之沣水内容与司马贞《史记索隐》同，《元和郡县图志阙卷逸文》《水经注疏》所言乃荆州之沣水，显然与杨图异。《元和郡县图志》卷二《关内道二》："京兆下……鄠县，本夏之扈国……扈至秦改为

---

① 班固：《汉书》，中华书局，1962，第1532、1594~1595页。
② 魏收：《魏书》，中华书局，1974，第2607页。
③ 阮元：《经籍籑诂》，成都古籍书店，1982，第14页。
④ 李吉甫：《元和郡县图志》，贺次君点校，中华书局，1983，第1058页。
⑤ 佚名：《元本三辅黄图》，国家图书馆出版社，2018，第239页。
⑥ 杜佑：《通典》，王文锦、陈玉霞点校，中华书局，1988，第4505页。
⑦ 顾祖禹：《读史方舆纪要》，贺次君、施和金点校，中华书局，2005，第5376页。
⑧ 郦道元注，杨守敬、熊会贞疏《水经注疏》，段熙仲点校，陈桥驿复校，江苏古籍出版社，1989，第3065页。

鄠邑，汉属右扶风……终南山，在县东南二十里……豊水，出县东南终南山，自发源北流，经县东二十八里，北流入渭。"又："凤翔府……《禹贡》雍州之域……岐山县……渭水，在县南三十里。"① 据《元和郡县图志》，鄠县在汉代当隶属扶风，非凤翔府，故杨图言雍之沣水出凤翔鄠县失之，当为扶风鄠县。《元和郡县图志》《三辅黄图》"豊水"，杨图作"沣水"。

（23）（雍）漆沮：出耀州北池直跛县，郑渠浊水入焉，俗谓之漆水。

按：《史记》卷二《夏本纪》："黑水西河惟雍州……漆、沮既从，沣水所同。"《正义》："《括地志》云：'漆水源出岐州普润县东南岐（漆）山漆溪，东入渭。'"《索隐》："漆、沮二水，漆水出右扶风漆县西。"②《汉书》卷九四《匈奴传上》："在岐、梁、泾、漆之北有义渠、大荔、乌氏、朐衍之戎。"颜注："此漆水在新平。"③

《通典》卷一七三《州郡三》："古雍州：《禹贡》曰：'黑水、西河惟雍州……漆、沮既从。'漆、沮之水，今京兆府华原、富平界，亦曰洛水。"④

《水经注疏》卷一六："漆水出扶风杜阳县俞山，东北入于渭。"⑤ 杨图载雍之漆沮源流与《史记正义》《史记索隐》《通典》《水经注疏》皆不同。

《读史方舆纪要》卷五三《陕西二》："富平县……漆沮水。注：'在县西北。自耀州南流经此入白水县界，其支流经怀德城南而为石川等堰……《寰宇记》：漆沮水一名石川河。又县南十五里有常平堰，又南五里为龙门堰，皆漆沮之支流也。'"⑥ 杨图言雍之漆沮与《读史方舆纪要》大致同，仅出自北池直跛县、龙泉山县二说有异。

《说文·水部》："漆，水。出右扶风杜陵岐山，东入渭。一曰入洛。"段注："二志皆杜陵属京兆尹，杜阳属右扶风。此杜陵当作杜阳。杜阳，

---

① 李吉甫：《元和郡县图志》，贺次君点校，中华书局，1983，第25、29~30、40~41页。
② 司马迁：《史记》，中华书局，1982，第65~66页。
③ 班固：《汉书》，中华书局，1962，第3747页。
④ 杜佑：《通典》，王文锦、陈玉霞点校，中华书局，1988，第4505页。
⑤ 郦道元注，杨守敬、熊会贞疏《水经注疏》，段熙仲点校，陈桥驿复校，江苏古籍出版社，1989，第1445页。
⑥ 顾祖禹：《读史方舆纪要》，贺次君、施和金点校，中华书局，2005，第2571~2572页。

今陕西凤翔府麟游县是其地……《大雅》曰'民之初生。自土漆沮'。传曰'漆，漆水。沮，沮水也'。又曰'周原，漆沮之间也'。《周颂·潜》传又曰'漆沮，岐州之二水也'。据毛说则漆沮二水，实在岐周之地……许云漆水出杜阳，正岐周地也。此漆沮在泾西。《禹贡》道渭又东过漆沮，则在泾东。与岐周无涉。玉裁谓《水经》曰'漆水出扶风杜阳县俞山，东北入于渭'，正与《说文》合。惟岐作俞耳。郦氏引《开山图》曰'岐山在杜阳北，长安西。有渠谓之漆渠'。郦又云'漆水出杜阳县之漆溪，谓之漆渠。漆渠合岐水，与横水合，东注雍水，又合杜水，南注于渭'。郭朴《山海经》注云'今漆水出岐山'，皆与《水经》合。而前志右扶风漆县下云'漆水在县西，以地望准之，盖此漆水出幽地。汉漆县以水为名。西南流至周郊地南，汉杜阳美阳境而入渭，实出今之邠州。西南流，至麟游，扶风间入渭也'……阚骃《十三州志》云'漆水出漆县西北，至岐山东北入渭。正与《毛诗》传、笺合'。"① 段注所言亦以为漆水出自漆县，未言漆沮合流出自何地，此与《史记》《汉志》《水经注疏》等同。杨图所言漆沮源流，有待进一步考证。

（24）（雍）弱水：最在西北，入于流沙，流沙在居延泽之西。

《史记》卷二《夏本纪》："黑水西河惟雍州：弱水既西。"《索隐》："按：《水经》云'弱水出张掖删丹县西北，至酒泉会水县入合黎山腹'。"《汉书》卷二八《地理志下》："张掖郡……删丹。注'桑钦以为道弱水自此，西至酒泉合黎'……居延。注'居延泽在东北，古文以为流沙'。"② 《史记》《汉书》等文献言弱水出自张掖郡删丹县西北，入合黎山流沙。《元和郡县图志》卷四〇《陇右道下》："甘州，《禹贡》雍州之域……删丹县，本汉旧县，属张掖郡……弱水，在县南山下。"③ 李吉甫所言弱水在张掖郡删丹县南山。

《尚书今古文注疏》卷三《禹贡》："导弱水，至于合黎，余波入于流沙。"注："郑康成曰：'弱水出张掖。'……马融曰：'流沙，地名。'郑康成曰：'《地理志》流沙，居延县西北，名居延泽。《地记》曰：弱水西

---

① 段玉裁注《说文解字注》，上海古籍出版社，1988，第523~524页。
② 班固：《汉书》，中华书局，1962，第1613页。
③ 李吉甫：《元和郡县图志》，贺次君点校，中华书局，1983，第1020、1022页。

流入合黎山，余波入于流沙，通于南海。"疏："《地理志》：'张掖郡删丹，桑钦以为道弱水自此，西至酒泉合黎。'……案：删丹，今甘肃山丹县。弱水，今名山丹河，西北流，与张掖河合，亦曰羌谷水也。……引《地理志》者，《汉志》：'张掖郡居延县，居延泽在东北，古文以为流沙。'"① 杨图"流沙在居延泽之西"当为"流沙在居延泽之西北"。

《淮南鸿烈集解》卷四《墬形训》："赤水之东，弱水出自穷石，穷石，山名也，在张掖。北塞水也。至于合黎，余波入于流沙，绝流沙南至南海。绝，犹过也。流沙，流行也。……《括地志》曰：'兰门山，一名合黎，一名穷石山。'"② 郑玄引《地记》、刘文典言弱水余波流入流沙。杨图"入于流沙"当为"余波入于流沙"。

《水经注疏》卷四〇："《禹贡锥指》曰：弱水，《经》不言所出，桑钦以为出张掖删丹县。郑康成曰：众水东流，此独西流。而《水经注》无之，其所经与所入，不可得而详也。一清按：《史记·索隐》曰：《水经》曰：弱水出张掖删丹县，西北至酒泉会水县入合黎山腹。《汉志》张掖郡删丹县，桑钦以为导弱水自此西至酒泉合黎，即是小司马所引之文。是唐时尚有《弱水》篇，今本尽失之耳。张守节《正义》亦云：合黎水出临松县东，而北流径张掖故城下，又北流至县北二十三里，合弱水。弱水自合黎山折而北流，径沙碛之西，入居延泽，行千五百里。又《汉志》金城郡临羌县下云：有弱水。《说文》曰：弱水自张掖删丹西，至酒泉合黎，余波入于流沙。观此则弱水之源委，约略可得矣。"③ 杨守敬言乃综合文献所言，弱水出自删丹县，途经临羌县。杨图仅言雍之弱水最终流入流沙，未言出自何处，当据诸文献所言补为"出自张掖郡删丹县"；杨图"最在西北"当为"删丹县西北"。

杨图"禹贡九川名数图"，明清六经图文献亦有载，然内容有异同，诸本内容比勘见表2-4。

---

① 孙星衍：《尚书今古文注疏》，陈抗、盛冬铃点校，台北文津出版社，1987，第186页。
② 刘文典：《淮南鸿烈集解》，冯逸等点校，中华书局，2013，第161~162页。
③ 郦道元注，杨守敬、熊会贞疏《水经注疏》，段熙仲点校，陈桥驿复校，江苏古籍出版社，1989，第3342页。

表2-4 "禹贡九川名数图"诸本内容比勘

川名	(宋)杨甲 禹贡九川名数图	(明)吴继仕 禹贡九川名数图	(明)陈仁锡 禹贡九川名数之图	(清)郑之侨 禹贡九州水名总图	(清)江为龙 禹贡九川名数图	(清)王皜 禹贡九川名数	(清)潘宷鼎 禹贡九川名数图	(清)杨魁植 禹贡九川名数图
(冀)衡漳	√	√	√	√	√	√	√	√
恒水	√	×	×	√	×	√	×	×
常水	×	√	√	×	√	×	√	√
卫水	√	√	√	√	√	√	√	√
降水	√	√	√	泽水	√	泽水	√	泽水
(兖)灉水	√	√	√	√	√	√	√	√
沮水	√	√	√	√	×	√	√	√
九河	√	√	√	√	√	√	√	√
漯水	√	√	√	√	√	√	√	√
雷夏泽	√	√	√	√	√	雷夏	√	√
(青)潍水	√	√	√	√	√ 维水	√	√	√
淄水	√	√	√	√	√	√	√	√
汶水	√	√	√	√	√	√	√	√
(徐)淮水	√	√	√	√	√	√	√	√
大野泽	√	√	√	√	√	大野	√	√
沂水	√	√	√	√	√	√	√	√
泗水	√	√	√	√	√	√	√	√
(荆)沧浪水	√	√	√	√	√	沧浪	√	√
三澨	√	√	√	三澨水	√	√	√	√
沣水	√	√	√	√	√	√	√	√
云梦泽	√	√	√	√	√	云梦	√	√
九江	√	√	√	√	√	√	√	√
(杨)三江	√	√	√	√	√	扬 √	√	√

续表

川名	（宋）杨甲 禹贡九川名数图	（明）吴继仕 禹贡九川名数图	（明）陈仁锡 禹贡九川名数之图	（清）郑之侨 禹贡九州水名总图	（清）江为龙 禹贡九川名数图	（清）王崏 禹贡九川名数	（清）潘宷鼎 禹贡九川名数图	（清）杨魁植 禹贡九川名数图
彭蠡震泽	√	√	√	√	√	√	√	√
（豫）伊水	√	√	√	√	√	√	√	√
洛水	√	√	√	√	√	√	√	√
瀍水	√	√	√	√	√	√	√	√
涧水	√	√	√	√	√	√	√	√
孟津	√	√	√	√	√	√	√	√
沇水	√	√	√	√	√	√	√	√
济水	√	√	√	√	√	√	√	√
荥泽	√	√	√	√	×	√	√	√
河泽	√	√	√	菏泽	菏泽	菏泽	√	菏泽
孟豬	√	√	√	孟瀦	孟瀦	√	√	孟瀦
（梁）江水	√	√	√	×	√	√	√	√
沱水	√	√	√	√	×	√	√	×
潜水	√	√	√	√	×	√	√	√
漾水	√	√	√	√	√	√	√	√
沔水	√	√	√	√	√	√	√	√
汉水	√	√	√	√	√	√	√	√
桓水	√	√	√	√	×	√	×	√
（雍）渭水	√	√	√	√	√	√	√	√
泾水	√	√	√	√	×	√	√	√
沣水	√	√	×	√	√	√	√	√
汭水	×	×	×	√	×	√	√	×
漆沮	√	√	√	漆水、沮水	√	漆水、沮水	√	√
弱水	√	√	√	√	×	√	√	√
合黎	√	√	√	√	√	×	√	√

续表

川名	（宋）杨甲 禹贡九川名数图	（明）吴继仕 禹贡九川名数图	（明）陈仁锡 禹贡九川名数之图	（清）郑之侨 禹贡九州水名总图	（清）江为龙 禹贡九川名数图	（清）王崧 禹贡九川名数	（清）潘宷鼎 禹贡九川名数图	（清）杨魁植 禹贡九川名数图
流沙	√	√	√	√	√	√	√	√
黑水	√	√	√	√	√	√	√	√
河水	√	√	√	√	√	√	√	√
猪野	√	√	√	潴水	豬水	豬野	豬野	豬水

七　"商五迁都图"[①]（见图2-17）

（1）嚣：仲丁都开封陈留浚仪。

《史记》卷三《殷本纪》："中宗崩，子帝中丁立。帝中丁迁于隞。"《集解》："孔安国曰：'地名。'皇甫谧曰：'或云河南敖仓是也。'"《索隐》："隞亦作'嚣'，并音敖字。"《正义》："《括地志》云：'荥阳故城

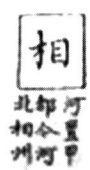

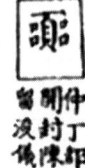

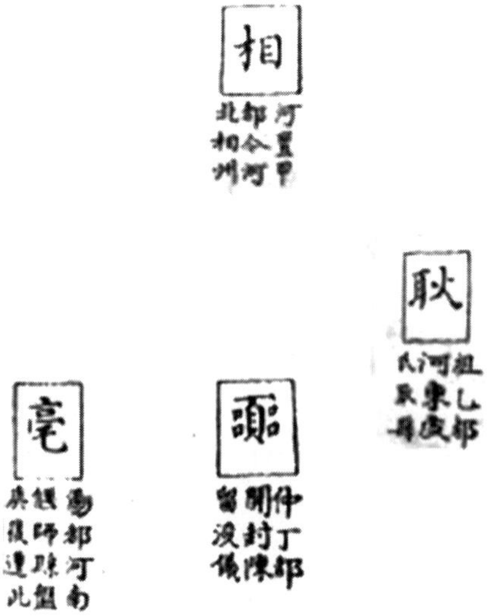

图2-17　杨甲《六经图》"商五迁都图"

---

① 杨甲：《六经图》，台湾商务印书馆，1982，第217页。

在郑州荥泽县西南十七里，殷时敖地也。'"①《太平御览》卷八三《皇王部八》之"帝仲丁"："《纪年》曰：'仲丁即位，元年，自亳迁于嚣。'"②杨图"䠱"，《史记》作"隞"，《史记索隐》作"嚻"，《太平御览》作"嚣"。"嚣""嚻""䠱""隞""敖"等字古音通。《太平御览》"仲丁"，杨甲图亦作"仲丁"，《史记》作"中丁"。隞，商代中丁都城，关于其地望有三说：一为郑州荥阳敖山；一为陈留浚仪县；一为山东西北的敖山。杨图以为䠱之地望在陈留浚仪县。

杨图言陈留浚仪县一说，源于东晋李颙，其地在今河南开封，曲英杰《先秦都城复原研究》已有论述，其言："所谓隞在陈留浚仪说，很可能是将秦末楚汉二军在古荥阳西北隞山筑东、西广武城对垒以为界的鸿沟与这里的鸿沟相混，而比附隞地当在此。"③我们以为其说有理，故杨图言䠱之地望不确。

关于"山东西北的敖山"一说，学者亦有论述。王震中认为："仲丁时已属中商之初期，在鲁西地区至今尚未发现早商遗址，可知当时这一带不属于商直接控掌之地。到中商初期时，蒙阴敖山一带也无规模较大、够得上王都规模的遗址。所以，仲丁所迁隞都在鲁地的敖山之说，不足为据。"④王说有理。

关于"郑州荥阳敖山"说，文献多有言说。《帝王世纪》："仲丁徙嚣或敖，今河南敖仓是也。"《诗·小雅·车攻》："建旐设旄，搏兽于敖。"郑注："敖，郑地，今近荥阳。"《史记》卷八《高祖本纪》："汉王军荥阳南，筑甬道属之河，以取敖仓。"《正义》："孟康云：'敖，地名，在荥阳西北，山上临河有大仓。'《太康地理志》云：'秦建敖仓于成皋。'"⑤《水经注疏》卷七《济水一》："济水又东，径敖山北，《诗》所谓'薄狩于敖'者也。其山上有城，即殷帝仲丁之所迁也。皇甫谧《帝王世纪》曰：

---

① 司马迁：《史记》，中华书局，1982，第100～101页。
② 李昉等：《太平御览》，中华书局，1960，第391页。
③ 曲英杰：《先秦都城复原研究》，黑龙江人民出版社，1991，第73页。
④ 宋镇豪主编，王震中著《商代史》卷五《商代都邑》，中国社会科学出版社，2010，第204页。
⑤ 司马迁：《史记》，中华书局，1982，第372～373页。

'仲丁自亳，徙嚣于河上者也。或曰敖矣。'秦置仓于其中，故亦曰敖仓城也。"①《太平寰宇记》卷九《河南道九》之"郑州"："荥泽县……敖仓城，在县西十五里。北临汴水，南带三皇山，殷仲丁迁于嚣。《诗》曰'搏兽于敖'，皆此地。秦置城，以屯粟。《汉书》曰'郦生说高祖曰东据敖仓'，即此也。"② 文献所言郑州荥阳敖山，考古多未有明证，亦难为说。

据邹衡《郑州小双桥商代遗址隞（嚣）都说辑补》③，小双桥遗址位于郑州商城西北四十余里，遗址北部地势较高，北靠邙山，邙山或即敖山，敖仓城应在邙山上。邹文结合传世文献与考古遗址以为仲丁都城在今郑州商城附近。其说有理，杨图当据此补正。

（2）相：河亶甲都，今河北相州。

《史记》卷三《殷本纪》："河亶甲居相。"《集解》："孔安国曰：'地名，在河北。'"《正义》："《括地志》云：'故殷城在相州内黄县东南十三里，即河亶甲所筑都之，故名殷城也。'"④《元和郡县图志》卷一六《河北道一》："相州……《禹贡》冀州之域。又为殷盘庚所都，曰殷墟……尚书崔光对曰：'昔河亶甲居相。圣皇天命所相，宜曰相州。'……内黄县……故殷城，在县东南十里。殷王河亶甲居相，因筑此城。"⑤ 据张守节、李吉甫言，殷都相在河北相州内黄县东南。除"相州内黄县"说外，还有《通典》卷一七八"相州安阳说"、《尚书今古文注疏》卷三〇"沛郡相县说"等，学者大多对后二说持否定态度，"相州内黄县"说更为可靠。据文献言，杨图"相"之地当补为今河北相州内黄县。

（3）耿：祖乙都，河东皮氏耿县。

《尚书序》："祖乙圮于耿。"《史记》卷三《殷本纪》："祖乙迁于邢。"《索隐》："邢音耿。近代本亦作'耿'。今河东皮氏县有耿乡。"《正义》："《括地志》云：'绛州龙门县东南十二里耿城，故耿国也。'"⑥ 又卷五

---

① 郦道元注，杨守敬、熊会贞疏《水经注疏》，段熙仲点校，陈桥驿复校，江苏古籍出版社，1989，第653页。
② 乐史：《太平寰宇记》，王文楚等点校，中华书局，2007，第168~169页。
③ 邹衡：《郑州小双桥商代遗址隞（嚣）都说辑补》，《考古与文物》1998年第4期。
④ 司马迁：《史记》，中华书局，1982，第100~101页。
⑤ 李吉甫：《元和郡县图志》，贺次君点校，中华书局，1983，第451、453~454页。
⑥ 司马迁：《史记》，中华书局，1982，第100~101页。

《秦本纪》："九年，渡河，取汾阴、皮氏。"《集解》："《地理志》二县属河东。"《正义》："皮氏在绛州龙门县西一里八十步，即古皮氏城也。"① 《汉书》卷二八《地理志上》："皮氏，耿乡，故耿国，晋献公灭之。"② 《元和郡县图志》卷一二《河东道一》："龙门县，古耿国，殷王祖乙所都，晋献公灭之以赐赵夙。秦置为皮氏县，汉属河东郡。后魏太武帝改皮氏为龙门县……隋开皇三年废郡，以县属绛州……故耿城，在县南十二里，古耿国也。"③ 据文献，杨图言河东皮氏耿县与《史记正义》言绛州龙门县当为一地，即山西皮氏耿县。

《尚书序》、杨图"耿"，《史记》作"邢"。《路史·国名纪》言"耿"即"邢"。《集韵·耿韵》："邢，地名，通作耿。"故"邢""耿"二字通。杨图所言"耿"即为"邢"。

（4）亳：汤都，河南偃师县，盘庚复迁此。

《史记》卷三《殷本纪》："帝阳甲崩，弟盘庚立，是为帝盘庚。帝盘庚之时，殷已都河北，盘庚渡河南，复居成汤之故居，乃五迁，无定处。"《集解》："孔安国曰：'自汤至盘庚凡五迁都。'"《正义》："汤自南亳迁西亳，仲丁迁隞，河亶甲居相，祖乙居耿，盘庚渡河，南居西亳，是五迁也。"④《中国古今地名大辞典》"十画"之"亳"："在河南商丘县东南，亦称南亳，汤初都此。在河南偃师县西，亦曰尸乡，即古西亳，又名殷。《书序》自契至于成汤八迁，汤始居亳，从先王居。[又]盘庚五迁，将治亳殷。《通典》成汤居西亳，至盘庚又自河北徙理于此。在河南商丘县北四十里大蒙城，亦称北亳，又名蒙亳、景亳。"⑤ 据《史记》《中国古今地名大辞典》，杨图"亳"当在河南偃师县西。

"商五迁都图"中"耿"与"相"之方位，与"历代国都图"⑥（见图2-18）中二地之方位有异。

---

① 司马迁：《史记》，中华书局，1982，第206页。
② 班固：《汉书》，中华书局，1962，第1550页。
③ 李吉甫：《元和郡县图志》，贺次君点校，中华书局，1983，第335页。
④ 司马迁：《史记》，中华书局，1982，第102页。
⑤ 臧励龢等编《中国古今地名大辞典》，商务印书馆，1931，第679页。
⑥ 曹婉如等：《中国古代地图集》（战国~元），文物出版社，1990。

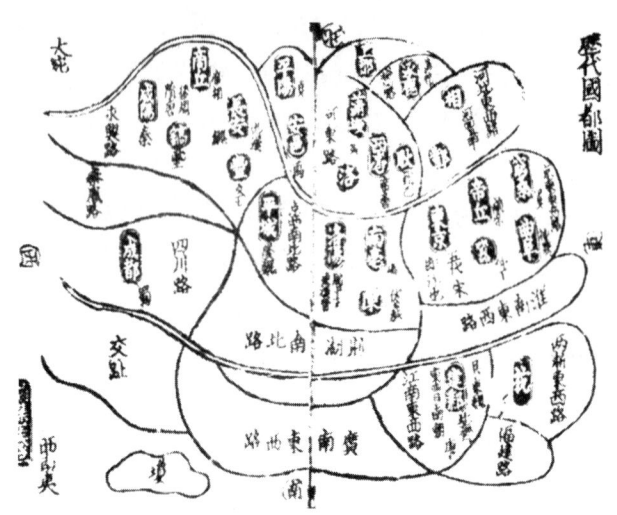

图 2-18 《中国古代地图集》"历代国都图"

八 "周营洛邑图"①

杨图"周营洛邑图"（见图 2-19）有图无文。"周营洛邑"，文献有载。《尚书·召诰》序："成王在丰，欲宅洛邑，使召公先相宅。"又："越三日戊申，太保朝至于洛，卜宅。厥既得卜，则经营。越三日庚戌，太保乃以庶殷攻位于洛汭。越五日甲寅，位成。若翼日乙卯，周公朝至于洛，则达观于新邑营。"②《左传·桓公二年》："武王克商，迁九鼎于雒邑。"杜注："武王克商乃营雒邑而后去之，又迁九鼎焉。时但营洛邑，未有都城，至周公乃卒营雒邑谓之王城，即今河南城也。"③《史记》卷四《周本纪》："自洛汭延于伊汭，居易毋固，其有夏之居。我南望三途，北望岳鄙，顾詹有河，粤詹雒、伊，毋远天室。营周居于雒邑而后去。"④《汉书》卷二八《地理志下》："昔周公营雒邑，以为在于土中，诸侯蕃屏四方，故立京师。至幽王淫褒姒，以灭宗周，子平王东居洛邑。"⑤ 蔡沈

---

① 杨甲：《六经图》，台湾商务印书馆，1982，第 217 页。
② 孔安国传，孔颖达正义《尚书正义》，中华书局，1980，第 211 页。
③ 杜预注，孔颖达正义《春秋左传正义》，中华书局，1980，第 1743 页。
④ 司马迁：《史记》，中华书局，1982，第 129 页。
⑤ 班固：《汉书》，中华书局，1962，第 1650 页。

《书经集传》卷五《召诰》序言:"营周居于洛邑而后去,则宅洛者,武王之志,周公、成王成之,召公实先经理之。洛邑既成,成王始政。"[1] 上述文献言明周营洛邑之史实,然其文描述洛邑之地理位置,不甚明了。杨甲"周营洛邑图"乃史上首次撰图标注"周营洛邑"之河流山川情况,以图解经,更好地补充了经文之义。

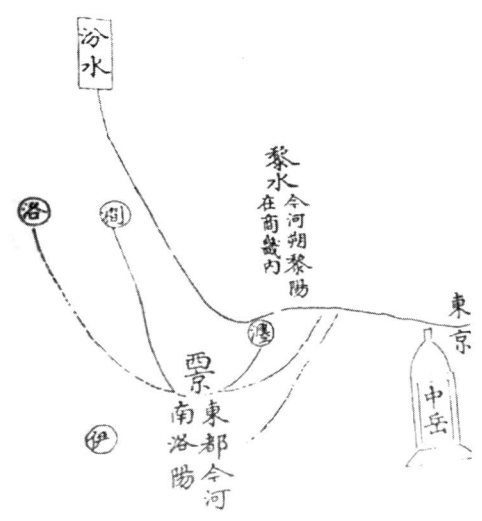

图 2-19　杨甲《六经图》"周营洛邑图"

观杨甲"周营洛邑图",结合其标注内容和相关水道地理位置,可知杨甲该图较为简略,仅为示意图。其图对于周代洛邑地区城池的选址和变迁作了图像式的呈现,如付明易《〈周营洛邑图〉初探》言:"昌州石本系统中,郭若维本、陈仁锡本、潘棻鼎本、四库本一致,河道水系以单线绘制,其中有汾水、伊水、洛水、涧水、瀍水五条河道,黄河未给出明确标记,在黄河以北标注黎水所在区域,并注释'今河朔黎阳,在商畿内',山脉以简笔画形式呈现,为笔架状,中间标注中岳;在瀍水与涧水之间标注西京所在地,并注释'东都,今河南洛阳',东京标注在中岳以东地区。"[2] 杨甲图即为四库全书本《六经图》,然其"周营洛邑图"之"东

---

[1] 蔡沈:《书经集传》,中国书店,1994,第 145 页。
[2] 付明易:《〈周营洛邑图〉初探》,《河南科技大学学报》(社会科学版)2018 年第 4 期,第 13 页。

京"下未有标注,且除付文言五条河道外,尚有"黎水"。

其绘图特点如下:其一,采用上北下南左西右东之方法,如东京、西京,东西相对;黎水、伊水,南北相望。其二,河道水系以"单线形式"绘制,不同于郑之侨《六经图》等的"双线形式"。其三,此图对汾水进行标注,未标注黄河,与郑之侨图不同;日本学者松本愚山《五经图考》之"洛邑图"对于黄河、汾水皆有标注。其四,此图对于"黎水""西京"皆标出方位且注释说明,郑之侨图对于"黎水""西京"未加注释,仅标注其方位。其五,对于山脉采用图文结合之法略加标注,如"中岳"以山之大概形状标注等,较之郑之侨图,杨图略显简略。

《禹贡》曰:"伊、洛、瀍、涧既入于河。"图示汾水在洛邑地区的东边。《水经注·河水》:"河水又南,出龙门口,汾水从东来注之。"对黎水进行注释,标明其在商畿内,对于《洛诰》中周公先卜黎水有了很好的解释,即周公建新邑是为了安置殷商顽民,所以在距离商都朝歌很近的黎阳先行占卜。所注"中岳"为嵩山,周武王克商后定鼎于洛,因其"毋远天室",地理位置优越,"天室"即嵩山。

关于"周营洛邑"这一史实,文献多有记载。杨甲图有图无文,与传世文献可相互佐证,更好地诠释《尚书》经文,更为直观,具有重要的图学价值。此外,此图关涉古之洛阳这一都城,对于考辨洛阳历史地理的变化,有着重要的文献价值。

九 "召诰土中图"[①]

杨图"召诰土中图"(见图2-20)有图无文。《召诰》:"王来绍上帝,自服于土中。旦曰:其作大邑,其自时配皇天。毖祀于上下,其自时中乂。"孔传:"言王今来居洛邑,继天为治,躬自服行教化于地势正中。"孔疏:"天子将欲配天必宜治居土中,故称周公之言,其为大邑于土之中,其当令此成王用是大邑,行化配上天而为治也。……《周礼·大司徒》云:以土圭之法测土深,正日影,以求地中。日南则影短,多暑;日北则影长,多寒;日东则影夕,多风;日西则影朝,多阴。日至之影,尺有五

---

① 杨甲:《六经图》,台湾商务印书馆,1982,第218页。

寸，谓之地中，天地之所合也，四时之所交也，风雨之所会也，阴阳之所和也。"①《召诰》言"土中"，即根据文献记载立表测影而定，"土中"即为卜辞之"立中"，"立中"之法，需要定方向，涉及天文、气象等知识，古代文献有载。

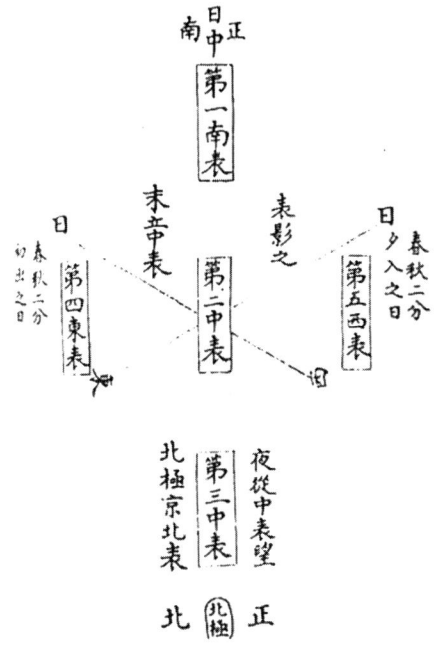

图 2-20 杨甲《六经图》"召诰土中图"

《周礼·考工记·匠人》载有立表测影以定东西的文字，"为规识日出之景，与日入之景"，其方法为"为规"，即在地面画圆，再标记圆周与日出日入之影交会而成的两点，两点之间的连线，即为正东正西方向线。"立表测影"乃古人常用测定方向的方法。《匠人》亦有载测日上中天和北极星之文字，"昼参诸日中之景，夜考之极星，以正朝夕"②。又《周髀算经》卷上："今立表高八尺以望极，其句一丈三寸。由此观之，则从周北十万三千里而至极下。"北极星是距离北极最近且较为明亮的恒星，古人亦常用北极星确定方位。

---

① 孔安国传，孔颖达正义《尚书正义》，中华书局，1980，第212页。
② 郑玄注，贾公彦疏《周礼注疏》，中华书局，1980，第927页。

杨甲图言"春秋二分初出之日"即为春分、秋分之日出之日，言"春秋二分夕入之日"即为春分、秋分日入之日，据文献，当画圆圈，标记日出、日入与圆圈交会之点，交叉连接成直线，以交叉点为中，此点即为立中之点。然杨图未画圆圈，立表与日出日入交会处，连日出之处为东，连日入之处为西，即杨图所言"第四东表""第五西表"。东西方向立表而定，南北方向则以日中、北极定为正南、正北，南北方向当如《周髀算经》所言以表望极，"从周北十万三千里而至极下"，由此南北方向确定。杨图言"夜从中表望北极京"当为"夜从中表望北极星"；根据文义及图中标注"第一南表""第二中表""第四东表""第五西表"，我们以为杨图言"第三中表"当为"第三北表"。杨图五表次序为：第一南表、第二中表、第三北表、第四东表、第五西表。观杨图，则南北先立，东西后立，中则南北之间立之。据文献，方向所立之次序当为：先立东西，后立南北，交叉之处即为中，则"中"乃最后定。故其次序当为：第一东表、第二西表、第三南表、第四北表、第五中表。

十　"九畴本《河图》"[①]

一九为十，二八为十，三七为十，四六为十，此《河图》以虚数相合而为四十者也。若九畴则以实数相合而为五十矣。

杨图"九畴本《河图》"（见图 2-21）乃言"九畴"源自《河图》。观杨图，虚数相合为四十，其排列未有五。杨图次序未言五，其余与后天八卦图次序相同：一（坎卦）五行、二（坤卦）五事、三（震卦）八政、四（巽卦）五纪、六（乾卦）三德、七（兑卦）稽疑、八（艮卦）庶征、九（离卦）五福。杨图所言，与《书·洪范》之"九畴"文同。《洪范》文云："天乃锡禹洪范九畴，彝伦攸叙。初一曰五行，次二曰敬用五事，次三曰农用八政，次四曰协用五纪，次五曰建用皇极，次六曰乂用三德，次七曰明用稽疑，次八曰念用庶征，次九曰向用五福，威用六极。"孔传："禹所第叙，马云'从五行已下至六极，《洛书》文也'。《汉书·五行志》

[①] 杨甲：《六经图》，台湾商务印书馆，1982，第 218 页。

以初一已下皆《洛书》文也。"① 据孔安国传，马融以为《洪范》"九畴"乃《洛书》文，杨图与马融言有异。

《河图》《洛书》，文献有载。《周易·系辞上传》："河出图，洛出书，圣人则之。"孔疏："'河出图，洛出书，圣人则之'者，如郑康成之义，则《春秋纬》云'河以通乾出天苞，洛以流坤吐地符。河龙图发，洛龟书感，《河图》有九篇，《洛书》有六篇'。孔安国以为《河图》则八卦是也，《洛书》则九畴是也。辅嗣之义未知何从。"② 汉代孔安国以为九畴即《洛书》，杨图与孔说相异。

又《系辞上传》言："天数五，地数五，五位相得而各有合。天数二十有五，地数三十。凡天地之数五十有五。此所以成变化而行鬼神也。"韩注："五，奇也。五，耦也。天地之数各五，五数相配以合成金木水火土。五奇合为二十五，五耦合为三十。"孔疏："谓一三五七九也。……谓二四六八十也。凡天地之数五十有五者，是天地二数相合为五十五，此乃天地阴阳奇耦之数，非是上文演天地之策也……此阳奇阴耦之数成就其变化。"③ 杨图言"一九为十，二八为十，三七为十，四六为十"乃韩康伯注、孔颖达疏言奇偶之数相配，成就天地之变化。

刘牧《易数钩隐图》卷下《河图第四十九》（见图2－22）："以五为主，六八为足，二四为肩，左三右七，戴九履一。"④ 刘牧图之《河图》乃九宫格之排列形式，五居中位。杨图未有五，内容与刘牧图相异。

朱熹《周易本义》之《河图》《洛书》（见图2－23、图2－24）："《系辞传》曰：'河出图，洛出书，圣人则之。'又曰：'天一，地二，天三，地四，天五，地六，天七，地八，天九，地十，天数五，地数五，五位相得而各有合。天数二十有五，地数三十，凡天地之数五十有五，此所以成变化而行鬼神也。'此《河图》之数也。《洛书》盖取龟象，故其数戴九履一，左三右七，二四为肩，六八为足。蔡元定曰：'图书之象，自汉孔安国、刘歆、魏关朗子明、有宋康节先生邵雍尧夫，皆谓如此。至刘牧始两易其名

---

① 孔安国传，孔颖达正义《尚书正义》，中华书局，1980，第187~188页。
② 韩康伯注，孔颖达正义《周易正义》，中华书局，1980，第82页。
③ 韩康伯注，孔颖达正义《周易正义》，中华书局，1980，第80页。
④ 刘牧：《易数钩隐图》，上海古籍出版社，1989，第30页。

而诸家因之,故今复之,悉从其旧。'"① 朱熹《洛书》,与杨图亦不同。

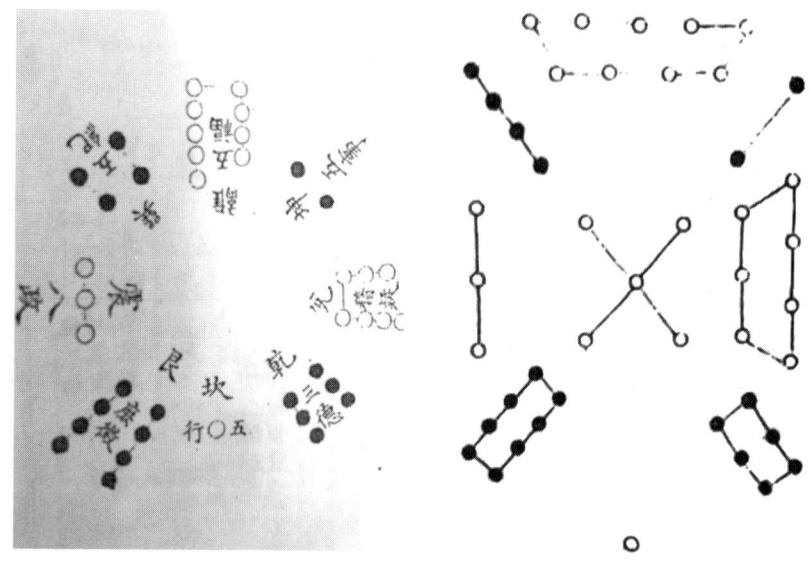

图 2-21 杨甲《六经图》"九畴本《河图》"

图 2-22 刘牧《易数钩隐图》之《河图》

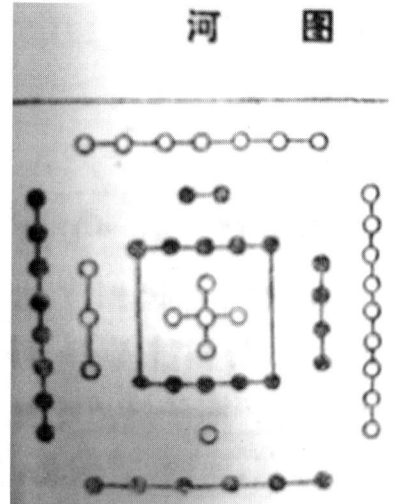

图 2-23 朱熹《周易本义》之《河图》

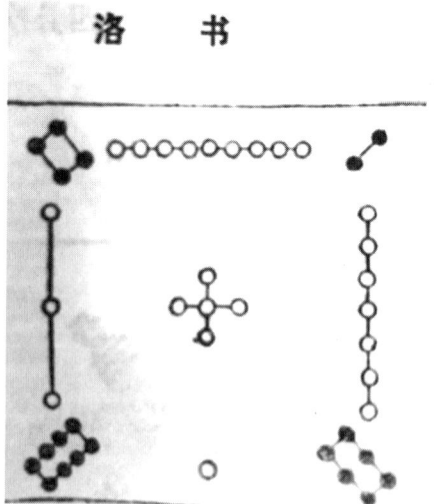

图 2-24 朱熹《周易本义》之《洛书》

---

① 朱熹:《周易本义》,中国书店,1994,第 7~8 页。

据文献，西汉刘歆以《河图》为八卦，以《尚书·洪范》"九畴"为《洛书》。汉代纬书有《河图》九篇，《洛书》六篇。以九六附会河洛之数。宋初，陈抟以汉唐"九宫说"与五行生成数，另撰新图，名"龙图"，即《河图》。西蜀隐者则以陈抟之先天太极图为《河图》。刘牧将陈抟"龙图"创编为《河图》《洛书》两种图式，将九宫图称为《河图》，五行生成图称为《洛书》。南宋朱震《周易图》中载刘图。南宋蔡元定认为刘牧《河图》《洛书》二图颠倒，蔡氏以为九宫图乃《洛书》，五行生成图乃《河图》。朱熹《周易本义》卷首载蔡图。后世所称一般以蔡说为准。南宋薛季宣以九数《河图》、十数《洛书》为周王朝的地图、地理志图籍。清黄宗羲《易学象数论》、胡渭《易图明辨》以为《河图》《洛书》为四方所上图经类。今人高亨以为《河图》《洛书》或为古代地理典籍。此外，亦有学者以为《河图》实为上古气候图，《洛书》则为上古方位图；或有学者以为《河图》为天河之图。有关《河图》《洛书》之说，众说纷纭，莫衷一是。

检之文献，《河图》《洛书》之图式于宋代之前亡佚。宋初陈抟以《河图》《洛书》及先天图、太极图传世。关于陈图，其后学者多有辩论，掀起一场"图书派"与"疑古派"的论争。"图书派"以陈图为是。关于《河图》《洛书》，有"图九书十"与"图十书九"之异说。"图九书十"说以刘牧为代表，王湜、朱震、郑樵、朱元升、李简、薛季宣、张理袭其说。"图十书九"说以朱熹、蔡元定为代表。其中，"图九书十"说在宋元时期影响较大，"图十书九"说在明清时期占据主流。两说皆以为"河出图，洛出书，圣人则之"而画卦。宋代，疑经之风大兴，受此影响，"疑古派"以为《河图》《洛书》为无妄之说，并展开激烈论争，斥责陈图之失，其中代表人物欧阳修在《易童子问》中否定伏羲授《河图》画八卦，认为《河图》不在《易》之前。

总之，关于《河图》《洛书》，学界尚无定论。杨图"九畴本《河图》"与汉儒所言"九畴本《洛书》"相异。观杨图之文，与传世文献有相符之处，亦有道理，其所绘图与文献所载诸家图作亦有异，则杨图"九畴本《河图》"当为创新之图作。

十一 "九畴虚五用十图"（见图 2-25）

> 皇极虚五，无数也。九畴外有六极，用十也。①

"皇极""六极"等说，文献有载。《书·洪范》："次五曰建用皇极……次九曰向用五福，威用六极……皇极，皇建其有极。"孔安国传："皇，大。极，中也。凡立事当用大中之道……言天所以向劝人用五福，所以威沮人用六极……云从五行已下至六极，《洛书》文也。《汉书·五行志》以初一已下皆《洛书》文也。"孔颖达疏："皇，大，释诂文。极之为中，常训也。凡所立事，王者所行皆是无得过与不及，常用大中之道也。《诗》云莫匪尔极。《周礼》以为民极。《论语》允执其中，皆谓用大中也……贫弱等六者皆谓穷极，恶事故目之六极也……下文更将此九类而演说之，知此九者皆禹所第也。禹为此次者，盖以五行，世所行用，是诸事之本，故五行为初也，发见于人则为五事，故五事为二也。正身而后及人，施人乃名为政，故八政为三也。施人之政，用天之道，故五纪为四也。顺天布政则得大中，故皇极为五也……皇极居中者，总包上下，故皇极《传》云大中之道，大立其有中谓行九畴之义是也，福极处末者，顾氏云前八事俱得五福归之，前八事俱失六极臻之，故福极处末也。发首言初一，其末不言终九者，数必以一为始，其九非数之终，故从上言次而不言终也。五行不言用者，五行万物之本，天地百物莫不用之。……福若失则不能为五事之主，与五事并列，其咎弱故为六也，犹《诗》平王以后与诸侯并列同为国风焉。咎征有五而极有六者，《五行传》云皇之不极厥罚常阴，即与咎征常雨相类，故以常雨包之为五也。"② 据《洪范》，九畴之五乃皇极，皇极乃立事当用大中之道之义，九畴之九言威用六极，此"六极"即《书》中言"一曰凶短折，二曰疾，三曰忧，四曰贫，五曰恶，六曰弱"。郑玄注"六极"为"未龀曰凶，未冠曰短，未婚曰折。愚懦不壮毅曰弱。凶短折皆是夭枉之名。凶短折，思

---

① 杨甲：《六经图》，台湾商务印书馆，1982，第 219 页。
② 孔安国传，孔颖达正义《尚书正义》，中华书局，1980，第 187~188 页。

不睿之罚；疾，视不明之罚；忧，言不从之罚；贫，听不聪之罚；恶，貌不恭之罚；弱，皇不极之罚"。

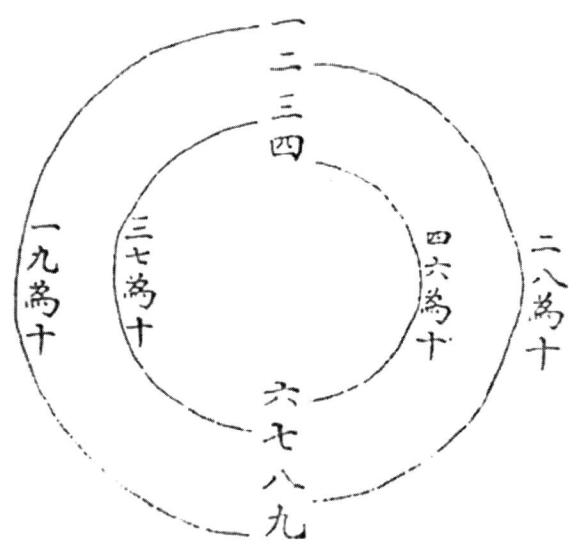

图 2-25　杨甲《六经图》"九畴虚五用十图"

蔡沈《洪范九畴数》第一帙《天台谢氏无赦序说》之"皇极辨"："《洛书》九数而五居中，《洪范》九畴而皇极居五，故自孔氏《传》注训皇极为大中，而后之诸儒一皆祖其说。"又《朱子皇极辨》言："《洛书》之纵横十五而七八九六迭为消长，虚五分十，一含九，二含八，三含七，四含六，参伍错综，无适而不遇其合焉。此变化无穷之所以为妙也，曰圣人之则之。奈何曰则《河图》者虚其中，则《洛书》者总其实也。《河图》之虚五与十者，太极也……一二三四为六七八九者，四象也……曰《洛书》而虚其中五则亦太极也，奇偶各居二十则亦两仪也。一二三四含九八七六，纵横十五而互为七八九六，亦四象也……且以《河图》而虚十则洛书四十五之数也，虚五则大衍五十之数也，积五与十则《洛书》纵立大本而序彝伦哉。"① 蔡氏亦载有"九畴虚五用十之图"（见图 2-26），蔡图与杨图所绘略有不同，蔡图"一二三四"上有"九八七六"，其下有"六七八九"，杨图仅"一二三四"下有"六七八九"。结合朱熹辨"皇

---

① 蔡沈：《洪范九畴数》，清雍正元年（1723）刊本，哈佛大学哈佛燕京图书馆藏。

极"文，蔡图当本朱熹"一二三四含九八七六"说，其图有理。

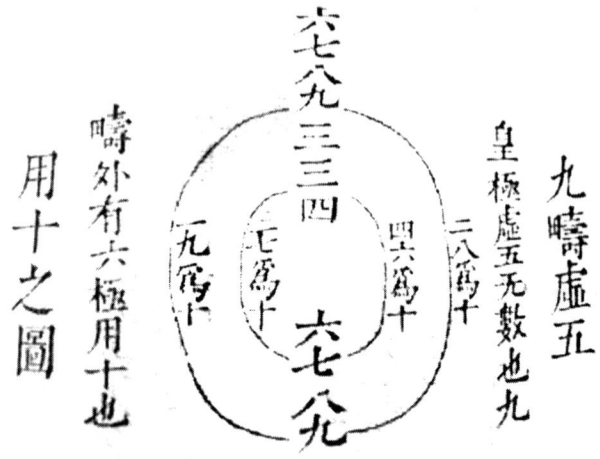

图 2-26　蔡沈《洪范九畴数》"九畴虚五用十之图"

杨图据《洛书》等绘图，一九为十、二八为十、三七为十、四六为十乃太极之四象，一二三四与六七八九乃太极之两仪。虚五则大衍五十之数也，虚十则《洛书》四十五之数也。虚五则用十，无数也。六极则虚十，用十。杨图之说失之。

第三节　《毛诗正变指南图》内容考

一　"作诗时世"之"小雅诗谱"

杨图以为《节南山》《正月》《十月之交》《雨无正》《青蝇》《宾之初筵》皆幽王时诗作。

《节南山》《正月》《十月之交》《雨无正》诸篇，即使不是一人所作，也应是同时的诗，因为这几篇诗都旨在写国破家亡的惨痛，诗人痛定思痛，念及国破家亡的原因，抒写心中的悲愤之情。《十月之交》描写日食、月食、地震等自然灾害，同朝廷用人不善联系起来，揭露统治阶级的罪行，抒发作者对国家未来的忧虑以及对奸佞小人危害国家的悲愤之情。《毛诗序》认为此诗作于周幽王时，郑玄以为作于周厉王时。对此二说，我们依据内容，以为此诗当在东迁以后而作，由此以推此诗撰作当在平王之时。学者赵光贤《〈诗·十月之交〉作于平王时代说》① 一文有详说，我们以为其言有理。

《青蝇》描写了周幽王骊山之难、宗周覆灭的亡国之象，表现了一位肱骨老臣对周平王的耿耿忠心，寄寓了周王室一位司寇期望周平王以史为鉴、中兴祖业的政治热情。故《青蝇》当作于骊山之难而卫武公率兵救周、宗周覆灭而二王并立之初，即周平王元年（前770）。②

《宾之初筵》乃为周平王由西申归宗周后燕群臣的盛典之乐，歌颂了周平王从携王及犬戎手中收复镐京的重大胜利。卫武公于周幽王十一年（前771）率兵助周幽王，周幽王死后又转而支持周平王，周平王五年前率兵护送平王东迁洛邑。周平王由西申归宗国、卫武公入相于周，两事均在此期间发生。故《宾之初筵》必作于《青蝇》之后，具体年代当在周平王元年至三年（前770至前768）之间。③

二 "族谱"④

（1）卫宣公：公子邢。

《史记》卷三七《卫康叔世家》："至郑郊，石碏与陈侯共谋，使右宰丑进食，因杀州吁于濮，而迎桓公弟晋于邢而立之，是为宣公。"《集解》："贾逵曰：'邢，周公之胤，姬姓国。'"⑤《左传·桓公十二年》："丙戌，卫侯晋卒。"又《桓公十三年》："三月，葬卫宣公。"⑥《汉书》卷二〇《古今人表》："卫宣公晋。"⑦ 据《史记》《左传》《汉书》，卫宣公乃桓公之弟，名晋，邢乃国名。杨图言卫宣公乃公子邢，与文献相违，失之。

---

① 赵光贤：《〈诗·十月之交〉作于平王时代说》，《齐鲁学刊》1984年第1期，第99~101页。
② 邵炳军：《卫武公〈青蝇〉创作时世考论——周"二王并立"时期〈诗经〉创作年代研究之五》，《西北师大学报》（社会科学版）2000年第3期，第27~29页。
③ 邵炳军：《卫武公〈宾之初筵〉创作时世考论——周"二王并立"时期〈诗经〉创作年代研究之六》，《甘肃高师学报》2001年第6期，第15~16页。
④ 杨甲：《六经图》，台湾商务印书馆，1982，第244页。
⑤ 司马迁：《史记》，中华书局，1982，第1592页。
⑥ 杜预注，孔颖达正义《春秋左传正义》，中华书局，1980，第1756页。
⑦ 班固：《汉书》，中华书局，1962，第905页。

(2) 公子顽：宣公庶兄。

《左传·闵公二年》："齐人使昭伯烝于宣姜。"杜注："昭伯，惠公庶兄，宣公子顽也。"① 据《左传》，杨图"宣公庶兄"当为"宣公庶子"。

(3) 宣公：杵血，庄公弟。

《史记》卷三六《陈杞世家》："庄公七年卒，少弟杵臼立，是为宣公。"②《左传·哀公五年》："秋，九月，癸酉，齐侯杵臼卒。"孔疏："襄二十五年，崔杼弑庄公而立杵臼。"③《汉书》卷二〇《古今人表》："齐景公杵臼。（严公弟。）"④ 据《史记》、《汉书》、《左传》及孔疏，杨图"杵血"当为"杵臼"。"庄公"，《汉书》作"严公"，故杨图"庄公弟"亦为"严公弟"。

(4) 皇父：六卿之一。

"皇父"，见于《诗经》之《十月之交》和《常武》二篇。《诗·小雅·十月之交》："皇父卿士，番维司徒。家伯维宰，仲允膳夫。棸子内史，蹶维趣马。楀维师氏，艳妻煽方处。"郑笺："皇父、家伯、仲允皆字，番、棸、蹶、楀皆氏。"孔疏："皇父为卿士之官，谓卿之有事兼擅群职也。"⑤

《诗·大雅·常武》："赫赫明明，王命卿士，南仲大祖，大师皇父。"郑笺："皇甫为大师。"孔疏："皇父新为太师，未知于旧何官也。"⑥ 朱熹集传："卿士，即皇父之官也。"王质《诗总闻》："所命卿士南仲为大祖，官为大师，字为皇父，当是自南仲以来，累世者武，故曰常武。"

据《诗经》郑笺、孔疏、朱熹集传，"皇父"乃字，其官乃卿士。"卿士"一职，文献有载。《书·顾命》："卿士邦君。"孔颖达疏："卿士，卿之有事者。"《国语·周语上》："荣公为卿士。"韦昭注："卿士，卿之有事者。"杨图言"皇父：六卿之一"失之。

(5) 晋昭公：名伯，文侯子。

《史记》卷三九《晋世家》："二十二年，伐燕。二十六年，平公卒，

---

① 杜预注，孔颖达正义《春秋左传正义》，中华书局，1980，第 1788 页。
② 司马迁：《史记》，中华书局，1982，第 1577 页。
③ 杜预注，孔颖达正义《春秋左传正义》，中华书局，1980，第 2159 页。
④ 班固：《汉书》，中华书局，1962，第 926 页。
⑤ 毛亨传，郑玄笺，孔颖达正义《毛诗正义》，中华书局，1980，第 446 页。
⑥ 毛亨传，郑玄笺，孔颖达正义《毛诗正义》，中华书局，1980，第 576 页。

子昭公夷立。"① 《左传·哀公五年》："秋，八月，己亥，晋侯夷卒……冬，十月，葬晋昭公。"② 据《史记》《左传》，晋昭公名夷，晋平公之子。杨图言"晋昭公：名伯，文侯子"与文献不符，失之。

（6）穆公：名任好，成公子。

《史记》卷五《秦本纪》："德公生三十三岁而立，立二年卒。生子三人：长子宣公，中子成公，少子穆公。长子宣公立……成公立四年卒。子七人，莫立，立其弟缪公。缪公任好元年，自将伐茅津，胜之。"《索隐》："秦自宣公已上皆史失其名。今按《系本》《古史考》，得缪公名任好。"③《汉书》卷二〇《古今人表》："秦缪公。注：成公弟。"④ "秦穆公"与"秦缪公"，史为异文，据《尚书》等文献，"穆""缪"二字古通，实为两个名称一个人。据《史记》《汉书》，秦穆公（秦缪公）名任好，秦德公之子，成公之弟。杨图"成公子"当为"成公弟"。

（7）褒姒：褒女，姒其字。

《史记》卷四《周本纪》："三年，幽王嬖爱褒姒。"《索隐》："褒，国名，夏同姓，姓姒氏。礼妇人称国及姓。"⑤ 据《史记》，杨图"褎"亦作"褒"，"姒其字"当作"姒其姓"。

（8）召穆公：康公六世孙。

《诗·小雅·黍苗》序："《黍苗》，刺幽王也。不能膏润天下，卿士不能行召伯之职焉。"郑笺："陈宣王之德、召伯之功。"孔疏："言卿士不能行，则召伯时为卿士矣，故《国语》韦昭注云：'召公，康公之后卿士也。'《左传》服虔注云：'召穆公，王卿士。'是也。"⑥ 杨图"召穆公：康公六世孙"与文献不符，失当。

（9）仲山甫：四岳后。

"仲山甫"见于《诗·大雅·烝民》。《诗·大雅·烝民》："天监有周，昭假于下。保兹天子，生仲山甫。"郑笺："仲山甫，樊侯也。"孔疏：

---

① 司马迁：《史记》，中华书局，1982，第1684页。
② 杜预注，孔颖达正义《春秋左传正义》，中华书局，1980，第2078页。
③ 司马迁：《史记》，中华书局，1982，第184~185页。
④ 班固：《汉书》，中华书局，1962，第911页。
⑤ 司马迁：《史记》，中华书局，1982，第147页。
⑥ 毛亨传，郑玄笺，孔颖达正义《毛诗正义》，中华书局，1980，第495页。

"生樊侯仲山甫大贤之人，使佐以兴之。"① 《史记》卷四《周本纪》："仲山甫谏曰：'民不可料也。'"《正义》："毛苌云：'仲山甫，樊穆仲也。'《括地志》云：'汉樊县城在兖州瑕丘县西南三十五里，古樊国，仲山甫所封也。'"② 《诗经》郑笺、孔疏，张守节《史记正义》皆未言仲山甫乃四岳后。

《毛诗传笺通释》卷二七："'生仲山甫'，《传》：'仲山甫，樊侯也。'瑞辰按：仲山甫之称不一，《周语》称樊仲山甫，又称樊穆仲，《晋语》称樊仲。樊其邑也，穆其谥也，仲山甫其字也，穆仲、樊仲皆省称……此以樊为周同姓也。《汉书·杜钦传》言'仲山甫异姓之臣，无亲于宣，就封于齐'，邓展注：'《韩诗》以为封于齐。'元于钦《齐乘》曰：'仲山甫，太公之后。'则以仲山甫为姜姓。《潜夫论·志氏姓》以仲山为庆姓，庆姓即姜姓，盖皆本《韩诗》封齐之说。然以'徂齐'为封齐，其说固不足据也。洪氏《隶释》载汉永康元年所立《孟郁修尧庙碑》云：'仲氏祖统所出，本继于姬，周之遗苗。天生仲山甫，翼佐中兴，宣平功遂，受封于齐。'此以仲山甫封齐，虽本《韩诗》，而以为周之苗裔，又与《韩》异。据僖二十五年《左传》：'阳樊不服，仓葛呼曰：此谁非王之亲姻！'据服虔曰：'樊，仲山之所居，故名阳樊。'是阳樊即樊，而曰'王之亲姻'，其为异姓盖可知耳。《左传》言成王以商民七族赉康叔，一为樊氏，是樊本商之旧族，周以前早有樊邑，宣王始以封仲山甫。"③ 据《毛诗传笺通释》，仲山甫乃姜姓，证据不足，故仲山甫非四岳后。杨图所言失之。

三 "公刘相阴阳图"

  以土圭测土深，正日景以求地中。日南则景短，多暑，谓立表处太南近日也。日东则景夕，多风，谓日昳景乃中，立表处太东近日也。日北则景长，多寒，谓立表处太北远日也。日西则景朝，多阴，谓日未中而景中，立表处太西远日也。④

---

① 毛亨传，郑玄笺，孔颖达正义《毛诗正义》，中华书局，1980，第568页。
② 司马迁：《史记》，中华书局，1982，第145页。
③ 马瑞辰：《毛诗传笺通释》，陈金生点校，中华书局，1989，第997~998页。
④ 杨甲：《六经图》，台湾商务印书馆，1982，第248页。

杨图"公刘相阴阳图"（见图 2-27）所言是通过圭表测影（景）以立中。测影定向之法，商代已有，诸多学者对此已有论说，兹不赘述。杨图"公刘相阴阳图"之"公刘"乃《诗·大雅》之一篇名，其文为"笃公刘，逝彼百泉。瞻彼溥原，乃陟南冈。乃觏于京，京师之野。……笃公刘，既溥既长。既景乃冈，相其阴阳，观其流泉"，观《公刘》文，其大意为：为避夏桀之扰，周人的祖先公刘率周民自邰迁豳，他屡次勘验地形，营建京师。在豳地，他先立于流泉岸边，眺望宽广的平原，又登上南边高冈，反复观察，认定此处适宜建都。此乃古代择址必相阴阳之实践。然《公刘》文未提及土圭测影之法，仅是以山水之阴阳、风水之优劣为勘定都城之址的重要标准。

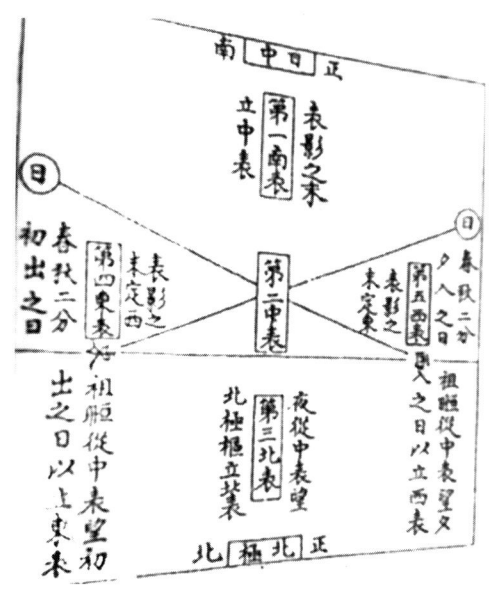

图 2-27 杨甲《六经图》"公刘相阴阳图"

杨图言以土圭测土深，根据日影求地中，对此文献有载。《周礼·地官·大司徒》："以土圭之法测土深，正日景以求地中。日南则景短，多暑；日北则景长，多寒；日东则景夕，多风；日西则景朝，多阴。"郑注："土圭所以致四时日月之景也……郑司农云：'测土深谓南北东西之深也。日南谓立表处大南近日也，日北谓立表处大北远日也。景久谓日跌景乃中，立表之处大东近日也；景朝谓日未中而景中，立表处大西远日也。'

玄谓昼漏半而置土圭，表阴阳，审其南北，景短于土圭谓之日南，是地于日为近南也；景长于土圭谓之日北，是地于日为近北也；东于土圭谓之日东，是地于日为近东也；西于土圭谓之日西，是地于日为近西也。"又《大司徒》："日至之景，尺有五寸，谓之地中。天地之所合也，四时之所交也，风雨之所会也，阴阳之所和也。然则百物阜安，乃建王国焉，制其畿方千里，而封树之。"①《大司徒》所言"测土深"之法，乃通过测量土圭显示的日影长短，求得不东、不西、不南、不北之地，也就是"地中"。夏至之日，此地土圭的影长为一尺五寸。选择"地中"即为"立中"，"立中"是因为"地中"是天地、四时、风雨、阴阳的交会之处，也就是宇宙间阴阳冲和之中心。地中乃日至之景，尺有五寸。有关"中"字，甲骨文、金文皆有其形，据其形，萧良琼《卜辞中的"立中"与商代的圭表测影》言"中"字结构乃一根插入地下的杆子，一端垂直在四四方方的地面当中。从它的空间位置来说，从上到下，垂直立着，处于地上和地下之间，所以又有从上到下的顺序里的上、中、下的中的含义。同时，它又在一块四方或圆形的地面的等距离的中心点上。因此，孙诒让《墨子间诂》注"立一为中，而量之四面同长则圆也"，中就是从这根立在一定地面上的杆子所处的位置抽象出来的几何定义。

杨图根据四方与日影长短的关系以及立表处与太阳的方位，勘定地中所在，与文献所言大致相符。据文献，杨图"公刘相阴阳图"文中凡言"太"字，《周礼》皆作"大"字；杨图言"景夕"，郑司农作"景久"。

杨图言"第一南表""第二中表""第三北表""第四东表""第五西表"，其中"表"乃"圭表"之"表"，文献载之。《宋史》卷四八《天文志一》"土圭"："《周官》大司徒以土圭之法正日景，以求地中。而冯相氏春夏致日，秋冬致月，以辨四时之叙。汉之造历必先定东西，立晷仪，唐诏太史测天下之晷，盖校定日景，推验气节……盖立八尺之表，俟圭尺上正八尺之景去冬至多寡日辰……盖冬至之景，长短实与岁差相应，而地里远近古今亦不同焉……参合天道，其法为密焉。然土圭之法本以致日景，求地中，而表景不应，灾祥系焉。"② 则"表"乃直立于平地上的测日

---

① 郑玄注，贾公彦疏《周礼注疏》，中华书局，1980，第704页。
② 脱脱等：《宋史》，中华书局，1985，第969页。

影的标杆或石柱，高八尺，"圭"平置于正南正北方向，表垂直立于圭的南端，根据正午表投射在圭面上的影长，来判断冬至日、夏至日与二十四节气等。如图2-27所示，杨图乃据表影之末立中表、定东西，夜从中表望北极枢立北表，未言立南表据何；又言祖暅从中表望夕入之日以立西表，祖暅从中表望初出之日以立东表。杨图所言"祖暅"，即南北朝数学家祖冲之之子，杨氏言祖暅从中表望日出、日入以定东西二表：日出之处为东方，于此方设立一表，即为东表；日入之处为西方，于此方设立一表，即为西表。

立表测影，文献有说。《周礼·考工记·匠人》："匠人建国，水地以县，置槷以县，视以景。为规识日出之景，与日入之景。昼参诸日中之景，夜考之极星，以正朝夕。"郑注："日出日入之景，其端则东西正也……自日出而画其景端以致日入既则为规。……日中之景，最短者也。极星谓北辰。"贾疏："日出日入之景，其端则东西正也者，谓于前平地之中央立表讫，乃于日出之时画记景之端，于日入之时又画记景，以绳测景之两端，则东西正矣。……言朝夕即东西也，南北正则东西亦正，故兼言东西也……云极星谓北辰者当夜半，考之《尔雅》云北极谓之北辰，辰，时也。天下取正焉，故谓之北辰极中也，以居天之中故谓之北极也。"[①]《淮南鸿烈集解》卷三《天文训》："正朝夕，先树一表东方，操一表却去前表十步，以参望日始出北廉。日直入，又树一表于东方，因西方之表以参望日，方入北廉则定东方。两表之中，与西方之表，则东西之正也。日冬至，日出东南维，入西南维。至春、秋分，日出东中，入西中。夏至，出东北维，入西北维，至则正南。欲知东西、南北广袤之数者，立四表以为方一里距，先春分若秋分十余日，从距北表参望日始出及旦，以候相应，相应则此与日直也。"[②] 据《周礼注疏》《淮南鸿烈集解》，古人通过测日影定东西之法，日出日入之影，乃端之东西，东西则正；南北正则东西正，故先南北正，后东西乃正。杨图言南表第一、中表第二、北表第三、东表第四、西表第五，则是按照先南北，后东西之顺序，即南北正则东西正，中乃位于四方之中心。杨图以"日中为正南方""北极乃正北方"

[①] 郑玄注，贾公彦疏《周礼注疏》，中华书局，1980，第927页。
[②] 刘文典：《淮南鸿烈集解》，冯逸等点校，中华书局，2013，第154页。

定正南正北。

　　据史料载，祖暅亦曾测量日影长度，并发现了北极星与北天极不动处相差一度有余，改进过当时通用的计时器——漏壶。其作《漏刻经》《天文录》皆亡佚。杨氏所言祖暅立东表、立西表之法，其他文献无载，故具有重要的辑佚价值。

　　杨图"公刘相阴阳图"之文当本《周礼》，其图之五表、所涉尺寸等，宋代沈括《梦溪笔谈》亦有记载。《梦溪笔谈》卷八《象数二》"景表议"："步景之法，惟定南北为难，古法置埶为规，识日出之景，与日入之景。昼参诸日中之景，夜考之极星。极星不当天中，而候景之法，取晨夕景之最长者规之，两表相去中折以参验，最短之景为日中。然测景之地，百里之间，地之高下东西，不能无偏……则晨夕景之短长未能得其极数。参考旧闻，别立新术候景之表三……先约定四方，以三表南北相重，令跌相切表。别相去二尺，各使端直。四绳皆附墨，三表相去左右上下，以度量之，令相重如一。自日初出，则量西景三表相去之度，又量三表之端景之所至，各别记之。至日欲阙入候东景亦如之。长短同，相去之疏密又同，则以东西景端，随表景规之半，所以求最短之景。五者皆合，则半折最短之景为北表，南墨之下为南，东西景端为东西五候。一有不合，未足以为止。既得四方，则惟设一表。"① 较之沈括所言，杨图之五表位置、尺寸比例等较为粗略。其后《宋史》卷四八《天文志一》"仪象"亦载"步景之法"："《景表议》曰：'步景之法，惟定南北为难，古法置埶为规，识日出之景，与日入之景。昼参诸日中之景，夜考之极星。极星不当天中，而候景之法取晨夕景之最长者规之，两表相去中折以参验，最短之景为日中。然测景之地，百里之间，地之高下东西不能无偏……则晨夕景之短长未能得其极数。参考旧闻，别立新术。候景之表三……先约定四方，以三表南北相重，令跌相切，表别相去二尺，各使端直。四绳皆附墨，三表相去左右上下以度量之，令相重如一。自日初出，则量西景三表相去之度，又量三表之端景之所至，各别记之。至日欲入，候东景亦如之。长短同，相去之疏密又同，则以东西景端随表景规之，半折以求最短之景。五

---

① 沈括著，胡道静校证《梦溪笔谈校证》，上海古籍出版社，1987，第338~339页。

者皆合，则半折最短之景为北，表南墨之下为南，东西景端为东西。五候一有不合，未足以为正。既得四方，则惟设一表，方首，表下为石席，以水平之，植表于席之南端。'"①《宋史》所言与沈括所言基本一致，并无新说。

总之，杨图"公刘相阴阳图"当以《周礼》及《梦溪笔谈》等的内容为依据，然其五表设置、尺寸等未为精准，故其仅为示意图而已。

四 "十五国风地理图"②

（1）周南：周之地在雍州之域，岐山之阳，于汉属扶风美阳县。南者言周之德化自岐阳而先被南方，故序云化自北而南。

杨图言"周南"之"南"义与《毛诗·关雎序》、郑玄《诗谱》所言"南化说"同。有关"周南""召南"之"南"，除了"南化说"外，还有其他说法，如"南音说""南国说""南土说""南区说"。

《毛诗传笺通释》卷一"周南召南考"：" 《诗谱》：'周、召者，《禹贡》雍州岐山之阳地名，今属右扶风美阳县。'考《帝王世纪》，岐山南有周原，《括地志》召亭在岐山县西南十里，此周、召采邑之分地也。周、召分陕，以今陕州之陕原为断。周公主陕东，召公主陕西。乃《诗》不系以陕东、陕西，而各系以'南'者，'南'盖商世诸侯之国名也。《水经·江水注》引《韩诗序》曰：'二南，其地在南郡、南阳之间。'是《韩诗》以二南为古国名矣。《史记·夏本纪》夏之后有男氏，《世本》作南氏，《潜夫论》亦作南。男、南古同音假借，通用，南氏即男氏耳。《逸周书·史记解》：'昔南氏有二臣贵宠，力钧势敌，竞进争权，下争朋党，君弗能禁，南氏以分。'是为古二南分国之由。周、召二公分陕，盖分理古二南国之地，故周、召各系以南。窃疑《乐记》'四成而南国是疆，五成而分陕，周公左，召公右'，文正相连，所谓南国当即二南之国，谓疆理南国，使二公分治之，其属周公者为周南，属召公者为召南，故下即继以左周右召。周、召皆为采邑，不得名为《国风》，故编《诗》必系以南国之旧名也。《吕氏春秋·音初篇》：'涂山女歌曰：'候人兮猗！'实始作

---

① 脱脱等：《宋史》，中华书局，1985，第964~965页。
② 杨甲：《六经图》，台湾商务印书馆，1982，第247页。

为南音。周公、召公取《风》焉，以为《周南》《召南》。'高诱注：'南音，南方南国之音。'盖以'南'为古国名，故于'南方'下更系以'南国'也。云'南音'者，盖犹'商人识之谓之《商》，齐人识之谓之《齐》'，皆系以国名也。云'周、召取《风》'者，盖二公分治南国之地，因取南国之音以为《风》，犹卫之兼有邶、鄘，因取邶、鄘之音以为《风》也。又按：《小雅》以'东有''西有''南有''北有'对言，惟《周南》独言'南有樛木''南有乔木'者，皆指南国而言，与《论语》言'周有八士'相同。又《论语》'南人有言曰'，孔注：'南人，南国之人。'不言南方而言南国。扬子《方言》：'众信曰谅，周南、召南、卫之语也。'以二南与卫并称。皆南为南国之证。《毛传》泛指南土、南方，并失之。《四书释地序》引商丘宋荦以南为国名，与予说略同。"① 我们以为马瑞辰《毛诗传笺通释》论证有理，"南"当为南国名，非南方。

王先谦《诗三家义集疏》卷一《周南·关雎第一》言："注：鲁说曰：古之周南，即今之洛阳。又曰：洛阳而谓周南者，自陕以东，皆周南之地也。疏：《史记·太史公自序》：'天子始建汉家之封，而太史公留滞周南。''古之'至'洛阳'，裴骃注引挚虞文。'洛阳'至'地也'，《汉书·司马迁传》颜注引张晏文。此鲁家相承旧说也。扬雄《方言》：'窕，美也。陈楚周南之间曰窕。'以陈楚周南地望相接，特并举之。迁、雄皆《鲁诗》家也。洛阳，《汉志》河南郡洛阳县。（今河南洛阳县。）陕，《汉志》弘农郡陕县。（今河南颍州。）《水经·河水注》云：'昔周、召分陕，以此城为东西之别，东城即虢邑之上阳也。'……二南四至：周南之西与周都接，以陕为界。其东北与召南接，以汝南郡汝阴县为界。其东南与陈接。（前汉淮阳国，后汉陈国，今陈州府淮宁县。）东与楚接。（汉楚国，今徐州府铜山县。）盖周业兴于西岐，化被于江汉汝蔡，江汉所为诗，并得登于《周南》之篇，其地在周之南，故以周南名其国……武王灭商之后，戡定南国，别建列侯。《礼·乐记》：'《武》，始而北出，再成而灭商，三成而南，四成而南国是疆。'即《诗》'南国'究竟矣。"② 王先谦所言亦有理，其言周南四至，考之亦是南即南国名。杨图言"南化说"

---

① 马瑞辰：《毛诗传笺通释》，陈金生点校，中华书局，1989，第 10~12 页。
② 王先谦：《诗三家义集疏》，吴格点校，中华书局，1987，第 1~2 页。

失之。

（2）召南：召地，在岐山之阳，扶风雍县南有召亭。按周地皆周之旧土，文王受命后以赐二公为菜地。

郑玄《诗谱·周南召南谱》："文王受命，作邑于丰。乃分岐邦，周、召之地为周公旦、召公奭之采地。"① 杨图"菜地"当为"采地"。

（3）邶鄘卫：河内地，本殷旧都。周灭殷，分其畿内为三国，置三监即邶、鄘、卫也。

《诗谱·邶鄘卫风谱》："邶、鄘、卫者，商纣畿内，方千里之地。其封域在《禹贡》冀州大行东北，逾衡漳，东及兖州，桑土之野。周武王伐纣，以其京师封纣子武庚为殷……诸侯乃三分其地，置三监，使管叔、蔡叔、霍叔尹而教之。自纣城而北谓之邶，南谓之鄘，东谓之卫。"② 据郑玄《诗谱》三国之具体位置，此言可补苴杨图之未备。《汉书》卷二八《地理志下》："河内本殷之旧都，周既灭殷，分其畿内为三国，《诗·风》邶、庸、卫国是也。鄁，以封纣子武庚；庸，管叔尹之；卫，蔡叔尹之：以监殷民，谓之三监。"③ 杨图"邶"，《汉志》一作"鄁"；《汉志》"庸"，杨图作"鄘"。

（4）郑：今河南新郑，成皋、荥阳，颍川之东高、阳城之地。

《汉书》卷二八《地理志下》："郑国，今河南之新郑，本高辛氏火正祝融之虚也。及成皋、荥阳，颍川之崇高、阳城，皆郑分也。"④ 据《汉志》，杨图"东高"当作"崇高"。

（5）齐：青州岱山之阴，潍淄之野。

《诗谱·齐风谱》："齐者，古少皞之世，爽鸠氏之墟……地方百里，都营丘……而齐受上公之地，更方五百，其封域：东至于海，西至于河，南至于穆陵，北至于无棣。在《禹贡》青州岱山之阴，潍淄之野。"⑤《史

---

① 王谟：《增订汉魏丛书 汉魏遗书钞》（第六册），西南师范大学出版社、东方出版社，2011，第154页。
② 王谟：《增订汉魏丛书 汉魏遗书钞》（第六册），西南师范大学出版社、东方出版社，2011，第155页。
③ 班固：《汉书》，中华书局，1962，第1647页。
④ 班固：《汉书》，中华书局，1962，第1651页。
⑤ 王谟：《增订汉魏丛书 汉魏遗书钞》（第六册），西南师范大学出版社、东方出版社，2011，第156页。

记》卷二《夏本纪》："海岱维青州……潍、淄其道。"《集解》："郑玄曰：'东自海，西至岱。'"① 《史记》言青州之域：东自海，西至岱山，其域有潍水、淄水。杨图言齐国之域乃古之青州，在岱山之北，潍、淄二水环绕。其言与《史记》《诗谱》相合，乃齐国疆域之大概。《汉书》卷二八《地理志下》："齐地……东有菑川、东莱、琅邪、高密、胶东，南有泰山、城阳，北有千乘，清河以南，勃海之高乐、高城、重合、阳信，西有济南、平原，皆齐分也。"② 《汉志》所言齐国之域极为详尽，可补苴杨图之未备。

（6）魏：自高陵以东，尽河东、河内，南有陈留及汝南之召陵、濦疆、新汲、西华、长川，颍川之舞阳、郾、许、鄢陵，河南之开封、中牟、阳武、酸枣、卷县。

《汉书》卷二八《地理志下》："魏地，觜觿、参之分野也。其界自高陵以东，尽河东、河内，南有陈留及汝南之召陵、濦强、新汲、西华、长平，颍川之舞阳、郾、许、傿陵，河南之开封、中牟、阳武、酸枣、卷，皆魏分也。"③ 据《汉志》，杨图"濦疆"或作"濦强"，"长川"当作"长平"，"鄢陵"或作"傿陵"。

（7）陈：古豫州之界，今之陈州宛丘县。

《诗谱·陈风谱》："陈者，太皞虙戏氏之墟，帝舜之胄……封其子妫满于陈，都于宛丘之侧。"④《汉书》卷二八《地理志下》："陈国，今淮阳之地。陈本太昊之虚。"⑤ 据《诗谱》《汉志》，陈国乃太皞之墟，在淮阳一带。《元和郡县图志》卷八《河南道四》："陈州，淮阳……《禹贡》豫州之域。本太昊之墟……汉高帝分颍川置淮阳国，后汉章帝改为陈国……管县六：宛丘，太康，项城，南顿，溵水，西华。宛丘县，本汉陈县……汉属淮阳国，后汉属陈郡。"⑥ 据《元和郡县图志》，陈州即淮阳之域，乃

---

① 司马迁：《史记》，中华书局，1982，第55页。
② 班固：《汉书》，中华书局，1962，第1659页。
③ 班固：《汉书》，中华书局，1962，第1646~1647页。
④ 王谟：《增订汉魏丛书 汉魏遗书钞》（第六册），西南师范大学出版社、东方出版社，2011，第157页。
⑤ 班固：《汉书》，中华书局，1962，第1653页。
⑥ 李吉甫：《元和郡县图志》，贺次君点校，中华书局，1983，第211~212页。

古之豫州，其县有六，宛丘为其中之一县。杨图言陈国之域乃今之陈州宛丘县，其言陈国之区域范围仅为宛丘一县，与文献所载不尽相符，我们以为陈国之域当为陈州所辖六县。

（8）秦：自弘农故关以西，京兆、扶风、冯翊、北地、上郡、西河、安定、天水、陇西，西有巴、蜀、广汉、犍为、武都，西北有金城、武威、张掖、酒泉、燉煌，西南有牂河、越巂、益州。

《汉书》卷二八《地理志下》："秦地……其界自弘农故关以西，京兆、扶风、冯翊、北地、上郡、西河、安定、天水、陇西，南有巴、蜀、广汉、犍为、武都，西有金城、武威、张掖、酒泉、敦煌，又南有牂柯、越巂、益州。"① 据《汉志》，杨图"西有巴、蜀"之"西"当为"南"，"西北有金城"之"西北"当为"西"，杨图"燉煌"或作"敦煌"，杨图"牂河"当为"牂柯"。

（9）桧：豫州外方之北，荥波之南，溱洧间。今荥阳密县东北。

《诗谱·桧风谱》："桧者，古高辛氏火正祝融之墟，国在《禹贡》豫州外方之北，荥波之南，居于溱洧之间……其国北邻于虢。"② 杨图言"豫州外方之北，荥波之南，溱洧间"与《诗谱》相符。《左传·僖公三十三年》："文夫人敛而葬之郐城之下。"杜注："郐城，故郐国，在荥阳密县东北。"杨图言"今荥阳密县东北"乃桧国之域，与《左传》杜注言同，仅"桧""郐"字异。

（10）曹：兖州陶丘之北，菏泽之野。今兴仁府济阴县。

《诗谱·曹风谱》："曹者，《禹贡》兖州陶丘之北……封弟叔振铎于曹，今曰济阴定陶是也，其封域在雷夏菏泽之野……夹于鲁卫之间。"③ 据《诗谱》，杨图"菏泽之野"可补为"雷夏菏泽之野"。《汉书》卷二八《地理志下》："济阴定陶，《诗·风》曹国也。武王封弟叔振铎于曹，其后稍大，得山阳、陈留。"④ 据《汉志》，曹国在济阴定陶，其后地域扩大

---

① 班固：《汉书》，中华书局，1962，第1641页。
② 王谟：《增订汉魏丛书 汉魏遗书钞》（第六册），西南师范大学出版社、东方出版社，2011，第157页。
③ 王谟：《增订汉魏丛书 汉魏遗书钞》（第六册），西南师范大学出版社、东方出版社，2011，第157页。
④ 班固：《汉书》，中华书局，1962，第1663页。

至山阳、陈留。《元和郡县图志》卷一一《河南道七》："曹州，济阴……《禹贡》豫州之域。于周又为曹国之地……按：曹国在州东北三十七里济阴县界，故定陶城是也……管县六……济阴县，本汉定陶县之地，属济阴郡……古曹国，在县东北四十七里，故定陶是也。"① 据《元和郡县图志》，曹国在曹州济阴县东北四十七里。我们以为，杨图曹国之域可补为：济阴定陶、山阳、陈留，雷夏菏泽之野。杨图"今兴仁府济阴县"见于《宋史》卷八五《地理志一》："西路。府四：应天，袭庆，兴仁，东平……兴仁府，辅，济阴郡，彰信军节度。本曹州……崇宁元年，升曹州为兴仁府……县四：济阴，宛亭，乘氏，南华。"②

（11）豳：今之邠州栒邑。

《诗谱·豳风谱》："豳者，后稷之曾孙……徙戎狄之地名，今属右扶风栒邑……其封域在《禹贡》雍州岐山之北，原隰之野。"③《汉书》卷二八《地理志下》："故秦地于《禹贡》时跨雍、梁二州，《诗·风》兼秦、豳两国……公刘处豳。"颜注："即今豳州栒邑是。"④ 据《诗谱》《汉志》，豳国之域当为：雍州岐山之北，扶风栒邑，原隰之野。

（12）《毛诗序》《诗谱》言十五国风包括周南、召南、邶、鄘、卫、王、郑、齐、魏、唐、秦、陈、桧、曹、豳等。杨图"十五国风地理图"列周南、召南、邶鄘卫、王、郑、齐、魏、晋、陈、秦、桧、曹、豳、鲁，较之《毛诗序》等，杨图增"晋""鲁"，无"唐"。

《诗谱·唐风谱》："唐者，帝尧旧都之地。今曰太原晋阳，是尧始居此，后乃迁河东平阳，成王封母弟叔虞于尧之故墟，曰唐侯。南有晋水，至子燮改为晋侯，其封域在《禹贡》冀州太行恒山之西，太原大岳之野，至曾孙成侯南徙，居曲沃，近平阳焉。"⑤《汉书》卷二八《地理志下》："河东土地平易，有盐铁之饶，本唐尧所居，《诗·风》唐、魏之国也……

---

① 李吉甫：《元和郡县图志》，贺次君点校，中华书局，1983，第291~292页。
② 脱脱等：《宋史》，中华书局，1985，第2109~2111页。
③ 王谟：《增订汉魏丛书 汉魏遗书钞》（第六册），西南师范大学出版社、东方出版社，2011，第158页。
④ 班固：《汉书》，中华书局，1962，第1642~1643页。
⑤ 王谟：《增订汉魏丛书 汉魏遗书钞》（第六册），西南师范大学出版社、东方出版社，2011，第156页。

至成王灭唐，而封叔虞。唐有晋水，及叔虞子燮为晋侯云。"① 据《诗谱》《汉志》可补唐之封域为：尧旧都之地，南有晋水，冀州太行恒山之西，太原大岳之野，曲沃平阳一带。

（13）郑：始封于华阳郑县，后因于郑川。

《汉书》卷二八《地理志下》："郑国，今河南之新郑，本高辛氏火正祝融之虚也。及成皋、荥阳，颍川之崇高、阳城，皆郑分也。"② 《诗三家义集疏》卷一《郑·缁衣第五》言："疏：郑，国名。《汉书·地理志》：'京兆尹郑县，周宣王弟郑桓公邑。'应劭注：'宣王母弟友所封。'《史记索隐》引《世本》云：'郑桓公居棫林，徙拾。'宋忠注：'棫林与拾皆旧地名，自封桓公，乃名为郑。'愚案：《秦纪》晋悼公追秦军，渡泾至棫林，今与拾皆无考。《一统志》：'陕西华州北，故郑城也……'……《地理志》：'河南郡新郑县，《诗》郑国，郑桓公之子武公所国。'《一统志》：'河南新郑县西，故郑城也。'"③ 据文献，郑始封于华阳郑县，后因于郑川，此说不确。

（14）梁山：冯靖夏阳西北。

《汉书》卷二八《地理志上》："左冯翊，故秦内史……县二十四……夏阳，故少梁，秦惠文王十一年更名。《禹贡》梁山在西北，龙门山在北。"④ 杨图"冯靖夏阳西北"之"靖"当为"翊"。

五 "秦国风小戎制图"⑤（见图 2-28）

小戎车式。青黑深浅斑为骊。马之青黑綦文曰骐，白腹为騵。马之后左足白者为馵。赤身黑鬣曰騮，黄身黑喙曰骃。

《说文·马部》："骊，马深黑色。"《诗·鲁颂·駉》："有骊有黄。"毛传："纯黑曰骊。"陆德明释文："骊，纯黑马也。"《礼记·檀弓上》：

---

① 班固：《汉书》，中华书局，1962，第1648~1649页。
② 班固：《汉书》，中华书局，1962，第1651页。
③ 王先谦：《诗三家义集疏》，吴格点校，中华书局，1987，第334页。
④ 班固：《汉书》，中华书局，1962，第1545页。
⑤ 杨甲：《六经图》，台湾商务印书馆，1982，第256页。

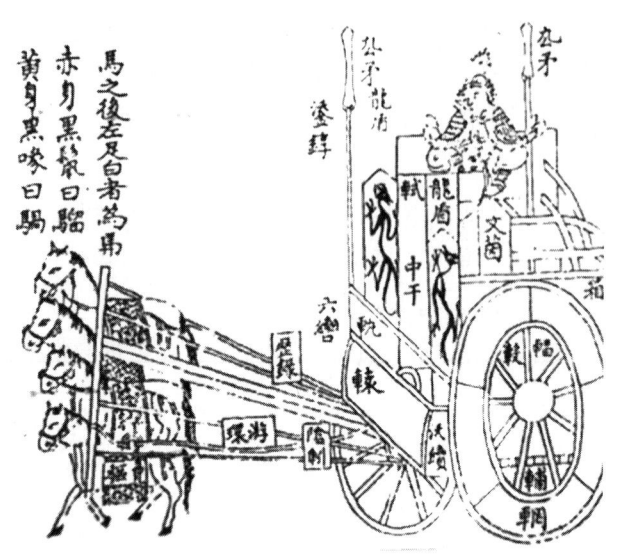

图 2-28　杨甲《六经图》"秦国风小戎制图"

"戎事乘骊。"郑注:"马黑色曰骊。"《战国策·魏策一》:"骊牛之黄也似虎。"鲍彪注:"骊,乃深黑马耳。"《孔子家语·五帝》:"戎事乘骊。"王肃注:"骊,黑马也。"据文献,"骊"乃深黑色马,或黑马也。杨图"青黑深浅斑为骊",与文献所载不符,失之。

《诗·秦风·小戎》:"驾我骐馵。"毛传:"骐,骐文也。"孔疏:"色之深黑者名为綦,马名为骐。"《说文·马部》:"骐,马青骊文如博棋也。"《急就篇》卷三:"骐騩驰骤怒步超。"颜师古注:"骐者,青骊之马,文如綦也。"据文献,杨图"马之青黑綦文曰骐"当为"马之青黑色,其文如綦"。

《尔雅·释畜》:"膝上皆白,惟馵。"郝懿行义疏:"膝以上皆白谓之馵。"《诗·秦风·小戎》:"驾我骐馵。"马瑞辰传笺通释:"是后左足白者名馵,膝上皆白者亦名馵。"杨图"马之后左足白者为騳",可据文献补为"膝上皆白亦名馵",又"騳"当为"馵"。

《诗·秦风·小戎》:"騧骊是骖。"毛传:"黄马黑喙曰騧。"陆德明释文:"騧,黄马黑喙也。"《说文·马部》:"騧,黄马黑喙也。"《尔雅·释畜》:"白马黑唇,駩;黑喙,騧。"郭注:"今之浅黄色者为騧马。"邵晋涵正义:"白马而黑口者名騧。"据文献,"騧"或释为白马黑喙,或释为黄马黑喙。此可补苴杨图之未备。

横一木而可凭者，轼也。轼前又有横木曰轨，轨前直一木而案之者，辕也。辕之末受一木以横曰衡，衡者，軶也。辕之渐曲而上至于衡，居衡之上而下拘曰輈。一輈而五束，束有历录，历录者，文也。所束之处因为文章，此所谓五楘。梁輈也，輈在轨前二马处之衡下，夹辕以服车，而傍出二马以骖之，骖马之欲出者，引外辔以贯于游环，骖马之欲入者，逼以胁驱而制之。胁驱裁韦革以系于衡。骖之先后当服马之胁，以受防于驾乘者也。

若夫游环则贯两靷之常处，游荡于马脊之间而为之曲防也。车之衡长不过六尺六寸，二马服于前，不与骖马并，则不可无阴靷，故革靷于阴轨，轨垂輈之上以服其骖，而其车使不与服马齐其首而引之者，阴靷也，故曰阴靷沃续者，饰金于靷端之环也，骖之内辔亦以金饰。其觼不待牵挽而系之于轼也。觼者，受靷之所也。《诗》曰：六辔在手，而不言八者，以夫阴靷之在轼也。又曰：俴驷孔群。又曰：虎韔镂膺。盖韔者，弓之室；膺者，马之带，若今镂胸也。俴者，马之甲，铄金以为其扎，为服以骖，有盾以蔽之。盾者，画龙以为饰，故曰龙盾。厹矛者，刃有三角，立于左右。鋈錞者，矛之白金之镦也。蒙伐者，中干也。谓之干，有以捍敌而自卫；谓之伐则有事于伐之。然必蒙之以有苑之文章，非独事武而已。竹闭者，柲也，柲以竹滕以绳蒙而藏之，尚美且武如此，则其器可知。至于弓则交韔二弓，亦副之以备坏也。①

《诗·秦风·小戎》："小戎俴收，五楘梁輈。游环胁驱，阴靷鋈续。文茵畅毂，驾我骐馵……四牡孔阜，六辔在手。骐骝是中，骝骊是骖。龙盾之合，鋈以觼軜……俴驷孔群，厹矛鋈錞，蒙伐有苑。虎韔镂膺，交韔二弓，竹闭绲滕……"毛传："小戎，兵车也。俴，浅。收，轸也。五，五束也。楘，历录也。梁輈，輈上句衡也。一輈五束，束有历录。游环，

---

① 杨甲：《六经图》，台湾商务印书馆，1982，第256~257页。

靷环也。游在背上，所以御出也。胁驱，慎驾具，所以止入也。阴掩轨也，靷所以引也。鋈，白金也。续续靷也。……龙盾，画龙其盾也。……俴驷，四介马也。孔，甚也。厹，三隅矛也。蒙，讨羽也；伐，中干也；苑，文貌。……镂，弓室也；膺，马带也。"郑笺："此群臣之兵车，故曰小戎。游环在背上，无常处，贯骖之外辔，以禁其出。胁驱者，著服马之外胁，以止骖之入。掩轨在轼前，垂辀上。鋈续，白金饰续靷之环。……鋈以觼軜，軜之觼以白金为饰也，軜系于轼前。……俴，浅也，谓以薄金为介之扎……俴驷，《韩诗》云：驷马不著甲曰俴驷……镂膺有刻金饰也……蒙，厖也。讨，杂也。画杂羽之文于伐，故曰厖伐。"孔疏："梁輈，輈上曲句衡。衡者，轭也。辕从轸以前稍曲而上至衡，则居衡之上而向下句之。衡则横居辀下如屋之梁然，故谓之梁辀也。《考工记》云国马之辀，深四尺有七寸。注云：马高八尺，兵车、乘车轵崇三尺有三寸……并此辀深衡高八尺七寸也……是辀在衡上，故颈间七寸也……游环者，以环贯靷，游在背上，故谓之靷环也。管两骖马之外辔，引辔为环，所束骖马欲出，此环牵之，故所以御出也。定本作靷环、胁驱者，以一条皮上系于衡后，系于轸当服马之胁，爱慎乘马之具也。骖马欲入则此皮约之，所以止入也……此车衡之长唯六尺六寸，止容二服而已，骖马颈不当衡，别为二靷以引车……三隅之厹矛以白金为其镦矣，绘画杂羽所饰之盾……《释言》文厹矛三隅矛，刃有三角，盖相传为然也……上言龙盾，是画龙于盾，则知蒙伐是画物于伐，故以蒙为讨羽，谓画杂鸟之羽以为盾饰也。《夏官》司兵掌五盾，各辨其等，以待军事。注云：五盾，干橹之属，其名未尽闻也……橹是大盾，故以伐为中干，干伐皆盾之别名也。蒙为杂色，知苑是文貌……交镂二弓则虎镂是盛弓之物，故知虎是虎皮，镂为弓室也。"①

马瑞辰传笺通释："《笺》：'游环在背上无常处，贯骖之外辔以禁其出。胁驱者，著服马之外胁，以止骖之入。'《释文》：'靷环，本又作靳。沈云：旧本皆作靳。靳者，言无常处，游在骖马背上，以骖马外辔贯之，以止骖之出。《左传》云：如骖之又靳。……无取于靷也。'……《释

---

① 毛亨传，郑玄笺，孔颖达正义《毛诗正义》，中华书局，1980，第370~371页。

名》：'游环在服马背上，骖马之外辔贯之，游移前却，无定处也。'与《毛传》云'游在背上'合。……《后汉·舆服志》：'文虎伏轼。'……《正义》：'《传》以蒙为讨，《笺》转讨为杂，皆以义言之，无正训也。'瑞辰按：蒙之训讨，经传无征……翿为翳羽，故郑以为画杂羽之文。蒙覆与焘覆同义，故蒙训翿，借为讨也……是伐乃瞂之假借。"①

杨图所绘车之部位与文献所言有异，笔者据文献考之。《说文·车部》："毂，辐所凑也。"《诗·秦风·小戎》："文茵畅毂。"朱熹集传："毂者，车轮之中，外持辐内受轴者也。"据文献，"毂"乃位于辐、轴之间，如戴震《考工记图》卷上绘"轮"图（见图 2-29）所示，杨图"毂"之位置与文献所载不符，失之。

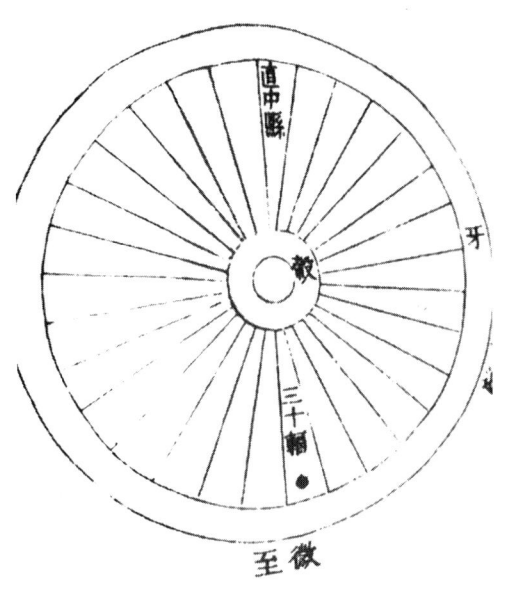

图 2-29　戴震《考工记图》"轮"

"轼"之位置，文献有载。《说文·车部》："轼，车前也。"段注："舆之在前者曰轼，在旁者曰輢，皆舆之体，非与舆二物也。"《左传·庄公十年》："登轼而望之。"孔疏："（车上）横施一木，名之曰轼，得使人立于其后时依倚之。"江永《乡党图考》卷二："舆之制本如此，《考工》

---

① 马瑞辰：《毛诗传笺通释》，陈金生点校，中华书局，1989，第 372~374、380 页。

经文及郑注甚明。较有二，在两輢上，高于式。在前横者固为式，连于左右，深一尺四寸六分之地，亦通谓之式也。"①（见图 2-30）可知，轼在车前，乃一横木。杨图"轼"与文献所载不尽相符，可据文献正之。

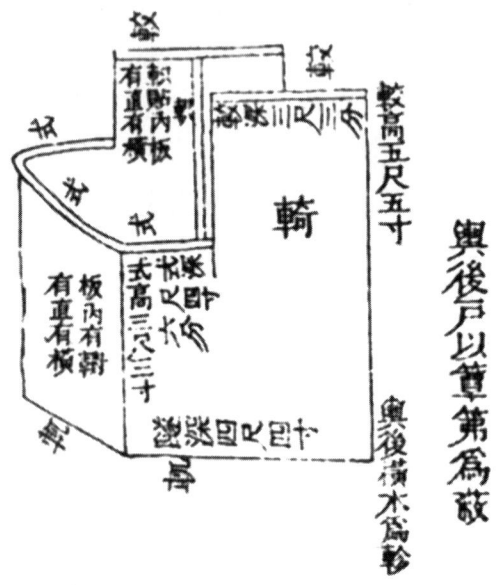

图 2-30　江永《乡党图考》"车舆图"

"轨"之位置，文献有载。《周礼·考工记·辀人》："轨前十尺而策半之。"郑玄注引郑司农云："轨，谓式前也。"贾疏："轨，谓车式。"《诗·邶风·匏有苦叶》："济盈不濡轨。"毛传："由辀以上为轨。"段玉裁《毛诗故训传定本小笺》卷三："古者舆之下，两轮之间方空处谓之轨。"《说文·车部》段注："轨之名，谓舆之下隋方空处。"杨图"轼前又有横木曰轨"与前述皆异。

"衡"之义，文献有载。《诗·秦风·小戎》："五楘梁辀。"毛传"梁辀，辀上句衡也"孔疏："衡者，軛也。"《楚辞·九叹·远游》："枉玉衡于炎火兮。"王注："衡，车衡也。"《远游》："祝融戒而还衡兮。"洪兴祖补注："衡，辕前横木。"②《庄子·马蹄》："夫加之以衡扼。"陆德明释

---

① 江永：《乡党图考》，凤凰出版社，2005，第 2021 页。
② 洪兴祖：《楚辞补注》，白化文等点校，中华书局，1983，第 172、310 页。

文:"衡扼:于革反。衡,辕前横木缚轭者也;扼,又马颈者也。"①《尔雅·释器》:"载辂谓之轙。"邢昺疏:"辕端之木名衡,衡即轭。"杨图"辕之末受一木以横曰衡,衡者,轭也",杨图"衡"义与邢昺同,与陆德明、洪兴祖异。据孙机《中国古舆服论丛》,殷墟小屯20号车马坑、辉县固围村1号墓与淮阳马鞍冢2号车马坑等出土之车,其衡乃缚轭驾马之横木,轭装在衡左右两侧,用它夹住两服马之颈。②我们以为杨图言衡位于辕之末与出土实物不符,失当。

关于"游环"之位置,毛亨以为游在背上;郑玄以为游环在背上,无常处,贯骖之外辔,以禁其出;马瑞辰以为游环在马背上,无固定位置,且其引《释文》言游环在骖马背上;《释名》言游环在服马背上。可知,游环位于马背上,无固定位置,至于位于服马还是骖马之背上,有待商榷。服马、骖马,文献有载。《淮南子》卷六《览冥训》:"骖青虬。"高诱注:"在中为服,在旁为骖。"郑玄言游环乃贯骖之外辔,以禁其出,则游环在骖马之背上,用以防止骖马外逸,脱离缰绳。据秦始皇陵2号铜车复原图,游环位于右骖马之背上。杨图"骖马之欲出者,引外辔以贯于游环",其说义为游环在骖马之背,非服马之背;又杨图游环在左骖马之背,此与秦始皇陵2号铜车复原图游环在右骖马之背有异。我们以为出土车马所载游环之位置为是,刘熙言游环在服马背上失之。

关于"胁驱"之位置,郑玄、马瑞辰以为胁驱当在服马之外胁,用以防止骖马之入。杨甲以为胁驱用以止骖马之欲入,"胁驱裁韦革以系于衡",则胁驱以韦革为之,系之于衡。杨图"胁驱"在左骖马之外侧腹部,郑玄、孔颖达、马瑞辰以为胁驱在服马外侧,杨说与郑玄、孔颖达、马瑞辰说有异。秦始皇陵1号、2号车之"胁驱"未标注具体位置,我们以为胁驱用以防止骖马之入,由其功用以推其位置当在服马外侧。

杨图"小戎车式"之四马位置,与文献所载亦不符。《诗·郑风·大叔于田》:"两服上襄,两骖雁行。"郑笺:"雁行者言与中服相次序。"孔疏:"此四马同驾,其两服则齐首,两骖与服马雁行,其首不齐。"王引之《经义述闻》卷五:"上者,前也。上襄,犹言前驾,谓并驾于车前,即下

---

① 陆德明:《经典释文》,张一弓点校,上海古籍出版社,2013,第1466页。
② 孙机:《中国古舆服论丛》,上海古籍出版社,2013,第41~43页。

章之'两服齐首'也。雁行，谓在旁而差后，如雁行然，即下章之'两骖如手'也。"①《左传·定公四年》孔颖达正义："骖马之首当服马之胸。"文献所言四马之位置，两服马齐首在前，两骖马在两服马之旁，稍后于两服马，在两服马胸部的位置，即文献言呈"雁行"排列。有关学者结合出土铜车马亦言明四马之位置，如党士学《关于秦陵二号铜车马》②中言，在这次发掘中，前后两乘铜马车出土时，驾车之马的位置均为服马在前、骖马次后，特别是前车即1号车更为明显。杨图所画"四马"并排，无前后之别，非"雁行"，与文献所载、出土实物皆异，失之。

杨图"蒙伐者，中干也"，毛亨言"蒙，讨羽也；伐，中干也"，孔颖达以为"蒙伐是画物于伐，故以蒙为讨羽，谓画杂鸟之羽以为盾饰也"，马瑞辰以为"蒙训翻，借为讨也……是伐乃瞂之假借"，故杨图释"蒙伐"当据文献分别释之。

六　"楚丘揆日景图"③

营室谓之定，在东壁之西，《月令》十月之昏星也。于定星之昏正四方，星中之时，以此时而作楚丘之宫庙。又度之以日影而营表其位，正其东西南北，而作楚丘之宫室。

杨图"楚丘揆日景图"（见图2-31）乃据日影定四方之位，以《月令》言十月之际营建宫庙、宫室。其中言营室在东壁之西，乃据星宿为说，文献载之。《周礼·考工记·辀人》："龟蛇四斿，以象营室也。"郑注："营室，玄武宿，与东壁连体而四星。"贾疏："营室是北方七宿，室在东，壁在西，西壁而言东壁者，据十月在南方，壁在东，故云东壁也。此星一名室壁，一名营室，一名水。《春秋》云水昏正而栽是也。一名定，'定之方中'是也。"④马瑞辰《毛诗传笺通释》卷五《鄘风·定之方中》："《传》：'定，营室也。方中，昏正四方。'《笺》云：'定星昏中而正，于

---

① 王引之：《经义述闻》，江苏古籍出版社，1985，第131页。
② 党士学：《关于秦陵二号铜车马》，《文博》1985年第2期。
③ 杨甲：《六经图》，台湾商务印书馆，1982，第248页。
④ 郑玄注，贾公彦疏《周礼注疏》，中华书局，1980，第914页。

是可以营制宫室，故谓之营室。定昏中而正，谓小雪时其体与东壁连，正四方。'瑞辰按：《尔雅》'营室谓之定'，郭注：'定，正也。作宫室皆以营室之中为正。'营室一名天庙。《周语》'日月底于天庙'，韦《注》：'天庙，营室也。又曰清庙。'《史记·天官书》：'营室为清庙。'诗作楚宫为宗庙，盖取营室以正四方，亦取与天庙之象相应也。营室又为水宿。《左传》'水昏正而栽'，杜《注》谓：'今十月定星昏而中。'《周语》'营室之中，土功其始'，韦《注》：'建亥小雪之中，定星昏正于午，土功可以始也。'与《笺》言定中谓小雪时合。但《月令》孟冬昏危中，仲冬昏东壁中，不言营室。据《春秋》僖二年正月城楚丘，建城在正月，则作室亦正月。周之正月为夏正之十一月，是此诗作室亦不在十月小雪之中。考《汉书·天文志》，危十七度，营室十六度，十月危星昏中，日行一度，营室继危之后，其中在十月望后，至十一月初犹为昏中。故诗楚宫作于十一月，犹得言定中也。《笺》又云'其体与东壁连，正四方'，盖营室、东壁各二星，其体相成，始得正四方，则季冬东壁中，亦得以定中统之。"① 据郑玄、贾公彦、马瑞辰等言，"营室"其名一为定，一为室壁，一为水；营室，东壁之称。营室原为四星，成四方形，有东壁、西壁各两星，正如宫室之象。东壁从营室中分出，成为室、壁两宿。湖北随县曾侯乙墓出土漆箱盖上称这两宿为西萦与东萦。东壁、西壁四星，就是著名的飞马座四边形。室宿一和室宿二是西壁，亦称为定；壁宿一和壁宿二是东壁。

《礼记·月令》："孟冬之月，日在尾，昏危中。"郑注："孟冬者，日月会于析木之津而斗建亥之辰也。"孔疏："按《三统历》：十月节，日在尾十度，昏危十四度中，去日八十九度，旦翼初度中。十月中，日在箕七度，昏室十度中，去日八十六度，旦轸五度中。按《元嘉历》：十月节，日在心二度，昏危一度中，且张八度中。十月中，日在尾十二度，昏危十三度中，且翼八度中。"② 据孔颖达言，东壁二星即《月令》言十月之昏星，二星之赤经近乎0度，从壁宿二向壁宿一连线并约延长一倍，就可找到春分点的大概位置。

---

① 马瑞辰：《毛诗传笺通释》，陈金生点校，中华书局，1989，第180~181页。
② 郑玄注，孔颖达正义《礼记正义》，中华书局，1980，第1380页。

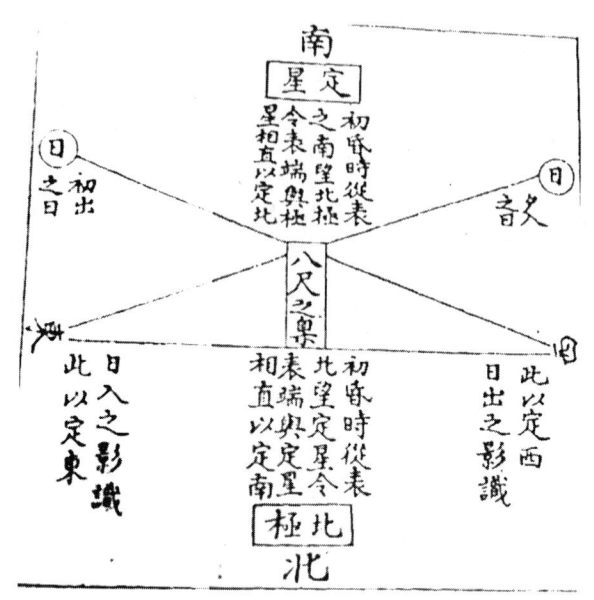

图 2-31　杨甲《六经图》"楚丘揆日景图"

《诗·鄘风·定之方中》:"定之方中,作于楚宫。揆之以日,作于楚室……升彼虚矣,以望楚矣。望楚与堂,景山与京"。郑笺:"定,营室也。方中,昏正四方。楚宫,楚丘之宫也。……楚宫谓宗庙也。定星昏中而正,于是可以营制宫室,故谓之营室。定昏中而正,谓小雪时其体与东壁连,正四方。"《史记》卷二五《律书》:"至于营室。"《索隐》:"定星也。定中而可以作室,故曰营室。"① 据郑玄、司马贞言,定中之时即可营制楚丘之宫庙。此亦杨图言星中之时可作楚丘之宫庙。

古人测东西方位之法,见载于文献。《诗·鄘风·定之方中》孔疏:"度之以日影,度日出之影与日入之影,以知东西,以作为楚丘之室也。东西南北皆既正方乃为宫室,别言宫室,异其文耳。"② 据孔疏,测量日出、日入之影来定东西之方位,然孔说未言明具体测量之法。杨图标注"初出之日""夕入之日"即为孔疏"日出"和"日入",通过杨图所标"八尺之臬",最终测定东西方位,如杨图言"日入之影识,此以定东""日出之影识,以此定西"。有关用八尺之臬(表),据日影之长短测定东

---

① 司马迁:《史记》,中华书局,1982,第 1243~1244 页。
② 毛亨传,郑玄笺,孔颖达正义《毛诗正义》,中华书局,1980,第 315 页。

西之法，文献有说。《周礼·考工记·匠人》："置槷以县，视以景。"郑注："玄谓槷，古文臬，假借字。于所平之地中央树八尺之臬，以县正之，视之以其景将以正四方也。"贾疏："云以县者，欲取柱之景，先须柱正；欲须柱正，当以绳县而垂之于柱之四角，四中以八绳县之，其绳皆附柱则其柱正矣。"又《匠人》："为规识日出之景，与日入之景。"郑注："日出、日入之景，其端则东西正也。又为规以识之者，为其难审也。自日出而画其景端以至日入，既则为规测景两端之内规之，规之交乃审也。度两交之间，中屈之以指臬则南北正。"贾疏："谓于中臬以绳取景之两端，一匝则景之远近定，远近定则东西乃审。云度两交之间，中屈之以指臬则南北正……必中屈之者，于夏日至中漏半于臬南向北所度之处，于东西景端亦相当。"① 据贾疏，柱之四角皆悬绳，四中以八绳悬，杨图仅柱之两角悬绳，与文献所言不符，失之。又《匠人》郑注言以规识日出、日入之影之长短，杨图未有具体标识规测之影，当据文献补之。

古人测定南北方位之法，文献有载。《诗·大雅·灵台》："经始灵台，经之营之。"郑笺："文王应天命，度始灵台之基趾，营表其位。"孔疏："既度其处，乃经理之，营表之。其位既定……营表其位，谓以绳度立表，以定其位处也。"②《周礼·考工记·匠人》："昼参诸日中之景，夜考之极星，以正朝夕。"郑注："日中之景最短者也。极星谓北辰。"贾疏："犹更以此二者以正南北。言朝夕即东西也，南北正则东西亦正，故兼言东西也。……释曰：日中，景最短者也者。《大司徒》云：日至之景尺有五寸，以其在上临下，故最短也。云极星谓北辰者，当夜半。考之《尔雅》云'北极谓之北辰'。辰，时也。天下取正焉，故谓之北辰。极，中也。以居天之中，故谓之北极也。"③

杨图南北定位，以定星和极星为参照物，南北相望，通过规测，度两交之间，中屈之以指臬则南北正。杨图言"初昏时，从表之南望北极，令表端与极星相直，以定北"，"初昏时，从表北望定星，令表端与定星相直，以定南"，则通过"定星—表—极星"测试模式完成南北定位。杨图

---

① 郑玄注，贾公彦疏《周礼注疏》，中华书局，1980，第927页。
② 毛亨传，郑玄笺，孔颖达正义《毛诗正义》，中华书局，1980，第524~525页。
③ 郑玄注，贾公彦疏《周礼注疏》，中华书局，1980，第927页。

"北极"即极星,一名北辰。关于南北测试之法,杨图无规测之图,当据文献补之。

《诗经》之《定之方中》内容乃古人在楚丘营建宫室。建造宫室需要定向,定向则依据日星之位。据《毛诗正义》《礼记正义》等文献,定星当于每年夏历十月十五至十一月初黄昏时分出现在正南天空,与极星相对应,以绳度立变,由规、表以测,进而测定南北方位,东西方位则据日出、日入之影确定。

我们以为杨图"楚丘揆日景图"依据《月令》所述农闲之际,于十月修建宫庙、宫室;四方方位的测定则据《毛诗正义》之日出、日入之影以及以绳度立变(定星和北极星之间)来完成。然杨图内容较为简略,当据文献补图之未备,其虽有科学依据,实为古人揆日之示意图。

七 "释草名"[①]

(1) 苯苢:车前。

苯苢之义,文献有载。《玉篇·艸部》:"苯,苯苢、马舄,一名车前,又名虾蟆衣。"[②] 陆玑《毛诗草木鸟兽虫鱼疏》卷上"采采苯苢":"苯苢,一名马舄,一名车前,一名当道……幽州人谓之牛舌草。"[③] 据文献,杨图"苯苢"义可补为:马舄、当道、牛舌草等。

(2) 藟:藤。

《诗·王风·葛藟序》"葛藟"陆德明释文:"藟,似葛。《广雅》云'藟,藤也'。"[④]《毛诗草木鸟兽虫鱼疏》卷上"莫莫葛藟":"藟,一名巨苽,似燕薁,亦延蔓生,叶如艾,白色,其子赤,可食,酢而不美,幽州谓之蓷藟。"[⑤]《汉书》卷六七《杨王孙传》:"葛藟为缄。"颜注:"藟,葛蔓也,一曰,藟亦草名,葛之类也。"《诗·周南·樛木》:"葛藟累之。"

[①] 杨甲:《六经图》,台湾商务印书馆,1982,第258页。
[②] 顾野王:《大广益会玉篇》,中华书局,1987,第64页。
[③] 王谟:《增订汉魏丛书 汉魏遗书钞》(第一册),西南师范大学出版社、东方出版社,2011,第440页。
[④] 陆德明:《经典释文》,张一弓点校,上海古籍出版社,2013,第245页。
[⑤] 王谟:《增订汉魏丛书 汉魏遗书钞》(第一册),西南师范大学出版社、东方出版社,2011,第444页。

孔颖达疏："藟与葛异，亦葛之类也。"王先谦《诗三家义集疏》引鲁说曰："藟，巨荒也。"① 杨图言藟乃藤义，还可据文献补为：巨苽、葛蔓、巨荒。

（3）苌楚：铫芅。

《诗·桧风·隰有苌楚》："隰有苌楚。"毛传："苌楚，铫弋也。《本草》云：一名羊肠，一名羊桃。"《尔雅·释草》："苌楚，铫弋也。"郭注："今羊桃也。或曰鬼桃。叶似桃，华白，子如小麦，亦似桃。"《诗·桧风·隰有苌楚序》"隰有苌楚"陆德明释文引《本草》云："苌楚，一名羊肠，一名羊桃。"② 《说文·艸部》："苌，苌楚，跳弋。一名羊桃。"《毛诗草木鸟兽虫鱼疏》卷上"隰有苌楚"："苌楚，今羊桃是也，叶长而狭，华紫赤色，其枝茎弱，过一尺引蔓于草上，今人以为汲灌……著热灰中脱之，可韬笔管。"③ 据文献，杨图"铫芅"当为"铫弋"，其义亦可补为：跳弋、羊桃、羊肠。

（4）稂：莠类也。

《诗·曹风·下泉》："浸彼苞稂。"毛传："稂，童粱。"《尔雅·释草》："稂，童粱。"郭璞注："稂，莠类也。"陆德明释文引《说文》云："稂，禾粟之莠生而不成者。"《玉篇·禾部》言稂乃童粱，又言稂乃禾秀不成也。《毛诗草木鸟兽虫鱼疏》卷上"浸彼苞稂"："稂，童粱。禾秀为穗而不成……今人谓之宿田翁，或谓守田也。《甫田》云'不稂不莠'，《外传》曰'马饩不过稂莠'皆是也。"《诗·小雅·大田》："不稂不莠。"马瑞辰传笺通释："稂为莠类，狼尾草如茅，可以盖屋。"④ 据文献，稂可释为童粱、禾粟之莠生而不成者，此二义可补苴杨图之未备。

（5）蓷：茺蔚，臭秽草。

蓷之义，文献有载。《诗·王风·中谷有蓷》："中谷有蓷。"毛传："蓷，鵻也。"陆德明释文引《韩诗》云："蓷，茺蔚也。"朱熹集传："蓷，鵻也，叶似萑，方茎白华，华生节间，即今益母草也。"《说文·艸部》：

---

① 王先谦：《诗三家义集疏》，吴格点校，中华书局，1987，第32页。
② 陆德明：《经典释文》，张一弓点校，上海古籍出版社，2013，第276页。
③ 王谟：《增订汉魏丛书 汉魏遗书钞》（第一册），西南师范大学出版社、东方出版社，2011，第445页。
④ 马瑞辰：《毛诗传笺通释》，陈金生点校，中华书局，1989，第722页。

"蓷，萑也。"《玉篇·艸部》："蓷，茺蔚也。"《尔雅·释草》："萑，蓷。"郭注："今茺蔚也。"邢昺疏引刘歆曰："蓷，臭秽。臭秽即茺蔚也。"① 《毛诗草木鸟兽虫鱼疏》卷上"谷中有蓷"引《三苍》云："蓷，益母也。"杨图言蓷有茺蔚、臭秽草义，据文献亦可补"益母""雚"二义。

（6）台：夫须。

《毛诗草木鸟兽虫鱼疏》卷上"南山有台"："台，夫须。旧说：夫须，莎草也，可为蓑笠。《都人士》云：台笠缁撮。或云：台草有皮，坚细滑致，可为簦笠，南山多有。"《诗·小雅·都人士》："台笠缁撮。"郑玄笺："台，夫须也。都人之士以台皮为笠。"孔颖达疏："台，草名，可为笠。"朱熹集注："台，夫须也。"《尔雅·释草》："台，夫须。"邢昺疏引舍人云："台，一名夫须。"据文献，台乃草名。杨图将"台"归入"释树名"，失之，当归入"释草名"。

八　"释木名"②

（1）柞：坚强木。

《诗·小雅·采菽》："维柞之枝。"陆德明释文："柞，木也。"《诗·大雅·绵》："柞棫拔矣。"郑笺："柞，栎也。"《毛诗草木鸟兽虫鱼疏》卷上"柞棫拔矣"："柞棫，《三苍》说棫即柞也。其材理全白，无赤心者为白桵。直理易破可为犊车轴，又可为矛戟镦。"③《慧琳音义》卷八一"柞条"注："柞，白栎木也。"《经义述闻》卷二八《尔雅下》："柞一名栎，一名橡，一名采。"④ 据文献，柞多作栎木。杨图言柞乃坚强木，或据其韧性而言。陆玑言柞可为犊车轴，乃言此木具有良好的坚韧性。

（2）条：抽实，似梅。

《诗·秦风·终南》："有条有梅。"毛传："条，槄。"陆德明释文："条，本亦作樤，槄也。"朱熹集传："条，山楸也。"《说文·木部》《玉

---

① 郭璞注，邢昺疏《尔雅注疏》，中华书局，1980，第2626页。
② 杨甲：《六经图》，台湾商务印书馆，1982，第258页。
③ 王谟：《增订汉魏丛书 汉魏遗书钞》（第一册），西南师范大学出版社、东方出版社，2011，第446页。
④ 王引之：《经义述闻》，虞思征等点校，上海古籍出版社，2018，第1708~1709页。

篇·木部》皆言"条,小枝也"。《毛诗草木鸟兽虫鱼疏》卷上"有条有梅":"条,槄也,今山楸也,亦如下田楸耳。皮色白,叶亦白,材理好,宜为车板。"① 据文献,条义作槄、小枝、山楸。检之诸多文献,未见"条"有"抽实"义,杨图所言失之。

（3）木瓜:果名。

《诗·卫风·木瓜》:"投我以木瓜。"毛传:"木瓜,楙木也,可食之木。"《尔雅·释木》:"楙,木瓜。"《玉篇·林部》:"楙,木瓜。"据文献,"木瓜"乃木名,杨图"果名"后,可补上"楙木"。

（4）杞:枸檵。

《尔雅·释木》:"杞:枸檵。"郭璞注:"今枸杞也。"《毛诗草木鸟兽虫鱼疏》卷上"集于苞杞":"杞,其树如樗,一名苦杞,一名地骨。春生作羹茹微苦,其茎似莓子,秋熟正赤,茎叶及子服之,轻身益气。"②《说文·木部》"杞"段玉裁注:"郭注《尔雅》云:今枸杞也。是则枸檵为古名,枸杞虽见《本草经》而为今名。"③ 杞,一名"枸杞",或名"枸檵",又名"苦杞",据郭璞、段玉裁所言,杨图"枸檵"乃古名,当据文献补。

（5）檀:强忍木。

《诗·郑风·将仲子》:"无折我树檀。"毛传:"檀,强韧之木。"朱熹集传:"檀,皮青,滑泽,材强韧,可为车。"《急就篇》卷三:"槐檀荆棘叶枝扶。"颜师古注:"檀,坚韧木也。"④《毛诗草木鸟兽虫鱼疏》卷上"爰有树檀":"檀,木皮正青,滑泽,与系迷相似,又似驳马。"⑤ 据文献言,杨图"强忍木",或作"强韧木""坚韧木"。

---

① 王谟:《增订汉魏丛书 汉魏遗书钞》（第一册）,西南师范大学出版社、东方出版社,2011,第445页。
② 王谟:《增订汉魏丛书 汉魏遗书钞》（第一册）,西南师范大学出版社、东方出版社,2011,第441页。
③ 段玉裁注《说文解字注》,上海古籍出版社,1988,第246页。
④ 颜师古注,王应麟补注《急就篇》,钟谦钧辑《古经解汇函》（附小学汇涵）,广陵书社,2012,第1702页。
⑤ 王谟:《增订汉魏丛书 汉魏遗书钞》（第一册）,西南师范大学出版社、东方出版社,2011,第446页。

九 "释菜名"①

（1）芹：今水中芹菜。

《周礼·天官·醢人》："芹菹兔醢。"郑玄注："芹，楚葵也。"《尔雅·释草》："芹，楚葵也。"郭注："今水中芹菜。"《说文·艸部》："芹，楚葵也。"徐锴系传："芹，今水芹也。"《玉篇·艸部》："芹，芹菜。"《诗·小雅·采菽》："言采其芹。"郑笺："芹，菜也。"陆德明释文："芹，水菜也。"朱熹传："芹，水草，可食。"杨图"芹"当据郭璞注，据文献言，"芹"亦可释为"楚葵""水菜""芹菜""水芹"。

（2）茆：凫葵。

《诗·鲁颂·泮水》："薄采其茆。"毛传："茆，凫葵也。"陆德明释文引郑小同云："茆，或名水葵，一云今之浮菜，即猪莼也。"《说文·艸部》《玉篇·艸部》《广雅·释草》皆言茆为凫葵。《毛诗草木鸟兽虫鱼疏》卷上"言采其茆"："茆……江南人谓之莼菜，或谓之水葵。"② 据文献言，杨图"茆"义当补为水葵、莼菜、浮菜等。

（3）匏叶：庶人菜。

《诗·邶风·匏有苦叶》："匏有苦叶。"毛传："匏谓之瓠。"《说文·包部》《玉篇·包部》《广雅·释草》皆言"匏，瓠也"。《毛诗草木鸟兽虫鱼疏》卷上"匏有苦叶"："匏叶少时可为羹，又可淹煮，极美，扬州人食。至八月，叶即苦，故曰苦叶。"③ 据文献，杨图言"庶人菜"不确。

（4）葵：菜名。

《说文·艸部》："葵，菜也。"《玉篇·艸部》："葵，菜名。"《诗·豳风·七月》："七月亨葵及菽。"朱熹集传："葵，菜名。"《急就篇》卷二："葵韭葱。"颜师古注："葵，卫足之菜，倾叶而蔽日者也。"④ 李白《古风

---

① 杨甲：《六经图》，台湾商务印书馆，1982，第258页。
② 王谟：《增订汉魏丛书 汉魏遗书钞》（第一册），西南师范大学出版社、东方出版社，2011，第441~442页。
③ 王谟：《增订汉魏丛书 汉魏遗书钞》（第一册），西南师范大学出版社、东方出版社，2011，第443页。
④ 颜师古注，王应麟补注《急就篇》，钟谦钧辑《古经解汇函》（附小学汇函），广陵书社，2012，第1674页。

五十九首》（其五十二）："白露洒葵藿。"王琦辑注引王祯《农书》："葵，阳草也。其菜易生，郊野甚多，不拘肥瘠地皆有之，为百菜之主，备四时之馔。"① 据文献，杨图"葵"义可补为"阳草""卫足之菜"等。

（5）芑：菜名。

《诗·小雅·采芑》："薄言采芑。"毛传："芑，菜也。"孔颖达疏引陆玑曰："芑菜似苦菜也。青州谓之芑。"马瑞辰传笺通释："芑即苦菜……今北人呼蘧荬菜。"杨图"菜名"，据文献其义可补为"苦菜""蘧荬菜"。

十 "释谷名"②

（1）麦：麦之小者。

"麦"字，见于诸多文献，其义众说纷纭。《尔雅·释言》："麦，䅘也。"《大戴礼记·夏小正》："麦实者，五谷之先见者。"《说文·麦部》："麦，芒谷。"《玉篇·麦部》："麦，有芒之谷也，秋种夏熟。"《管子·轻重己》："麦者，谷之始也。"《广雅·释草》："大麦，䴷也；小麦，䴹也。"《集韵·职韵》："麦，来牟也。"杨图"麦"义，不知据何。

杨图"䴷，麦之大者"，"䴷"条在"麦"条后，又《广雅》言麦之大者为䴷，麦之小者为䴹，则由上下文我们以为杨图"麦：麦之小者"当为"䴹：麦之小者"。

（2）秠：一稃二米。

"秠"义，文献有载。《尔雅·释草》："秠，一稃二米。"郝懿行义疏："秠是一稃二米者之别名也。"《诗·大雅·生民》："维秬维秠。"毛传："秠，一稃二米。"陆德明释文："秠，亦黑黍也，一稃二米。"《说文·禾部》："秠，一稃二米。"段玉裁注："秠即稃。凡稃皆曰秠。"杨图"一稃二米"之"稃"，文献皆作"稃"。

"稃"义，《广雅·释器》作"馉"，《玉篇·米部》作"糒也"，《广韵·尤韵》作"稃粰"，《集韵·尤韵》作"鬻也"。则"稃""稃"二字非通假，且字义不同，杨图作"稃"，与文献不符，其言失当。

---

① 王琦辑注《李太白全集》，中华书局，1977。
② 杨甲：《六经图》，台湾商务印书馆，1982，第258页。

(3) 芑：赤粱。

"芑"义，文献有载。《诗·大雅·生民》："维穈维芑。"毛传："芑，白苗也。"朱熹集传："芑，白粱粟也。"《尔雅·释草》："芑，白苗也。"郭璞注："芑，今之白粱粟，皆好谷。"《玉篇·艸部》："芑，白粱粟也。"据文献，杨图"芑"之赤粱义，与文献不符，失当。

(4) 黍：丹谷。

"黍"义，文献有载。《礼记·内则》："饭黍稷稻粱。"郑注："黍，黄黍也。"《玉篇·黍部》："黍，禾属也。"《古今注·草木》："禾之黏者为黍，亦谓之穄，亦曰黄黍。"《论语·公冶长》："曰：瑚琏也。"何休集注："瑚琏，黍稷之器。"刘宝楠正义引程瑶田《九谷考》说："黍穗似禾而舒散，今北人称黄小米也。"《诗·王风·黍离》："彼黍离离。"朱熹集传："黍，谷名，苗似芦，高丈余，穗黑色，实圆重。"又《大雅·生民》："种之黄茂。"毛传："使种黍稷。"孔颖达疏："黍、稷，谷之善者。"据文献，杨图"黍"乃丹谷义，失之。

十一 "释鸟名"[1]

(1) 雎鸠：鹍类。

"雎鸠"义，文献有载。《诗·周南·关雎》："关关雎鸠。"毛传："雎鸠，王雎也。鸟挚而有别。"郑笺："挚之言至也。谓王雎之鸟，雌雄情意至，然而有别。"朱熹集传："雎鸠，水鸟，一名王雎，状类凫鹥，今江淮间有之。"朱氏以为雎鸠即江淮之水鸟。《毛诗草木鸟兽虫鱼疏》卷下"关关雎鸠"："雎鸠，大小如鸠，深目，目上骨露出，幽州人谓之鹫。"[2]陆玑以为雎鸠即鹫。《毛诗传笺通释》卷二《周南·关雎》："又按《说文》：'白鷢，王雎也。'据《尔雅·释鸟》，'雎鸠，王雎'与'鷱，白鷢'分为二鸟。邵晋涵《尔雅正义》谓：'雎鸠即今鱼鹰，以目验之，其色苍黑。'焦循曰：'鱼鹰尾短，飞则见尾之上白，故《说文》以王雎训白

---

[1] 杨甲：《六经图》，台湾商务印书馆，1982，第259页。
[2] 陆玑：《毛诗草木鸟兽鱼虫疏》，《增订汉魏丛书 汉魏遗书钞》（第一册），西南大学出版社、东方出版社，2011，第450页。

鹰耳。'"① 马瑞辰以为雎鸠即鱼鹰。《诗三家义集疏》卷一《关雎》:"'雎鸠,王鴡',《释鸟》文……《说文》'鴡'下云:'王鴡也。'……《陆疏》:'鴡类大小如鸥,深目,目上骨露,幽州人谓之鹫。而扬雄、许慎皆曰:白鹫,似鹰,尾上白'……《广韵》:'白鹫善捕鼠,与捕鱼之鴡是二物。'《禽经》:'鴡鸠,鱼鹰。'郝懿行《尔雅义疏》云:'能扇波令鱼出,食之,故《淮南说林训》谓之'沸波'。'邵晋涵《尔雅正义》云:'《史记正义》:王鴡,金口鹗也。今鹗鸟能翱翔水上,捕鱼而食,后世谓之鱼鹰。其鸣缓而和顺,与白鹫相似而色苍,非即白鹫也。'参稽众说,是'鴡鸠'即鱼鹰矣。"② 王先谦以为雎鸠即鱼鹰。《毛诗品物图考》卷四《鸟部》:"关关雎鸠:《传》:'雎鸠,王雎也。鸟挚而有别。'《集传》:'水鸟也。状类凫鹥,今江淮间有之,生有定偶而不相乱,偶常并游而不相狎,故毛《传》以为挚而有别。'挚与鸷通,雎鸠,鸷鸟也。翱翔水上,扇鱼攫而食之,大小如鸥。"③ 日本学者冈元凤以为雎鸠乃生有定偶之鸷鸟,擅长捕鱼并食之。

参以诸说,结合《关雎》之主旨,我们以为,雎鸠乃成双之水鸟,或言鱼鹰,或言鸷鸟,雎鸠之形如邵晋涵、焦循所言。杨图言"雎鸠"为鹍类,有关"鹍"义,文献有说。《史记》卷四《周本纪》:"至于王屋流为鸟。"《索隐》:"鹍,鸷鸟也。"《汉书·李广传》:"是必射鹍者也。"颜注:"鹍,大鸷鸟也,一名鹫。""鹍",同"雕"。杨图雎鸠乃鹍类说与文献所载不尽相符,当据文献补苴其说之未备。

(2) 流离:少好鸟。

"流离"义,文献有说。《诗·邶风·旄丘》:"流离之子。"毛传:"流离,鸟也。少好长丑。"《毛诗草木鸟兽虫鱼疏》卷下"流离之子":"流离,枭也。自关而西谓枭为流离……许慎云'枭,不孝鸟是也'。"④《读书杂志·汉书第四·礼乐志》:"辟流离,抑不详。"王念孙按:"流离

---

① 马瑞辰:《毛诗传笺通释》,陈金生点校,中华书局,1989,第30页。
② 王先谦:《诗三家义集疏》,吴格点校,中华书局,1987,第8页。
③ 〔日〕冈元凤纂辑《毛诗品物图考》,中国书店,1985,第1页。
④ 陆玑:《毛诗草木鸟兽虫鱼疏》,《增订汉魏丛书 汉魏遗书钞》(第一册),西南大学出版社、东方出版社,2011,第451页。

者，枭也，所以喻恶人。"①《毛诗品物图考》卷四《鸟部》："流离之子：《传》：'流离，鸟也。少好长丑。'《集传》以为飘散之义，非鸟名。按《杨升庵文集》引尹子曰：'诗咏流离，史书枭獍。流离，鸟名，少好长丑。盖毛、郑旧说也。'《尔雅》：'鸟少美长丑为鹠鷅。'郭云：'鹠鷅犹流离。'陆疏：'自关而西谓枭为流离，流离之为鸟，不可改也'。"② 日本学者冈元凤以为流离即为鹠鷅，乃鸟名，其释"流离"义以毛传、《尔雅》言为是；又以为朱熹言"流离"乃飘散义失之。

据毛传，杨图"少好鸟"可补为"少好长丑鸟"。据陆玑、王念孙所言，杨图"流离"亦可释为"枭也""不孝鸟"。

（3）鸱鸮：鸋鴂。

"鸱鸮"义，文献多有不同。《诗·豳风·鸱鸮》："鸱鸮鸱鸮。"毛传："鸱鸮，鸋鴂也。"朱熹集传："鸱鸮，鹪鹩，恶鸟，攫鸟子而食者也。"《楚辞·九叹·忧苦》："鸱鸮集于木兰。"王注："鸱鸮，鸋鴂，贪鸟也。"《尔雅·释鸟》："鸱鸮，鸋鴂。"郭注："鸱鸮，鸱类。"邢昺疏："鸱鸮，先儒皆以为今之巧妇。"《书·金縢》："名之曰鸱鸮。"蔡沈集传："鸱鸮，恶鸟也。"《毛诗草木鸟兽虫鱼疏》卷下"鸱鸮"："鸱鸮，似黄雀而小，其喙尖如锥，取茅莠为巢，以麻紩之如刺袜然，县著树枝，或一房，或二房。幽州人谓之鸋鴂，或曰巧妇，或曰女匠。关东谓之工雀，或谓之过蠃。关西谓之桑飞，或谓之袜雀，或曰巧女。"③ 据文献，"鸱鸮"或为鸋鴂，或为鹪鹩，或为恶鸟，或为贪鸟。陆玑根据方言言"鸱鸮"别名多达八种。

《毛诗品物图考》卷四《鸟部》："鸱鸮鸱鸮：《传》：'鸱鸮，鸋鴂也。'《集传》：'鸱鸮，鹪鹩，恶鸟，攫鸟子而食者也。'鸱鸮，众说纷纷。'鹪鹩'之说可从，为枭为鸱之鸱同此。"④ 日本学者冈元凤以为"鸱鸮"究竟为何鸟，众说纷纭，其中朱熹说有理。

据陆玑言，"鸱鸮"之形，似黄雀而小，其喙尖如锥，取茅莠为巢，

---

① 王念孙：《读书杂志》，徐炜君等点校，上海古籍出版社，2015，第561页。
② 〔日〕冈元凤纂辑《毛诗品物图考》，中国书店，1985，第5页。
③ 陆玑：《毛诗草木鸟兽虫鱼疏》，《增订汉魏丛书 汉魏遗书钞》（第一册），西南大学出版社、东方出版社，2011，第450页。
④ 〔日〕冈元凤纂辑《毛诗品物图考》，中国书店，1985，第11页。

栖息于树上。杨图言"鸤鸰"为鹡鸰，此乃一说，兹可据文献补充他说。

(4) 鹳：鹊属。

"鹳"义，文献有二说，或为水鸟，或为鹳雀，栖息在树上。《诗·豳风·东山》："鹳鸣于垤。"郑笺："鹳，水鸟也。"《玉篇·鸟部》："鹳，鹳鸟，鹊属。"《毛诗草木鸟兽虫鱼疏》卷下"鹳鸣于垤"："鹳，鹳雀也，似鸿而大，长颈赤喙，白身黑尾翅，树上作巢，大如车轮。"[①] 陆玑以为鹳乃鹳雀，以树为巢，非居水中，与郑玄所言"水鸟"有异。

《毛诗品物图考》卷四《鸟部》："鹳鸣于垤：《传》：'鹳，好水长鸣而喜也。'《笺》：'鹳，水鸟也。将阴雨则鸣。'《集传》：'鹳，水鸟，似鹤者也。'《本草》：'鹳，头无丹顶，无乌带，身似鹤，不善唳，但以喙相击而鸣，亦有二种：白鹳、乌鹳。'"[②] 日本学者冈元凤据文献言鹳乃水鸟，身似鹤。《本草纲目·禽部·鹳》："鹳有两种：似鹄而巢树者为白鹳，黑色曲颈者为乌鹳。"《汉语大字典·鸟部》言："鹳，水鸟名，鹳科各种类的通称，大型涉禽，形似鹤，亦似鹭。嘴长而直，翼大尾短。常活动于溪流近旁，以昆虫、鱼、蛙、蛇等为食，我国常见的有白鹳和黑鹳两种。"我们以为《汉语大字典》所言有理。

杨图言鹳乃鹊类，"鹊"义，文献有说。《诗·召南·鹊巢》："维鹊有巢，维鸠居之。"朱熹集传："鹊、鸠皆鸟名。鹊善为巢，其巢最完固。"马瑞辰传笺通释："鹊，即乾鹊，今之喜鹊也。"杨图言鹳乃鹊类，鹊类栖息树上，以树为巢，非水鸟，杨说与毛传、郑笺、朱熹集传等皆异。

(5) 雎：夫不。

"雎"义，文献所言多有不同。《诗·小雅·四牡》："翩翩者雎。"毛传："雎，夫不也。"郑笺："夫不，鸟之悫谨者，人皆爱之。"《尔雅·释鸟》："隹其，鳺鴀。"郭注："今𪂻鸠。"邢昺疏引《舍人》曰："雎，一名夫不。"郝懿行义疏："李巡曰：'夫不，一名雎，今楚鸠也。'又引郭曰：'今𪂻鸠也。'《尔雅》注作'𪂻鸠'，'𪂻'即'夫不'之合声也……又云：'𪂻鸠，灰色，无绣项，阴则屏逐其匹，晴则呼之，语曰"天将雨，

[①] 陆玑：《毛诗草木鸟兽虫鱼疏》，《增订汉魏丛书 汉魏遗书钞》（第一册），西南大学出版社、东方出版社，2011，第449页。
[②] 〔日〕冈元凤纂辑《毛诗品物图考》，中国书店，1985，第11页。

鸠逐妇",是也.'"①《毛诗草木鸟兽虫鱼疏》卷下"翩翩者雕":"雕,其今小鸠也。一名鸦鸠,幽州人或谓之鹘鸠,梁宋之间谓之雕,扬州人亦然。"②据文献,"雕"义或为夫不,或为鸦鸠,或为楚鸠,或为小鸠。

《毛诗品物图考》卷四《鸟部》:"翩翩者雕:《传》:'雕,夫不也。'《笺》:'夫不,鸟之愨谨者。'《集传》:'今鹁鸠也。'凡鸟之短尾者皆雕属。《尔雅》:'冀鹁鸠一名祝,又名鹘鸠,似斑鸠而膺,无绣采。'《六书故》:'鹁鸠、斑鸠差小者,颈有白点,斑声若布谷。又谓勃姑,今秃施摇立谷衣也。'"③冈元凤以为雕为夫不,"夫不"即郑玄所言诚朴之鸟。"夫不"一名鹁鸠,又名祝,祝乃鹘鸠之合音。

据郝懿行等言,杨图"夫不"亦作"鸤鵖",即鸦鸠、鹘鸠、鹁鸠,"夫不",其形亦如文献言之。杨图"雕"义可据诸文献补充。

(6) 鹳:水鸟。

"鹳"字,见诸多部文献。《干禄字书·入声》言"鹳"乃"鹤"之俗字。《龙龛手镜·鸟部》言"鹳"同"鹤"。《墨子·非攻下》:"鹳鸣十夕余。"孙诒让间诂:"鹳与鹤同。"据颜元孙、释行均、孙诒让等言,"鹳"同"鹤"。

"鹳"义,《小学蒐佚·字书上》:"鹳,似鹄而嘴长,神仙鸟也,见则为祥瑞也。""鹤"义,文献多载。《毛诗草木鸟兽虫鱼疏》卷下"鹤鸣于九皋":"鹤,形状大如鹅,长三尺,脚青黑,高三尺余,赤顶赤目,喙长四寸余,多纯白,亦有苍色。苍色者,人谓之赤颊,常夜半鸣。《淮南子》亦云鸡知将旦,鹤知夜半,其鸣高亮。"④《毛诗品物图考》卷四《鸟部》:"鹤鸣九皋:《集传》:'鹤,长颈竦身,高脚顶赤,身颈尾黑,其鸣高亮,闻八九里。'一名仙禽,有白有黄亦有灰苍色,世所尚者白鹤。"⑤

"鹳"之形,如陆玑、冈元凤所言。杨图言"鹳"乃水鸟,未言明即

---

① 郝懿行:《尔雅义疏》,王其和等点校,中华书局,2017,第859页。
② 陆玑:《毛诗草木鸟兽虫鱼疏》,《增订汉魏丛书 汉魏遗书钞》(第一册),西南大学出版社、东方出版社,2011,第450页。
③ 〔日〕冈元凤纂辑《毛诗品物图考》,中国书店,1985,第12页。
④ 陆玑:《毛诗草木鸟兽虫鱼疏》,《增订汉魏丛书 汉魏遗书钞》(第一册),西南大学出版社、东方出版社,2011,第449页。
⑤ 〔日〕冈元凤纂辑《毛诗品物图考》,中国书店,1985,第13页。

为"鹤",杨说失之,可据文献补正。

总之,据多条目考释,我们以为杨图"释鸟名"多据毛传所言。

十二 "释虫名"[①]

(1) 阜螽:蠜。

"阜螽",文献或作"皇螽"。《尔雅·释虫》:"皇螽,蠜也。"邢昺疏:"皇螽,一名蠜。李巡曰:蝗子也。"郝懿行义疏:"'皇螽,蠜'者,皇螽名蠜,《诗》作'阜螽',《正义》引李巡曰:'皇螽,蝗子也。'陆玑云:'今人谓蝗子为螽子,兖州人谓之螣。'然则'螽'为总名,'皇螽'亦螽之统称矣。《汉书·文帝纪》注:'今俗呼为簸䗪。''䗪'盖'螽'之或体,'簸䗪'即'皇螽',声之转也。"[②] 据郝疏,"皇"与"阜"通,则"阜螽"亦作"皇螽"。《诗·召南·草虫》:"趯趯阜螽。"毛传:"阜螽,蠜也。"孔疏:"正义曰:《释虫》又云'阜螽,蠜'。李巡曰'蝗子也'。陆玑云'今人谓蝗子为螽子,兖州人谓之螣'。许慎云'蝗螽也'。蔡邕云'螽,蝗也'。明一物。《定本》云'阜螽,蠜'。依《尔雅》云,则俗本云'蠜,螽者',衍字也。"[③] 孔颖达、邢昺、郝懿行皆以皇螽为蝗子,或名蠜、簸䗪。

《毛诗草木鸟兽虫鱼疏》卷下"趯趯阜螽":"阜螽,蝗子,一名负蠜,今人谓蝗子为螽子,兖州人亦谓之螣。"[④] 陆玑以为阜螽乃蝗子,一名负蠜,此与《毛诗正义》"草虫为负蠜"说有异。《毛诗品物图考》卷六《虫部》:"趯趯阜螽:《传》:阜螽,蠜也。《笺》:草虫鸣,阜螽跃而从之,异种同类。陈藏器云:阜螽如蝗,东人呼为舴艋,有毒有黑班者,此云法他,法他严绲阜螽。螽为一物,《尔雅》有明解,不可混矣。"[⑤] 日本学者冈元凤引毛传、郑笺以为阜螽与草虫乃异种同类,又引唐代中药学家陈藏器言,以为阜螽似蝗虫,东人呼为舴艋。《汉语大字典》释"蠜"乃

---

① 杨甲:《六经图》,台湾商务印书馆,1982,第259页。
② 郝懿行:《尔雅义疏》,王其和等点校,中华书局,2017,第811页。
③ 毛亨传,郑玄笺,孔颖达正义《毛诗正义》,中华书局,1980,第286页。
④ 陆玑:《毛诗草木鸟兽虫鱼疏》,《增订汉魏丛书 汉魏遗书钞》(第一册),西南大学出版社、东方出版社,2011,第454页。
⑤ 〔日〕冈元凤纂辑《毛诗品物图考》,中国书店,1985,第2页。

"蚱蜢",或出自陈说。

学者对"阜螽""蠽"亦有考说,卢甲文《高注〈诗经〉词语新探》[①]以为"阜螽"为"蝗蛹",非"蚱蜢"。纪国泰在《〈说文〉"蟟""蠽"解诂——兼议蜀方言三种昆虫的得名》[②]一文中言及"蠽"义,他以为因蜀人将跳跃速度快叫作"油",如称蚱蜢(蝗虫)为"油蚱蜢儿",又把这种酷似蟋蟀的昆虫叫作"油和尚",故以"油和尚"释"蠽"。

杨图释阜螽为蠽,据文献,阜螽亦可释为蝗子,此可补苴杨图之未备,另"阜螽乃蚱蜢"说有待商榷。

(2) 浮蝣:渠略。

"浮蝣",文献皆作"蜉蝣"。《尔雅·释虫》:"蜉蝣,渠略。"《诗·曹风·蜉蝣》:"蜉蝣之羽,衣裳楚楚。"毛传:"蜉蝣,渠略也。朝生夕死。"《毛诗草木鸟兽虫鱼疏》卷下"蜉蝣之羽":"蜉蝣,方土语也,通谓之渠略,似甲虫,有角,大如指长三四寸,甲下有翅能飞。夏月阴雨时地中出,今人烧炙啖之,美如蝉也。樊光曰'是粪中蠋虫,随雨而出,朝生而夕死'。"[③]《毛诗品物图考》卷六《虫部》:"蜉蝣之羽:《传》:蜉蝣,渠略也,朝生夕死。《集传》似蛣蜣,身狭而长角,黄黑色,朝生暮死。毛晋云'今水上有虫,羽甚整。白露节后群浮水上,随水而去,以千百计,宛陵人谓之白露虫'。毛说本许叔重,稻氏从之,虽非旧说,亦有据焉。"[④] 据文献,我们以为杨图"浮蝣"之"浮"当为"蜉"。

(3) 虺:似虵而小。

杨图言虺似虵而小。《玉篇·虫部》:"虵,正作蛇。"《易·系辞下》:"龙蛇之蛰。"陆德明释文:"虵,本又作蛇,同。""虵""蛇"同。

"虺"义,见诸多部文献。《尔雅·释鱼》:"蝮虺,博三寸,首大如擘。"郝懿行义疏:"虺者,'虫'之假借也。"《楚辞·天问》:"雄虺九

---

① 卢甲文:《高注〈诗经〉词语新探》,《中州学刊》1995 年第 3 期,第 95 页。
② 纪国泰:《〈说文〉"蟟""蠽"解诂——兼议蜀方言三种昆虫的得名》,《西华大学学报》(哲学社会科学版)2016 年第 5 期,第 40~41 页。
③ 陆玑:《毛诗草木鸟兽虫鱼疏》,《增订汉魏丛书 汉魏遗书钞》(第一册),西南大学出版社、东方出版社,2011,第 454 页。
④ 〔日〕冈元凤纂辑《毛诗品物图考》,中国书店,1985,第 4 页。

首。"王逸注:"虺,蛇别名也。"洪兴祖补注:"虺,小蛇也。"① 《玉篇·虫部》:"虺,户虺,今以注鸣者。"《玄应音义》卷七"虺蛇"注:"虺,毒虫也。"《小学蒐佚·三仓》:"虺,蛇也,色如绶带,有牙,最毒。江以北名虺。"据文献,虺即为蛇,有毒,其形如《尔雅》《三仓》言。

《毛诗品物图考》卷六《虫部》:"维虺维蛇:《集传》:虺,蛇属。细颈,大头,色如文绶,大者长七八尺。虺,一名蝮,有牙,最毒。《埤雅》云'虺状似蛇而小'。《集传》:七八尺,盖蝮之至大者也。"② 日本学者冈元凤据朱熹、陆佃言虺乃毒蛇,其形有大有小。

据文献我们以为蛇有大有小,虺之大者长七八尺,乃蛇之大者。杨图言虺形如蛇一样小,可知其释义失之偏颇。我们以为"虺"义当为蛇之一种,有毒,细颈,大头,色如绶带。

十三 "释鱼名"③

(1) 鳣:大鱼,无鳞。

"鳣"义,文献有载。其义有二,一为鲤鱼,一为大鱼、黄鱼。《诗·卫风·硕人》:"鳣鲔发发。"毛传:"鳣,鲤也。"《小雅·四月》:"匪鳣匪鲔。"郑笺:"鳣,鲤也。"《说文·鱼部》:"鳣,鲤也。"《玉篇·鱼部》:"鳣,鲤也。"毛传、郑笺、《说文》、《玉篇》等皆以为"鳣"乃"鲤鱼"。

《尔雅·释鱼》"鳣"郭璞注:"鳣,大鱼,似鲟而短鼻,口在颔下,体有邪行甲,无鳞,肉黄,大者长二三丈,今江东呼为黄鱼。"《淮南子》卷一三《氾论训》:"夫牛蹄之涔不能生鳣鲔。"高注:"鳣,大鱼,长丈余,细鳞,黄首,白身,短头,口在腹下。"《诗·卫风·硕人》:"鳣鲔发发。"陆德明释文:"鳣,大鱼,口在颔下,长二三丈,江南呼黄鱼,与鲤全异。"郭璞、高诱、陆德明等释"鳣"为大鱼、黄鱼。杨图言"鳣:大鱼,无鳞",与郭璞注相合。高诱注言"鳣"有细鳞。据鱼类学家考说,凡鱼大都有鳞,所谓无鳞鱼乃鱼鳞很小的鱼种,并不是指一点鱼鳞都没有

---

① 洪兴祖:《楚辞补注》,白化文等点校,中华书局,1983,第94页。
② 〔日〕冈元凤纂辑《毛诗品物图考》,中国书店,1985,第8页。
③ 杨甲:《六经图》,台湾商务印书馆,1982,第259页。

的鱼，故我们以为高诱"细鳞"说有理。杨图言"无鳞"失之。

《毛诗品物图考》卷七《鱼部》："鱣鲔发发：《传》：鱣，鲤也。《集传》鱣鱼似龙，黄色，锐头，口在颔下，背上腹下皆有甲，大者千余斤……孔疏：鱣，大鱼似鲟而短鼻，口在颔下，体有邪行甲，无鳞，肉黄，大者长二三丈，江东呼为黄鱼。"① 日本学者冈元凤言"鱣"乃汇集诸说，未有创见。

有关鱣之形，除高诱、郭璞言外，亦见于《毛诗草木鸟兽虫鱼疏》卷下"有鱣有鲔"。其曰："鱣，出江海，三月中从河下头来上。鱣身形似龙，锐头，口在颔下，背上腹下皆有甲，纵广四五尺。今于盟津东石碛上钓取之大者千余斤，可蒸为臛，又可为鲊，子可为酱。"② 陆玑所言可补苴杨图"鱣"形之阙。

(2) 鲔：鮥鱼名。

"鲔"义，文献有载。《诗·卫风·硕人》："鱣鲔发发。"毛传："鲔，鮥也。"朱熹集传："鲔，似鱣而小，色青黑。"《说文·鱼部》："鲔，鮥也。"《玉篇·鱼部》："鲔，鮥鱼名。"《毛诗品物图考》卷七《鱼部》："鱣鲔发发：《传》：鲔，鮥也。《集传》：鲔，似鱣而小，色青黑。"③ 据国内外文献，"鲔"即鮥鱼名，杨图鲔乃鮥鱼名之"鮥"当为"鮥"。

鲔之形，见于《毛诗草木鸟兽虫鱼疏》卷下"有鱣有鲔"："鲔鱼，形似鱣而色青，黑头，小而尖，似铁兜鍪，口在颔下，其甲可以磨姜，大者不过七八尺，益州人谓之鱣鲔，大者为王鲔，小者为鮛鲔。一名鮥，肉色白，味不如鱣也。今东莱辽东人谓之尉鱼，或谓之仲明鱼。仲明者，乐浪尉也，溺死海中化为此鱼。"④ 陆玑所言可补杨图"鲔"形之阙。

(3) 鳏：鱼子。

"鳏"音有二，一为《广韵》古顽切，一为《集韵》公浑切。其义亦有二，文献有载。《说文·鱼部》："鳏，鱼也。"《玉篇·鱼部》："鳏，鱼

---

① 〔日〕冈元凤纂辑《毛诗品物图考》，中国书店，1985，第2页。
② 陆玑：《毛诗草木鸟兽虫鱼疏》，《增订汉魏丛书 汉魏遗书钞》（第一册），西南大学出版社、东方出版社，2011，第452页。
③ 〔日〕冈元凤纂辑《毛诗品物图考》，中国书店，1985，第2页。
④ 陆玑：《毛诗草木鸟兽虫鱼疏》，《增订汉魏丛书 汉魏遗书钞》（第一册），西南大学出版社、东方出版社，2011，第452页。

名。"《诗·齐风·敝笱》:"其鱼鲂鳏。"毛传:"鳏,大鱼。"郑笺:"鳏,鱼子也。"马瑞辰传笺通释:"鱼子谓之鳏,鱼之大者亦谓之鳏。"

《毛诗品物图考》卷七《鱼部》:"其鱼鲂鳏:《传》:鳏,大鱼。《笺》:鱼子也。鳏,未详,盖鲂鳏之类。毛以为大鱼释'敝笱'不可制之义耳,非谓至大之鱼也。注家必引盈车之鳏成说,非是。"① 冈元凤言"鳏"义不详,毛传所言"大鱼"义失之,其言鳏或为鲂鳏之类。我们以为冈元凤所言乃一家之言,阙疑存之。杨图"鳏"义,可据文献补为"大鱼"。

(4) 鼍:似蜥蜴大,有鳞。

"鼍"义,文献有说。《诗·大雅·灵台》:"鼍鼓逢逢。"毛传:"鼍,鱼属。"《说文·黾部》:"鼍,水虫,似蜥易,长大。"《玉篇·黾部》:"鼍,江水多,似蜥蜴,大者有鳞采,皮可以为鼓也。"《尚书大传》卷一"江鳏大龟"郑玄注:"鼍,状如蜥蜴,长六七尺。"各文献释"鼍"多有不同。

《毛诗草木鸟兽虫鱼疏》卷下"鼍鼓逢逢":"鼍,形似蜥蜴,四足,长丈余,生卵,大如鹅卵,甲如铠,今合乐[药]鼍鱼甲是也。其皮坚厚,可以冒鼓。"② 陆玑言"鼍"之具体特点,此可补苴杨图之阙。

《毛诗品物图考》卷七《鱼部》:"鼍鼓逢逢:《传》:鼍,鱼属。《集传》:似蜥蜴,长丈余,皮可冒鼓。《物类品骘》云:鼍,龙蛮,产迦阿异埋模,形如守宫、蛤蚧,有四足,头尾皆鳞甲,三尖尾,长半身,在咬嚼吧暹罗洋中,害人。"③ 冈元凤亦补苴陆玑之未备。

杨图"鼍:似蜥蜴大,有鳞",释义较为简略,当据陆玑、冈元凤等补。

(5) 鳟:大鱼。

"鳟"义,文献或言大鱼,或言赤目鱼。《诗·豳风·九罭》:"九罭之鱼,鳟鲂。"毛传:"鳟、鲂,大鱼也。"朱熹集传:"鳟,似鲩而鳞细,眼赤。"《说文·鱼部》:"鳟,赤目鱼也。"《玉篇·鱼部》:"鳟,赤目鱼也。"《玄应音义》卷一九"鳟鲂"引《字林》:"鳟,赤目鱼也。"据文

---

① 〔日〕冈元凤纂辑《毛诗品物图考》,中国书店,1985,第2页。
② 陆玑:《毛诗草木鸟兽虫鱼疏》,《增订汉魏丛书 汉魏遗书钞》(第一册),西南大学出版社、东方出版社,2011,第453页。
③ 〔日〕冈元凤纂辑《毛诗品物图考》,中国书店,1985,第7页。

献,我们以为释鳟为大鱼,未言明其区别性特征,释鳟为赤目鱼则言明其特点,此说优于"大鱼"。

《毛诗草木鸟兽虫鱼疏》卷下"九罭之鱼鳟鲂":"鳟,似鲩鱼而鳞细于鲩也,赤眼,多细文。"① 陆玑言明鳟鱼之具体特点,此说可补苴杨图释"鳟"之阙。

《毛诗品物图考》卷七《鱼部》:"九罭之鱼鳟鲂:《传》:鳟、鲂,大鱼也。《集传》:鳟,似鳢而鳞细,眼赤。《埤雅》:鳟鱼圆,鲂鱼方。"② 冈元凤言鳟之形体呈圆状,此亦可补苴杨图之阙。

(6) 鲿:黄鱼。

"鲿"义,文献有云。《诗·小雅·鱼丽》:"鱼丽于罶,鲿鲨。"毛传:"鲿,扬也。"《说文·鱼部》:"鲿,扬也。"《玉篇·鱼部》:"鲿,黄鲿鱼。"据文献,我们以为释鲿为扬,此乃声训;又释为黄鲿鱼,此当据鲿鱼之颜色而言。

《毛诗草木鸟兽虫鱼疏》卷下"鱼丽于罶鲿鲨":"鲿,一名扬,今黄颊鱼,似燕头鱼,身形厚而长,骨正黄,鱼之大而有力解飞者,今江东呼黄鲿鱼,一名黄颊鱼,尾微黄,大者长尺七八寸许。"③ 陆玑言鲿鱼之形体特点,其说可补苴杨图释"鲿"之阙;鲿鱼又名黄颊鱼、黄鲿鱼。

十四 "释兽名"④

(1) 象:阙。

"象"义,文献有载。《说文·象部》:"象,长鼻牙,南越大兽,三年一乳。象耳牙四足之形。"《山海经·南山经》:"东五百里,曰祷过之山……多象。"郭注:"象,兽之最大者。长鼻,大者牙长一丈。"郝懿行笺疏:"象,长鼻牙,南越大兽,三年一乳。"《玉篇·象部》:"象,兽中最大也。"《史记》卷一一七《司马相如列传》:"兕象野犀。"《正义》:

---

① 陆玑:《毛诗草木鸟兽虫鱼疏》,《增订汉魏丛书 汉魏遗书钞》(第一册),西南大学出版社、东方出版社,2011,第453页。
② 〔日〕冈元凤纂辑《毛诗品物图考》,中国书店,1985,第3页。
③ 陆玑:《毛诗草木鸟兽虫鱼疏》,《增订汉魏丛书 汉魏遗书钞》(第一册),西南大学出版社、东方出版社,2011,第453页。
④ 杨甲:《六经图》,台湾商务印书馆,1982,第259页。

"象，大兽，长鼻，牙长一丈，俗呼为江猨。"① 李白《大猎赋》："探牙象口。"王琦辑注引《尔雅翼》："象，南越之大兽，兽之最大者。形体特诡，三岁一乳，其身倍数牛，而目不逾豕，鼻长六七尺，大如鼻。其牙长一尺。"据许慎、郭璞、张守节、王琦等言，象乃南越大兽，长鼻，长牙，大耳，其形乃兽之最大。

《毛诗品物图考》卷五《兽部》："象之掷也：《集传》：象，象骨也。中国无象，出交广及西域，吾国享保中广南献象记，传至今。"② 冈元凤引朱熹"象"义乃《诗经》之"掷"解，非释兽类"象"义。

杨图"象"无说，可据文献补。

（2）熊：似豕。

"熊"义，文献有说。《说文·熊部》："熊，兽，似豕，山居，冬蛰。"《白虎通义·乡射》："熊为兽猛巧者。"《史记》卷一一七《司马相如列传》："手熊罴。"《正义》："张云：'熊，犬身人足，黑色……皆能攀沿上高树。冬至入穴而蛰，始春而出也。'"③《楚辞·天问》："负熊以游。"洪兴祖补注："熊，形类大豕，而性轻捷，好攀缘上高木，见人则颠倒自投地而下。"④《毛诗草木鸟兽虫鱼疏》卷下"有熊有罴"："熊能攀缘上高树，见人则颠倒自投地而下，冬多入穴而蛰，始春而出，脂谓之熊白。"⑤

据许慎、班固、陆玑、张守节、洪兴祖等言，熊乃黑色猛巧之兽，冬季穴居，孟春之季始出。有关熊之形，许慎、洪兴祖以为熊似豕；张守节以为熊乃犬身人足，杨图与许说、洪说同，与张说有异。据今之熊状，我们以为张守节所言"犬身"失之，当为"豕身"。

杨图释"熊"稍显简略，可据文献补正为：身形似豕，然颇为灵活，可轻易攀缘高树，作为猛兽，具有很强的攻击性。

（3）罴：有力兽。

"罴"义，文献有载。《尔雅·释兽》："罴，如熊，黄白文。"郭注：

---

① 司马迁：《史记》，中华书局，1982，第3004、3009页。
② 〔日〕冈元凤纂辑《毛诗品物图考》，中国书店，1985，第6页。
③ 司马迁：《史记》，中华书局，1982，第3034页。
④ 洪兴祖：《楚辞补注》，白化文等点校，中华书局，1983，第94页。
⑤ 陆玑：《毛诗草木鸟兽虫鱼疏》，《增订汉魏丛书 汉魏遗书钞》（第一册），西南大学出版社、东方出版社，2011，第453页。

"似熊而长头高脚，猛憨多力，能拔树木，关西呼曰貑罴。"郝懿行义疏："熊、罴各有牝牡，罴大于熊而力尤猛……盖熊、罴相类，俗人不识罴，故呼为'人熊'耳。"①《书·禹贡》："熊罴狐狸。"陆德明释文："罴，如熊而黄。"《玉篇·熊部》："罴，似熊，黄白色。"《诗·小雅·斯干》："维熊维罴。"朱熹集传："罴，似熊而长头高脚，猛憨多力，能拔树。"《列子·黄帝》："帅熊、罴、狼、豹、䝙、虎为前驱。"张湛注："熊、罴，皆猛兽勇斗者也。"据郭璞、张湛、朱熹等言，罴似熊，猛兽好斗，黄白色，有力。

《毛诗草木鸟兽虫鱼疏》卷下"有熊有罴"："罴，有黄罴，有赤罴，大于熊，其脂如熊白而粗，理不如熊白美也。"② 陆玑分罴为二类，认为罴比熊大，言明熊、罴之别。《毛诗品物图考》卷五《兽部》："维熊维罴：《集传》：罴，似熊而长头高脚，猛憨多力，能拔树。罴未详。"③ 冈元凤以为朱熹说失之，罴之形，未详。

杨图言"罴"为有力兽，与文献相合，然未言明罴之形究竟如何，我们以为罴之形可据郭璞、陆玑等所说补之。

（4）豵：豕生三子曰豵。

"豵"义，文献所言有异。《诗·豳风·七月》："言私其豵。"毛传："豕一岁曰豵。"郑笺："豕生三曰豵。"《尔雅·释兽》："豕生三，豵。"陆德明释文引《字林》："一岁曰豵。"郝懿行义疏："'豵'之为言'丛'也，'丛'有众意，故三曰'豵'矣。"《说文·豕部》："豵，生六月豚。从豕，从声。一曰一岁豵，尚丛聚也。"《玉篇·豕部》："豵，豕生三子也。"《古今注·猪》："豕生子多谓之豵。"④ 据文献，豕一岁曰豵，此说乃据豕之年龄而言；或言"豕生三曰豵"，此说乃据豕子之数量而言，豵、丛音近义通，丛有多义，故豵亦有多义。杨图"豕生三子"乃从豕子之数量而言，我们亦可据文献补充"豵"之别义，即"豕一岁曰豵"。

---

① 郝懿行：《尔雅义疏》，王其和等点校，中华书局，2017，第908页。
② 陆玑：《毛诗草木鸟兽虫鱼疏》，《增订汉魏丛书 汉魏遗书钞》（第一册），西南大学出版社、东方出版社，2011，第453页。
③ 〔日〕冈元凤纂辑《毛诗品物图考》，中国书店，1985，第10页。
④ 崔豹：《古今注》，中华书局，1985。

（5）貈：骆子曰貈。

"貈"义，文献有载。《说文·豸部》："貈，貉之类。"《尔雅·释兽》："貈子，貈。"郝懿行义疏："《说文》：'貊，似狐，善睡兽也。'借作'貉'。《论语》'衣狐貉'，《考工记》'貉逾汶则死'，是也。其子名貈，《说文》以貈为貊类，《诗·伐檀》笺'貉子曰貈'，用《尔雅》也。今栖霞人呼貉为貈，'貈''貉'声相转也。"① 《诗·魏风·伐檀》："胡瞻尔庭有县貈兮。"郑笺："貉子曰貈。"《毛诗品物图考》卷五《兽部》："有县貈兮：《笺》：貉子曰貈。《集传》：貈，貉类。"②

杨图"骆子曰貈"之"骆"，文献皆作"貉"。"貉"，陆德明《经典释文》言本又作"貊"，桂馥《说文解字义证》言俗作"狢"。检之文献，我们以为杨图"骆"失当。

（6）兕：一角，似牛。

"兕"义，文献有载。《仪礼·乡射礼》："大夫兕中。"郑玄注："兕，兽名，似牛，一角。"《尔雅·释兽》："兕，似牛。"郭注："一角，青色，重千斤。"《山海经·海内南经》："兕在舜葬东，湘水南，其状如牛，苍黑，一角。"郑玄、郭璞等言兕似牛，一角，青色或苍黑色。

《毛诗品物图考》卷五《兽部》："匪兕匪虎：《传》：兕、虎，野兽也。《集传》：兕，野牛，一角，青色，重千斤。《典籍便览》：其皮坚厚可以制鐀。或云：兕即犀之牸者，一角，长三尺。又云：古人多言兕，今人多言犀，北人多言兕，南人多言犀。"③ 冈元凤以为兕即犀，一角，长三尺。

杨图释"兕"当据文献所言补之，其色青或苍黑。

十五 "释马名"④

（1）駥：高七尺以上。

駥，文献言其义或为"马七尺"，或为"马七尺以上"。《说文·马

---

① 郝懿行：《尔雅义疏》，王其和等点校，中华书局，2017，第906页。
② 〔日〕冈元凤纂辑《毛诗品物图考》，中国书店，1985，第8页。
③ 〔日〕冈元凤纂辑《毛诗品物图考》，中国书店，1985，第11页。
④ 杨甲：《六经图》，台湾商务印书馆，1982，第260页。

部》:"駥,马七尺为駥,八尺为龙。"《礼记·檀弓上》:"戎事乘骊。"孔疏:"七尺曰駥。"《尔雅·释畜》:"駥牝,骊牝。"陆德明释文引《周礼》云:"马七尺也。"①《诗·鄘风·定之方中》:"骊牝三千。"毛传:"马七尺以上曰駥。"《尔雅·释畜》:"駥牝,骊牝。"郭注:"马七尺已上为駥。"《玉篇·马部》:"駥,马高七尺以上为駥。"《说文》、《周礼》、《礼记》疏释駥高七尺,《尔雅》郭璞注、《诗》毛传、《玉篇》释駥高七尺以上,杨图释"駥"义与郭璞、顾野王言同。

（2）黄：黄骍色。

此条与"释马名"题不符,文字有错乱之处。《诗·鲁颂·駉》:"有骍有骐。"毛传:"赤黄曰骍。"《玉篇·马部》:"骍,马赤黄。"《礼记·檀弓上》:"牲用骍。"陆德明释文:"骍,一云赤黄色。"据文献,此条当为"骍：马赤黄"。

（3）骃：泥骢马。

骃,文献有载。《说文·马部》:"马阴白杂毛黑。"《尔雅·释畜》:"阴白杂毛,骃。"郭璞注:"阴,浅黑,今之泥骢。"《诗·小雅·皇皇者华》:"我马维骃。"毛传:"阴白杂毛曰骃。"《玉篇·马部》:"骃,泥骢马也。"据文献,"骃"义除"泥骢马"外,亦可补充"马阴白杂毛"。

（4）皇：黄白鱼。

此条与"释马名"题不符,当属"释鱼名"条。

（5）鱼：二目白鱼。

此条与"释马名"题不符,当属"释鱼名"条。

（6）雒：黑身白鬣。

"雒",《诗·鲁颂·駉》:"有骓有雒。"陆德明释文:"黑身白鬣曰雒。本或作骆,同。"则此条目"雒"亦可作"骆"。"骆"义,《说文·马部》"骆,马白色黑鬣尾也",《尔雅·释畜》"白马黑鬣,骆",《玉篇·马部》"骆,白马黑鬣"。《诗·小雅·四牡》"啴啴骆马"毛传:"白马黑鬣曰骆。"据文献言,"骆"义乃白马黑鬣,杨图言"黑身白鬣"与文献所载不符,失当,其义当为"白身黑鬣"。

---

① 陆德明:《经典释文》,张一弓点校,上海古籍出版社,2013,第1714页。

（7）騏：青骊，今铁鹞。

騏，文献有载。《玉篇·马部》："騏：青骊马，今之铁骢。"《尔雅·释畜》："青骊，騏。"郭璞注："騏，今之铁骢。"据文献，杨图"鹞"乃形讹，当为"骢"或"骢"。

（8）駮：身白，尾黑，食虎豹。

駮，文献有说。《说文·马部》："駮，兽。如马，倨牙，食虎豹。"《玉篇·马部》："駮，兽。似马，身白，尾黑，一角有爪，哮声如鼓，食虎豹，出中曲山。"①《尔雅·释畜》："駮，如马，倨牙，食虎豹。"《山海经·海外北经》："有兽焉，其名曰駮，状如白马，锯牙，食虎豹。"② 据文献，"駮"似马，非马。杨图置"駮"于"释马名"题下不当。

检之诸多文献，杨图"释马名"所列诸条之义，几与顾野王《玉篇》相合，我们以为其释马名当多据《玉篇》。

十六　"释衣服制名"③

（1）颀弁：皮并。

杨图"颀弁"出自《诗·小雅·颀弁》。"有颀者弁，实维伊何？"毛传："颀，弁貌。弁，皮弁也。"郑笺："《礼》：天子诸侯朝服以宴，天子之朝，皮弁以日视朝。"④ 又《卫风·淇奥》："会弁如星。"郑笺："天子之朝，服皮弁以日视朝。"孔疏："在朝君臣同服，故言天子之朝也。诸侯亦皮弁以视朝。"杨图"皮并"当为"皮弁"，"并"乃"弁"之形讹。

（2）绿衣：诸侯夫人祭服。

杨图"绿衣"出自《诗·邶风》。《诗·邶风·绿衣》序："绿衣，卫庄姜伤己也。妾上僭。夫人失位而作是诗也。"郑笺："绿当为禄，故作禄，转作绿，字之误也……绿，东方之间色也，郑改作禄。"又："绿兮衣兮，绿衣黄裏。"毛传："绿，间色。黄，正色。"郑笺："禄兮衣兮者，言禄衣自有礼制也。诸侯夫人祭服之下，鞠衣为上，展衣次之，禄衣次之，

---

① 顾野王：《大广益会玉篇》，中华书局，1987，第108页。
② 郭璞注，毕沅校《山海经》，上海古籍出版社，1989，第87页。
③ 杨甲：《六经图》，台湾商务印书馆，1982，第260页。
④ 毛亨传，郑玄笺，孔颖达正义《毛诗正义》，中华书局，1980，第481页。

次之者，众妾亦以贵贱之等服之。鞠衣黄，展衣白，禒衣黑，皆以素纱为裹。今禒衣反以黄为裹，非其礼制也，故以喻妾上僭。"① 郑玄言绿乃禒，绿衣即禒衣，黑色，诸侯夫人之祭服。杨图言"绿衣"与郑玄言同。

绿衣，文献有载。《法言》卷二《吾子》："绿衣三百，色如之何矣！纻絮三千，寒如之何矣！"李轨注："绿衣虽有三百领，色杂不可入宗庙。纻絮虽有三千纸，单薄不可以御冬寒。"② 晋人李轨言绿衣色杂，不可入宗庙，非高贵之服，可知绿衣古已有之。《大戴礼记·夏小正》："八月玄校。"孔广森《大戴礼记补注》卷二云："玄校，玄也者，黑也；校也者，若绿色然。妇人未嫁者衣之。注：'校读为绞，《礼》有绞衣，郑君云：绞，苍黄之色也。广森谓：绿之近苍黄者，若俗所称平果绿矣。未嫁者，未成人，可以服间色。'"③ 孔广森以为女子未嫁者未成人，可以服绿衣。邹汉勋《读书偶识》："《夏小正》传：'校也者，若绿色然，妇人未嫁者衣之。'《玉藻》：'绞衣以裼之。'郑注：'绞，苍黄之间色。'《说文》：'绿，帛青黄色。'《玉篇》：'绞，绿色，未嫁者衣也。'《集韵》：'何交切。'校、绞盖一字，殆即今之冻绿色也。"④ 据清人邹汉勋言，绿衣或作绞衣，乃未嫁者之衣。《诗三家义集疏》卷三上《绿衣》云："《夏小正》'八月玄校'，《传》曰：'玄也者，黑也。校也者，若绿色然，妇人未嫁者衣之。'任文田云：'绞，苍黄色。'蒋春雨云：'《周礼》王后六服，首曰袆衣玄，末曰褖衣黑，其外内命妇之卑者皆褖衣，盖玄最贵，其色似禒者，惟女子可衣之。命妇即不容僭，玄校殆有夏时之等焉。'案，任氏以绞为苍黄色，盖本《玉藻》'麝裘青豻褎，绞衣以裼之。'郑注：'绞，苍黄之色也。'绿色在苍黄之间，故任氏以'绞'为'校'。然麝裘白，不当以绿色衣为裼，故皇氏云素衣为正，记者乱言绞耳。且《玉藻》是说君服，非妇人服，亦与《传》不合。蒋引《周礼》，夏固与周不同。《周礼》王后六服末之褖衣，外内命妇亦得服之，若未嫁之妇人，不当与命妇同服，或与夏时之制同服绿，亦未可知……古夫人自称曰小童，盖不敢居尊，而

---

① 毛亨传，郑玄笺，孔颖达正义《毛诗正义》，中华书局，1980，第297页。
② 扬雄：《扬子法言》，李轨注，上海古籍出版社，1989，第7页。
③ 孔广森：《大戴礼记补注》，凤凰出版社，2005，第5941页。
④ 邹汉勋：《读书偶识》，中华书局，2008。

自谦为妾。《楚语》云司马子期欲以其妾为内子，访之左史倚相，曰：'吾有妾而愿，欲笄之。'《内则》云：'妾虽老，笄，总角，拂髦。'然则古礼惟内子笄，妾老虽笄，犹必总角。子期云'笄之'，则不复总角，是僭内子，故不可也。总角则犹童，故古曰童妾。据《左氏传》，公子州吁，嬖人之子也。古诸侯一娶九女，夫人而外，惟姪娣左右媵与两媵之姪娣有位号，其余曰贱妾、曰嬖人，必皆总角，犹童女然，其首既为未嫁之总角，其身或亦为未嫁之绿衣矣。案，据此，则孔云绿衣实无，亦非确诂。"① 王先谦所言亦以为绿衣乃妇人未嫁者之衣。清代学者孔广森、邹汉勋、王先谦所言皆以绿衣为一般妇人未嫁者所服，非言诸侯夫人之祭服，杨图以郑说为是，据文献所言，我们以为杨图所言失当。

（3）象服：褕翟、阙翟。

杨图"象服"出自《诗·鄘风·君子偕老》。"君子偕老，副笄六珈。委委佗佗，如山如河，象服是宜。子之不淑，云如之何？"毛传："象服，尊者所以为饰。"郑笺："象服者，谓褕翟、阙翟也。人君之象服，则舜所云予欲观古人之象，日月星辰之属。"② 杨图以郑说为是，仅"褕""揄"之异。

有关"象服"之义，清代学者之说与郑说多有不同。《毛诗传笺通释》卷五《君子偕老》："瑞辰按：诗上言'副笄六珈'，则所云象服者，盖袆衣也。《明堂位》《祭统》并言'夫人副袆立于房中'，此首服副则衣袆衣之证。诗首言袆衣，次言翟衣，次言展衣，各举其一以明服饰之盛，与《周官·内司服》王后之六服次序正同。郑司农曰：'袆衣，画衣也。'《说文》袆字注引《周礼》曰：'王后之服袆衣，谓画袍。'画者画象之义，故诗谓之象服耳。袆衣不言翟，则非翟雉可知，不必如康成读袆为翬也。《说文》《广雅》并曰：'豫，饰也。'《说文》饰字注亦曰：'豫饰也。'毛《传》盖读象为豫，故曰'尊者所以为饰'。孔《疏》谓以象骨饰服，失其义矣。至郑《笺》不以象服为袆衣，而以为揄翟、阙翟者，郑君谓诸侯夫人之服自揄翟而下无袆衣故也。以此诗言'副笄六珈'及《礼》言'夫人副袆'证之，诸侯夫人未尝无袆衣。且二章始言翟，则首

---

① 王先谦：《诗三家义集疏》，吴格点校，中华书局，1987，第135～136页。
② 毛亨传，郑玄笺，孔颖达正义《毛诗正义》，中华书局，1980，第313页。

章象服宜为袆衣耳。"① 马瑞辰以为象服乃袆衣，非揄翟、阙翟。

《诗三家义集疏》卷三中《君子偕老》："'象服是宜'者，《笺》引《尚书》'予欲观古人之象'，以明人君有象服，则夫人象服亦当是。服之以画绘为饰者，盖袆衣也。《内司服》'王后之六服有袆衣'，郑司农注：'袆衣，画衣。'《说文》'袆'下云：'《周礼》，王后之服袆衣，谓画袍。'是袆衣即'象服'矣。袆是王后之服，而诸侯夫人得服之者，盖嫁摄盛之礼，明此诗为宣姜初至时作矣。《说文》：'褖，饰也。''饰，褖饰也。'《急就篇》'褖饰刻画无等双'，颜注：'褖饰，盛服饰也。刻画，裁制奇巧也。'象、褖，古字通作，证以《内司服》郑注'三翟之刻绘采画'，则袆衣为褖服甚明。《明堂位》《祭统》《祭义》并言'夫人副袆'，是夫人有副即有袆，上言副以该袆，此举袆以包副，义互相备。"② 王先谦以为"象服"或作"褖服"，象服乃袆衣，王后之服，诸侯夫人亦可服之。

结合相关文献，参以马瑞辰、王先谦说，我们以为马、王二说有理，象服当为袆衣，刻绘采画之衣，王后所服，杨图所言失之。

检之诸多文献，杨图"释衣服制名"所列诸条之义，与《诗》郑玄笺相合度在百分之九十五以上，我们以为其释衣服制名当本郑笺。

---

① 马瑞辰：《毛诗传笺通释》，陈金生点校，中华书局，1989，第171~172页。
② 王先谦：《诗三家义集疏》，吴格点校，中华书局，1987，第224页。

| 第三章 |

"周礼图""礼记图""春秋图"内容考证

第一节 《周礼文物大全图》内容考

一 "舞师乐师舞制图"

1. 兵舞

兵谓干戚也。舞师教兵舞,帅而舞山川祭祀,乐师有干舞。① (见图 3-1)

《周礼·地官·鼓人》:"凡祭祀百物之神,鼓兵舞、帗舞者。"郑注:"兵,谓干戚也。帗,列五采缯为之,有秉。皆舞者所执。"《周礼·地官·舞师》:"舞师掌教兵舞,帅而舞山川之祭祀。"②《礼记·祭统》:"及人舞,君执干戚就舞位。"又:"夫大尝禘,升歌清庙,下而管象。朱干玉戚以舞大武。"郑玄注:"朱干,赤盾。戚,斧也。此武象之舞所执也。"③钱玄以为:执干戚之舞有大小之分,小者曰兵舞,所执干戚无饰;大者曰武舞,亦称大武,所执为朱干玉戚。

《周礼·春官·乐师》:"乐师掌国学之政,以教国子小舞。凡舞,有

---

① 杨甲:《六经图》,台湾商务印书馆,1982,第316页。
② 郑玄注,贾公彦疏《周礼注疏》,中华书局,1980,第721页。
③ 郑玄注,孔颖达正义《礼记正义》,中华书局,1980,第1604、1607页。

帗舞，有羽舞，有皇舞，有旄舞，有干舞，有人舞。"郑注："郑司农云：
'干舞者兵舞……兵事以干。'"贾疏："此六舞者，即小舞也……此有干
舞，舞师有兵舞。先郑以干戈兵事所用，故以干舞为兵舞。"① 郑司农以为
干舞即兵舞，以干戈兵事所用，乃持干戈以舞。

"兵舞"乃六小舞之一，持干戚以舞，祭祀山川时用之。干舞乃兵事
所用，持干戈舞之。贾公彦以为干舞为兵舞，杨图言兵舞、干舞仅持干
戈、干戚之别。

2. 皇舞

皇谓杂五采羽，如凤皇色，舞师教皇舞，帅而舞旱暵之事。②（见
图 3-2）

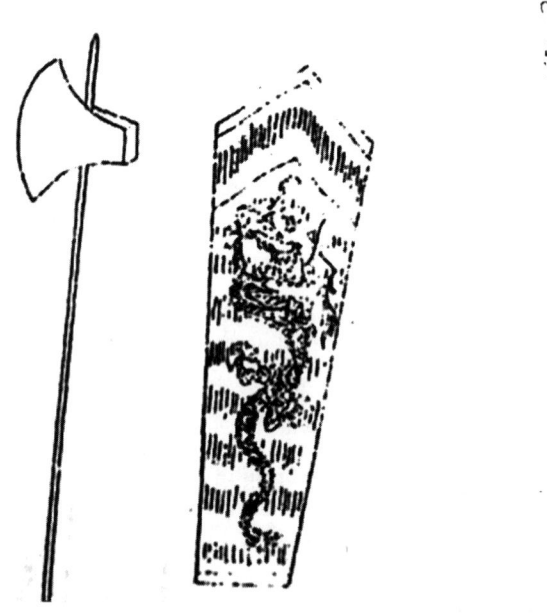

图 3-1 杨甲《六经图》"兵舞" 　　图 3-2 杨甲《六经图》"皇舞"

《周礼·地官·舞师》："舞师掌教兵舞，帅而舞山川之祭祀；教帗舞，

---

① 郑玄注，贾公彦疏《周礼注疏》，中华书局，1980，第793页。
② 杨甲：《六经图》，台湾商务印书馆，1982，第317页。

帅而舞社稷之祭祀；教羽舞，帅而舞四方之祭祀；教皇舞，帅而舞旱暵之事。"郑玄注："羽，析白羽为之，形如帗也。四方之祭祀，谓四望也。旱暵之事，谓雩也。暵，热气也。郑司农云：'皇舞，蒙羽舞，《书》或为䍿，或为义。玄谓皇，析五采羽为之，亦如帗。'"贾疏："释曰：但羽舞用白羽，帗舞用五色缯，用物虽异，皆有柄，其制相类，故云形如帗也……郑司农云：皇舞象羽舞者，先郑之意，盖见《礼记·王制》有虞氏皇而祭，皇是冕，为首服，故以此皇为凤皇羽蒙于首，故云蒙羽舞，自古未见。蒙羽于首，故后郑不从之矣……玄谓皇析五采羽为之，亦如帗者，钟氏染鸟羽，象翟鸟凤皇之羽皆五采，此舞者所执亦以威仪为饰。言皇是凤皇之字，明其羽亦五采，其制亦如帗舞若然。帗舞、羽舞、皇舞形制皆同也。"①《周礼·春官·乐师》："乐师掌国学之政，以教国子小舞。凡舞，有帗舞，有羽舞，有皇舞，有旄舞，有干舞，有人舞。"郑注："故书：皇作䍿。郑司农云：帗舞者全羽，羽舞者析羽，皇舞者以羽冒覆头上，衣饰翡翠之羽……玄谓……皇，杂五采羽，如凤皇色，持以舞。"贾疏："此六舞者，即小舞也。"②

据郑注、贾疏言，皇舞乃小舞之一，舞者执五彩羽毛而舞，遇大旱行雩祭时用之。有关皇舞之形制，郑司农言皇舞乃头戴羽饰而舞，郑玄、贾公彦皆以为郑司农所言自古未见，其说失之，二人皆以为皇舞形制同帗舞、羽舞，乃以手持五彩之羽而舞。杨图未言皇舞是头戴羽毛还是手持羽毛，当据郑玄、贾公彦说补之。

3. 旄舞

乐师教小舞，又有旄舞、人舞。旄舞以牦牛毛为之，人舞无所执，以手袖为威仪。③（见图3-3）

《周礼·春官·序官》："旄人。"郑注："旄，旄牛尾，舞者所持以指麾。"《周礼·春官·乐师》："乐师掌国学之政，以教国子小舞。凡舞，有

---

① 郑玄注，贾公彦疏《周礼注疏》，中华书局，1980，第721页。
② 郑玄注，贾公彦疏《周礼注疏》，中华书局，1980，第793页。
③ 杨甲：《六经图》，台湾商务印书馆，1982，第318页。

图3-3 杨甲《六经图》"旄舞"

帗舞，有羽舞，有皇舞，有旄舞，有干舞，有人舞。"郑注："故书：皇作翌。郑司农云……旄舞者，牦牛之尾……人舞者手舞……辟廱以帗，兵事以干，星辰以人舞……玄谓帗析五采缯，今灵星舞，子持之是也……人舞无所执，以手袖为威仪。"① 郑司农、郑玄皆以为旄舞以牦牛尾为之。杨图旄舞以牦牛毛为之，与二郑所言略有不同。《吕氏春秋·古乐》："昔葛天氏之乐，三人操牛尾，投足以歌八阕。"《玉篇·从部》："旄，旄牛尾也，舞者持。"《文选·左思〈魏都赋〉》："干戚羽旄之饰好。"李善注："旄，旄牛尾，文舞所执。"可知，旄舞以旄牛尾为之。《书·牧誓》："右秉白旄以麾。"刘逢禄《尚书今古文集解》："古旄、牦通。"故旄牛尾亦作牦牛尾，杨图旄舞以牦牛毛为之，与文献所言不符，不确。

二 "鼓制图"

（建鼓）大仆建路鼓于大寝之门外，建犹树也，以木贯而树之。②（见图3-4）

《周礼·夏官·太仆》："建路鼓于大寝之门外。"郑注："大寝，路寝也。其门外则内朝之中，如今宫殿端门下矣。"③《仪礼·大射仪》："建鼓在阼阶西南鼓。"郑注："建，犹树也。以木贯而载之，树之跗也。南鼓谓所伐面也。"杨图"建鼓"内容引自《周礼》郑注和《仪礼》郑注，杨图"大仆"本作"太仆"。

《礼记·明堂位》："夏后氏之鼓足，殷楹鼓，周县鼓。"郑注："楹谓

---

① 郑玄注，贾公彦疏《周礼注疏》，中华书局，1980，第793页。
② 杨甲：《六经图》，台湾商务印书馆，1982，第318页。
③ 郑玄注，贾公彦疏《周礼注疏》，中华书局，1980，第851页。

第三章 · "周礼图""礼记图""春秋图"内容考证 / 185

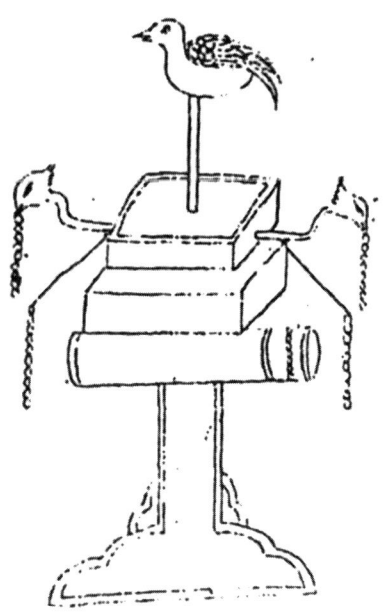

图 3-4 杨甲《六经图》"建鼓"

之柱贯中上出也。"《汉书》卷二二《礼乐志二》:"金支秀华,庶旄翠旌。"臣瓒注:"乐上众饰,有流溯羽葆,以黄金为支,其首敷散,若草木之秀华也。"① "流溯"即"流苏","羽葆"乃鸟尾美丽的羽毛为之。《隋书》卷一五《音乐志下》:"一曰建鼓,夏后氏加四足,谓之足鼓。殷人柱贯之,谓之楹鼓。周人悬之,谓之悬鼓。近代相承,植而贯之,谓之建鼓。盖殷所作也。又栖翔鹭于其上,不知何代所加。或曰,鹄也,取其声扬而远闻。或曰,鹭,鼓精也。……晋时移于建康,有双鹭呗而飞入云。"② 据郑注、《隋志》,建鼓,殷商时期有之,其形制乃鼓下有柱贯于中,有鹭于鼓上,趺乃建鼓的鼓座,夏人足鼓为四足,殷人以柱贯之,周人乃悬鼓于两柱中央。

文献所言建鼓之形制,出土文物可佐证。1935 年河南安阳西北岗 1217 号商代墓出土一件建鼓,1978 年湖北崇阳汪家嘴出土一件铜鼓,此二鼓形似横置的筒,两侧为素鼓面,鼓侧边缘饰三周钉纹。鼓身上部有一类似耳

---

① 班固:《汉书》,中华书局,1962,第 1046 页。
② 魏徵、令狐德棻:《隋书》,中华书局,1973,第 376 页。

杯形盖纽立柱，鼓身下部正中有一倒"凹"形跗足相托。又据1935年河南汲县山彪镇出土的铜鉴和1937年河南辉县琉璃阁出土的刻纹奁可以看出周代建鼓形制：贯通鼓腔的木柱较之商代已然加长，鼓身下端立柱有一人之高，鼓腔上端的立柱饰有两根羽葆。①

1978年湖北随县出土的曾侯乙墓的乐器有战国初期的建鼓，鼓座为青铜铸成，由数十条镶嵌无数绿松石的龙穿插盘绕。鼓架座上垂直竖一根长杆，鼓框从中间对穿过杆，鼓面朝人，便于击打。汉代建鼓，据画像石及壁画可知，其形制又有了较大变化：建鼓或横置，或纵置，鼓顶端饰有各种流苏羽葆，鼓架座上垂直竖一根细长杆，鼓之跗足形制丰富，大致分为几何类图形，如十字形、方形、圆形、三角锥形、梯形等，以及兽形，如虎形、马形、羊形等。其中兽形鼓座分为单兽形和双兽形等。建鼓旁亦置有小鼓等乐器。②

杨图"建鼓"似横置的狭长筒形，与汉代出土建鼓、聂崇义《三礼图集注》"建鼓"③之圆柱筒形有异；鼓架座上垂直竖一根短粗杆，与汉代出土建鼓及聂崇义《三礼图集注》"建鼓"座上垂直竖一根细长杆不同；鼓框从中间对穿过杆，贯通鼓腔的木柱偏短，在立柱顶端饰有一只鸟，与汉代出土建鼓立柱顶端饰有两只或者四只鸟有异；流苏上饰有一对鸟，与聂崇义《三礼图集注》"建鼓"流苏上饰有两对鸟不同；鼓跗呈山形，与汉代出土建鼓跗呈几何形、兽形有异，亦与聂崇义《三礼图集注》"建鼓"跗呈虎形不同。

三　"乐器制图"

1. 拊

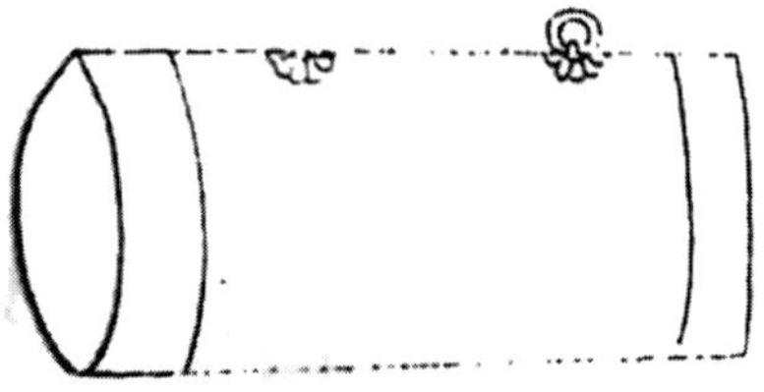

大师：登歌，令奏击拊。郑玄谓形如鼓，以韦为之，著之以康。《书》曰：搏拊是也。④（见图3-5）

图3-5　杨甲《六经图》"拊"

---

① 许一伶：《汉代建鼓舞研究》，《东南文化》2004年第3期，第73页。
② 许一伶：《汉代建鼓舞研究》，《东南文化》2004年第3期，第74页。
③ 聂崇义集注《三礼图集注》，上海古籍出版社，1987，第95页。
④ 杨甲：《六经图》，台湾商务印书馆，1982，第324页。

《周礼·春官·大师》："大祭祀，帅瞽登歌，令奏击拊。"郑玄注："击拊，瞽乃歌也。故书拊为付。郑司农云登歌，歌者在堂也。付字当为拊，书亦或为拊乐，或当击，或当拊……玄谓拊形如鼓，以韦为之，著之以穅。"孔疏："令奏击拊，故知击拊乃歌也。先郑云乐或当击，或当拊者，先郑之意，击拊谓若《尚书》云击石拊石皆是作用之名。拊非乐器，后郑不从者，此击拊谓若下文鼓柷乃击应鼙之类，彼柷、鼙是乐器，则知此拊亦乐器也。玄谓拊形如鼓，以韦为之，著之以穅者，此破先郑拊非乐器。知义如此者，约《白虎通》引《尚书大传》云'拊，革装之以穅'。"① 郑玄以为郑司农所言"拊非乐器"失之，郑玄以为拊乃乐器，孔颖达以为郑玄所言有理。杨图亦以郑玄说为是："拊"为乐器，其形制如鼓，韦表穅里，拊用于登歌之前，置于堂上演奏。杨图又言"拊""搏拊"乃为一物。

"拊"除作为乐器外，还作为一种演奏方式而见于诸多文献。《尚书·益稷》："予击石拊石，百兽率舞。"孔注："拊，击也。"《礼记·乐记》："弦匏笙簧，会守拊鼓。"孔疏："拊，击也。"《楚辞·九歌·东皇太一》："扬枹兮拊鼓，疏缓节兮安歌，陈竽瑟兮浩倡。"王注："拊，击也。"② 《初学记》卷一五《雅乐一》"燕竽"："袁安《夜酣赋》曰：'拊燕竽，调齐笙，引宫徵，唱清平。'"③《太平御览》卷五八四《乐部二二》之"缶"："《淮南子》曰：夫穷乡之社，扣瓮拊瓶，相和而歌。"④ 徐坚、李昉等皆以"拊"为击打义。

《书·益稷》："戛击鸣球，搏拊琴瑟以咏。"孔传："戛击柷敔，所以作止乐。搏拊，以韦为之，实之以糠，所以节乐。"孔颖达疏："搏拊，形如鼓，以韦为之，实之以糠，击之以节乐，汉初相传为然也。"⑤《礼记·明堂位》："拊搏、玉磬、揩击、大琴、大瑟、中琴、小瑟，四代之乐器也。"郑注："拊搏，以韦为之，充之以糠，形如小鼓。揩击谓柷敔皆所以

---

① 郑玄注，贾公彦疏《周礼注疏》，中华书局，1980，第796页。
② 洪兴祖：《楚辞补注》，白化文等点校，中华书局，1983，第56页。
③ 徐坚等：《初学记》，中华书局，1962，第367页。
④ 李昉等：《太平御览》，中华书局，1960，第2632页。
⑤ 孔安国传，孔颖达正义《尚书正义》，中华书局，1980，第144页。

节乐者也。"①《释名·释乐器》:"搏拊,以韦盛穅,形如鼓,以手拊拍之也。"王先谦疏证:"毕沅曰:郑注《尚书·皋陶谟》云'搏拊,以韦为之,装之以穅,形如小鼓,所以节乐'。"②《旧唐书》卷二九《音乐志二》:"抚拍,以韦为之,实之以糠,抚之节乐也。"③《太平御览》卷五八四《乐部二二》"抚相":"《大周正乐》曰:'抚相以韦为之,实以糠,抚之以节也。'"④ 拊,《尚书传》《释名》作搏拊,《礼记》作拊搏,《旧唐书》作抚拍,《太平御览》引《大周正乐》作"抚相"。《广雅》卷八下《释乐》:"搏拊,鼓名。"王念孙疏证:"《书大传》云'以韦为鼓,谓之搏拊'。搏拊,或谓之拊搏,或谓之拊,其实一也。"⑤ 据李昉、王念孙等言,杨图"拊",或名搏拊,或名拊搏,或名抚相,或名抚拍。

"拊"之名及形制,文献有记载。其作为乐器的声音特征,陈旸《乐书》卷一一六《乐图论》有载,"拊之为器,韦表糠里,状则类鼓,声则和柔,倡而不和,是徒铿锵而已"。孔德平等《祭孔礼乐研究》以为之所以用糠来填充拊之腔体,是为了使该乐器发音柔和,在堂上合奏时不与琴、瑟等小音量乐器争鸣,以免影响整体演奏效果。⑥ "拊"内以糠,以糠之柔软使乐器发音柔和,这也是就其作为小鼓的演奏效果而言。

杨图"康"字,文献或作"穅",或作"糠"。穅,《说文》释为"谷皮",《玉篇》释为"米皮"。《玉篇·米部》:"糠,俗穅字。"《急就篇》卷三:"糟糠汁滓。"王应麟补注:"糠,字亦作康。"《尔雅·释器》:"康谓之蛊。"陆德明释文:"康,《说文》作穅。"《集韵·唐韵》:"穅亦作糠。""穅""糠""康"三字皆通,杨图"康"字作"糠""穅"亦可。

"拊"之图,章达和卢谦《五经图》、郑之侨《六经图》皆图一小鼓形,日本学者松本愚山《五经图汇》"拊"图(见图3-6)据明人李之藻《泮宫礼乐疏》而绘,与杨甲"拊"图有异。检之出土实物(见图3-7),杨图"拊"乃狭长圆柱体,与出土实物不同。

---

① 郑玄注,孔颖达正义《礼记正义》,中华书局,1980,第1491页。
② 王先谦撰集《释名疏证补》,上海古籍出版社,1984,第334页。
③ 刘昫等:《旧唐书》,中华书局,1975,第1079页。
④ 李昉等:《太平御览》,中华书局,1960,第2633页。
⑤ 王念孙:《广雅疏证》(附索引),钟宇讯点校,中华书局,2004,第276~277页。
⑥ 孔德平等:《祭孔礼乐研究》,文物出版社,2009,第114页。

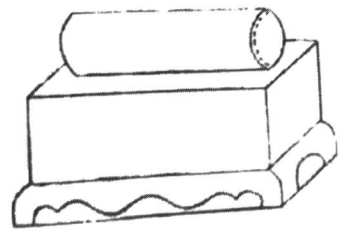
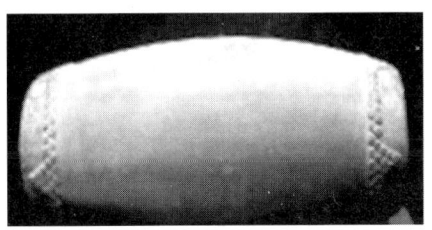

图 3-6　松本愚山《五经图汇》"拊"　　图 3-7　故宫博物院藏清代"搏拊"

2. 敔

> 敔状如伏虎，背上有二十七钼铻刻，以木长尺捪之。《书》曰：合止柷敔。①（见图 3-8）

杨图"敔"，状如伏虎，以木击打钼铻刻，发出响声用以止乐。"敔"，文献有载。《周礼·春官·小师》："掌教鼓、鼗、柷、敔、埙、箫、管、弦、歌。"郑注："郑司农云……敔，木虎也。"贾疏："《书》云'合止柷敔'注云……敔，状如木虎，背有刻，所以鼓之以止乐……《尔雅》注云……敔如伏虎，背上有二十七钼铻刻，以木长尺栎之。"② 郑玄引郑司农言敔乃木虎；贾公彦引郑注《尚书》言敔状如木虎，又引郭璞注《尔雅》言敔如伏虎，背上有刻，鼓之以止乐。《礼书》卷一二五"敔"："敔如伏虎，背上有二十七钼铻刻，以木长尺栎之……敔为伏虎之形，则实而已。"③（见图 3-9）陈祥道所言与郭璞同。郑司农以为敔以木为之，郑玄以为敔状如木虎，郭璞、陈祥道、杨甲皆以为敔状如伏虎。"敔"以木为之，抑或其他材质，今不详。

《旧唐书》卷二九《音乐志二》："敔，如伏虎，背皆有鬣二十七，碎竹以击其首而逆刮之，以止乐也。"④ 刘昫等言敔之具体击打方式：以碎竹击打敔之头部，紧接着以竹逆向刮其二十七鬣，发出声音，用来止乐。

---

① 杨甲：《六经图》，台湾商务印书馆，1982，第 327 页。
② 郑玄注、贾公彦疏《周礼注疏》，中华书局，1980，第 797 页。
③ 陈祥道：《礼书》，书目文献出版社，1993，第 456 页。
④ 刘昫等：《旧唐书》，中华书局，1975，第 1075 页。

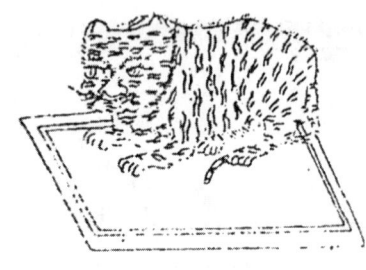 

图 3-8　杨甲《六经图》"敔"　　　　图 3-9　陈祥道《礼书》"敔"

《三礼图集注》卷五《投壶图》"敔"："《尔雅》云：'鼓敔谓之籈。'郭注云：'敔如伏虎，背上有二十七钼铻刻，以木长尺栎之。籈者，其名也。'今唐礼用竹长二尺四寸破为十茎，于敔背横栎之。又郑注云：'敔，木虎也。背有刻，所以鼓之以止乐。'"①（见图 3-10）聂崇义以为敔或为木虎，或如伏虎，未言其材质究竟为何；据唐礼，聂氏言敔之具体击打方式：将二尺四寸竹子，破为十段，在敔之背部横着击打，其言与刘昫言有异。不知孰说为是。《书·益稷》蔡沈注引《尔雅·释乐》郭璞注："敔，状如伏虎，背上有二十七钼铻刻，以籈栎之。籈长一尺，以木为之，始作也，击柷以合之。及其将终也，则栎敔以止之。盖节乐之器也。"文献所言"龃"或"钼铻刻"乃一种凹凸不平的锯齿，为使敔发声，便用"籈"或一尺长木在其上锯刷。据此，我们以为"敔"若以木为之，以长木敲击钼铻刻，以木击打木，其声呈钝响，当不为止乐之声。故言敔乃以木为之，失之。

据郭璞、聂崇义言，敔背上当有一横木，用于击打钼铻刻。钱玄《三礼辞典》"敔"图、日本松本愚山《五经图汇》"敔"图（见图 3-11）皆画一横木在敔旁边，聂图、陈图、杨图皆只有一伏虎形敔，未见一尺长木。我们以为，钱玄、松本愚山所图"敔"为是。

学者有关"敔"之研究，亦有新说，其中陇菲《柷、敔考辨》②以为敔乃一细腰蜂鼓，其说阙疑。

---

① 聂崇义集注《三礼图集注》，上海古籍出版社，1987，第 80 页。
② 陇菲：《柷、敔考辨》，《中国音乐》2019 年第 3 期，第 68~70 页。

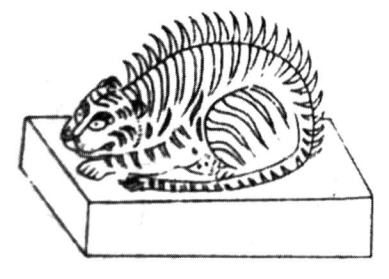 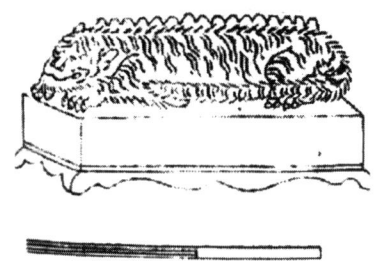

图 3 - 10　聂崇义《三礼图集注》"敔"　　图 3 - 11　松本愚山《五经图汇》"敔"

3. 止

《尔雅》曰所以鼓柷谓之止。①

杨图言"止"乃乐器，如图 3 - 12 所示，"止"乃呈倒丁字悬垂状木棒，其功用乃鼓柷。《尔雅·释乐》："所以鼓柷谓之止。"郭璞注："止者，其椎名。"邢昺疏："所以鼓动其柷以出其音者名止。"②郝懿行义疏："《说文》云：'柷，乐木空也。所以止音为节。'……《书·益稷》正义云：'击柷之椎名为止。'……《说文》'柷，所以止音为节'，盖释《尔雅》'鼓柷谓止'之义，非'止乐'之'止'也。旧说止者，欲戒止于其早也。"③《书·益稷》："合止柷敔。"郑注："所以止鼓谓之止。"孔疏："击柷之椎名为止。"郭璞、孔颖达言止乃柷之椎名，则止即椎，然二人皆未言止之具体形状。

柷，文献有载。《礼记·王制》："天子赐诸侯乐，则以柷将之。"孔疏："汉礼器制度：柷状如漆筒，中有椎，将作乐，先击之。"《三礼图集注》卷五《投壶图》"柷"："《尔雅》云：'鼓柷谓之止。'郭璞注云：'柷如漆桶，方二尺四寸，深一尺八寸。中有椎，柄连底，挏之令左右击。止者，椎名。'《书》曰：'合止柷敔。'郑氏注云：'柷状如漆筒，而有椎。合乐之时投椎其中而撞之。'宜从郑注，今太常乐亦人执其椎，投而

---

① 杨甲：《六经图》，台湾商务印书馆，1982，第 328 页。
② 郭璞注，邢昺疏《尔雅注疏》，中华书局，1980，第 2602 页。
③ 郝懿行：《尔雅义疏》，王其和等点校，中华书局，2017，第 545～546 页。

击之。"① 聂崇义言止乃柷之椎，从《尔雅》郭注，然聂图有"柷"无"止"。我们从聂图"柷"内之椎（见图 3 - 13），可见"止"为一竖垂之木槌，与杨图止呈倒丁字悬垂状木棒有异。

 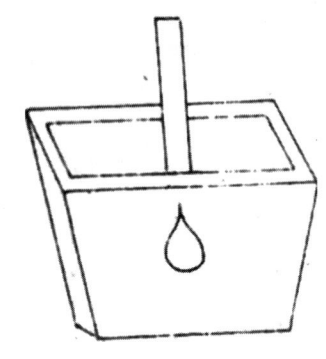

图 3 - 12　杨甲《六经图》"止"　　　图 3 - 13　聂崇义《三礼图集注》"柷"

"止"，陈祥道《礼书》有载。《礼书》卷一二五"止"："《尔雅》曰：所以鼓柷谓之止……先儒谓柷如漆桶，方二尺四寸，深二尺八寸，中有椎，柄连底，挏之令左右击，止者其椎名也……鼓柷谓之止，欲戒止于其早也。……乐止阴也，以阳数成之。"② 陈氏以为止乃椎名，止者，欲戒止于其早也。杨图与陈图（见图 3 - 14）同。

《旧唐书》卷二九《音乐志二》："柷，众也。立夏之音，万物众皆成也。方面各二尺余，傍开员孔，内手于中，击之以举乐。"③ 据《旧唐书》言，柷乃一个无盖木箱，箱体一面有一个音孔，用手拿木棒敲击发声。有关"柷"之出土实物，北京天坛公园藏有一件清代乐器柷，其形状如图 3 - 15 所示：柷以木头制成，呈四方形，上大下小，形状似斗，一侧有一圆孔，无弦，配有敲击的木棒，用以敲击围板发音，可知柷乃如鼓一般的打击乐器。就出土"柷"可见，柷内之木槌乃文献所言柷之"椎"，非陈图、杨图所言。故杨图"止"之形可为一说。

---

① 聂崇义集注《三礼图集注》，上海古籍出版社，1987，第 80 页。
② 陈祥道：《礼书》，书目文献出版社，1993，第 456 页。
③ 刘昫等：《旧唐书》，中华书局，1975，第 1075 页。

图 3-14　陈祥道《礼书》"止"　　图 3-15　北京天坛公园藏清代"柷"

四 "鬯人制图"

脩：庙用脩，读曰卣。卣，中尊，谓献［注：献亦读作牺。］象之属。（见图 3-16）

杨图"脩"，盖卣之类，牺尊之属。《周礼·春官·鬯人》："庙用脩。"郑注："郑司农云：'脩蜃概散皆器名。'玄谓庙用脩者，谓始禘时，自馈食始脩蜃概散，皆漆尊也。脩读曰卣，卣，中尊，谓献象之属。尊者，彝为上，罍为下……脩音卣，羊久反。又音由，中镈也。"[1] 陆德明释文："脩，中樽也。"朱骏声《说文通训定声·孚部第六》："脩，假借为蓚，又卥，俗作卣，实为酉。"[2] 脩、卣音通义同，卣义为"中樽"。

"卣"，甲骨文、金文有此字。《毛公鼎》："易女夫巨鬯鬯一卣。"《诗·大雅·江汉》："釐尔圭瓒，秬鬯一卣。"毛传："卣，器也。"《尔雅·释器》："卣，中尊也。"《玉篇·口部》："卣，中樽器也。"《广韵·尤韵》："卣，中樽，樽有三品，上曰彝，中曰卣，下曰罍。"卣乃酒器，盛秬鬯，容受之数，文献未载。

"卣"之出土实物，形制大小皆异，学界有考说。如南京大学藏青铜提梁卣呈椭圆体，口径长9.9厘米，短径7.3厘米，通高20.3厘米。1929年戴家湾墓葬出土两件带长梁凤鸟纹卣，分别收藏在美国弗利尔美术馆和

---

[1] 郑玄注，贾公彦疏《周礼注疏》，中华书局，1980，第771页。
[2] 朱骏声：《说文通训定声》，中华书局，2016，第240页。

波士顿艺术馆，其中弗利尔凤鸟纹卣较大，通高50.7厘米，波士顿凤鸟纹卣稍小，通高35.2厘米。上海博物馆所藏长梁凤鸟纹卣，通高27.6厘米，口宽10.8厘米。日本奈良国立博物馆所藏长梁凤鸟纹卣，通高51.4厘米，口宽20.2厘米。张昌平《商周之际的凤鸟纹卣——从孝民屯到石鼓山》①一文指出，石鼓山M3出土凤鸟纹卣4件，其中户卣（大）通高50厘米，口宽18.2厘米；户卣（小）通高36厘米，口宽13.8厘米；单父丁卣通高39厘米，口宽15.5厘米；川卯卣通高26厘米，口宽12.5厘米。卣之大小不一，其容受自然不同，故卣图亦不同，杨图"脩"兹备一说。

五 "祭器制图"

洗高三尺，口径一尺五寸，足径三尺。②（见图3-17）

 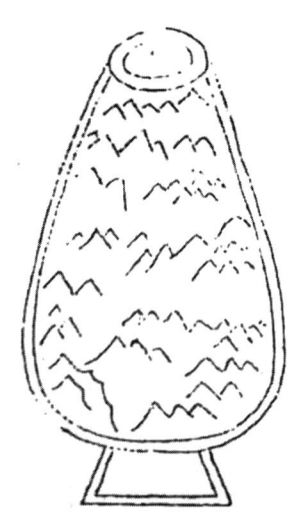

图3-16 杨甲《六经图》"脩"　　图3-17 杨甲《六经图》"洗"

杨图只言"洗"之大小，未言形制如何。"洗"，文献有载。《仪礼·士冠礼》："夙兴，设洗直于东荣。南北以堂深，水在洗东。"郑注："洗，

---

① 张昌平：《商周之际的凤鸟纹卣——从孝民屯到石鼓山》，《考古与文物》2019年第4期，第72~79页。
② 杨甲：《六经图》，台湾商务印书馆，1982，第340页。

承盘洗者，弃水器也。士用铁……水器，尊卑皆用，金罍及大小异。"又《士冠礼》："赞者洗于房中。"郑注："洗，盥而洗爵者。"叔孙通《汉礼器制度》（王谟《汉魏丛书》载《汉礼器制度》辑佚本）言洗之制，"洗之所用，士用铁，大夫用铜，诸侯用白银，天子用黄金。尊卑皆用，金罍及其大小异"。据郑玄、叔孙通言，我们以为"洗"乃水器，尊卑皆用，士以铁为之；古盥手、洗爵，皆一人用枓，从罍中挹水，从上浇之，故曰沃盥。其下注之水，谓之弃水，以洗承之。

"洗"之具体形制大小，文献亦有说。聂崇义《三礼图集注》卷一三《鼎俎图》之"洗"（见图3-18）："旧《图》云：'洗高三尺，口径一尺五寸，足径三尺，中身小，疏中。士以铁为之，大夫已上铜为之，诸侯白金饰，天子黄金饰。'……盖见当时之洗，有身中甚细者，状如腰鼓。因相传为洗鼓。又郑注《少牢礼》云：'周之礼，饰器各以其类。'今既用木为洗，以金饰口缘，朱中，其外油画水文菱花及鱼以饰之，是其类也。"①聂图据旧《图》言"洗"之形制大小，洗之材质因等级地位而有不同，或以铁为之，或以铜为之，或以白金、黄金饰之。聂氏又言洗或如腰鼓之形。其言今则五代宋初之时，洗以木为之，有水文菱花及鱼。按旧《图》，洗之口径乃其高之一半，其足径尺寸与高同，据此比例，我们以为"洗"之形状如下：足当为宽三尺之矮圈足，非杨图之呈窄圈足状；口亦呈一尺五寸之宽沿，非杨图之窄沿口，中身呈鼓腹三尺之状。

《礼书》卷一〇四"洗"："《士冠礼》：设洗直于东荣，《士昏》：设洗于阼阶东南，《乡饮酒》《乡射》：设洗于阼阶东南，皆水在洗东……盛弃水者，洗也。"②陈祥道言"洗"之位置，未言洗之形制大小，其图"洗"（见图3-19）与文献所言不符，失当。

马国翰《玉函山房辑佚书·经部·礼记类》之郑玄、阮谌撰《三礼图》云："鼎器图，洗：洗高三尺，口径一尺五寸，足径三尺，中身小，疏中。士以铁为之，大夫以上铜为之，诸侯白金饰，天子黄金饰。"③马氏辑佚郑玄、阮谌《三礼图》"洗"之内容乃据聂崇义《三礼图集注》、李

---

① 聂崇义集注《三礼图集注》，上海古籍出版社，1987，第187页。
② 陈祥道：《礼书》，书目文献出版社，1993，第394页。
③ 马国翰：《玉函山房辑佚书》，京都中文出版社，1979，第1093页。

昉《太平御览》，未有新见。

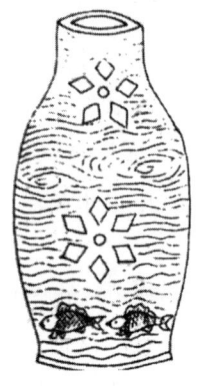 

图 3-18　聂崇义《三礼图集注》"洗"　　图 3-19　陈祥道《礼书》"洗"

关于"洗"之出土实物，学者多论及其形制大小。朱世学《三峡地区墓葬出土的铜洗与铜壶》言战国到两汉时期，三峡地区墓葬出土了数量较多的铜洗，其一般作圆形，敞口，直腹或敛腹，平底，器壁两侧饰铺首衔环。器内底常饰有双鱼纹。① 河南省南阳市博物馆于 1982 年征集一件"蜀郡作造羊"铜洗，该器口径 21 厘米、底径 17 厘米、高 9.5 厘米，宽沿外撇，束径，鼓腹，平底，矮圈足（见图 3-20）。② 1988 年出土于四川宜宾姚家嘴崖墓的汉代"双鱼铜洗"，其形制如图 3-21 所示。出土"洗"之实物，与文献言相符。

图 3-20　河南省南阳市博物馆藏"铜洗"　　图 3-21　成都博物馆藏"双鱼铜洗"

据文献和出土实物，我们以为杨图"洗"之内容当据《三礼图》、旧

---

① 朱世学：《三峡地区墓葬出土的铜洗与铜壶》，《三峡大学学报》（人文社会科学版）2019 年第 6 期，第 17~21 页。
② 牛宏成：《"蜀郡作造羊"铜洗考》，《文物鉴定与鉴赏》2014 年第 11 期，第 68~71 页。

《图》、《汉礼器制度》等文献补。又杨图绘"洗"之尺寸与文献不符,其形制大小与出土实物亦不同,故失之。

六 "九旗制图"

旜:《司常》:通帛为旜,孤卿建旜。注曰:谓大赤,从周正色,无饰。《巾车》:象路建大赤以朝,异姓以封。(见图3-22)

物:《司常》:杂帛为物,大夫士建物。注曰:以帛素饰其侧,商之正色。《巾车》:革路建大白以即戎,以封四卫。① (见图3-23)

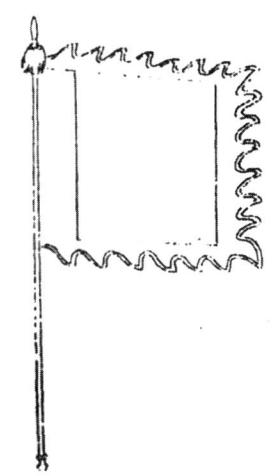 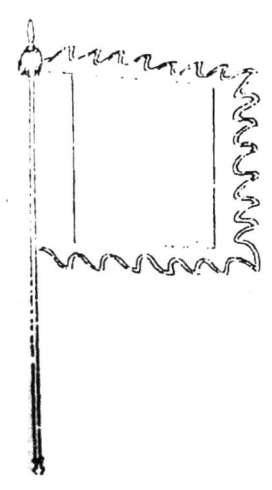

图3-22 杨甲《六经图》"旜"　　图3-23 杨甲《六经图》"物"

杨图"旜""物"未言斿数,徽帜形制与"太常""旂""旗""旐""旟"同,皆为宽徽帜,与"旞""旌"之细徽帜相异。"旜""物"之形制,文献有说。《周礼·春官·司常》云:"司常掌九旗之物名,各有属以待国事。日月为常,交龙为旂,通帛为旜,杂帛为物,熊虎为旗,鸟隼为旟……析羽为旌。"郑注:"通帛谓大赤,从周正色,无饰。杂帛者,以帛素饰其侧。白,殷之正色。"贾疏云:"'属,谓徽识也'者,谓在朝、在军所用小旌,故以属言之。郑引《大传》者,欲见此属与《大传》徽识为

---

① 杨甲:《六经图》,台湾商务印书馆,1982,第357页。

一物……引今汉法，欲见古有此物遗及汉时也。"① 由郑注，九旗中唯旜、物无饰，不言徽帜形制及其斿数。

《周礼·春官·典命》："王之三公八命，其卿六命，其大夫四命。"郑玄注："王之上士三命，中士再命，下士一命。"又《典命》："公之孤四命，以皮帛视小国之君，其卿三命，其大夫再命，其士一命。其宫室车旗衣服礼仪各视其命之数，侯伯之卿大夫士亦如之，子男之卿再命，其大夫一命，其士不命。"② 如《典命》言，旗之斿数与其命数相当。《周礼·天官·掌次》："孤卿有邦事，则张幕设案。"郑玄注："孤王之孤三人，副三公论道者。"《汉书》卷一九上《百官公卿表上》："太师太傅太保，是为三公，盖参天子，坐而议政，无不总统，故不以一职为官名。又立三少为之副，少师少傅少保，是为孤卿，与六卿为九焉。"《司常》云"孤卿建旜，大夫士建物"，则"旜""物"之斿数当与孤卿、大夫士之命数相合。据《周礼·典命》《周礼·掌次》《汉书》言，则孤卿、大夫士之命数即为"旜""物"之斿数。又《周礼》等文献言，孤卿即为天子之卿，其命数为六命，则旜之斿数为六；大夫士当为王之大夫士，大夫之命数为四，则物之斿数为四；士分三等，其命数为三、二、一，则物之斿数为三、二、一。

据《周礼》及郑注，我们以为"旜""物"之斿数当如其命数。二旗之斿数，其他文献亦有涉及。《说文·勿部》："勿，州里所建旗。象其柄，有三斿，杂帛，幅半异。"据王国维《释物》、董作宾《殷墟文字·甲编》，勿、物同源通用，则《说文》勿有三斿即为物有三斿。孙诒让《九旗古谊述·释旜物第二》以为："物为旗、旐、旞之通制，则不定三斿，许据字形释之，实非通法也。"③ 孙氏以为许慎所言"物有三斿"不确，当与"旗、旐、旞"斿数同。

陈祥道《礼书》卷一三二"旜""物"（见图3-24、图3-25）："《司常》'通帛为旜，杂帛为物'。《尔雅》'因章曰旜'。左氏曰'亡大旆之左旐'，又曰'分康叔以少帛、綪茷、旃旌'，盖旃大赤也，物少帛也，

---

① 郑玄注，贾公彦疏《周礼注疏》，中华书局，1980，第982页。
② 郑玄注，贾公彦疏《周礼注疏》，中华书局，1980，第780页。
③ 孙诒让：《九旗古谊述》，《大戴礼记斠补》后附，雪克点校，齐鲁书社，1988，第274页。

旆为大饰，故孤卿建之物为少帛，故士建也'。（左氏'旜而鼓'，杜氏曰'旆也'。）《尔雅》曰'缁广充幅，长寻曰旐'，是旗旆而上，其色赤而不缁，其幅长而不特寻也。旜、物之斿，经无其说。《周礼》：司命自上公至士，其车旗各视其命之数，而行人上公建常九斿、侯伯七斿、子男五斿，皆以命数为节。然即王之孤卿六命、大夫四命，公侯伯之孤四命、卿三命、大夫再命、士一命，子男之卿再命，其大夫一命。旜、物之斿，盖亦称是，与旂、旗、旌、旟之斿有常数者，异也。先儒以为旜物旆如燕尾比，不可考。《聘礼》：卿载旜，礼也。《既夕》：士载旜，摄也。"① 陈书所言旜、物之斿数，其他文献无载，不详。其斿数盖如命数，故旜之斿数为六，物之斿数为三。

图 3-24 陈祥道《礼书》"旜"

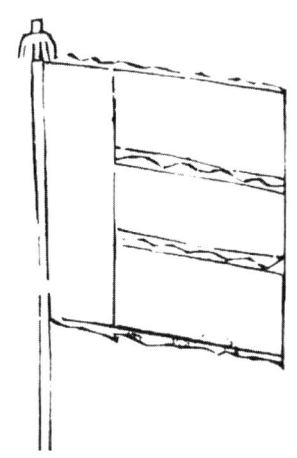

图 3-25 陈祥道《礼书》"物"

黄以周《礼书通故》卷四九《名物图三》云："《周礼·司常》通帛为旜，注：'通帛谓大赤，从周正色，无饰。'斿数未闻，以《司常》孤卿建旜推之，盖亦如其命数。陈《书》作六斿，今从之。聂《图》以其细之徽识当之，殊失九旗之制。"② 黄氏以为旜之斿数盖如其命数。如黄氏所言，则"旜""物"之斿数如其命数。

据《周礼》文及郑注、《礼书》、《礼书通故》言，"旜""物"之斿数

---

① 陈祥道：《礼书》，书目文献出版社，1993，第 478～479 页。
② 黄以周：《礼书通故》，王文锦点校，中华书局，2007，第 2613 页。

与命数相关，我们以为此说有理，则"旜"六斿，"物"三斿。

有关"旜""物"之徽帜，文献所载亦有不同。聂崇义《三礼图集注》卷九《旌旗图》："《司常》云：'通帛为旜。'注云：'通帛谓大赤，从周正色，无饰。'"又："'杂帛为物。'大夫士之所建。注云：'杂帛以帛素饰其侧。白，殷之正色。以先王正道佐职也。"① 聂图"旜""物"二图之徽帜皆为细徽帜（见图3-26、图3-27）。黄以周《礼书通故》言聂图"细之徽识"，失九旗之制，其言表明"旜""物"当为宽徽帜，与其他旗相同。观杨图、陈图、黄图，"旜""物"皆为"宽徽帜"，皆与聂图相异。孙诒让《九旗古谊述·释九旗五正第一》云："案：九旗名制，备于《司常》，综而论之，其正旗唯五，曰常、曰旂、曰旗、曰旞、曰旐，五路之所建也。五者随章异物，其曰旜（正字作旃，《周礼》从或体作旜，今各从其旧），曰旟（经典并假物为之），为縿斿之异名；曰旞、曰旌为注羽之异名，四者即就五正旗为之别异，乃旗物之通制，非于五旗之外别为章物也……五路所建即正旗五，亦非别为旗物在《司常》九旗之外也……于是五正旗之外，既别有旜、物、旞、旌……今通考诸经，知五正旗应五方色，不可增省。旜物为五旗之通制，既不得妄分。"② 孙氏所言，九旗之五正旗与五方色相配，五正旗不包括旜、物。旜、物为縿斿之异名，其形制亦用旗物之通制。按孙氏说，则旜、物之徽帜与其他五正旗同，据聂图、杨图、陈图、黄图，旂、旗、旞、旐之徽帜皆为宽徽帜，故旜、物亦当为宽徽帜。

我们以为《周礼》文及郑注言命数决定斿数，等级差异在礼制方面有严格界定，据此以推，五正旗之外的旜、物徽帜当与五正旗之宽徽帜不同，五正旗为宽徽帜，则旜、物当为细徽帜，聂图二旗为是；杨图、陈图旜、物之宽徽帜不确。

由上，我们以为杨图"旜""物"之形制当为细徽帜，"旜"之斿数为六，"物"之斿数为三。杨图未图二旗之斿数，当据此补之。

---

① 聂崇义集注《三礼图集注》，上海古籍出版社，1987，第123页。
② 孙诒让：《九旗古谊述》，《大戴礼记斠补》后附，雪克点校，齐鲁书社，1988，第268页。

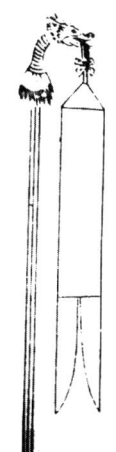 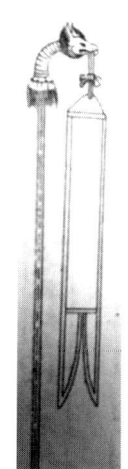

图 3-26　聂崇义《三礼图集注》"旝"　　图 3-27　聂崇义《三礼图集注》"物"

第二节　《礼记制度示掌图》内容考

一　"七十二候图"

五日为候，三候为气，六气为时，四时为一岁，一岁有二十四气，为七十二候，皆律吕统之。《记》所谓大乐与天地同和，故百物不失谓此也。①（见图 3-28）

"七十二候"，《吕氏春秋》《礼记》等文献有说。《礼记·月令》："东风解冻，蛰虫始振，鱼上冰，獭祭鱼，鸿雁来。"郑注："皆记时候也。"孔疏："凡二十四气，按《三统历》：正月节立春雨水中，二月节惊蛰春分中……凡二十四气，气有十五日有余，每气中半分之为四十八气，气有七日半有余，故郑注《周礼》云：有四十八箭，是一气易一箭也。凡二十四气，每三分之七十二气，气间五日有余，故一年有七十二候也。"② 孔颖达

---

①　杨甲：《六经图》，台湾商务印书馆，1982，第 374 页。
②　郑玄注，孔颖达正义《礼记正义》，中华书局，1980，第 1355 页。

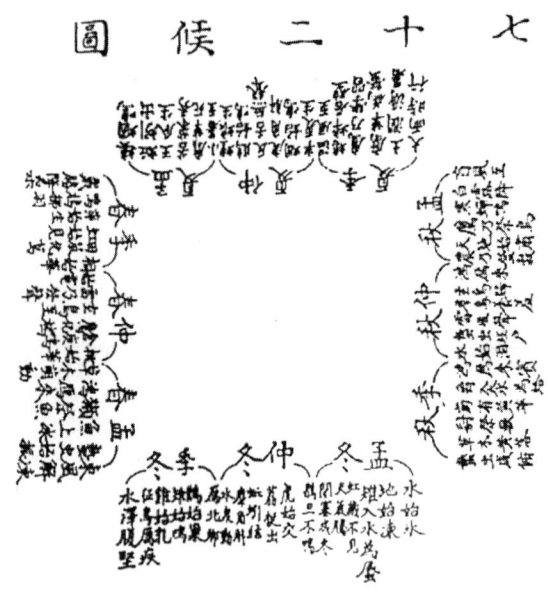

图 3-28　杨甲《六经图》"七十二候图"

所言即"七十二候"之说。

《月令七十二候集解》序言:"夫七十二候,吕不韦载于《吕氏春秋》,汉儒入于《礼记·月令》,与六经同传不朽。后魏载之于历,欲民皆知,以验气序。然其禽兽草木,多出北方,盖以汉前之儒皆江北者也。故江南老师宿儒,亦难尽识。况陈澔之注,多为谬说,而康成、颖达,亦有讹处。予因是广取诸家之解,并《说文》《埤雅》等书,而又询之农牧,似得所归。然后并将二十四气什之于稿,以俟博识者鉴焉。"① 由序可知,《吕氏春秋》《礼记》皆载有七十二候,然诸多文献所言节气有失当之处,基于此,吴澄乃广取诸家之说,考之相关字书,并实际考察农牧等进行纠谬,去伪存真,完成《月令七十二候集解》一书。关于吴澄之书,《四库全书总目》"《月令七十二候集解》一卷"提要云:"旧本题'元吴澄撰'。其书以七十二候分属于二十四气,各训释其所以然。考《礼记·月令》,本无七十二候之说。《逸周书·时训解》乃以五日为一候,澄作《礼记纂言》亦引《唐月令》分著五日一候之义,然不闻更有此书。其说以经文所

---

① 吴澄:《月令七十二候集解》,商务印书馆,1936,第 1 页。

记多指北方，非南方之所习见，乃博考《说文》《埤雅》诸书，兼访之于农牧，著为此编。然考证名物，罕所发明。又既以蝼蝈为土狗，又载鼫鼠五技之说，自相矛盾。既以虹为日映雨气，又引虹首如驴之说，兼采杂书，亦乖解经之法，疑好事者为之，托名于澄也。"①

杨图"七十二候图"征引《记》乃《礼记·乐记》，《乐记》言："大乐与天地同和，大礼与天地同节。和故百物不失，节故祀天祭地。"故杨图言七十二候乃律吕统之，其义即为伟大的音乐与天地保持着和谐，伟大的礼仪与天地保持同样的节序。有了和谐，所以万物不会丧失本性；有了节序，所以才能按时祭祀天地。

有关杨图"七十二候图"内容真伪，迄无考说。今以杨图内容与《吕氏春秋》②、《礼记·月令》③（简称"《月令》"）、《逸周书·时训解》④（简称"《逸周书》"）、《淮南鸿烈集解·时则训》⑤（简称"《淮南子》"）、《唐月令注》⑥、《月令七十二候集解》⑦（简称"《集解》"）比勘，异文如下。

（1）杨图"孟春：鱼上冰"，《吕氏春秋》作"孟春之月……鱼上冰"，《月令》作"孟春之月……鱼上冰"，《逸周书》作"立春之日……又五日，鱼上冰"，《淮南子》作"孟春之月……鱼上负冰"，《唐月令注》作"立春之日……后五日，鱼上冰"，《集解》作"立春……鱼陟负冰"。

按：杨图"鱼上冰"，《淮南子》作"鱼上负冰"，《集解》作"鱼陟负冰"。《月令》："鱼上冰。"郑注："《夏小正》正月启蛰，鱼陟负冰。"孔疏："云'鱼陟负冰'者，陟，升也。谓鱼从水下升于冰上，而'负冰'证经中'鱼上冰'。"⑧《大戴礼记·夏小正》："鱼陟负冰。陟，升也。负冰云者，言解蛰也。"《夏小正经传集解》卷一："案孔颖达云，鱼当寒威之时，伏于水下，逐其温暖，至正月阳气既上，鱼游于水，上近于冰，

---

① 永瑢等：《四库全书总目》，中华书局，1965，第192~193页。
② 高诱注，毕沅校《吕氏春秋》，徐小蛮标点，上海古籍出版社，2014。
③ 郑玄注，孔颖达正义《礼记正义》，中华书局，1980。
④ 王谟辑《增订汉魏丛书 汉魏遗书钞》，西南师范大学出版社、东方出版社，2011。
⑤ 刘文典：《淮南鸿烈集解》，冯逸等点校，中华书局，2013。
⑥ 唐玄宗敕撰《唐月令注》，商务印书馆，1936。
⑦ 吴澄：《月令七十二候集解》，商务印书馆，1936。
⑧ 郑玄注，孔颖达正义《礼记正义》，中华书局，1980，第1355页。

若负然。"据孔颖达云，同为描述这一季节鱼在尚未完全融化的冰块和冰片缝隙间游动，"鱼陟负冰"较之"鱼上冰"更为形象贴切。

（2）杨图"孟春：鸿雁来"，《吕氏春秋》作"孟春之月……候雁北"，《月令》作"孟春之月……鸿雁来"，《逸周书》作"雨水之日……又五日，鸿雁来"，《淮南子》作"孟春之月……候雁北"，《唐月令注》作"雨水之日……后五日，鸿雁来"，《集解》作"雨水……候雁北"。

按：杨图"鸿雁来"，《吕氏春秋》《淮南子》《集解》作"候雁北"。《月令》："鸿雁来。"郑注："雁自南方来，将北反其居，今《月令》'鸿'皆为'候'。"孔疏："此云'鸿雁来'，但来有先后，后者，二月始来，故《通卦验》二月节云'候雁北'。云'今《月令》鸿皆为候'者，但《月令》出有先后，入《礼记》者为古，不入《礼记》者为今，则《吕氏春秋》是也。'鸿'字皆为'候'也。"①《集解》："候雁北。《月令》《汉书》作鸿雁北。雁知时之鸟，热归塞北，寒来江南，沙漠乃其居也。孟春阳气既达，候雁自彭蠡而北矣。"② 据郑注、孔疏、吴澄集解，杨图"鸿雁来"作"候雁北"较为允当。

（3）杨图"仲春：玄鸟至"，《吕氏春秋》作"仲春之月……是月也，玄鸟至"，《月令》作"仲春之月……玄鸟至"，《逸周书》作"春分之日，元鸟至"，《淮南子》无，《唐月令注》作"春分之日，元鸟至"，《集解》作"春分……元鸟至"。

按：杨图"玄鸟"，《逸周书》《唐月令注》《集解》作"元鸟"，作"元"乃避"玄"讳。

（4）杨图"季春：田鼠化鴽"，《吕氏春秋》作"季春之月……田鼠化为鴽"，《月令》作"季春之月……田鼠化为鴽"，《逸周书》作"清明之日……又五日，田鼠化为鴽"，《淮南子》作"季春之月……田鼠化为鴽"，《唐月令注》作"清明之日……后五日，田鼠化为鴽"，《集解》作"清明……田鼠化为鴽"。

按：杨图"田鼠化鴽"，其他文献皆作"田鼠化为鴽"。"田鼠化鴽"于语法不通，当为"田鼠化为鴽"。

---

① 郑玄注，孔颖达正义《礼记正义》，中华书局，1980，第1355页。
② 吴澄：《月令七十二候集解》，商务印书馆，1936，第1~2页。

（5）杨图"季春：鸣鸠拂羽"，《吕氏春秋》作"季春之月……是月也……鸣鸠拂其羽"，《月令》作"季春之月……鸣鸠拂其羽"，《逸周书》作"谷雨之日……又五日，鸣鸠拂其羽"，《淮南子》作"季春之月……鸣鸠奋其羽"，《唐月令注》作"谷雨之日……后五日，鸣鸠拂其羽"，《集解》作"谷雨……鸣鸠拂其羽"。

按：杨图"鸣鸠拂羽"，其他文献作"鸣鸠拂（奋）其羽"，故杨图脱一"其"字。

（6）杨图"季春：戴胜降桑"，《吕氏春秋》作"季春之月……戴任降于桑"，《月令》作"季春之月……戴胜降于桑"，《逸周书》作"谷雨之日……又五日，戴胜降于桑"，《淮南子》作"季春之月……戴䳾降于桑"，《唐月令注》作"谷雨之日……后五日，戴胜降于桑"，《集解》作"谷雨……戴胜降于桑"。

按：杨图"戴胜"，《吕氏春秋》作"戴任"，《淮南子》作"戴䳾"。《月令》："戴胜降于桑。"郑注："戴胜，织纴之鸟。是时恒在桑，言降者若时始自天来重之也。戴音带，注同，本亦作载，戴胜，鸟名。"孔疏："云'戴胜，织纴之鸟'者，按《释鸟》云'鵖鴔，戴䳾'。郭景纯云'䳾即头上胜，今亦呼为戴胜'。李巡云'戴胜一名鸥鸠'。孙炎云'鸤鸠自关而东谓之戴䳾'，非也。"[1]《尔雅·释鸟》："鵖鴔，戴䳾。"郝懿行义疏："《说文》：'鴔，鴔鵖也。'今《尔雅》作'鵖鴔'。段氏注谓当从《尔雅》，今谓俱通。声转为'鶞鴂'。《方言》云：'鳪鸠，燕之东北、朝鲜洌水之间谓之鶞鴂，自关而东谓之戴䳾，东齐海岱之间谓之戴南，南犹䳾也。或谓之戴鵀，或谓之戴胜，东齐、吴杨之间谓之䳾。自关而西谓之服鴂，或谓之鶞鴂，燕之东北、朝鲜洌水之间谓之鶐。'然则'䳾'即'胜'也，声近字通，故《月令》作'戴胜'，《吕览》作'戴任'，高诱注：'戴任，戴胜，鸥也。《尔雅》曰鸥鸠，部生于桑，三月其子强飞，从桑空中来下，故曰"戴任降于桑"也。'高注'鸥'当作'鸤'，'鸥鸠'当作'鵖鴔'，俱形声之误也。证以《淮南·时则》篇'戴任'作'戴䳾'，注亦云'戴胜鸟'，引《诗》'尸鸠在桑'，可知《吕览》注误。《月

---

[1] 郑玄注，孔颖达正义《礼记正义》，中华书局，1980，第1363~1364页。

令》疏引《尔雅》亦作'鸤鸠，戴鵀'，李巡云：'戴胜，一名鸤鸠。'皆即'鹃鴗'之讹，邢疏引作'鹃鴗'可证。又引孙炎云：'鸤鸠，自关而东谓之戴鵀。'皆本《方言》为说也。然鸤鸠巢居，戴胜乃生树穴中，本非同物，《方言》失之。戴鵀即今之楼楼谷，小于鹈鸠，黄白斑文，头上毛冠如戴华胜，戴胜之名以此。"① 据孔颖达、郝懿行言，"戴胜"，一作"戴任"，一作"戴鵀"。

又杨图"降桑"，其他文献皆作"降于桑"，杨图"降桑"不合语法，失之，当为"降于桑"，杨图脱一"于"字。

（7）杨图"孟夏：小暑至"，《吕氏春秋》作"孟夏之月……麦秋至……仲夏之月……小暑至"，《月令》作"孟夏之月……麦秋至……仲夏之月……小暑至"，《逸周书》作"小满之日……又五日，小暑至"，《淮南子》作"孟夏之月……麦秋至……仲夏之月……小暑至"，《唐月令注》作"小满之日……后五日，小暑至"，《集解》作"小满……麦秋至……小暑，六月节"。

按：杨图"孟夏：小暑至"，《吕氏春秋》《月令》《淮南子》皆作"仲夏之月……小暑至"，《逸周书》《唐月令注》乃言"小满之日……又（后）五日，小暑至"。《月令》："东风解冻，蛰虫始振，鱼上冰，獭祭鱼，鸿雁来。"郑注："皆记时候也。"孔疏："凡二十四气，按《三统历》：正月节立春雨水中，二月节惊蛰春分中……四月节立夏小满中，五月节芒种夏至中，六月节小暑大暑中。"② 据孔颖达说，六月乃小暑。可知小暑当在季夏之月，即芒种之日，又五日为小暑。杨图所言失之。

（8）杨图"仲夏：蜩始鸣"，《吕氏春秋》作"仲夏之月……鵙始鸣"，《月令》作"仲夏之月……蝉始鸣"，《逸周书》作"夏至之日……又五日，蜩始鸣"，《淮南子》作"仲夏之月……鵙始鸣"，《唐月令注》作"夏至之日……后五日，蜩始鸣"，《集解》作"夏至……蜩始鸣"。

按：杨图"蜩"，《吕氏春秋》作"鵙"，《月令》作"蝉"，《淮南子》作"鵙"。《玉篇·虫部》："蝉，蜩也，以旁鸣者。"《方言》卷一一："蝉，楚谓之蜩，秦晋之间谓之蝉。"据顾野王、扬雄言，"蝉"即为

---

① 郝懿行：《尔雅义疏》，王其和等点校，中华书局，2017，第 877~878 页。
② 郑玄注，孔颖达正义《礼记正义》，中华书局，1980，第 1355 页。

"蜩"。蝉鸣叫在仲夏之月或夏至之日，即五月。

《诗·豳风·七月》："七月鸣鵙。"毛传："鵙，伯劳也。"陈启源《毛诗稽古编》："鵙，亦作䴂，其异名曰伯劳。"《尔雅·释鸟》："鵙，伯劳也。"《月令》："鵙始鸣。"郑玄注："鵙，博劳也。"《广雅》卷一〇下《释鸟》："伯赵，鵙也。"王念孙疏证："鵙，或作䴂。"《逸周书》："鵙始鸣。"朱右曾《周书集训校释》："鵙，伯劳也，五月阴极于下，应候而鸣，《离骚》所谓鹈䴂也。"据文献，"鵙""䴂"皆伯劳鸟。朱右曾言伯劳于五月应候而鸣，节气一到，即会鸣叫。《吕氏春秋》《淮南子》言仲夏之月，伯劳始鸣。

由上可知，文献选用"蝉""鵙"等不同事物来表达"应候而鸣"之义，当根据当地实际情况而写，皆有理。

(9) 杨图"季夏：温风至"，《吕氏春秋》作"季夏之月……凉风始至"，《月令》作"季夏之月……温风始至"，《逸周书》作"小暑之日，温风至"，《淮南子》作"季夏之月……凉风始至"，《唐月令注》作"小暑之日，温风至"，《集解》作"小暑，六月节……温风至"。

按：杨图"温风至"，《吕氏春秋》《淮南子》作"凉风始至"。《集解》："小暑，六月节……温风至。至，极也。温热之风，至此而极矣。"①据《月令》及《集解》，季夏乃夏之六月，六月之风乃热风，非凉风，故"温风至"为确，"凉风始至"实为臆测之辞，与节气特点不符。

(10) 杨图"季夏：蟋蟀居壁"，《吕氏春秋》作"季夏之月……蟋蟀居宇"，《月令》作"季夏之月……蟋蟀居壁"，《逸周书》作"小暑之日……又五日，螅蟀居壁"，《淮南子》作"季夏之月……蟋蟀居奥"，《唐月令注》作"小暑之日……后五日，蟋蟀居壁"，《集解》作"小暑……蟋蟀居壁"。

按：杨图"蟋蟀"，《逸周书》作"螅蟀"。《玉篇·虫部》："蟋，蟋蟀。"《诗·唐风·蟋蟀》："蟋蟀在堂。"毛传："蟋蟀，蛬也。"《月令章句》："蟋蟀，虫名，谓之蛬，亦谓之蜻蛚。《斯螽》莎鸡之类。"②《逸周

---

① 吴澄：《月令七十二候集解》，商务印书馆，1936，第 6 页。
② 王谟辑《增订汉魏丛书 汉魏遗书钞》（第六册），西南师范大学出版社、东方出版社，2011，第 276 页。

书》:"蟙䗲居壁。"朱右曾集训校释:"蟙䗲,生土中,有翼而未能飞,但居壁上。""蟋蟀"作"蟙䗲",仅见于《逸周书》。

杨图"居壁",《吕氏春秋》作"居宇",《淮南子》作"居奥"。"宇"义,《说文·宀部》释为"屋边",《左传·昭公四年》孔颖达疏释为"屋檐",《诗·豳风·七月》陆德明释文释为"屋四垂"。"奥"义,《仪礼·士丧礼》郑玄注、《释名·释宫室》皆释为"室中西南隅"。《月令》:"季夏之月……蟋蟀居壁。"孔疏:"'蟋蟀居壁'者,此物生在于土中,至季夏羽翼稍成,未能远飞但居其壁,至七月则能远飞在野。"[1] 据朱右曾言,蟋蟀居壁上为是,"居宇""居奥"之说,其他文献无载。

(11) 杨图"季夏:鹰乃学习",《吕氏春秋》作"季夏之月……鹰乃学习",《月令》作"季夏之月……鹰乃学习",《逸周书》作"小暑之日……又五日,鹰乃学习",《淮南子》作"季夏之月……鹰乃学习",《唐月令注》作"小暑之日……后五日,鹰乃学习",《集解》作"小暑……鹰始击"。

按:杨图"鹰乃学习",《集解》作"鹰始击",其余诸本与杨图同。《月令》:"季夏之月……鹰乃学习。"郑注:"皆记时候也。鹰学习谓攫搏也。《夏小正》曰:'六月,鹰始挚。'"孔疏:"'鹰乃学习'者,于时二阴既起,鹰感阴气乃有杀心,学习搏击之事。按:《郑志》焦氏问云:'仲秋乃鸠化为鹰,仲春鹰化为鸠,此六月何言有鹰学习乎?'张逸答曰:'鹰虽为鸠,亦自有真鹰可习矣。……攫谓以足取物,搏谓以翼击物。'"[2] 据孔颖达言,"鹰感阴气乃有杀心,学习搏击之事",故《集解》言"鹰始击"。

(12) 杨图"季夏:腐草为萤",《吕氏春秋》作"季夏之月……腐草化为蚈",《月令》作"季夏之月……腐草为萤",《逸周书》作"大暑之日,腐草化为萤",《淮南子》作"季夏之月……腐草化为蚈",《唐月令注》作"大暑之日,腐草为萤",《集解》作"大暑……腐草为萤"。

按:杨图"萤",《吕氏春秋》《淮南子》作"蚈"。《月令》:"季夏之月……腐草为萤。"郑注:"皆记时候也。……萤,飞虫,萤火也。……茨本又作萤,户扃反。"孔疏:"云'萤飞虫'者,按《释虫》云'萤火

---

[1] 郑玄注,孔颖达正义《礼记正义》,中华书局,1980,第1370页。
[2] 郑玄注,孔颖达正义《礼记正义》,中华书局,1980,第1370页。

即焰'，李巡云'萤火，夜飞，腹下如火光，故曰即焰'。"① 郑玄释"萤"义乃萤火，孔颖达释"萤"义乃焰。"萤"义，《方言》卷一一："马蚿，北燕谓之蛆蝶。"钱绎笺疏："蠲也、蚈也、萤也，同物也"。② 据钱说，"萤""蚈"同物。

又杨图"腐草为萤"，《逸周书》《淮南子》作"腐草化为萤"，衍一"化"字。《月令》："季夏之月……腐草为萤。"郑注："皆记时候也。……茨本又作萤，户扃反，或作'腐草化为萤'者，非也。"孔疏："'腐草为萤'者，腐草此时得暑湿之气，故为萤，不云化者。蔡氏云'鸠化为鹰，鹰还化为鸠，故称化'。今腐草为萤，萤不复为腐草，故不称化。"③ 郑玄、孔颖达所言有理，故杨图"腐草为萤"为是。

（13）杨图"孟秋：盲风至"，《吕氏春秋》作"孟秋之月……凉风至"，《月令》作"孟秋之月……凉风至……仲秋之月……盲风至"，《逸周书》作"立秋之日，凉风至"，《淮南子》作"孟秋之月……凉风至"，《唐月令注》作"立秋之日，凉风至"，《集解》作"立秋……凉风至"。

按：杨图"孟秋"，《月令》作"仲秋"，《逸周书》《唐月令注》《集解》作"立秋"。杨图"盲风"，《吕氏春秋》《逸周书》《淮南子》《唐月令注》《集解》作"凉风"。

《月令》："盲风至。"郑注："盲风，疾风也。"孔疏："曰'盲风，疾风'者，皇氏云秦人谓疾风为盲风。"④《月令章句》："仲秋，白露节，盲风至。秦人谓蓼风为盲风。"⑤ 据郑玄、孔颖达言，盲风乃疾风，即迅疾之风。《吕氏春秋》言："孟秋之月……凉风至，白露降，寒蝉鸣。"据"凉风至"后"白露""寒蝉"，可知孟秋之月，天气转冷，言"凉风至"符合孟秋时令特点，"盲风"不合时令，杨图所言失之。

（14）杨图"孟秋：农乃登谷"，《吕氏春秋》作"孟秋之月……是月也，农乃升谷"，《月令》作"孟秋之月……农乃登谷"，《逸周书》作

---

① 郑玄注，孔颖达正义《礼记正义》，中华书局，1980，第1370页。
② 钱绎撰集《方言笺疏》，李发舜、黄建中点校，中华书局，1991，第397页。
③ 郑玄注，孔颖达正义《礼记正义》，中华书局，1980，第1370页。
④ 郑玄注，孔颖达正义《礼记正义》，中华书局，1980，第1373页。
⑤ 王谟辑《增订汉魏丛书 汉魏遗书钞》（第六册），西南师范大学出版社、东方出版社，2011，第276页。

"处暑之日……又五日，禾乃登"，《淮南子》作"孟秋之月……是月农始升谷"，《唐月令注》作"处暑之中……后五日，禾乃登"，《集解》作"处暑七月中……禾乃登"。

按：杨图"农乃登谷"，《吕氏春秋》作"农乃升谷"，《淮南子》作"农始升谷"，《逸周书》《唐月令注》《集解》作"禾乃登"。"登"义，文献有说。《左传·隐公五年》"不登于俎"孔颖达疏引服虔曰："以登为升。"《仪礼·丧服传》"冠六升"郑注："今之《礼》皆以登为升。"可知，"登""升"同。

《集解》云："处暑七月中。处，止也。暑气至此而止矣……禾乃登。禾者谷连藁秸之总名。又稻秫苽粱之属皆禾也。成熟曰登。"① "禾乃登"义，如吴澄所言。杨图"农乃登谷"义与"禾乃登"义同。

（15）杨图"仲秋：雷收声"，《吕氏春秋》作"仲秋之月……是月也，日夜分，雷乃始收声"，《月令》作"仲秋之月……雷始收声"，《逸周书》作"秋分之日，雷始收声"，《淮南子》作"仲秋之月……雷乃始收"，《唐月令注》作"秋分之日，雷乃收声"，《集解》作"秋分……雷始收声"。

按：杨图"雷收声"，《吕氏春秋》作"雷乃始收声"，《月令》《逸周书》《集解》作"雷始收声"，《淮南子》作"雷乃始收"。

《月令》："雷始收声。"郑注："雷始收声，在地中动内物也。"孔疏："曰'知动内物'者，以雷是阳气，主于动，不惟地中潜伏而已，至十一月一阳初生，震下坤上，复卦用事，震为动，坤为地，是动于地下，是从此月为始，故云动内物也。"② 《集解》云："秋分八月中，解见春分。雷始收声，鲍氏曰'雷二月阳中发声，八月阴中收声'。"③ 据郑玄、孔颖达、吴澄言，"雷始收声"描述这一时令特点更为精确。

（16）杨图"仲秋：蛰虫坏户"，《吕氏春秋》作"仲秋之月……蛰虫俯户"，《月令》作"仲秋之月……蛰虫坏户"，《逸周书》作"秋分之日……又五日，蛰虫培户"，《淮南子》作"仲秋之月……蛰虫培户"，

---

① 吴澄：《月令七十二候集解》，商务印书馆，1936，第7页。
② 郑玄注，孔颖达正义《礼记正义》，中华书局，1980，第1374页。
③ 吴澄：《月令七十二候集解》，商务印书馆，1936，第7页。

《唐月令注》作"秋分之日……后五日，蛰虫坏户"，《集解》作"秋分……蛰虫坏户"。

按：杨图"坏户"，《吕氏春秋》作"俯户"，《月令》《唐月令注》《集解》作"坏户"，《逸周书》《淮南子》作"培户"。

《月令》："蛰虫坏户。"郑注："坏，益也。蛰虫益户谓稍小之也。……坏音陪。"孔疏："云'蛰虫益户，稍小之'者，户谓穴也，以土增益穴之四畔，使通明处稍小，所以然者以阴气将至此，以坏之稍小，以时气尚温，犹须出入，故十月寒甚乃闭之也。"①《集解》云："秋分八月中，解见春分。……蛰虫坏（音培）户，淘瓦之泥曰坏，细泥也。按《礼记》注曰：坏益其蛰穴之户，使通明处稍小，至寒甚乃瑾塞之也。"②据文献，坏音陪，故"坏户"可作"陪户"；又《广雅》卷五上《释言》："㝢，培也。"王念孙疏证"坏，与培通，坏之言胚胎也"，故亦作"培户"。又《玉篇·土部》："坏，又作坏"，"坏户"亦作"坏户"。《吕氏春秋》作"俯户"失之。

（17）杨图"季秋：爵入大水为蛤"，《吕氏春秋》作"季秋之月……宾爵入大水为蛤"，《月令》作"季秋之月……爵入大水为蛤"，《逸周书》作"寒露之日……又五日，爵入大水化为蛤"，《淮南子》作"季秋之月……宾雀入大水为蛤"，《唐月令注》作"寒露之日……后五日，雀入大水为蛤"，《集解》作"寒露，九月节……雀入大水为蛤"。

按：杨图"爵"，《吕氏春秋》作"宾爵"，《淮南子》作"宾雀"，《唐月令注》《集解》作"雀"。

《月令》："鸿雁来宾，爵入大水为蛤。"郑注："来宾言其客止未去也。大水，海也。"孔疏："上仲秋直云'鸿雁来'，今季秋云'来宾'，以仲秋初来则过去，故不云宾。今季秋'鸿雁来宾'者，客止未去也，犹如宾客，故云'客止未去也'。'大水，海也'者，按：《国语》云'雀入于海为蛤，故知大水是海也。'"③据郑玄、孔颖达言，"来宾"之"宾"属上句，非"宾爵"连言，与《吕氏春秋》"宾爵"、《淮南子》"宾雀"

---

① 郑玄注，孔颖达正义《礼记正义》，中华书局，1980，第1374页。
② 吴澄：《月令七十二候集解》，商务印书馆，1936，第7页。
③ 郑玄注，孔颖达正义《礼记正义》，中华书局，1980，第1379页。

相异。《集解》云:"寒露,九月节……雀入大水为蛤。雀,小鸟也,其类不一,此为黄雀。"①《方言》卷八:"桑飞,自关而东谓之工爵。"钱绎笺疏:"爵、雀字异音义同。"则爵即为雀。杨图言"爵"有理。

《淮南子》:"候雁来,宾雀入大水为蛤。"高诱注:"宾雀者,老雀也,栖宿人堂宇之间,如宾客者也,故谓之宾。"②据高诱言,宾雀乃老雀,与郑玄言"来宾"有异,我们以为郑玄所言有理。

(18) 杨图"季秋:菊有黄华",《吕氏春秋》作"季秋之月……菊有黄华",《月令》作"季秋之月……鞠有黄华",《逸周书》作"寒露之日……又五日,菊有黄华",《淮南子》作"季秋之月……菊有黄华",《唐月令注》作"寒露之日……后五日,菊有黄华",《集解》作"寒露……菊有黄华"。

按:杨图"菊",《月令》作"鞠",其余诸本皆与杨图同。《月令》:"鞠有黄华。"郑注:"鞠,本又作菊。九六反。"③陆德明释文:"鞠,本又作菊。九六反。"④《楚辞·九歌·礼魂》:"春兰兮秋菊。"王注:"菊,一作鞠。"据文献,菊、鞠同。

(19) 杨图"季秋:豺祭兽",《吕氏春秋》作"季秋之月……豺则祭兽戮禽",《月令》作"季秋之月……豺乃祭兽戮禽",《逸周书》作"霜降之日,豺乃祭兽",《淮南子》作"季秋之月……豺乃祭兽戮禽",《唐月令注》作"霜降之日,豺乃祭兽",《集解》作"霜降,九月中……豺祭兽"。

按:杨图"豺祭兽",《吕氏春秋》《月令》《淮南子》作"豺则(乃)祭兽戮禽",《逸周书》《唐月令注》"豺乃祭兽"。《月令》:"豺乃祭兽戮禽。"郑注:"戮犹杀也。"孔疏:"云'戮犹杀也'者,以《经》祭兽戮禽,禽兽皆杀之,但杀兽而又陈戮禽,则杀之而已,不以为祭,故直云'戮禽',此亦互文也。禽兽初得皆杀而祭之,后得者杀而不祭也。"⑤《淮南子》:"豺乃祭兽戮禽。"高诱注:"豺,似狗而长尾,其色黄。是月时,

---

① 吴澄:《月令七十二候集解》,商务印书馆,1936,第8页。
② 刘文典:《淮南鸿烈集解》,冯逸等点校,中华书局,2013,第213页。
③ 郑玄注,孔颖达正义《礼记正义》,中华书局,1980,第1379页。
④ 陆德明:《经典释文》,张一弓点校,上海古籍出版社,2013,第698页。
⑤ 郑玄注,孔颖达正义《礼记正义》,中华书局,1980,第1379页。

豺杀兽，四面陈之，世谓之祭兽。戮，犹杀也。"[1] 据高诱、孔颖达，"戮禽"与"祭兽"乃互文，祭兽乃杀而祭之，杨图"豺祭兽"可补为"豺祭兽戮禽"。

（20）杨图"季秋：蛰虫咸俯"，《吕氏春秋》作"季秋之月……蛰虫咸俯在穴"，《月令》作"季秋之月……蛰虫咸俯在内"，《逸周书》作"霜降之日，蛰虫咸俯"，《淮南子》作"季秋之月……蛰虫咸俛"，《唐月令注》作"霜降之日……后五日，蛰虫咸俯"，《集解》作"霜降……蛰虫咸俯"。

按：杨图"俯"，《淮南子》作"俛"，其他诸本皆与杨图同。"俛"，《汉书·东方朔传》"鹤俛啄也"颜师古注"俛，即俯字也"，《文选·曹植〈杂诗〉》"俛仰岁将暮"旧校"五臣作俯"，《左传·成公二年》"韩厥俛定其右"杜预注"俛，俯也"。据文献言，"俛""俯"同。杨图"俯"亦作"俛"。

杨图"蛰虫咸俯"，《吕氏春秋》衍"在穴"二字，《月令》衍"在内"二字，其余诸本与杨图同。《月令》："蛰虫咸俯在内，皆墐其户。"孔疏："俯，垂头也。墐，涂也。前月但藏而坏户至，此月既寒，故垂头向下以随阳气。阳气稍沈在下也，而又涂塞其户冗以避地上，阴杀之气也。"[2] 据孔颖达言，"蛰虫咸俯在内"乃言垂头向下，"在内"所指语焉不详，据下文，或为户内，然节气所言当总体特征，故言户内失之偏颇，当如《集解》云"霜降，九月中……蛰虫咸俯。《淮南子》作俛。咸，皆也。俯，垂头也。此时寒气肃凛，虫皆垂头而不食矣"[3]。故杨图所言有理。

（21）杨图"孟冬：雉入水为蜃"，《吕氏春秋》作"孟冬之月……雉入大水为蜃"，《月令》作"孟冬之月……雉入大水为蜃"，《逸周书》作"霜降之日……又五日，雉入大水为蜃"，《淮南子》作"孟冬之月……雉入大水为蜃"，《唐月令注》无，《集解》作"立冬，十月节……雉入大水为蜃"。

---

[1] 刘文典：《淮南鸿烈集解》，冯逸等点校，中华书局，2013，第213页。
[2] 郑玄注，孔颖达正义《礼记正义》，中华书局，1980，第1380页。
[3] 吴澄：《月令七十二候集解》，商务印书馆，1936，第8页。

按：杨图"水"，《唐月令注》无，其他诸本作"大水"。《月令》："雉人大水为蜃。"郑注："大水，淮也。大蛤曰蜃。"孔疏："知'大水，淮'者，《晋语》云：雉人于淮为蜃。"① 郑玄注"大水，淮也"，《淮南子》高诱注、《集解》、《吕氏春秋》言皆与郑玄言同。我们以为杨图"水"当为"大水"，其前脱一"大"字。《唐月令注》可据此补苴是文之阙。

（22）杨图"孟冬：天气腾"，《吕氏春秋》作"孟冬之月……天气上腾，地气下降"，《月令》作"孟冬之月……天气上腾，地气下降"，《逸周书》作"小雪之日……又五日，天气上腾，地气下降"，《淮南子》无，《唐月令注》作"小雪之日……后五日，天气上腾，地气下降"，《集解》作"小雪，十月中……天气上升，地气下降"。

按：杨图"天气腾"，《淮南子》无，《集解》作"天气上升"，其他诸本皆作"天气上腾"。又杨图无"地气下降"，除《淮南子》外，他本皆有。

《月令》："命有司曰：天气上腾，地气下降。"郑注："使有司助闭藏之气。"孔疏："若以《易》卦言之，七月，三阳在上则天气上腾，三阴在下则地气下降也。今十月乃云'天气上腾，地气下降'者，《易》含万象，言非一概周流六虚，事无定体，若以爻象言之，则七月为'天气上腾，地气下降'。若气应言之，则从五月'地气上腾'，至十月地气六阴俱升，天气六阳并谢，天体在上，阳归于虚无，故云'上腾'。地气六阴用事，地体在下，阴气下连于地，故云'地气下降'，各取其义，不相妨也。"② 以卦言天气阴阳，上腾、下降之说乃据月份结合爻象而定，孔说甚是有理。故杨图"天气腾"当补正为"天气上腾，地气下降"，《淮南子》亦当据他本补。

（23）杨图"孟冬：闭塞成冬"，《吕氏春秋》作"孟冬之月……闭而成冬"，《月令》作"孟冬之月……闭塞而成冬"，《逸周书》作"小雪之日……又五日，闭塞而成冬"，《淮南子》无，《唐月令注》作"小雪之日……后五日，闭塞而成冬"，《集解》作"小雪……闭塞而成冬"。

---

① 郑玄注，孔颖达正义《礼记正义》，中华书局，1980，第1381页。
② 郑玄注，孔颖达正义《礼记正义》，中华书局，1980，第1381页。

按：杨图"闭塞成冬"，《月令》《逸周书》《唐月令注》《集解》皆作"闭塞而成冬"，《吕氏春秋》作"闭而成冬"。《集解》云"小雪，十月中……闭塞而成冬，天地变而各正其位，不交则不通，不通则闭塞，而时之所以为冬也。"① 据吴澄言，"闭塞而成冬"，"而"字在这里表顺承关系，"闭塞"后紧接着"成冬"，故杨图"闭塞成冬"当为"闭塞而成冬"，脱一"而"字。《淮南子》当据他文补。

（24）杨图"仲冬：鹖旦不鸣"，《吕氏春秋》作"仲冬之月……鹖鴠不鸣"，《月令》作"仲冬之月……鹖旦不鸣"，《逸周书》作"大雪之日，鹖鸟不鸣"，《淮南子》作"仲冬之月……鳱鴠不鸣"，《唐月令注》作"大雪之日，鹖鸟不鸣"，《集解》作"大雪，十一月节……鹖鴠不鸣"。

按：杨图"鹖旦"，《吕氏春秋》《集解》作"鹖鴠"，《逸周书》作"鹖鸟"，《淮南子》作"鳱鴠"，《唐月令注》作"鹖鸟"。

关于"鹖旦"，文献多有记载。《月令》："鹖旦不鸣。"郑注："鹖旦，求旦之鸟也。"②《广雅·释鸟》："鹖鴠，鳱鴠也。"《吕氏春秋》："鹖鴠不鸣。"毕沅新校正："鹖鴠，《月令》古本作'曷旦'，今本作'鹖旦'。"《集解》云："大雪，十一月节……鹖鴠不鸣。《禽经》曰：鹖，毅鸟也。似雉而大，有毛角，斗死方休，古人取为勇士冠名，可知矣。《汉书音义》亦然。《埤雅》云：黄黑色，故名为鹖。据此本阳鸟感六阴之极不鸣矣，若郭璞《方言》：似鸡，冬无毛，昼夜鸣，即寒号虫。陈澔与方氏亦曰：求旦之鸟，皆非也。夜既鸣，何为不鸣耶？《丹铅余录》作雁，亦恐不然。《淮南子》作'鳱鴠'，《诗》注作'渴旦'。"③ 据文献，杨图"鹖旦"，又作"鹖鴠""曷旦""鹖鴠""鳱鴠""渴旦"等。《逸周书》作"鹖鸟"，《唐月令注》作"鹖鸟"，皆失之。

（25）杨图"仲冬：荔挺出"，《吕氏春秋》作"仲冬之月……荔挺出"，《月令》作"仲冬之月……荔挺出"，《逸周书》作"大雪之日……又五日，荔挺生"，《淮南子》作"仲冬之月……荔挺出"，《唐月令注》作"大雪之日……后五日，荔挺出"，《集解》作"大雪……荔挺出"。

---

① 吴澄：《月令七十二候集解》，商务印书馆，1936，第9页。
② 郑玄注，孔颖达正义《礼记正义》，中华书局，1980，第1382页。
③ 吴澄：《月令七十二候集解》，商务印书馆，1936，第9页。

按：杨图"荔挺出"，《逸周书》作"荔挺生"，其他诸本皆与杨图同。《月令》："芸始生，荔挺出。"郑注："荔挺，马薤也。"孔疏："'芸始生，荔挺出'者，皇氏云：以其俱香草，故应阳气而出。"① 《集解》云："大雪，十一月节……荔挺出。荔，《本草》谓之蠡，实即马薤也。郑康成、蔡邕、高诱皆云马薤，况《说文》云荔似蒲而小，根可为刷，与《本草》同。但陈澔注为香草，附和者即以为零陵香，殊不知零陵香自生于三月也。"② 据郑玄、吴澄言，杨图"荔挺出"乃应阳气而出，《逸周书》作"荔挺生"亦有应阳气而生之义，表述有异，文义相同。

（26）杨图"季冬：雁北乡"，《吕氏春秋》作"季冬之月……雁北乡"，《月令》作"季冬之月……雁北乡"，《逸周书》作"小寒之日，雁北向"，《淮南子》作"季冬之月……雁北乡"，《唐月令注》作"小寒之日，雁北乡"，《集解》作"小寒，十二月节……雁北乡"。

按：杨图"雁北乡"，《逸周书》作"雁北向"，其他诸本皆与杨图同。《月令》："雁北乡。"郑注："乡音向。"孔疏："雁北乡，有早有晚。早者，则此月北乡；晚者，二月乃北乡，故《易说》云：二月惊蛰，候雁北乡。"③《集解》云："小寒，十二月节……雁北乡。去声。乡，向导之义。二阳之候，雁将避热而回，今则乡北飞之，至立春后皆归矣。"④ 据文献言，杨图"雁北乡"之"乡"有向导义，其音向。故《逸周书》言"雁北向"之"向"乃"乡"音读，当作"雁北乡"。

（27）杨图"季冬：雉始鸣"，《吕氏春秋》作"季冬之月……雉雊"，《月令》作"季冬之月……雉雊"，《逸周书》作"小寒之日……又五日，雉始雊"，《淮南子》作"季冬之月……雉雊"，《唐月令注》作"小寒之日……后五日，野雉始雊"，《集解》作"小寒，十二月节……雉雊"。

按：杨图"雉始鸣"，《吕氏春秋》《月令》《淮南子》《集解》皆作"雉雊"，《逸周书》作"雉始雊"，《唐月令注》作"野雉始雊"。《月令》："雉雊鸡乳。"郑注："雊，雉鸣也。《诗》云：雉之朝雊，尚求其

---

① 郑玄注，孔颖达正义《礼记正义》，中华书局，1980，第1383页。
② 吴澄：《月令七十二候集解》，商务印书馆，1936，第9页。
③ 郑玄注，孔颖达正义《礼记正义》，中华书局，1980，第1383页。
④ 吴澄：《月令七十二候集解》，商务印书馆，1936，第9页。

雌。"孔疏:"'雉雊鸡乳'者,《易通卦验》云:'雉雊鸡乳'在立春节,与此同,以立春在此月也。"①《集解》云:"小寒,十二月节……雉雊。音姤。雉,文明之禽,阳鸟也。雊,雌雄之同鸣也,感于阳而后有声。"②据郑玄言,雊乃雉鸣。许慎《说文·隹部》言"雊,雌雄鸣也",《诗·邶风·匏有苦叶》孔颖达疏"雄雉之鸣曰雊也",《诗·小雅·小弁》马瑞辰传笺通释"雉鸣通得称雊,不别雌雄是也",则雊乃雉鸣为确。杨图"雉始鸣"与其他文献言"雉雊"义大致同,仅"开始鸣叫"与其他文献所言"鸣叫"有异。"雉始鸣"指在季冬之月雉开始发出声音,是否一定是从这一时期开始的,不能完全确定,故"始"字表义不甚准确。《唐月令注》言"野雉始雊","雉"有野义,"野雉"连言稍显重复。

(28) 杨图"季冬:鸡始乳",《吕氏春秋》作"季冬之月……鸡乳",《月令》作"季冬之月……鸡乳",《逸周书》作"大寒之日,鸡始乳",《淮南子》作"季冬之月……鸡呼卵",《唐月令注》作"大寒之日,鸡始乳",《集解》作"大寒,十二月中……鸡乳"。

按:杨图"鸡始乳",《吕氏春秋》《月令》《集解》作"鸡乳",《淮南子》作"鸡呼卵"。《月令》:"雉雊鸡乳。"孔疏:"'雉雊鸡乳'者,《易通卦验》云:'雉雊鸡乳'在立春节,与此同,以立春在此月也。"③《集解》云:"大寒,十二月中……鸡乳,育也。马氏曰:鸡,木畜,丽于阳而有形,故乳在立春节也。"④据孔颖达、吴澄言,立春之日,鸡乳,故杨图"季冬:鸡始乳"不精确。

(29) 杨图"季冬:征鸟厉疾",《吕氏春秋》作"季冬之月……征鸟厉疾",《月令》作"季冬之月……征鸟厉疾",《逸周书》作"大寒之日……又五日,鸷鸟厉疾",《淮南子》无,《唐月令注》作"大寒之日……后五日,鸷鸟厉疾",《集解》作"大寒……征鸟厉疾"。

按:杨图"征鸟",《逸周书》《唐月令注》作"鸷鸟"。"征鸟",文献有说。《月令》:"征鸟厉疾。"郑注:"杀气当极也。征鸟,题肩也。齐

---

① 郑玄注,孔颖达正义《礼记正义》,中华书局,1980,第1383页。
② 吴澄:《月令七十二候集解》,商务印书馆,1936,第9~10页。
③ 郑玄注,孔颖达正义《礼记正义》,中华书局,1980,第1383页。
④ 吴澄:《月令七十二候集解》,商务印书馆,1936,第10页。

人谓之击征，或名曰鹰，仲春化为鸠。"孔疏："征鸟谓鹰隼之属也，谓为征鸟如征厉严猛，疾，捷速也。时杀气盛极，故鹰隼之属，取鸟捷疾严猛也。蔡云：太阴杀气将尽，故猛疾与时竞也。……按《释鸟》云：鹰，鶆鸠。某氏云：鶆鸠、鹝鸠。《月令》云：鹰化为鸠。《左传》曰：爽鸠氏，司寇也。郭景纯云：鶆当为鹝。即鹝鸠也。此征鸟者，则鹝鸠之谓也。"①《月令章句》："征鸟厉疾，太阴杀气将尽，故猛疾与时竞也。"②据孔颖达言，征鸟捷疾严猛，乃鹰隼之类鸟。"鸷"义，文献亦有说。"鸷"义，《玉篇》释为"猛鸟"，《战国策·赵策一》鲍彪注为"杀鸟"，《后汉书·吴汉传》李贤注为"凡鸟之勇锐、兽之猛悍者，皆名鸷也"，可知"鸷"有勇锐、猛悍之义。"鸷鸟"义，《后汉书·安帝纪》李贤注为"鸷鸟，谓鹰鹯之类也"，《逸周书》朱右曾集训校释为"鹰隼之属"，柳宗元《同刘二十八院长寄澧州张使君八十韵》蒋之翘辑注为"即谓鸟隼也"。据文献所言，"鸷鸟""征鸟"义同。《淮南子》当据文献所言补。

总之，观杨图之文，七十二候特征表述角度有异，从四季（如孟春、仲春、季春等）概言之，结合每一候特点简言之；文字表述言简意赅，每一候对应特征或用三字，或用四字，或用五字概括。

观杨图，"七十二候图"以四季（春夏秋冬）对应四方（东西南北）图之，有取"天圆地方"之"地方"义。

二 "月令明堂图"（见图 3-29）

> 孟春居青阳左个，仲春居青阳太庙，季春居青阳右个。孟夏居明堂左个，仲夏居明堂太庙，季夏居明堂右个，中央居太庙太室。孟秋居总章左个，仲秋居总章太庙，季秋居总章右个。孟冬居玄堂左个，仲冬居玄堂（大）[太]庙，季冬居玄堂右个。③

杨图"月令明堂图"文，《礼记·月令》《吕氏春秋·四时纪》皆

---

① 郑玄注，孔颖达正义《礼记正义》，中华书局，1980，第1383~1384页。
② 王谟辑《增订汉魏丛书 汉魏遗书钞》（第六册），西南师范大学出版社、东方出版社，2011，第278页。
③ 杨甲：《六经图》台湾商务印书馆，1982，第375页。

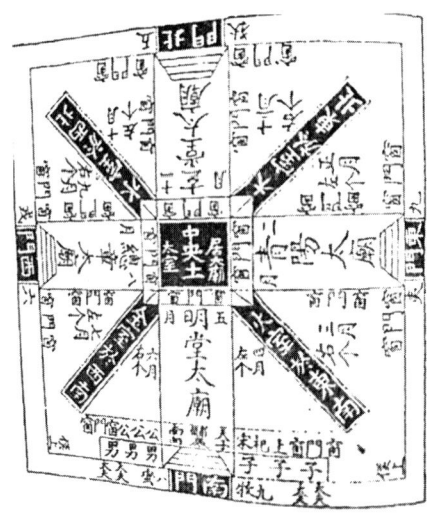

图 3-29 杨甲《六经图》"月令明堂图"

有载。

"明堂"之制，文献有说。《周礼·考工记·匠人》："周人明堂，度九尺之筵，东西九筵，南北七筵，堂崇一筵，五室，凡室二筵。"郑玄注："堂上为五室，象五行也。"《尚书·顾命》："牖间南向，敷重篾席……先辂在左塾之前，次辂在右塾之前。"孔疏："案郑注《周礼》：宗庙路寝制如明堂，明堂则五室。此路寝得有东房西房者，《郑志》张逸以此问。郑答云：'成王崩在镐京，镐京宫室因文武更不改作，故同诸侯之制，有左右旁也。'孔无明说，或与郑异，路寝之制不必同明堂也。"[1]《考工记》郑注、《顾命》孔疏言"明堂"乃"治朝"义，非"月令明堂"。《大戴礼记·明堂》："明堂者，古有之也。凡九室：一室而有四户、八牖，凡三十六户、七十二牖。"又曰："上圆下方，九室十二堂。"蔡邕《明堂月令论》言："九室以象九州，十二宫以应辰，三十六户，七十二牖，以四户八牖，乘九室之数也。"《三辅黄图》卷五曰："《大戴礼》云'明堂九室'……《考工记》云'明堂五室'。称'九室'者，取象阳数也……五室者，象五行也。"可见"明堂"有"五室""九室"之说。

观杨甲"月令明堂图"：明堂为五室，具体为金室（西南）、水室

---

[1] 孔安国传，孔颖达正义《尚书正义》，中华书局，1980，第239~240页。

（西北）、木室（东北）、火室（东南）、太室（中央土）；明堂有四门，即东门（九夷）、西门（六戎）、南门（九牧八蛮）、北门（五狄），每门三堂，凡十二堂，按照月份依次为：正月青阳左个、二月青阳太庙、三月青阳右个、四月明堂左个、五月明堂太庙、六月明堂右个、七月总章左个、八月总章太庙、九月总章右个、十月玄堂左个、十一月玄堂太庙、十二月玄堂右个。杨图所言乃据《礼记·明堂位》，《明堂位》言："昔者周公朝诸侯于明堂之位：天子负斧依南乡而立；三公，中阶之前，北面东上。诸侯之位，阼阶之东，西面北上。诸伯之国，西阶之西，东面北上。诸子之国，门东，北面东上。诸男之国，门西，北面东上。九夷之国，东门之外，西面北上。八蛮之国，南门之外，北面东上。六戎之国，西门之外，东面南上。五狄之国，北门之外，南面东上。九采之国，应门之外，北面东上。四塞，世告至。此周公明堂之位也。明堂也者，明诸侯之尊卑也。"郑注："朝于此，所以正仪辨等也。"孔疏："所以朝诸侯于明堂者，欲显明诸侯之尊卑，故就尊严之处以朝。……解周公所以朝诸侯在此明堂之意。云'正仪辨等'者，大司马职文。彼云设仪辨位以等邦国，郑略言之"。① 据《明堂位》文，杨图"南门（九牧八蛮）"当为"南门（九采八蛮）"；杨图"天子黼扆南向"当为"天子负斧依南乡"。《明堂位》言"三公，中阶之前，北面东上。诸侯之位，阼阶之东，西面北上。诸伯之国，西阶之西，东面北上。诸子之国，门东，北面东上。诸男之国，门西，北面东上"，则杨图"三公，南面西上"与《明堂位》"三公，北面东上"不符，杨图"诸侯之位，阼阶之东，西阶之西"与《明堂位》"诸侯之位，阼阶之东，西面北上"不符；《明堂位》"诸伯之国，西阶之西，东面北上"，杨图作"二大夫，西阶之西；二大夫，阼阶之东"；《明堂位》"诸子之国，门东，北面东上"，杨图作"三子，门东"；《明堂位》"诸男之国，门西，北面东上"，杨图作"三男，门西，北面西上"；杨图"四月左个"之堂下有"宋杞上"三字，不知何意。比勘杨图之文与《礼记·明堂位》，知杨图"月令明堂图"与文献所载有相异之处。

聂崇义《三礼图集注》卷四"宫室图"之"明堂"②（见图 3-30）

---

① 郑玄注，孔颖达正义《礼记正义》，中华书局，1980，第 1487~1488 页。
② 聂崇义集注《三礼图集注》，上海古籍出版社，1987，第 56 页。

存有"五室""九室"二说，未言孰是。陈祥道《礼书》卷一四"周明堂"言明堂乃五室，其与太庙、路寝非同制。①《戴震全书》第五册《考工记图》卷下言明堂五室。② 阮元《揅经室集》卷三《明堂论》亦言明堂五室。③ 金榜《礼笺》卷三"明堂"以为王之听政之明堂（路寝）乃五室，合诸侯之明堂无室庙个之制。④ 黄以周《礼书通故》卷一五《明堂礼通故》："《记·月令》言听朔之礼，有青阳、明堂、总章、玄堂诸太庙及左右个之名。郑玄注以《匠人》五室之制言之，左右个即太庙之左右偏，而或者分之为九室，又且分之为十二堂。贾思伯云：'《月令》本无九室之文。原其制置，不乖五室。青阳右个即明堂左个，明堂右个即总章左个，如此则室犹是五，而布政十二。五室之理，谓可为安。'"又："以周案：《盛德篇》上记九室为秦制，下记十二堂为汉制，二者不同，故郑《驳异义》云'《戴记》上下显异'是也。蔡邕《明堂论》误据秦、汉制以为周礼。李谧斥《匠人》文，语多悖晦。其说五室外有左右个，实亦九室之制，与《匠人》文不同也。蔡、李两说并同《盛德》文。"⑤ 陈氏、戴氏、黄氏等学者主"明堂五室"说。俞樾《群经平义》"九室十二堂考"则言五室九室四堂十二堂之变迁，其说"九室十二堂乃秦汉之制"言之有据，可谓卓识。孙诒让《周礼正义》集诸家之成，于明堂之制，参酌折中，其搜罗可谓广矣，其持"五室乃明堂之通制"之论。

杨宗震《明堂通考》据文献及诸儒所言以为：五室乃周制，九室乃秦汉之制，孙诒让之说可谓切当。⑥ 薛梦潇《"周人明堂"的本义、重建与经学想象》结合文献及西安大土门遗址、洛阳南郊礼制建筑遗址等出土实物以为，蔡邕明堂"九室"说符合汉代明堂制度，郑玄力主"五室"说，驳斥蔡"九室"说也有道理，之所以偏离或溢出"周人明堂"的本义，正是深受现实中汉代明堂制度的影响。⑦《礼记·明堂位》孔疏："四堂十

---

① 陈祥道：《礼书》，书目文献出版社，1993，第161页。
② 张岱年主编《戴震全书》（第五册），黄山书社，1995，第431页。
③ 阮元：《揅经室集》，中华书局，1993，第510页。
④ 金榜：《礼笺》，凤凰出版社，2005，第4579~4580页。
⑤ 黄以周：《礼书通故》，王文锦点校，中华书局，2007，第709~711页。
⑥ 杨宗震：《明堂通考》，《女师大学术季刊》1930年第2期，第1158~1203页。
⑦ 薛梦潇：《"周人明堂"的本义、重建与经学想象》，《历史研究》2015年第6期，第22~42页。

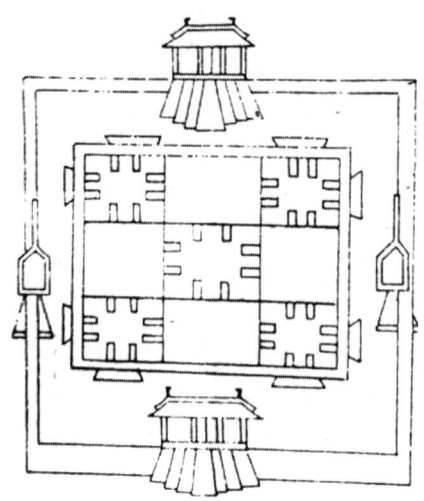

图 3-30 聂崇义《三礼图集注》"明堂"

二室。"① 我们以为"十二室"说不确,"九室"说乃郑玄所言衍"五室"说,故明堂"五室"实为周制,"九室"乃秦汉之制。杨图明堂五室当据周制而言。

又杨甲《六经图》之后,清代学者亦撰有六经图,检之清代学者撰"月令明堂图",其亦有与杨图相异之处。清人王皓《六经图》"月令明堂图"(见图 3-31):"明堂之制,中央为太庙太室,周回为堂。室者十有二以象十二月,天子按月居之。个,明堂旁舍也。按:明堂路寝宗庙皆有五室、十二堂、四门,每月视朔听政于其堂,王居必随日月之会也,闰月无所会之次。"王皓图明堂"十二室",与杨图"五室"有异。

清人郑之侨《六经图》"月令明堂之图":"明堂制,上圆下方,八窗四达……九室法九州,十二堂法十二月……青阳左个,寅上之室。青阳太庙,卯上之室。青阳右个,辰上之室。明堂左个,巳上之室。明堂太庙,午上之室。明堂右个,未上之室。太庙太室云者,太庙明堂总名。太室,中央室也。总章左个,申上之室。总章太庙,酉上之室。"郑图言明堂"九室",与杨图"五室"有异。又郑图"九室"之名乃以地支命名,如寅上之室、未上之室等,与杨图"五室"以五行命名相异,可知明堂之室

---

① 郑玄注,孔颖达正义《礼记正义》,中华书局,1980,第 1487 页。

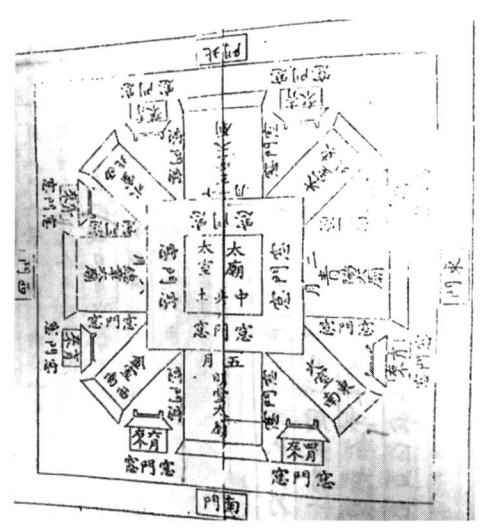

图 3-31　王皞《六经图》"月令明堂图"

命名未有定制。

三　卷八《礼记制度示掌图》之"五社制度图"

> 天子之社广五丈，诸侯半之。五方之社，其土各象其方之色，各植所宜之木，封诸侯则各分其方之土，冒之以黄土。①

杨图"五社制度图"，王皞图作"五社方位图"。杨图"五社制度图"之"五社"即五方之社，如图 3-32 所示，即为：东社、西社、南社、北社、大社。社制，文献有载。《礼记·祭法》："王为群姓立社，曰大社。王自为立社，曰王社。诸侯为百姓立社，曰国社。诸侯自为立社，曰侯社。大夫以下成群立社，曰置社。"郑注："大夫不得特立社，与民族居，百家以上则共立一社，今时里社是也。《郊特牲》曰：唯为社事单出里。"孔疏："'王为群姓立社曰大社'者，群姓谓百官以下及兆民。言'群姓'者，包百官也。大社在库门之内右，故《小宗伯》云'右社稷'。'王自为立社曰王社'者，其王社所在，书传无文，或云与大社同处，王社在大

---

① 杨甲：《六经图》，台湾商务印书馆，1982，第 380 页。

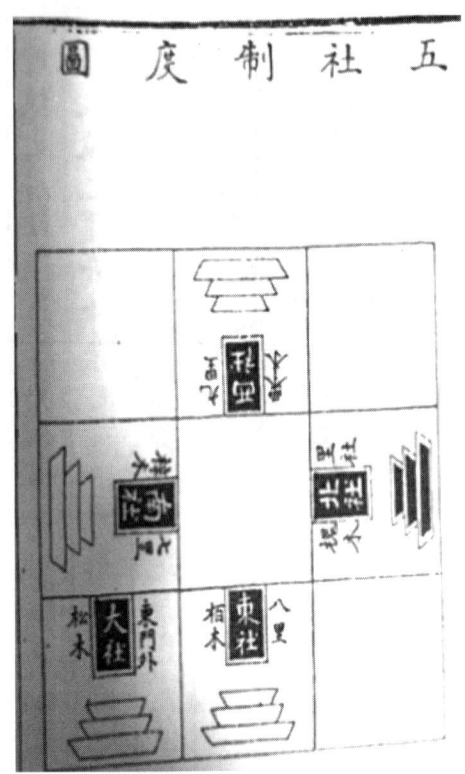

图 3-32 杨甲《六经图》"五社制度图"

社之西。崔氏并云：王社在藉田，王自所祭。"① 据《礼记》，天子二社为大社、王社，诸侯二社为国社、侯社，大夫以下一社为置社。《玉海》卷九九《郊祀》之"社稷"："周制：天子立三社，太社于库门内之西立之，王社于藉田立之，亳社庙门之外立之。注：'《五经通义》：大社在中门之外，稷在西并坛，王社在藉田之中。'诸侯立三社：国社、侯社、亳社，大夫以下立一社曰置社……马融《周礼注》：王者五社，太社在中门之外。"② 王应麟言周制：天子三社，诸侯三社，大夫以下一社。可知，古社自上而下为王社、诸侯社、大夫以下社，凡三类社。然就社之数量而言，《礼记》为"二、二、一"，《玉海》引周制为"三、三、一"，天子与诸侯社数一样，按照古代等级制度，天子与诸侯社数应呈等差排列，如天子

---

① 郑玄注，孔颖达正义《礼记正义》，中华书局，1980，第 1589~1590 页。
② 王应麟：《玉海》，广陵书社，2016，第 1828~1829 页。

五社、诸侯三社、卿大夫一社，故《玉海》引马融《周礼注》"王五社"一说有理，《礼记》、周制所言失之，马融言王五社，则诸侯三社，大夫以下一社可知。《新元史》卷八六《礼志六》："成周之制，天子立五社，诸侯三社，皆以勾龙配社，周弃配稷。社坛在东，稷坛在西……社坛广五尺，高四尺。以五色土为之。"柯劭忞引周制"社说"与马融同，其言有理。杨图"五社制度"未言天子、诸侯具体社数，可据马融说补之。杨图言"五方之社"当为天子五社，如图3-32所示为东社、西社、南社、北社、大社（位于东南方），杨氏言"五社"乃就方位而言。

《尚书·禹贡》："厥贡惟土五色。"孔颖达疏："《韩诗外传》云'天子社广五丈，东方青，南方赤，西方白，北方黑，上冒以黄土，将封诸侯，各取其方色土，苴以白茅，以为社'……蔡邕《独断》云'天子大社以五色土为坛'。"① 孔氏以为天子社以五色土苴以白茅。杨图以方色理论释社制，然未言"白茅"之制，仅言五色土，可据孔颖达说补。

《白虎通义》卷上《德论上》之"社稷"："故《周官》曰'司社而树之，各以土地所生'。《尚书》曰：'大社唯松，东社唯柏，南社唯梓，西社唯栗，北社唯槐。'……《春秋文义》曰：'天子之社稷广五丈，诸侯半之。'"② 班固据《尚书》言五社乃就方位而言，五社配五树乃社树制，杨图言"五社制度"与《尚书》载同。社树制，文献有说。《周礼·地官·封人》："封人掌诏王之社壝，为畿封而树之。"郑注："壝，谓坛及埒埆也。畿上有封，若今时界矣。"贾疏："云'为畿封而树之'者，谓王之国外四面五百里各置畿限，畿上皆为沟堑，其土在外而为封……云'畿上有封，若今时界矣'者，汉时界上有封树，故举以言之……案《孝经纬》：社是五土总神。"③ 王之社壝制度，乃畿封而树，即王之国外四面五百里设置畿限。清人刘宝楠亦有说。《论语·八佾》："哀公问社于宰我。宰我对曰：'夏后氏以松，殷人以柏，周人以栗。'"刘宝楠正义："《白虎通》云'社稷所以有树何也？尊而识之，使民望即见敬之，又所以表功也'。又引《尚书》逸篇曰'大社唯松，东社唯柏，南社唯梓，西社唯栗，北社唯

---

① 孔安国传，孔颖达正义《尚书正义》，中华书局，1980，第148页。
② 班固：《白虎通义》，中国书店，2018，第44~45页。
③ 郑玄注，贾公彦疏《周礼注疏》，中华书局，1980，第720页。

槐'。此皆社树之制，不定是一木，亦当以其土所宜尔。"① 刘氏以为五社配五树，五树选择当以其土所宜为标准，《尚书》所言仅是其中一种。

"大社"位置，文献有说。孔颖达《尚书疏》以为大社在库门之内右，则大社在库门内东；又言王社所在，书传无文，或言王社与大社同处，如同处，则王社在大社之西。《玉海》卷九九《郊祀》之"社稷"："周制：天子立三社，太社于库门内之西立之，王社于藉田立之，毫社庙门之外立之。注：'《五经通义》：大社在中门之外，稷在西并坛，王社在藉田之中。'"② 王应麟以为大社在库门内西或在中门之外，与孔说异。杨图"大社"位置在东门外，如图3-32所示即为东南方向。

《明史》卷四九《礼志三》："嘉靖九年谕礼部：'天地至尊，次则宗庙，又次则社稷。今奉祖配天，又奉祖配社，此礼官之失也。宜改从皇祖旧制，太社以句龙配，太稷以后稷配。'乃以更正社稷坛配位礼，告太庙及社稷，遂藏二配位于寝庙，更定行八拜礼。其坛在西苑幽风亭之西者，曰帝社稷。东帝社，西帝稷，皆北向。始名西苑土谷坛。"③ 张廷玉以为天子之社北向，即朝北，位于南方。

今北京中山公园内，有一座称为"五色土"之大土坛，坛上铺填五色土，坛外有一低矮围墙，墙南植有松树。此为明代天子之社稷坛，即仿周制为之。据此实物，我们以为天子之大社或在南门外，非杨图所言东门外。

杨图言东社八里、西社九里、南社七里、北社里社，文献对此有说。《玉海》卷九九《郊祀》之"社稷"："马融《周礼注》：王者五社，太社在中门之外惟松，东社八里惟柏，西社九里惟栗，东社七里惟梓，北社六里惟槐。注：'《后汉志》注：《尚书》逸篇曰大社惟松，东社惟柏，南社惟梓，西社惟栗，北社惟槐。'"④

据文献，杨图"北社里社"当为"北社六里"，其言"里社"失之。

---

① 刘宝楠：《论语正义》，中华书局，1990，第118~120页。
② 王应麟：《玉海》，广陵书社，2016，第1828页。
③ 张廷玉等：《明史》，中华书局，1974，第1937页。
④ 王应麟：《玉海》，广陵书社，2016，第1829页。

四 "五帝坐位图"（见图3-33）

五时迎气，五行之人帝太昊之属。梁崔灵恩云：明堂及郊，坐位依五行相向。一行解云：五精帝南面，人帝北面。其牲：天、人各一犊。①

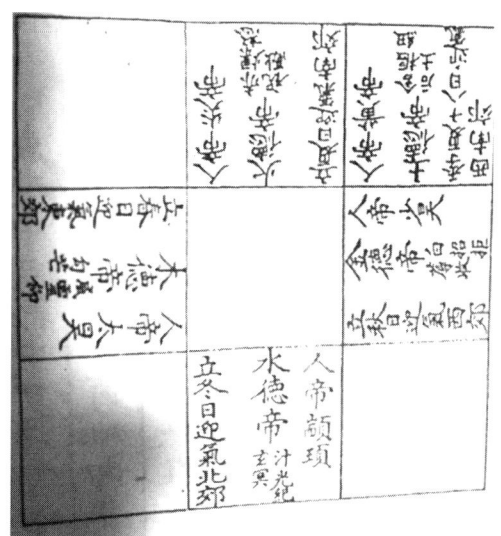

图3-33 杨甲《六经图》"五帝坐位图"

杨图"五帝坐位图"乃五帝、五德、五行、五时、五方相配而绘，其言"五帝"乃黄帝、炎帝、太昊、少昊、颛顼；"五德"乃水德、土德、火德、金德、木德；"四时"乃立春、立夏、立秋、立冬；"五郊"乃东郊、南郊、西南郊、西郊、北郊。

杨图言"五行之人帝"，是在阴阳五行思想影响下产生的神祇。《隋书》卷六《礼仪志一》："一云：唯有昊天，无五精之帝。而一天岁二祭，坛位唯一。圆丘之祭，即是南郊……五时迎气，皆是祭五行之人帝太皞之属，非祭天也。天称皇天，亦称上帝，亦直称帝。五行人帝亦得称上帝，

---

① 杨甲：《六经图》，台湾商务印书馆，1982，第380页。

但不得称天。故五时迎气及文、武配祭明堂，皆祭人帝，非祭天也。此则王学之所宗也。梁、陈以降，以迄于隋，议者各宗所师，故郊丘互有变易。"① 魏徵以为五行人帝乃天帝，如太皞之类，"太皞"，杨图作"太昊"。《玉函山房辑佚书·经编·通礼类》之崔灵恩《三礼义宗》卷四《礼记·郊特牲》："五时迎气及雩祭，则以五方人帝配之。九月大飨五帝，则以五人帝及文武配之，皆在明堂之上。"② 崔灵恩以为在明堂和四郊，五时迎气，以五方人帝相配。

  杨图言五行之人帝坐位引崔灵恩言，五行之人帝按照五行相向而坐。五行之方位，文献有说。《白虎通义·五行篇》："五行者何谓也？谓金木水火土也……水位在北方……木在东方……火在南方……金在西方……土在中央者……土所以不名时，地土别名也。比于五行最尊，故不自居部职也。"班固所言乃五行之方位，五行之人帝当与五行之方位同。然杨图黄帝、炎帝之坐位与崔灵恩言有异。五帝之坐位，文献亦有载。《周礼·天官·大宰》："祀五帝，则掌百官之誓戒。"郑注："祀五帝谓四郊及明堂。"贾疏："释曰'五帝'者，东方青帝灵威仰，南方赤帝赤熛怒，中央黄帝含枢纽，西方白帝白招拒，北方黑帝汁光纪。依《月令》四时迎气及季夏六月迎土气于南郊，其余四帝各于其郊并夏正祭所感帝于南郊，故云祀五帝于四郊也。郑云'及明堂者，总飨五帝于明堂'……郑云'及明堂'者，广解祀五帝之处，其实此处无明堂。"③ 郑玄以为祀五帝在四郊和明堂；贾公彦以为五帝之位置乃东西南北中，祀五帝之处在四郊，不包含明堂，贾说与郑玄、崔灵恩言皆异。《汉书》卷二五《郊祀志》："（平帝元始五年）而称地祇曰后土，与中央黄灵同……分群神以类相从为五部，兆天墬之别神：中央帝黄灵后土畤及日庙、北辰、北斗、填星、中宿中宫于长安城之未墬兆；东方帝太昊青灵勾芒畤及雷公、风伯庙、岁星、东宿东宫于东郊兆；南方炎帝赤灵祝融畤及荧惑星、南宿南宫于南郊兆；西方帝少皞白灵蓐收畤及太白星、西宿西宫于西郊兆；北方帝颛顼黑灵玄冥畤

---

① 魏徵、令狐德棻：《隋书》，中华书局，1973，第107~108页。
② 马国翰：《玉函山房辑佚书》，京都中文出版社，1979，第1160页。
③ 郑玄注，贾公彦疏《周礼注疏》，中华书局，1980，第649页。

及月庙、雨师庙、辰星、北宿北宫于北郊兆。"① 班固言郊祀之五帝所处位置：黄帝处于中央（长安城之未地），太昊处于东郊，炎帝处于南郊，少皞处于西郊，颛顼处于北郊。

杨图祀五行之人帝之处仅在四郊，不在明堂之上。其中杨图"人帝黄帝：土德帝（后土：含枢纽），季夏十八日迎气，西南郊"，黄帝乃土德帝，其位置当后土之位。《礼记·月令》："中央土……其帝黄帝，其神后土。"《独断》卷上："五方正神之别名：东方之神，其帝太昊，其神勾芒。南方之神，其帝神农，其神祝融。西方之神，其帝少昊，其神蓐收。北方之神，其帝颛顼，其神玄冥。中央之神，其帝黄帝，其神后土。"②《月令》《独断》中后土乃中央之神，其位置处中央。据班固、郑玄、蔡邕、贾公彦等言，我们以为杨图"黄帝"之位当居图中中间空白位置，非西南方向。

关于杨图"五精帝"说，东汉郑玄有详说，兹不赘述。今人牛敬飞对此有精辟论说，其文《经学与礼制的互动：论五精帝在魏晋南朝郊祀、明堂之发展》以为："郑玄所说太微五帝与纬书《河图》一致，不过他并未因个人主张以太微五帝反对汉家礼制所祭的《月令》上古五帝，而是巧妙地用它们来解释汉礼：'五帝，苍曰灵威仰，太昊食焉；赤曰赤熛怒，炎帝食焉；黄曰含枢纽，黄帝食焉；白曰白招拒，少昊食焉；黑曰汁光纪，颛顼食焉。'仔细体会可以发现：郑玄在汉礼的天与五帝之间又插入了一类神格即太微五帝（五精帝），这一神格取法天象。"又："郑玄将五精帝之义引入明堂，认为明堂主祭五精帝（可称上帝）。但毕竟五精帝不能同时为感生帝，不能同时'殊言天'，据后稷配天和文王配五帝之别，可推测郑玄应认为明堂五精帝之祀秩次低于圆丘、南郊。"③ 郑玄以为汉礼五帝配五色，五精帝与上古五帝有异，明堂之上主祭五精帝，非五帝。杨图引唐人一行言"五精帝南面，人帝北面"，五精帝处在南面，五行之人帝处在北面，此可补苴郑说之未备。又杨图"其牲：天、人各一犊"，有关用

---

① 班固：《汉书》，中华书局，1962，第1268页。
② 蔡邕：《独断》，上海古籍出版社，1990，第8页。
③ 牛敬飞：《经学与礼制的互动：论五精帝在魏晋南朝郊祀、明堂之发展》，《文史》2017年第4期，第124~129页。

牲之制，班固、范晔有说。《汉书》卷二五《郊祀志》："天地合祭，先祖配天，先妣配墬……高帝、高后配于坛上……牲用茧栗……天地用牲一……高帝、高后用牲一。"①《后汉书》卷九七《祭祀上》"郊"："二年正月，初制郊兆于雒阳城南七里，依鄗。采元始中故事。为圆坛八陛，中又为重坛，天地位其上，皆南乡，西上。其外坛上为五帝位。青帝位在甲寅之地……天、地、高帝、黄帝各用犊一头，青帝、赤帝共用犊一头，白帝、黑帝共用犊一头，凡用犊六头。"②据班固、范晔说，天、地、人用牲各一犊，杨图仅言"天、人各一犊"，当据范说补之。

杨图"五德配五帝"，文献有说。《史记》卷二八《封禅书》："秦始皇既并天下而帝，或曰：'黄帝得土德，黄龙地螾见。夏得木德，青龙止于郊，草木畅茂。殷得金德，银自山溢。周得火德，有赤乌之符。今秦变周，水德之时。昔秦文公出猎，获黑龙，此其水德之瑞。'"③司马迁以为黄帝配土德，夏配木德，殷配金德，周配火德，秦配水德。《礼记·王制》："天子将出，类乎上帝，宜乎社，造乎祢。诸侯将出，宜乎社，造乎祢。"郑注："帝谓五德之帝，所祭于南郊者。"孔疏："证天子类帝，是祭五德帝也。郑注《月令》：祈谷于上帝，为大微之帝。注此上帝为五德，五德似如大皞五人之帝，二文不同。庾蔚云：'谓大微五帝，应于五行，五行各有德，故谓五德之帝。木神仁，金神义，火神礼，水神知，土神信，是五德也。'云'所祭于南郊'者，按五德之帝，应祭四郊，此独云'祭于南郊'者，谓王者将行各祭所出之帝于南郊，犹周人祭灵威仰于南郊，是五帝之中一帝，故上总云'帝谓五德之帝'。此据特祭所出之帝，故云'祭于南郊'。"④郑玄以为在南郊祭祀五德之帝；孔颖达以为五德即"木神仁，金神义，火神礼，水神知，土神信"，五德之帝祭祀于四郊。

《孔子家语》卷六《五帝》："天有五行，水火金木土，分时化育，以成万物，其神谓之五帝。"王注："五帝，五行之神，佐生物者，而谶纬皆为之名字，亦为妖怪妄言。"此是王肃反对郑玄五精帝之说，主张五帝为

---

① 班固：《汉书》，中华书局，1962，第1266页。
② 范晔：《后汉书》，中华书局，1965，第3159、3161页。
③ 司马迁：《史记》，中华书局，1982，第1366页。
④ 郑玄注，孔颖达正义《礼记正义》，中华书局，1980，第1332页。

五行之帝。又《五帝》："古之王者，易代而改号，取法五行，五行更王，终始相生，亦象其义。故其为明王者，而死配五行。是以太皞配木，炎帝配火，黄帝配土，少皞配金，颛顼配水。"又《五帝》："五行佐成上帝而称五帝，太皞之属配焉，亦云帝，从其号。"① 我们以为王肃之五行之帝之说与古礼相符，有理。杨图亦是按此五行之帝绘图。

杨图将诸家所言汇总，绘图内容如下：

　　人帝黄帝：土德帝（后土：含枢纽），季夏十八日迎气，西南郊。
　　人帝炎帝：火德帝（祝融：赤熛怒），立夏日迎气，南郊。
　　人帝太昊：木德帝（勾芒：威灵仰），立春日迎气，东郊。
　　人帝少昊：金德帝（蓐收：白招拒），立秋日迎气，西郊。
　　人帝颛顼：水德帝（玄冥：汁光纪），立冬日迎气，北郊。

《礼记·月令》："孟春之月……其帝大皞，其神句芒……其数八……立春之日，天子亲帅三公、九卿、诸侯、大夫，以迎春于东郊……孟夏之月……其帝炎帝，其神祝融……其数七……立夏之日，天子亲帅三公、九卿、大夫，以迎夏于南郊……季夏之月………中央土，其日戊己，其帝黄帝，其神后土……其数五……天子居大庙大室，乘大路，驾黄马，载黄旂，衣黄衣，服黄玉，食稷与牛……孟秋之月……其帝少皞，其神蓐收……其数九……立秋之日，天子亲帅三公、九卿、诸侯、大夫，以迎秋于西郊……孟冬之月……其帝颛顼，其神玄冥……其数六……立冬之日，天子亲帅三公、九卿、大夫，以迎冬于北郊。"② 据《月令》，杨图"太昊"亦作"大皞"（即太皞），"勾芒"亦作"句芒"，"少昊"亦作"少皞"。杨图"五郊迎气说"与《月令》大致相合，仅季夏之月迎气于西南郊，《月令》无。

《左传·昭公二十九年》："故有五行之官，是谓五官……木正曰句芒，火正曰祝融，金正曰蓐收，水正曰玄冥，土正曰后土……颛顼氏有子曰

---

① 王肃注《孔子家语》，上海古籍出版社，1990，第65页。
② 郑玄注，孔颖达正义《礼记正义》，中华书局，1980，第1352~1381页。

犂,为祝融。共工氏有子曰句龙,为后土……后土为社。"① 杨图土德帝之后土、火德帝之祝融、木德帝之句芒、金德帝之蓐收、水德帝之玄冥乃五德五行相配之帝,《左传》木正句芒、火正祝融、金正蓐收、水正玄冥、土正后土乃掌五行之神(帝)。

《礼记·月令》:"天子乃以元日,祈谷于上帝。"郑注:"上帝,大微之帝也。"孔疏:"云'上帝,大微之帝'者,《春秋纬》文,紫微宫为大帝,大微为天庭,中有五帝座:是即灵威仰、赤熛怒、白招拒、汁光纪、含枢纽。祈谷郊天之时,各祭所感之帝,殷人则祭汁光纪,周人则祭灵威仰,以其不定,故总云大微之帝。若迎春之时,前帝后王皆祭灵威仰,故前注云迎春祭苍帝,灵威仰特指一帝也。"② 据孔颖达说,杨图"威灵仰"当作"灵威仰"。

杨图言季夏十八日迎气于西南郊,立夏日迎气于南郊,立春日迎气于东郊,立秋日迎气于西郊,立冬日迎气于北郊,当源于东汉的五郊迎气祭祀之礼。

东汉五郊迎气祭祀,文献有载。《后汉书》卷二《显宗孝明帝纪》:"是岁,始迎气于五郊。"李注:"《续汉书》曰:'迎气五郊之兆。四方之兆各依其位。中央之兆在未,坛皆(二)[三]尺。立春之日,迎春于东郊,祭青帝句芒,车服皆青……立夏之日,迎夏于南郊,祭赤帝祝融,车服皆赤……先立秋十八日,迎黄灵于中兆,祭黄帝后土,车服皆黄……立秋之日,迎秋于西郊,祭白帝蓐收,车服皆白……立冬之日,迎冬于北郊,祭黑帝玄冥,车服皆黑。'"③ 李贤所言乃五郊迎四时之礼。又卷六〇下《蔡邕传》:"一事:明堂月令,天子以四立及季夏之节,迎五帝于郊,所以导致神气,祈福丰年。"李注:"四立谓立春、立夏、立秋、立冬。各以其日,天子亲迎气于其方,并祭其方之帝。季夏之末,祭中央帝也。"④ 李贤言五郊迎气祭祀之礼乃祈福丰年,所祭中央之帝即为黄帝,其时在季夏之末,亦即立秋前十八日。李贤注表明:东汉五郊迎气祭祀礼仪中的五

---

① 杜预注,孔颖达正义《春秋左传正义》,中华书局,1980,第2123页。
② 郑玄注,孔颖达正义《礼记正义》,中华书局,1980,第1356页。
③ 范晔:《后汉书》,中华书局,1965,第104~105页。
④ 范晔:《后汉书》,中华书局,1965,第1993~1994页。

帝神，不仅是五方之神，也是代表四季一时的季节神。东汉五帝神之季节神特征的出现，正是受《月令》中受职神特征的影响，并在此基础上加以改造的结果。①

又卷九八《祭祀志中》"迎气"："迎时气，五郊之兆。自永平中，以《礼谶》及《月令》有五郊迎气服色，因采元始中故事，兆五郊于雒阳四方。中兆在未，坛皆三尺，阶无等。立春之日，迎春于东郊，祭青帝句芒。车旗服饰皆青……立夏之日，迎夏于南郊，祭赤帝祝融。车旗服饰皆赤……先立秋十八日，迎黄灵于中兆，祭黄帝后土。车旗服饰皆黄……立秋之日，迎秋于西郊，祭白帝蓐收。车旗服饰皆白……立冬之日，迎冬于北郊，祭黑帝玄冥。车旗服饰皆黑。"②

据范晔、李贤等言，我们以为东汉的五郊迎气祭祀之礼当源于《礼谶》及《月令》的五郊迎四时祭祀之礼。杨图言祭祀黄帝于西南郊、祭祀炎帝于南郊，黄帝、炎帝坐位有异。《汉书》卷二五《郊祀志》言："初，天子封泰山，泰山东北址古时有明堂处……而泰山下祠五帝，各如其方，黄帝并赤帝所。"颜注："与赤帝同处。"③ 又《郊祀志》："谨案《周官》'兆五帝于四郊'，山川各因其方。"颜注："《春官》小宗伯之职也。兆谓为坛之营域也。五帝于四郊，谓青帝于东郊，赤帝及黄帝于南郊，白帝于西郊，黑帝于北郊也。各因其方，谓顺其所在也。"④ 颜师古言封泰山时祠五帝，祭祀黄帝与赤帝（即炎帝）之位置同，皆在南郊。颜说乃封泰山之祭祀五帝，非五郊迎气之祭祀五帝，故杨图所言与颜师古说有异。

又杨图言季夏十八日迎气于西南郊，此说与范晔、李贤之"先立秋十八日，迎黄灵于中兆"不符，杨图不知据何为说，结合《汉书》《后汉书》等所言祭祀黄帝于中央之位置等，我们以为五郊迎气祭祀黄帝之坐位处于中央，祭祀时间当以立秋前十八日为是。

总之，如张鹤泉《东汉五郊迎气祭祀考》所言，元始五年（公元5年），将《月令》中的五帝神与西汉时作为郊祀神祇的五帝神合并在一起

---

① 张鹤泉：《东汉五郊迎气祭祀考》，《人文杂志》2011年第3期，第115页。
② 范晔：《后汉书》，中华书局，1965，第3181～3182页。
③ 班固：《汉书》，中华书局，1962，第1243～1244页。
④ 班固：《汉书》，中华书局，1962，第1268～1269页。

加以祭祀，因而，就使五帝神的神性包含更多的特征。即五帝神是四季一时的受职神、象征方位的五方神，也是从属至上神皇天上帝与皇地后祇的"别神"。

五　"器用制图"

1. 黄目

黄目以黄金为目。黄者，中也。目者，清明也。酌于中，清明于外。①

杨图所言"黄目"（见图3-34），文献有载。《周礼·春官·司尊彝》："秋尝、冬烝，祼用斝彝黄彝。"郑注："黄彝，黄目尊也。《明堂位》曰：'夏后氏以鸡彝，殷以斝，周以黄目。'……玄谓黄目以黄金为目。《郊特牲》曰：'黄目，郁气之上尊也。黄者，中也。目者，气之清明者也。言酌于中而清明于外。'"贾疏："'玄谓黄目以黄金为目'者，无正文。郑以目既为眼目，黄又为黄金，字同故为黄金释之也。引《郊特牲》者解黄目之义也。"②《礼记·明堂位》："尊用牺象山罍，郁尊用黄目。"郑注："黄彝也，灌酌郁尊以献也。"③据文献，黄目一名黄彝，乃六彝之一。器上以黄金镂为目，黄乃彝之纹饰。盛郁鬯，用于秋、冬之祭。杨图所言与郑玄注同。

聂崇义《三礼图集注》卷一四《尊彝图》之"黄彝"（见图3-35）："黄彝盛郁鬯。《司尊彝》云：'秋尝、冬烝，祼用斝彝、黄彝，皆有舟。'……后郑云：'黄彝谓黄目，以黄金为目也。'《郊特牲》曰：'黄目，郁气之上尊也。黄者，中也。目者，气之清明者也。言酌于中而清明于外也。'其彝与舟并以金漆通漆。"④聂图言"黄彝"与《周礼注疏》言同。聂图卷一四《尊彝图》之"鸡彝"："案旧《图》云：'于六彝之间，

---

① 杨甲：《六经图》，台湾商务印书馆，1982，第397页。
② 郑玄注，贾公彦疏《周礼注疏》，中华书局，1980，第773~774页。
③ 郑玄注，孔颖达正义《礼记正义》，中华书局，1980，第1489页。
④ 聂崇义集注《三礼图集注》，上海古籍出版社，1987，第201页。

唯鸡、鸟、虎、蜼四彝皆云刻木为之。'其图乃画鸡、凤、虎、蜼四物之形，各于背上负尊，皆立一圆器之上。其器三足，漆赤中，如火炉状……如其然，则斝彝、黄彝二器之上，又何特画禾稼、眼目以饰尊乎？……其六彝所饰，各画本象。虽别其形制，容受皆同。"则"黄彝"以目饰之，与以动物饰之的彝有异，然不知以黄目饰之的意图；"黄彝"材质如旧《图》言，非木为之，或为陶器、青铜器；至于容受等则与其他彝相同。较之杨图"黄目"，聂图所载"黄彝"除尊形略有区别外，其他大致相同。

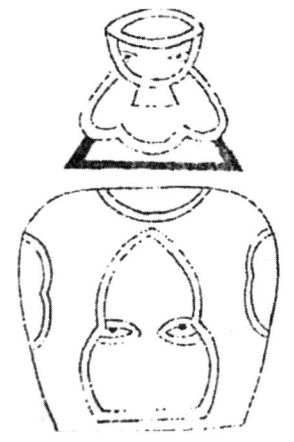

图 3-34　杨甲《六经图》"黄目"　　图 3-35　聂崇义《三礼图集注》"黄彝"

陈祥道《礼书》卷九五"黄彝"（见图3-36）："《记》曰：'黄目郁气之上尊。黄者，中也。目者，清明之气也。则黄，其色也；目，其象也。'盖先王制器或远取诸物，或近取诸身，其取之也有义，其用之也以类。鸡、鸟、虎、蜼之彝，取诸物也；斝耳、黄目取诸身也。……尊亦谓之彝，彝亦谓之尊，故黄目彝也。《礼器》曰'郁气之上尊，鸡斝皆彝也'。《明堂位》曰'灌尊'。然彝之为器，不特饰以鸡、鸟、黄目、虎、蜼之象而已。"[①] 陈氏言尊与彝形制相同，与聂氏所言相异；陈图"黄彝"乃一独尊，其上饰有双目，亦与聂图相异。清代学者黄以周《礼书通故》卷四九《名物图二》之"黄彝"[②] 有图无文，其图与陈图同。日本学者松

---

① 陈祥道：《礼书》，书目文献出版社，1993，第370～371页。
② 黄以周：《礼书通故》，王文锦点校，中华书局，2007，第2418页。

本愚山《五经图汇》卷下《戴记图》之"黄目"言"郁尊用黄目",① 其图"黄目"(见图 3-37)与陈祥道图相似。

图 3-36　陈祥道《礼书》"黄彝"　　图 3-37　松本愚山《五经图汇》"黄目"

《梦溪笔谈》卷一九"器用":"《礼书》所载黄彝,乃画人目为饰,谓之'黄目'。予游关中,得古铜黄彝,殊不然,其刻画甚繁,大体似缪篆,又如阑盾间所画回波曲水之文。中间有二目,如大弹丸,突起煌煌然,所谓'黄目'也。视其文,仿佛有牙角口吻之象,或说'黄目'乃自是一物。"② 沈括以为"黄目"非指双目纹样,而是礼器上突起的"弹丸"状装饰物。沈括所言与聂崇义、陈祥道所言皆异。吕大临《考古图》中也列出了几件器物,名为"彝",无一类似《三礼图》《礼书》《六经图》中"黄目彝",各器形制也不相同。按现在的理解应为"卣""尊""甗"等物。③

王国维《观堂集林》卷三"说彝":"彝则为共名而非专名,吕与叔《考古图》虽列彝目,其中诸器,有无足方鼎,有甗,有尊,有卣,有《博古图》以降所谓彝,则吕氏亦未尝以彝为一专名也。"④ 则黄彝无专一形制可知。

---

① 〔日〕松本愚山:《五经图汇》,京都中文出版社,1974,第 130 页。
② 沈括著,胡道静校证《梦溪笔谈校证》,上海古籍出版社,1987,第 624 页。
③ 黎晟:《宋人三代古物图像知识的形成、传播与重构》,《民族艺术》2018 年第 1 期,第 122 页。
④ 王国维:《观堂集林》,中华书局,1959,第 153~154 页。

检之传世和出土之彝，2006年绛县横水墓地出土西周"兽面纹方彝"（藏于山西博物院），《欧洲所藏中国青铜器遗珠》①载"鼎方彝"（商代后期）、"鸢方彝"（商代后期）等，《殷周青铜器通论》②载"亚又方彝"（161号）（见图3-38）、"夔纹方彝"（163号）等皆与杨图、聂图、陈图等载彝之形制有异。

就字形而言，古礼器名都是器物的象形字或形声字，各有一定的形制，唯"彝"与"尊"无定制而同为礼器的总名。由此可知，"彝"与"尊"一样，不是以宗庙器为本义，而是由祭祀名称引申而来的。③据文献和出土实物，我们以为彝之形制各异，未有定器。杨图"黄彝"可备一说。

2. 瓦甒

祭天用瓦甒，盛五齐，受五斗，口径一尺，脰高二寸。④

杨图"瓦甒"（见图3-39）言口、脰尺寸及容受和功用，未言形状为何。"瓦甒"，文献有载。《礼记·礼器》："五献之尊，门外缶，门内壶，君尊瓦甒，此以小为贵也。"郑注："壶大一石，瓦甒五斗，缶大小未闻也。"孔疏："'瓦甒五斗'者，《汉礼器制度》文也。此'瓦甒'即《燕礼》'公尊瓦大也'……按《礼图》：瓦大受五斗，口径尺，颈高二寸，径尺，大中身，锐下平，瓦甒与瓦大同。"⑤孔疏引《礼图》言"瓦甒与瓦大同"。《周礼·春官·司尊彝》："凡四时之间祀，追享、朝享，祼用虎彝、蜼彝，皆有舟，其朝践用两大尊，其再献用两山尊，皆有罍。"郑注："大尊，太古之瓦尊。山尊，山罍也。《明堂位》曰'泰有虞氏之尊也'。"贾疏："大尊，大古之瓦尊者。此即有虞氏之大尊，于义是也，故皆以《明堂位》为证也。"《仪礼·燕礼》云："司宫尊于东楹之西，两方

---

① 李学勤、艾兰编著《欧洲所藏中国青铜器遗珠》，文物出版社，1995。
② 容庚、张维持：《殷周青铜器通论》，中华书局，2012。
③ 詹鄞鑫：《释甲骨文"彝"字》，《北京大学学报》（哲学社会科学版）1986年第2期，第119页。
④ 杨甲：《六经图》，台湾商务印书馆，1982，第397页。
⑤ 郑玄注，孔颖达正义《礼记正义》，中华书局，1980，第1433页。

壶，左玄酒南上，公尊瓦大。"郑注："瓦大，有虞氏之尊也。《礼器》曰'君尊瓦甒'。"贾疏："云'瓦大，有虞氏之尊也'者。《明堂位》文引《礼器》'君尊瓦甒'，《大射》亦云'膳尊两甒'，不引《大射》而引《礼器》者，郑欲同此三者之文皆是一物故也。云'丰形似豆卑而大'者，据汉法知。但豆径尺柄亦长尺，此承尊之物，不可同于常豆，故知卑而大，取其安稳也。"胡培翚正义："云'瓦大，有虞氏之尊也'者。《明堂位》云'泰，有虞氏之尊也'。有虞氏上陶，故用瓦大。引《礼器》者，证瓦大即瓦甒也。"① 宋吕大临《考古图》卷四"中朝事后中尊"注云："追享、朝践用两大尊……据大尊为瓦尊，即瓦大也。……瓦大皆不可考。"② 据郑注、孔疏、贾疏、吕书、胡培翚正义，我们以为大尊、瓦尊、瓦甒、瓦大，四者实为同器异名，《礼图》所言非虚，既然同为一物，则瓦尊、瓦大、瓦甒的容受当同。杨图"瓦甒受五斗"，《礼记》郑注言"瓦甒受五斗"，《礼记》孔疏引《礼图》云"瓦大五斗"，杨图与郑注、孔疏所言相符。

图 3-38 《殷周青铜器通论》"亚又方彝"　　图 3-39 杨甲《六经图》"瓦甒"

"甒"，《玉篇·瓦部》："盛五升小罂也。"《礼记·杂记》"雍甒"陆

---

① 胡培翚：《仪礼正义》，段熙仲点校，江苏古籍出版社，1993，第 763 页。
② 吕大临、赵九成：《考古图 续考古图 考古图释文》，中华书局，1987，第 94~95 页。

德明释文:"甒,音武,瓦器。"① 其形制,见于孔疏引《礼图》文,"瓦大受五斗,口径尺,颈高二寸,径尺,大中身,锐下平"。聂崇义《三礼图集注》卷一二《匏爵图》"瓦甒"(见图3-40):"旧《图》云:'醴甒,以瓦为之,受五斗,口径一尺,胫高二寸,大中身,锐下,平底。'"②据孔疏、聂图,杨图"胫高二寸"后无"径尺",杨图无"锐下,平底",当补。李昉等《太平御览》卷七五八《器物部三》"甒":"《三礼图》曰:'醴甒,以瓦为之,受五斗,口高二寸,径一尺六寸,中身,瓮下平,有盖。'"③《太平御览》言"径一尺六寸"与聂图、杨图、孔颖达疏皆有异;又《太平御览》言甒有盖,《礼记》郑注、孔疏无,聂图、杨图等皆有。"瓦甒"之形,孔颖达以为中间身子较大,下身较中身细小,其颈高二寸;郑注"瓦甒"乃丰形,似豆卑而大。杨图仅言尺寸,未言形状。

黄以周《礼书通故》卷四九《名物图二》之"瓦甒"(见图3-41):"《燕礼》'君尊瓦大',即大尊,亦谓之大罍,图已见前。瓦甒之形,与瓦大相似。《礼器》疏引《旧礼图》云:'瓦大受五斗,口径尺,颈高二

图3-40 聂崇义《三礼图集注》"瓦甒"　　图3-41 黄以周《礼书通故》"瓦甒"

---

① 陆德明:《经典释文》,张一弓点校,上海古籍出版社,2013,第782页。
② 聂崇义集注《三礼图集注》,上海古籍出版社,1987,第158页。
③ 李昉等:《太平御览》,中华书局,1960,第3365页。

寸，径尺，大中，身兑，下平。瓦甒同。'聂《图》及《御览》引《旧礼图》云：'醴甒以瓦为之，受五斗，口径一尺，脰高二寸，径一尺六寸。此句据《御览》补。但与瓦大径尺异，可参校。大中，身兑，下平，有盖。'此二字亦据《御览》文补。"① 黄以周以为瓦甒与瓦大相似，其形制大小容受皆据聂崇义《三礼图集注》及李昉《太平御览》而言，未有新说。杨图与黄图"瓦甒"形状有异。

徐中舒《说尊彝》言："案《仪礼》甒（或瓦大）与壶并举之文甚多，而用幂之文，皆系于甒（或瓦大）之下，出土之壶无不有盖……有盖则无须有幂，有幂似为无盖之器……据《记》文及《注》文言之，甒当最小，故最贵……而《礼图》所云之甒形制，颈高仅二寸，而颈与口又皆径尺，此与乙类尊口颈之形实同。又《礼图》之甒大中，身锐，下平，亦与乙类尊之腹足相当……《方言五》云：'甒罂也。'下文续云：'周、魏之间谓之甒，秦之旧都谓之甋。'此谓甒与甋同物……殷虚出土有类似甲乙两类尊之瓦器两种，惟皆无圈足。其一侈口，身长底锐，圆而直上，其一大腹，短颈，底圆而口微敛，当即甲、乙两类尊最原始之形制。"② 可见，瓦甒当有盖，分为两类。"甋"，《广雅·释器》"瓶也"，《集韵·劲韵》"瓶属"，《方言》言甋与甒同物，则"甒"亦瓶类。郑注言"丰形"与出土实物不符，失之。

3. 相

《乐记》云：治乱以相，即拊也，亦节乐。以韦为表，装之以糠。③

杨图"相"（见图 3-42）据《乐记》言，相亦名拊，乃乐器名，用以节乐。

"相"，文献有说。《礼记·乐记》："治乱以相，讯疾以雅。"郑注："相即拊也，亦以节乐，拊者以韦为表，装之以穅，穅一名相，因以名焉。今齐人或谓穅为相。……相，息亮反。注同，即拊也。以韦为之，实之以

---

① 黄以周：《礼书通故》，王文锦点校，中华书局，2007，第2446页。
② 徐中舒：《徐中舒历史论文选辑》，中华书局，1998，第638~639页。
③ 杨甲：《六经图》，台湾商务印书馆，1982，第398页。

椌。王云：辅，相也。"孔疏："'治乱以相'者，相即拊也，所以辅相于乐，故谓拊为相也。乱，理也。言治理奏乐之时，先击相，故云治乱以相。……言'众皆待击鼓乃作'者，众谓弦匏笙簧，众器皆待击鼓乃始动作，解经'会守拊鼓'，言会守谓器之声也，以待拊鼓也。经有拊及鼓，郑直云'击鼓乃作'者，拊即鼓之类……云'相即拊也'者，前文既云拊，故知相即拊，郑必知相为拊者。按《书》传云：以韦为鼓谓之搏拊。《白虎通》引《尚书大传》：拊革著以穅，郑以此知也。今《书》传无著穅之文，谓齐人以穅为相，故知穅为相，即拊也。"①《经典释文》"相"："息亮反。注同即拊也。以韦为之，实之以穅。"《礼记》孔疏言拊乃鼓类，奏乐之前，先击相，为辅乐之器。《礼记》郑注言拊、相、穅一也。杨图言本《礼记》及郑注，然未言穅即为相；杨图与陆德明言亦同。杨图"柎""糠"，与《礼记》郑注、孔疏，陆德明《经典释文》言"拊""穅"相异。《广雅》卷八上《释器》："柎，柄也。"王念孙疏证："柎、拊，并与枹同。"②据文献，柎、拊同。《墨子·公输》："此犹粱肉之与穅糟也。"孙诒让间诂："道藏本及吴钞本并作糠，即穅之俗。"《集韵·唐韵》："穅，或作糠、粇。"据文献，穅之俗体作糠。

《荀子·礼论》："尚拊之膈。"杨倞注："拊，一名相。拊，所以辅乐；相，亦辅之义。"杨倞言拊一名相，所以辅乐，与《礼记》郑注、孔疏同。聂崇义《三礼图集注》卷五《投壶图》之"相"（见图3-43）："《乐记》云：'治乱以相。'注云：'相，即拊也，亦节乐。拊者，以韦为表，装之以糠。糠，一名相。因以为名焉。'孔疏云：'乱，理也。言理，奏乐之时击拊而辅相于乐也。'"聂图言"相"之形制、用途与《礼记》郑注、孔疏同。聂图言相亦无新说。杨图"相"与聂图大致相同。

陈祥道《礼书》卷一二三"拊"（见图3-44）："拊之为物，以韦为之，状若鼓然。《书》传：所以谓韦为鼓，谓之搏拊是也。实之以糠。《白虎通》所谓'拊革著以糠'是也。其设则堂上，《书》所谓'搏拊'是也。其用则先歌。《周礼》所谓'登歌合奏击拊'是也。荀卿曰：鞉拊

---

① 郑玄注，孔颖达正义《礼记正义》，中华书局，1980，第1538页。
② 王念孙：《广雅疏证》（附索引），钟宇讯点校，中华书局，2004，第259页。

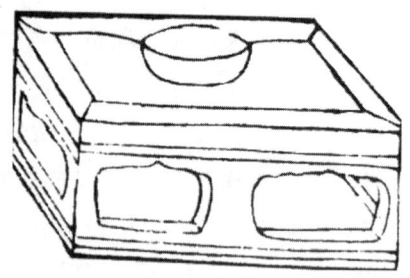

图3-42 杨甲《六经图》"相"　　图3-43 聂崇义《三礼图集注》"相"

椌楬似万物。又曰：县一钟而尚拊。《大戴礼》曰：县一磬而尚拊。子夏曰：弦匏笙簧，会守拊鼓始奏，以文复乱，以武治乱，以相讯疾，以雅言尚，拊则拊在一钟一磬之东也。言'会守拊鼓'，则众乐待其动而后作也。既曰'会守拊鼓'，又曰'治乱以相'，则相非拊也。郑氏以相为拊，误矣。拊，《书》谓之搏拊，《明堂位》谓之拊搏，盖以其或搏或拊，莫适先后也。《尔雅》'和乐谓之节'，或说'节即相也'。《晋传》'休弈《节赋》曰：口非节不咏，手非节不拊，江左清乐有节鼓，唐雅乐升歌用之，其详不可考也'。"① 陈祥道以为相非拊，相、拊乃二物，非郑玄所言"相即拊"；又言拊形如鼓，与孔颖达说同。

黄以周《礼书通故》卷四九《名物图三》之"拊、相"："《乐记》郑注云：'相即拊也，亦以节乐。拊者以韦为表，装之以糠，糠一名相，因以名焉。'《释名》云：'搏拊，以韦盛糠，形如鼓，以手拍拊之也。'《通典》云：'节鼓状如博局，中开圆孔，适容其鼓，击之以节乐。'按：拊与相浑言通，析言别。《乐记》既曰'会守拊鼓'，又曰'治乱以相'，别言之，则相有异于拊矣。拊以节乐，亦谓之节鼓。《释名》所言拊是也，《通典》所言相是也。相以辅拊，其形如箱，旧图可按。或径作博局形，下用几垫之。"② 黄以周以为相、拊析言亦有别：拊以节乐，相乃辅助拊也；又其形如箱，非孔颖达、陈祥道言形如鼓。黄氏分别图"拊""相"（见图3-45）。

---

① 陈祥道：《礼书》，书目文献出版社，1993，第453页。
② 黄以周：《礼书通故》，王文锦点校，中华书局，2007，第2553页。

第三章·"周礼图""礼记图""春秋图"内容考证 / 243

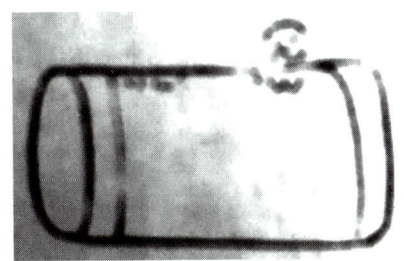

图 3-44　陈祥道《礼书》"拊" 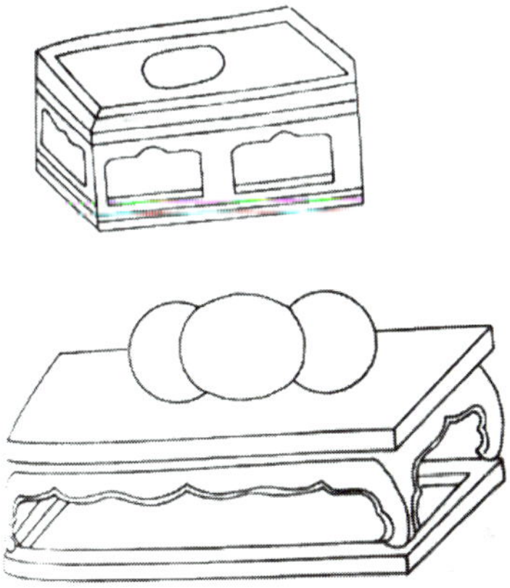　　图 3-45　黄以周《礼书通故》"拊、相"

日本学者松本愚山《五经图汇》卷上《尚书图》之"拊"（见图 3-46）："同注。拊，循也。按后世乐器有拊，其图见《泮宫礼乐疏》，录以备考。"① 松本愚山"拊"图录自明代李之藻《泮宫乐器疏》，此图与杨图、聂图皆异，与陈祥道图大致同。

检之出土文献，"拊""相"皆无。据上述文献，我们以为黄以周言相、拊浑言通，析言别，乃节乐之器；其材质表面为韦，内装糠；据《礼记》郑玄注、孔颖达疏，陈祥道《礼书》等言，其形或为鼓制，杨图、聂图、黄图似不确。

4. 禁

　　《礼》云大夫用棜，士用禁。长四尺，广二尺四寸，通扃足高三寸，漆赤中。②

杨图"禁"之形制据《礼》文（见图 3-47）。"禁"之形，文献存有异说。聂崇义《三礼图集注》卷一二《匏爵图》之"禁"（见图 3-48）："旧《图》云：'禁长四尺，广二尺四寸，通局足高三寸，漆赤中。青云气画菱苕华，饰刻其足，为褰帷之形'……然今士禁有局足，高三寸。但

---

① 〔日〕松本愚山：《五经图汇》，京都中文出版社，1974，第 35 页。
② 杨甲：《六经图》，台湾商务印书馆，1982，第 402 页。

《礼》文棜、禁相参，而有足、无足为异。"① 聂氏云旧《图》、今图"禁"皆有局足，局足即蜷曲其足，如古之案、几之卷足。然观聂图实无足，其图与其言相抵牾。观杨图"禁"有足，与聂图相异。《礼书通故》卷四九《名物图二》之"禁"言"聂氏《图》禁无足，更误"②，黄氏亦以为禁当有足。

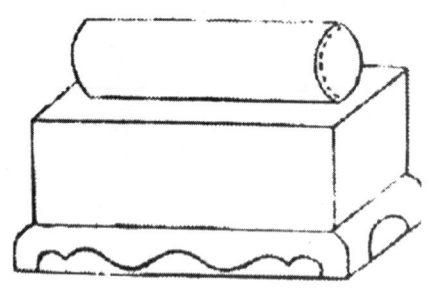

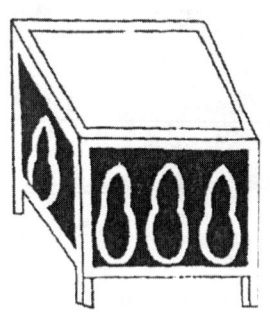

图 3-46　松本愚山《五经图汇》"柎"　　图 3-47　杨甲《六经图》"禁"

"禁"为古代置酒之器，《仪礼·士冠礼》："尊于房户之间，两甒有禁。"郑玄注："禁，承尊之器也。名之为禁者，因为酒戒也。"《士昏礼》"有禁"，郑注："禁，所以庋甒者。"③ 又《逸周书·器服》"四棓禁丰"，朱右曾集训校释："禁，所以庋甒，如方案，椭长，足高三寸。"《礼记·礼器》"大夫士棜禁"，郑注："禁，如今方案，隋长，局足，高三寸。"庋是陶制的酒具。局足，即曲足。据《文物》载出土实物知两周时期最常见的局足是兽蹄足，繁丽者，则为兽足。又《仪礼》诸篇，承尊之器，或言棜与斯禁，或言禁，有足无足为异。《礼记·玉藻》："大夫侧尊用棜，士侧尊用禁。"郑注："棜，斯禁也，无足，有似于棜，是以言棜。"据此则"棜"即斯禁，无足，与"禁"有足相异。《仪礼·少牢馈食礼》："司宫尊两甒于房户之间，同棜，皆有幂。"郑玄注："棜无足。禁者，酒戒也。"又《乡饮酒礼》："尊两壶于房户之间，斯禁。"郑注："斯禁，禁切地无足者。"《特牲馈食礼》："壶，棜禁，馔于东序。"胡培翚正义："据汉《礼器制度》而知，是棜无足，禁有足也……大夫士棜禁者，谓大夫用

---

① 聂崇义集注《三礼图集注》，上海古籍出版社，1987，第171~172页。
② 黄以周：《礼书通故》，王文锦点校，中华书局，2007，第2460页。
③ 郑玄注，贾公彦疏《周礼注疏》，中华书局，1980，第963页。

棜，士用禁……又郑注明云棜无足，若作士用棜禁，则所云'局足高三寸'者，不与棜无足之说自相戾乎？……大夫用斯禁，士用禁。下叠禁字，乃言禁之形制与斯禁异耳。若不叠禁字，则注不可读矣。贾疏因此记有棜禁之名，遂承用讹本，以为士用棜禁，不知《士冠》《士昏》诸篇，但言禁，不言棜也。"① 据《礼》文及胡氏所言"棜""斯禁""禁"之差异，可知"禁"有足，"棜""斯禁"无足。黄以周《礼书通故》卷四九《名物图二》之"禁"图注："此头亦有足，而局在内，图不能著，故皇侃遂误云一头无足，为孔颖达所驳。"② 黄氏所言"禁"图更能说明"禁"之形制。

出土于1901年、现藏于美国纽约大都会博物馆的夔纹铜禁，长1.2米，无足。2013年陕西宝鸡戴家湾出土了三件铜禁，其中大的长1.4米，小的长1.2米，无足（见图3－49）。现藏于湖北省博物馆的1978年湖北随州曾侯乙墓出土的四件汉代"禁"，其中有一件铜禁和三件漆木禁，铜禁下有四兽为足，上有两大壶；三件透雕漆木禁下有局足。1979年河南淅川春秋墓出土了一件铸造精美的铜禁，饰有镂空多层云纹，四周攀附十二只虎，以十只虎为支足。据出土"禁"之形制，我们以为"禁"或有足，或无足，聂图"禁"乃"禁"之一种。黄以周言"禁有足，局在内，图不能著"失之。杨图"禁"有足亦为一说。

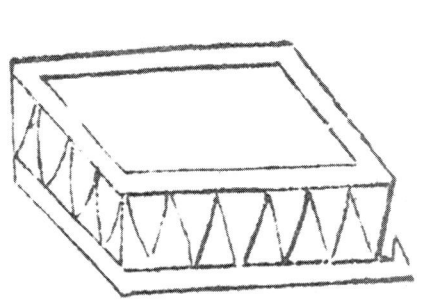 

图3－48 聂崇义《三礼图集注》"禁" 　　图3－49 陕西宝鸡青铜器博物院藏"铜禁"

---

① 胡培翚：《仪礼正义》，段熙仲点校，江苏古籍出版社，1993，第2204～2205页。
② 黄以周：《礼书通故》，王文锦点校，中华书局，2007，第2459页。

5. 匜

匜者，盥手浇水之器，似羹魁，柄中有道，可以沃盥浇手也。①

杨图"匜"（见图 3 - 50）形制容受语焉不详，经文、经注未言其形制大小，郑注《既夕礼》仅言"流，匜口也"，亦不言流口尺寸。聂崇义《三礼图集注》卷一三《鼎俎图》之"匜"（见图 3 - 51）："匜者，盥手浇水之器。故孔《义》云：'匜似羹魁，柄中有道，可以沃盥洗手也。'又《公食大夫礼》云：'小臣具盘匜。'注云：'君尊不就洗，故设盘匜。'贾疏云：'知此盘匜为君设者。'案《特牲礼》云：'尸尊不就洗，而盥用匜。'……案梁正、张镒修阮氏等《图》云：'匜受一斗，流长六寸，漆赤中。诸侯以象饰，天子以黄金饰，皆画赤云气。'……案郑注《既夕礼》云：'流，匜口也。'又《士虞礼》注云：'流，匜吐水口也。'并不言流口寸数，揆之人情，流长三寸，于义为近，但周监二代损益，可知当国家沿革之初庶为永式。"②聂图以为匜似羹魁，受一斗，流长三寸。杨图"匜"与聂图大致同，仅"匜"之流长与聂图相异，观杨图"匜"之流长或为二寸。

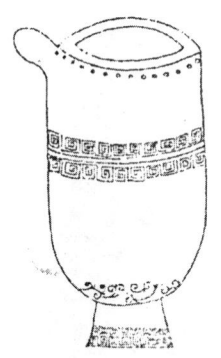 

图 3 - 50　杨甲《六经图》"匜"　　图 3 - 51　聂崇义《三礼图集注》"匜"

黄以周《礼书通故》卷四九《名物图二》之"匜"（见图 3 - 52）：

---

① 杨甲：《六经图》，台湾商务印书馆，1982，第 405 页。
② 聂崇义集注《三礼图集注》，上海古籍出版社，1987，第 190 页。

"梁正、张镒修阮氏《旧图》云：'槃口径二尺二寸，受二斗，漆赤中。匜受一斗，流长六寸，漆赤中。诸侯以象饰，天子以黄金饰，皆画赤云气。'聂崇义云：'匜流口径可一寸，然图本又作流长三寸者。'案：《说文》云：'匜似羹魁，柄中有道，可以注水。'又云：'魁，羹枓也。枓，勺也。'则匜之形宜如羹勺，聂《图》似有注之尊，非矣。匜之流在柄，柄有道可注水，柄长宜其流长，聂云流可一寸，又谬矣。"[1] 黄图以为匜之形制似羹魁，流长六寸，与聂图、杨图有异。

检之出土实物，1980年河南临汝县出土西周铜匜，"口呈椭圆形，短流，腹部饰三条弦纹，沿部饰一周象纹……高15.5厘米，口13.5×20.5厘米，流6×5厘米"。[2] 按汉代一尺为23.1厘米，临汝县出土匜之流长约二寸六分，聂崇义所言"流长三寸"、杨图流之尺寸与出土实物较为接近，黄以周所言"匜"之流长六寸与出土实物不符。又1981年安徽天长县出土西周青铜匜，"形状如熨斗，腹部呈椭圆形，无盖，口沿下部有一带状文饰组合，上有鸟纹，鸟纹与其他纹饰相间，左右对称底口下沿有一小的突出部分，鋬不过口沿，鋬的顶端为一突出面，上有云雷纹饰……高16.7厘米，口22.2×34.5厘米，流5.8×5.2厘米"。[3] 天长县出土匜之流长约二寸五分，聂崇义言"流长三寸"与出土实物较为接近，黄以周言"流长六寸"与出土实物不符。又1983年河南确山出土春秋道国青铜器匜，"敞口，长流，流颈上昂，椭圆形腹……四足扁平……足饰云雷纹……通19、长36、口径16、腹深9.8、流颈6、流深5、足高6厘米"。[4] 此确山铜匜流长二寸六分，聂图"匜"之流长三寸、杨图"匜"之流长与出土实物较为接近，黄以周图"匜"之流长六寸与出土实物不符。

"匜"出土实物较多，除国内收藏的实物外，国外亦有，如法国卢芹斋藏重环纹匜（见图3-53），然发掘报告言流之长者不多，凡言流之长者皆与"流长三寸"说较符，黄以周图"匜"之流长六寸不确。

《说文·匚部》："匜，似羹魁，柄中有道，可以注水酒。"段注："魁，

---

[1] 黄以周：《礼书通故》，王文锦点校，中华书局，2007，第2506页。
[2] 杨小栓：《河南临汝县出土西周铜匜》，《考古》1984年第2期。
[3] 陈建国：《安徽天长县出土西周青铜匜》，《考古》1986年第6期。
[4] 李芳芝：《河南确山发现春秋道国青铜器》，《中原文物》1992年第2期。

248 \ 杨甲 《六经图》 整理与研究

图 3-52　黄以周《礼书通故》"匜"

图 3-53　法国卢芹斋藏重环纹匜

羹枓也。枓，勺也。匜之状似羹勺，亦所以挹取也。……其器有勺，可以盛水盛酒，其柄空中，可使勺中水酒自柄中流出。"① 古之礼器，其形制如其初文之形。"匜"，甲骨文作㿿。据"匜"之甲骨文，结合段注文义，我们以为"匜"形如羹勺；杨图、聂图皆非羹勺之形，失之。

6. 金

九鼎：牛羊豕三鼎，各象其形，象腊鲜、腊物之细杂止用常鼎也。②

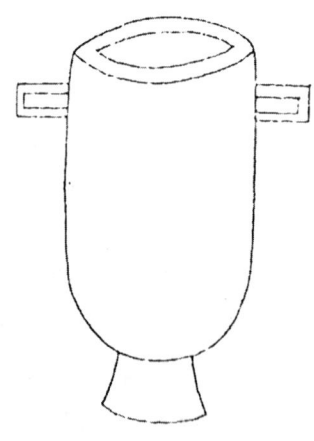

图 3-54　杨甲《六经图》"金"

杨图"金"（见图 3-54）文，乃用鼎之文，文献有言。《仪礼·聘礼》："饔饩一牢，鼎九，设于西阶前，陪鼎当内廉东面北上，上当碑南陈。牛羊豕鱼腊肠胃同鼎。"③ 又《群书考索》卷四六《礼器门》之"鼎类"："案《聘礼》云'牢鼎九，设于西阶前'。九鼎者，牛一、羊二、豕三、鱼四、腊五、肠胃同鼎六、肤七、鲜鱼八、鲜腊九，设局幂。今惟牛羊豕三鼎，各自象其

---

① 段玉裁注《说文解字注》，上海古籍出版社，1988，第 636 页。
② 杨甲：《六经图》，台湾商务印书馆，1982，第 405 页。
③ 郑玄注，贾公彦疏《仪礼注疏》，中华书局，1980，第 1059 页。

形，自鱼腊已下并无其制，以其物之细杂无所象故也。"① 杨图鼎文与章如愚言同。

《周礼·春官·钟师》："钟师掌金奏。"郑注："金奏，击金以为奏乐之节。金，谓钟及镈。"贾疏："凡作乐先击钟，故郑云金奏，击金以为奏乐之节。是以下云：'以钟鼓奏九夏'，亦先云钟也。"据《钟师》及贾公彦疏，金乃钟及镈，击金以为奏乐之节。杨图"金"非钟、镈之形，故失之。

六 "昏礼器图"之"宵衣"② （见图3-55）

杨图"宵衣"有图无文。《仪礼·士昏礼》："姆纚笄宵衣在其右。"郑注："宵，读为《诗》'素衣朱绡'之'绡'。鲁《诗》以绡为绮属也。姆亦玄衣，以绡为领，因以为名，且相别耳。姆在女右，当诏以妇礼。"贾疏："案上文云'女褖衣'，下文云'女从者毕袗玄'，皆是褖衣，则此绡衣亦褖衣矣。"③ 又《士昏礼》："夙兴，妇沐浴纚笄，宵衣以俟见。"《仪礼·特牲馈食礼》："主妇纚笄宵衣。"则宵衣亦为士妻行礼之服。

宵衣，文献有说。聂崇义《三礼图集注》卷二《后服图》之"宵衣"（见图3-56）："此师姆母所著之衣也……宵读为《诗》'素衣朱绡'之'绡'。案《诗·唐风》云：'素衣朱绣。'郑笺破'绣'为'绡'，此注据彼笺破字之义，故直云'素衣朱绡'以为证也。姆亦玄衣，以绡为领，因以为名者，此衣虽言绡衣，以亦与纯衣同是褖衣用绡为领，故因得名绡衣也，且相别耳。谓上文'女曰纯衣'，此姆曰宵衣……名相别也。"④ 陈祥道《礼书》卷一八"宵衣"云："释《昏礼》谓'姆宵衣以绡为领'，释《特牲》谓'主妇绡衣以绡为衣'。"⑤ 据聂图、陈书言，宵衣乃姆所着之衣，或亦主妇所着之衣。陈氏所言"宵衣"与聂图大致相同。

基于文献所言，宵衣乃古代女性之衣，非男性之服，故杨图言"宵衣"乃男士所服，与文献所言不符，失当。

---

① 章如愚：《群书考索》（第1册），上海古籍出版社，1992，第605页。
② 杨甲：《六经图》，台湾商务印书馆，1982，第414页。
③ 郑玄注，贾公彦疏《仪礼注疏》，中华书局，1980，第965~966页。
④ 聂崇义集注《三礼图集注》，上海古籍出版社，1987，第28页。
⑤ 陈祥道：《礼书》，书目文献出版社，1993，第74页。

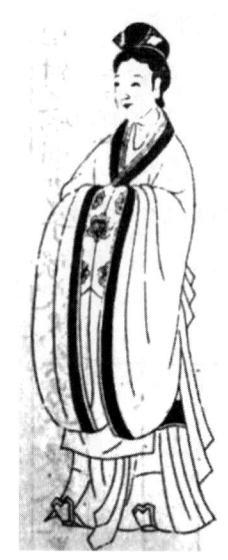

图3-55　杨甲《六经图》"宵衣"　　图3-56　聂崇义《三礼图集注》"宵衣"

第三节　《春秋笔削发微图》内容考

一　"春秋十二公谥号谱"①

1. 隐公

　　始元年（巳）[己]未，终十一年（巳）[己]巳。不尸其位曰隐。

　　杨图言隐公谥号为"不尸其位"。《逸周书》卷六《谥法解》："不显尸国曰隐。注：以暗主国也。隐拂不成曰隐。注：言其隐拂改其性也。"②杨图"隐公"谥号与《逸周书》言相异。《世本八种》卷一〇《谥法》："不显尸国曰隐。隐拂不成曰隐。不尸其位曰隐。注：据《左传》杜氏集

---

①　杨甲：《六经图》，台湾商务印书馆，1982，第424页。
②　王谟辑《增订汉魏丛书 汉魏遗书钞》，西南师范大学出版社、东方出版社，2011，第313页。

解所引补入。"① 据《世本八种》，杨图"不尸其位"当据杜预注《左传》，据《逸周书》隐公谥号亦作"不显尸国"。

2. 庄公

始元年戊子，终三十二年（巳）[己]未。胜敌克乱曰庄。

杨图言庄公谥号为"胜敌克乱"。《逸周书》卷六《谥法解》："兵甲亟作曰庄。注：以数征为严。叡边克服曰庄。注：通边使能服也。死于原野曰庄。注：非严何以死难。屡征杀伐曰庄。注：以严杀之。武而不遂曰庄。注：武功不成。"② 杨图"庄公"谥号与《逸周书》言相异。《世本八种》卷一〇《谥法》："兵甲亟作曰庄。叡圉克服曰庄。胜敌志强曰庄。死于原野曰庄。屡征杀伐曰庄。武而不遂曰庄。胜敌克乱曰庄。注：据杜氏《左传集解》所引补入。"③ 据《世本八种》，杨图"胜敌克乱"当据《左传》杜预注，据《逸周书》庄公谥号亦作"叡边克服"。

3. 闵公

始元年庚申，终二年辛酉。在国遭难曰闵。

《左传·庄公十二年》："宋万弑闵公于蒙泽。"洪亮吉诂："闵、湣、愍音义并同。""闵"，亦作"愍"，杨图"闵公"亦作"愍公"，杨图闵公谥号为"在国遭难"。《逸周书》卷六《谥法解》："在国逢难曰愍。注：逢兵寇之事也。使民折伤曰愍。注：苛政贼害。在国遭忧曰愍。注：仍多大丧。祸乱方作曰愍。注：国无政动长乱。"④《世本八种》卷一〇《谥法》："在国逢难曰愍。使民折伤曰愍。在国连忧曰愍。祸乱方作曰愍。"⑤

---

① 宋衷注，秦嘉谟等辑《世本八种》，中华书局，2008，第407页。
② 王谟辑《增订汉魏丛书 汉魏遗书钞》，西南师范大学出版社、东方出版社，2011，第314页。
③ 宋衷注，秦嘉谟等辑《世本八种》，中华书局，2008，第399页。
④ 王谟辑《增订汉魏丛书 汉魏遗书钞》，西南师范大学出版社、东方出版社，2011，第314页。
⑤ 宋衷注，秦嘉谟等辑《世本八种》，中华书局，2008，第410页。

杨图闵公谥号与《逸周书》《世本八种》皆异。据文献，我们以为杨图"在国遭难"当为"在国逢难"。

4. 僖公

始元年壬戌，终三十三年甲午。小心畏忌曰僖。

"僖"，《史记》皆作"釐"，杨图"僖公"亦作"釐公"，其言僖公之谥号为：小心畏忌。《逸周书》卷六《谥法解》："有伐而还曰釐。注：知难而退。质渊受谏曰釐。注：深故能受。慈惠爱亲曰釐。注：言周爱亲族也。"①《世本八种》卷一〇《谥法》："有伐而还曰釐。注：《史记·齐世家集解》徐广曰：釐，僖也。盖古字通用。质渊受谏曰釐。小心畏忌曰釐。注：据《左传·僖元年集解》补入。[校注：案本条亦作者据《左传》所补，而未注明。援上文襄两条，为补此注文。]"②杨图"僖公"谥号与《逸周书》言不同。据《世本八种》，杨图"小心畏忌"说当据《左传》杜注。

5. 文公

始元年乙未，终十八年壬子。忠信接礼曰文。

杨图言文公谥号为"忠信接礼"。《逸周书》卷六《谥法解》："经纬天地曰文。注：成其道也。道德博厚曰文。注：无不知之。学勤好问曰文。注：不耻下问。慈惠爱民曰文。注：惠以成政也。愍民惠礼曰文。注：以礼安人。锡民爵位曰文。注：举可誉也。"③杨图"文公"谥号与《逸周书》言相异。《世本八种》卷一〇《谥法》："经纬天地曰文。注：案《谥法》：宣谥文者凡七，当时史臣定谥，必有所专取，如杜预《左氏解》，于鲁文公下，引《谥法》'慈惠爱民曰文''忠信接礼曰文'；于宣

---

① 王谟辑《增订汉魏丛书 汉魏遗书钞》，西南师范大学出版社、东方出版社，2011，第313页。
② 宋衷注，秦嘉谟等辑《世本八种》，中华书局，2008，第377页。
③ 王谟辑《增订汉魏丛书 汉魏遗书钞》，西南师范大学出版社、东方出版社，2011，第313页。

公下，引《谥法》'善问周达曰宣'之类。盖即当时史臣定谥之本意，亦疑即《世本·谥法》之原文。今《世本》原篇既亡，则皆不知其取义所在。惟以《谥法》列于前，而以得谥者次于后，不敢意为穿凿也。道德博闻曰文。学勤好问曰文。慈惠爱民曰文。愍民惠礼曰文。锡民爵位曰文。忠信接礼曰文。注：此句据《左传·文元年集解》补入。"① 据《世本八种》，杨图"忠信接礼"当据《左传》杜预注。

6. 宣公

始元年癸丑，终十八年庚午。善问周远曰宣。

杨图言宣公谥号为"善问周远"。《逸周书》卷六《谥法解》："圣善周闻曰宣。注：闻谓所闻善事也。"② 杨图"宣公"谥号与《逸周书》言相异。《世本八种》卷一〇《谥法》："圣善周闻曰宣。善问周达曰宣。注：据杜氏《左传集解》所引补入。"③ 据《世本八种》，杨图"善问周远"当为"善问周达"。

7. 襄公

始元年（巳）[己]丑，终三十一年（巳）[己]未。因事有功曰襄。

杨图言襄公谥号为"因事有功"。《逸周书》卷六《谥法解》："辟地有德曰襄。注：取之以义。甲胄有劳曰襄。注：言成征伐。"④ 杨图"襄公"谥号与《逸周书》言相异。《世本八种》卷一〇《谥法》："辟地有德曰襄。注：杜预《左传集解》引'辟地'作'辟土'。甲胄有劳曰襄。因

---

① 宋衷注，秦嘉谟等辑《世本八种》，中华书局，2008，第367页。
② 王谟辑《增订汉魏丛书 汉魏遗书钞》，西南师范大学出版社、东方出版社，2011，第314页。
③ 宋衷注，秦嘉谟等辑《世本八种》，中华书局，2008，第414页。
④ 王谟辑《增订汉魏丛书 汉魏遗书钞》，西南师范大学出版社、东方出版社，2011，第313页。

事有功曰襄。注：据杜预《左传集解》所引补入。"① 据《世本八种》，杨图"因事有功"当据杜预注《左传》。

8. 昭公

始元年庚申，终三十二年辛卯。威仪恭明曰昭。

杨图言昭公谥号为"威仪恭明"。《逸周书》卷六《谥法解》："昭德有劳曰昭。注：能劳谦也。圣文周达曰昭。注：圣文通治也。"② 杨图"昭公"谥号与《逸周书》言相异。《世本八种》卷一〇《谥法》："昭德有劳曰昭。容仪恭美曰昭。注：杜氏《左传解》引作'威仪恭明曰昭'。圣闻周达曰昭。"③ 杨图"威仪恭明"与《世本八种》所言有异。据《世本八种》言，杨图所说当据《左传》杜预注。

9. 哀公

始元年丁未，终二十七年，经止十四年庚申。恭仁短折曰哀。

杨图言哀公谥号为"恭仁短折"。《逸周书》卷六《谥法解》："蚤孤短折曰哀。注：卑者未知人事。恭人短折曰哀。注：体恭质仁，功未施也。"④ 杨图"哀公"谥号与《逸周书》言相同。《世本八种》卷一〇《谥法》："蚤孤短折曰哀。恭仁短折曰哀。"⑤ 杨图"恭仁短折"与《世本八种》所言同。

二 "诸国世次谱"⑥

杨图所列"诸国世次谱"，存在无注和错讹之处，笔者于无注者补之，

---

① 宋衷注，秦嘉谟等辑《世本八种》，中华书局，2008，第375页。
② 王谟辑《增订汉魏丛书 汉魏遗书钞》，西南师范大学出版社、东方出版社，2011，第313页。
③ 宋衷注，秦嘉谟等辑《世本八种》，中华书局，2008，第387页。
④ 王谟辑《增订汉魏丛书 汉魏遗书钞》，西南师范大学出版社、东方出版社，2011，第314页。
⑤ 宋衷注，秦嘉谟等辑《世本八种》，中华书局，2008，第411页。
⑥ 杨甲：《六经图》，台湾商务印书馆，1982，第424页。

于错讹者正之。

1. 周世次

杨图"平王",无注。《史记》卷四《周本纪》:"西夷犬戎攻幽王……于是诸侯乃即申侯而共立故幽王太子宜臼,是为平王,以奉周祀。"①《汉书》卷二〇《古今人表》:"平王宜臼。"②《竹书纪年》卷下:"平王。注:名宜臼。"③《世本八种》之《秦嘉谟辑补本》卷二《纪》:"宫湦生平王宜臼。"据《史记》《汉书》《竹书纪年》《世本》等,"平王"注当补为:幽王子宜臼。

杨图"庄王",无注。《史记》卷四《周本纪》:"二十三年,桓王崩,子庄王佗立。"④《汉书》卷二〇《古今人表》:"严王佗:桓王子。"⑤《史记》"庄王",《汉书》作"严王"。《左传·庄公十六年》:"惠王立而复之。"杜注:"鲁桓十五年,《经》书桓王崩。鲁庄三年,《经》书葬桓王。自此以来,周有庄王,又有僖王,崩葬皆不见于经传。"孔疏:"《史记·十二诸侯年表》云:庄王元年当鲁桓十六年,即位十五年而崩。僖王元年当鲁庄十三年,即位五年而崩。惠王元年当鲁庄十八年。"⑥据杜注、孔疏,周有庄王无疑,其前有桓王,后有僖王,故《汉书》言"严王"不确。杨图"庄王"注当补为:桓王子佗。

杨图"僖王",无注。《史记》卷四《周本纪》:"十五年,庄王崩,子釐王胡齐立。"《正义》:"釐音僖。"⑦据《史记》,"僖"字皆作"釐"。《汉书》卷二〇《古今人表》:"釐王胡齐:严王子。"《史记》"庄王",《汉书》作"严王"。据《左传·庄公十六年》杜注、孔疏,《汉书》作"严王"失之。据《史记》,"僖王"注当补为:釐(僖)王:庄王子胡齐。

杨图"惠王",无注。《史记》卷四《周本纪》:"五年,釐王崩,子

---

① 司马迁:《史记》,中华书局,1982,第149页。
② 班固:《汉书》,中华书局,1962,第903页。
③ 王谟辑《增订汉魏丛书 汉魏遗书钞》,西南师范大学出版社、东方出版社,2011,第189页。
④ 司马迁:《史记》,中华书局,1982,第151页。
⑤ 班固:《汉书》,中华书局,1962,第906页。
⑥ 杜预注,孔颖达正义《春秋左传正义》,中华书局,1980,第1772页。
⑦ 司马迁:《史记》,中华书局,1982,第151页。

惠王阆立。"《索隐》："《系本》名毋凉。"《正义》："谥作'毋凉'也。"①
《世本八种》之《王谟辑本》："周世系……佗生僖王胡齐，齐生惠王凉。
注：《本纪》'惠王名阆'。《索隐》曰'《系本》作毋凉'。"又《秦嘉谟
辑补本》卷二《纪》："齐生惠王凉。注：惠王凉，《史记·周本纪索隐》
引作'母凉'。"②据《史记索隐》，《世本八种》之《秦嘉谟辑补本》注
"母凉"当为"毋凉"。《竹书纪年》卷下："惠王。注：名阆。"③惠王名，
《史记》《竹书纪年》作阆，《史记索隐》《史记正义》作毋凉，《世本八
种》之《秦嘉谟辑补本》作凉。朱骏声《说文通训定声·壮部第十八》：
"凉……《史记·周本纪》'惠王名毋凉'，《杜世族谱》作'阆'。"④我
们以为"阆"乃"毋凉"之合音，"惠王"注当补为：釐（僖）王子阆，
一作毋凉，一作凉。

杨图"顷王"，无注。《史记》卷四《周本纪》："三十二年，襄王崩，
子顷王壬臣立。"⑤《汉书》卷二〇《古今人表》："周顷王王臣。"⑥《世本
八种》之《陈其荣增订本》卷下《帝系篇》："郑生顷王巨。"又《秦嘉谟
辑补本》卷二《纪》言"郑生顷王巨"。⑦顷王名，《史记》作壬臣，《汉
书》作王臣，《世本》作巨，阙疑存之。据文献，"顷王"注当补为：襄
王子壬臣，一作王臣，一作巨。

杨图"悼王"注：史不入统。《史记》卷四《周本纪》："二十年，景
王爱子朝，欲立之，会崩，子丐之党与争立，国人立长子猛为王，子朝攻
杀猛。猛为悼王。"⑧《春秋名号归一图》卷上《周》："王猛：昭二十二，
景王子也。王子猛：同上年，王子名猛。悼王：并同上年，未即位追
谥。"⑨据《史记》《春秋名号归一图》，"悼王"注当补为：景王子猛，未

---

① 司马迁：《史记》，中华书局，1982，第151页。
② 宋衷注，秦嘉谟等辑《世本八种》，中华书局，2008，第9、21页。
③ 王谟辑《增订汉魏丛书 汉魏遗书钞》，西南师范大学出版社、东方出版社，2011，第191页。
④ 朱骏声：《说文通训定声》，中华书局，2016，第938页。
⑤ 司马迁：《史记》，中华书局，1982，第155页。
⑥ 班固：《汉书》，中华书局，1962，第914页。
⑦ 宋衷注，秦嘉谟等辑《世本八种》，中华书局，2008，第25、21页。
⑧ 司马迁：《史记》，中华书局，1982，第156页。
⑨ 冯继先：《春秋名号归一图》，程远芬整理《宝礼堂宋本书录》，上海古籍出版社，1987，第3页。

即位追谥。因"未即位追谥",故杨图言"史不入统"。

据《史记》、《汉书》、《左传》、杨图"世次"体例等,杨图"定王:匡王弟"当为:"定王:匡王弟瑜";"桓王:平王孙"当为"桓王:平王孙林";"简王"当补注为"简王:定王子夷";"襄王"当补注为"襄王:惠王子郑";"匡王"当补注为"匡王:顷王子班";"灵王"当补注为"灵王:定王子夷";"景王"当补注为"景王:灵王子贵";"敬王"当补注为"敬王:景王子丐"。

2. 鲁世次

杨图"隐公"注:惠公子息姑。《史记》卷三三《鲁周公世家》:"四十六年,惠公卒,长庶子息摄当国,行君事,是为隐公。"① 《世本八种》之《秦嘉谟辑补本》卷四《世家》:"鲁周公世家……弗皇生隐公息姑、桓公轨。注:《史记·十二诸侯年表》《鲁世家索隐》并引同。"② 《汉书》卷二一《律历志下》:"《世家》,惠公即位四十六年,子隐公息立。凡伯禽至春秋,三百八十六年。"③《论语·季氏》:"自诸侯出,盖十世希不失矣。"何注:"始于隐公,至昭公十世失政。"邢昺疏:"隐公名息姑,伯禽七世孙、惠公弗皇子。"④ 隐公名,《史记》《汉书》作息;《世本》《论语注疏》作息姑,二说阙疑存之。杨图"隐公"注当补正为:惠公子息,一作息姑。

杨图"闵公"注:开。《史记》卷三三《鲁周公世家》:"十月己未,庆父使圉人荦杀鲁公子斑于党氏。季友奔陈。庆父竟立庄公子开,是为湣公。"《索隐》:"《系本》名启,今此作'开',避汉景帝讳耳。《春秋》作'闵公'也。"⑤《汉书》卷二一《律历志下》:"庄公,《春秋》即位三十二年,子愍公启方立。"⑥ 据《左传》等文献,"闵"亦作"湣""愍"。《左传·闵公元年》"闵公"杜注:"陆曰闵公名启方,庄公之子,母叔姜。《史记》云名开。"孔疏:"《杜世族谱》云:名启方,汉景帝讳启,

---

① 司马迁:《史记》,中华书局,1982,第1528页。
② 宋衷注,秦嘉谟等辑《世本八种》,中华书局,2008,第38页。
③ 班固:《汉书》,中华书局,1962,第1018页。
④ 何晏集解,邢昺疏《论语注疏》,中华书局,1980,第2521页。
⑤ 司马迁:《史记》,中华书局,1982,第1533页。
⑥ 班固:《汉书》,中华书局,1962,第1019页。

启、开因是而乱。《杜谱》云'启方'从《世本》文。"①《世本八种》之《秦嘉谟辑补本》卷四《世家》："鲁周公世家……同生闵公启方。注：《索隐》同上。《左传·闵元年》正义所引，皆多一名字，约举文。"② 闵公名，《史记》《史记索隐》作开；《汉书》，《世本》，《左传》杜注、孔疏作启方。二说阙疑存之。故"闵公"注当补正为：庄公子启方，一作开。

杨图"宣公"注：捷。《史记》卷三三《鲁周公世家》："十八年二月，文公卒。文公有二妃……次妃敬嬴，嬖爱，生子俀……冬十月，襄仲杀子恶及视而立俀，是为宣公。"《集解》："徐广曰：'一作倭。'"《索隐》："倭音人唯反，一作'俀'，音同。"③《汉书》卷二一《律历志下》："《春秋》，文公即位十八年，子宣公倭立。"颜注："倭音于危反。"④《世本八种》之《秦嘉谟辑补本》卷四《世家》："鲁周公世家……兴生宣公倭。"⑤《左传·宣元年》"宣公"杜注："陆曰：宣公名倭，一名接，又作委，文公子。"孔疏："《鲁世家》云'宣公名倭，或作接，文公之子'。"⑥ 宣公名，文献或作俀，或作倭，或作接等。裴骃《集解》以为倭、俀同。杨图作捷，与文献所言不符，失之。故"宣公"注当为：文公子俀，一作倭，一作接。

杨图"昭公"注：椆。《史记》卷三三《鲁周公世家》："三十一年六月，襄公卒。其九月，太子卒。鲁人立齐归之子裯为君，是为昭公。"《集解》："徐广曰：'裯，一作袑。'"《索隐》："《系本》作'稠'。又徐广云一作'袑'，音绍也。"⑦《汉书》卷二〇《古今人表》："鲁昭公稠。"颜注："稠音直流反。"又卷二一《律历志下》："《春秋》，襄公即位三十一年，子昭公稠立。"⑧《世本八种》之《秦嘉谟辑补本》卷四《世家》："鲁周公世家……午生昭公稠。注：《索隐》同上。"⑨《春秋名号归一图》卷

---

① 杜预注，孔颖达正义《春秋左传正义》，中华书局，1980，第1786页。
② 宋衷注，秦嘉谟等辑《世本八种》，中华书局，2008，第38页。
③ 司马迁：《史记》，中华书局，1982，第1536页。
④ 班固：《汉书》，中华书局，1962，第1019页。
⑤ 宋衷注，秦嘉谟等辑《世本八种》，中华书局，2008，第38页。
⑥ 杜预注，孔颖达正义《春秋左传正义》，中华书局，1980，第1865页。
⑦ 司马迁：《史记》，中华书局，1982，第1538~1539页。
⑧ 班固：《汉书》，中华书局，1962，第923、1021页。
⑨ 宋衷注，秦嘉谟等辑《世本八种》，中华书局，2008，第38页。

一"鲁"："公子稠：襄三十一，敬归之姊，齐归之子昭公名。"① 昭公名，或作稠，或作裯，或作裯。《诗·召南·小星》："抱衾与裯。"李富孙异文释："唐石经裯作稠。"《左传·襄公三十一年》："公子裯。"李富孙异文释："《十二诸侯年表》《古今人表》《律历志》并作稠，《鲁世家索隐》引《世本》同。徐广又云一作袑。案：裯、稠、袑三字皆以形声相近而淆。梁氏曰当从左。"② 据文献，稠、裯同；又稠，一作袑。杨图作裯与文献不符，乃稠之形讹，失之。"昭公"注当为：稠，一作裯，一作袑。

杨图"哀公"注：蒋。《史记》卷三三《鲁周公世家》："十五年，定公卒，子将立，是为哀公。"《索隐》："《系本》'将'作'蒋'也。"③《左传·哀公元年》"哀公"杜注："陆曰：哀公名蒋，定公之子。"④《世本八种》之《秦嘉谟辑补本》卷四《世家》："鲁周公世家……宋生哀公蒋。注：《礼记·檀弓》正义两引同。《史记·六国年表索隐》引'名蒋'二字……《鲁世家索隐》引作'哀公蒋'。"⑤ 哀公名，《史记》作将，《世本》、《左传》杜注作蒋。据文献，"哀公"注当补为：定公子将，一作蒋。

据《史记》、《汉书》、《左传》、杨图体例等，杨图"庄公：同"当为："庄公：桓公子同"；"文公：兴"当为"文公：僖公子兴"；"成公：黑肱"当为"成公：宣公子黑肱"；"襄公：午"当为"襄公：成公子午"。

3. 齐世次

杨图"景公杵臼：庄公弟"。《史记》卷一四《十二诸侯年表》："齐景公杵臼元年，如晋，请归卫献公。"又卷三二《齐太公世家》："丁丑，崔杼立庄公异母弟杵臼，是为景公。"《集解》："徐广曰：'《史记》多作'箸臼'。'"⑥《汉书》卷二〇《古今人表》："齐景公杵臼：严公弟。"⑦《世本八种》之《秦嘉谟辑补本》卷四《世家》："齐太公世家……环生庄公光、景公杵臼。注：《史记·管晏列传索隐》'引此上十字'，中多三名

---

① 冯继先：《春秋名号归一图》，程远芬整理《宝礼堂宋本书录》，上海古籍出版社，1987，第10页。
② 李富孙：《春秋左传异文释》，《清经解续编》本，凤凰出版社，2005，第2888页。
③ 司马迁：《史记》，中华书局，1982，第1544页。
④ 杜预注，孔颖达正义《春秋左传正义》，中华书局，1980，第2154页。
⑤ 宋衷注，秦嘉谟等辑《世本八种》，中华书局，2008，第38～39页。
⑥ 司马迁：《史记》，中华书局，1982，第642～643、1502页。
⑦ 班固：《汉书》，中华书局，1962，第926页。

字，盖约举文。"① 景公名，文献作杵臼，一作箸臼，据此，"景公杵臼：庄公弟"当为"景公：庄公弟杵臼，一作箸臼"。

杨图"平公骜：简公弟"。《史记》卷一四《十二诸侯年表》："田常杀简公，立其弟骜，为平公，常相之。"《索隐》："五高反，平公也。"又卷三二《齐太公世家》："甲午，田常弑简公于徐州。田常乃立简公弟骜，是为平公。"《索隐》："《系本》及谯周皆作'敬'，盖误也。"② 《汉书》卷二〇《古今人表》："齐平公敬，简公子。"③ 《世本八种》之《秦嘉谟辑补本》卷四《世家》："齐太公世家……阳生生简公壬、平公敬。注：《史记·齐世家》索隐。"④ 平公名，《史记》作骜，《汉书》《世本》作敬，司马贞以为作"敬"盖误，不知所据。我们以为杨图"平公骜：简公弟"当为"平公：简公弟骜，一作敬"。

据《左传》、《史记》、杨图"世次注"体例，"僖公禄甫"当为"僖公：庄公子禄甫"；"襄公诸儿"当为"襄公：僖公子诸儿"；"桓公小白：僖公子"当为"桓公：僖公子小白"；"孝公昭"当为"孝公：桓公子昭"；"昭公潘：桓公子"当为"昭公：桓公子潘"；"懿公商人：桓公子"当为"懿公：桓公子商人"；"惠公元：桓公子"当为"惠公：桓公子元"；"顷公无野"当为"顷公：惠公子无野"；"灵公环"当为"灵公：顷公子环"；"庄公光"当为"庄公：灵公子光"；"晏孺子荼"当为"晏孺子：景公子荼"；"悼公阳生：景公子"当为"悼公：景公子阳生"；"简公壬"当为"简公：悼公子壬"。

4. 晋世次

杨图"武侯称"注：庄伯子。《史记》卷一四《十二诸侯年表》："晋哀侯光元年，庄伯卒，子称立，为武公。"又卷三九《晋世家》："武公称者，先晋穆侯曾孙也，曲沃桓叔孙也。桓叔者，始封曲沃。武公，庄伯子也。"⑤ 《世本八种》之《秦嘉谟辑补本》卷四《世家》："晋世家……曲沃

---

① 宋衷注，秦嘉谟等辑《世本八种》，中华书局，2008，第38页。
② 司马迁：《史记》，中华书局，1982，第679～680、1512页。
③ 班固：《汉书》，中华书局，1962，第935页。
④ 宋衷注，秦嘉谟等辑《世本八种》，中华书局，2008，第38页。
⑤ 司马迁：《史记》，中华书局，1982，第552、1640页。

武公称者，穆侯曾孙。"① 据《史记》《世本》，"武侯"当作"武公"，杨图言武侯失之。杨图"武侯称"注当为"武公：庄伯子称"。

杨图"襄公"注：骧。《史记》卷一四《十二诸侯年表》："文公薨。晋襄公骧元年破秦于殽。"又卷三九《晋世家》："九年冬，晋文公卒，子襄公欢立。是岁郑伯亦卒。"②《左传·文公六年》："八月，乙亥，晋侯骧卒。冬，十月，公子遂如晋，葬晋襄公。"③《世本八种》之《秦嘉谟辑补本》卷四《世家》："晋世家……重耳生襄公谨。"襄公名，《史记》作骧、欢，《左传》作骧，《世本》作谨。《韩非子·内储说上》："成欢以太仁弱齐国。"王先慎集解："骧、谨、欢音义并同。"李富孙《春秋左传异文释》卷四："文六年经：晋侯骧卒。公、谷作谨，晋世家作欢。"可见，谨、骧、欢三字同。故"襄公"注当为"襄公：文公子骧，一作欢，一作谨"。

杨图"景公"注：獳。《史记》卷一四《十二诸侯年表》："晋景公据元年，与宋伐郑。"又卷三九《晋世家》："成公……六年，伐秦……七年，成公与楚庄王争强……是年，成公卒，子景公据立。"《索隐》："晋成公六年为鲁宣八年。"④《左传·成公十年》："丙午，晋侯獳卒。"孔疏："獳以宣九年即位。"⑤《世本八种》之《秦嘉谟辑补本》卷四《世家》："晋世家……黑臀生景公据。"景公名，《史记》《世本》作据；《左传》作獳。《左传·成公十年》："晋侯獳卒。"李富孙异文释："《十二诸侯年表》《晋世家》作据。"可知，獳亦作据。杨图作獳与文献皆异，似不确。"景公"注当为"景公：成公子獳，一作据"。

杨图"厉公"注：州蒲。《史记》卷一四《十二诸侯年表》："晋厉公寿曼元年，伐秦至泾，败之。"又卷三九《晋世家》："十九年夏，景公病，立其太子寿曼为君，是为厉公。后月余，景公卒。"⑥《左传·成公十年》："晋侯有疾。五月，晋立大子州蒲以为君。"杜注："州蒲，本或作州

---

① 宋衷注，秦嘉谟等辑《世本八种》，中华书局，2008，第43页。
② 司马迁：《史记》，中华书局，1982，第598、1669页。
③ 杜预注，孔颖达正义《春秋左传正义》，中华书局，1980，第1843页。
④ 司马迁：《史记》，中华书局，1982，第616、1676页。
⑤ 杜预注，孔颖达正义《春秋左传正义》，中华书局，1980，第1906页。
⑥ 司马迁：《史记》，中华书局，1982，第626、1679页。

满。"①《世本八种》之《秦嘉谟辑补本》卷四《世家》:"晋世家……黑臀生景公据,据生厉公寿曼。"②厉公名,《史记》作寿曼,《左传》作州蒲,《左传》杜注或作州满。杨图言与《左传》相合。据文献,"厉公"注当为"厉公:景公子寿曼,一作州蒲,一作州满"。

据《左传》、《史记》、《汉书》、杨图"世次注"体例,"鄂侯郄:孝侯弟"当为"鄂侯:孝侯弟郄";"小子侯"当为"小子侯:哀侯子小子";"侯缗:哀侯弟"当为"晋侯:哀侯弟缗";"哀侯:光"当为"哀侯:鄂侯子光";"献公:诡诸"当为"献公:武公子诡诸,一作佹诸";"惠公:夷吾"当为"惠公:献公子夷吾";"怀公:圉"当为"怀公:惠公子圉";"文公重耳:献公子"当为"文公:献公子重耳";"灵公:夷皋"当为"灵公:襄公子夷皋";"成公黑臀:襄公弟"当为"成公:襄公弟黑臀,或作灵公弟黑臀";"悼公周:哀公曾孙"当为"悼公:哀公曾孙、襄公少子周";"平公:彪"当为"平公:悼公子彪";"顷公:去疾"当为"顷公:昭公子去疾";"定公:午"当为"定公:顷公子午"。

5. 卫世次

杨图"黔牟"注:群公子。《史记》卷一四《十二诸侯年表》:"太子伋弟寿争死。卫惠公朔元年,朔奔齐,立黔牟。"又卷三七《卫康叔世家》:"左右公子不平朔之立也,惠公四年,左右公子怨惠公之谗杀前太子伋而代立,乃作乱,攻惠公,立太子伋之弟黔牟为君,惠公奔齐。卫君黔牟立八年。"③《世本八种》之《秦嘉谟辑补本》卷四《世家》:"卫世家……宣公生惠公朔及卫君黔牟。"④据文献言,"黔牟:群公子"当为:"卫君:太子伋之弟黔牟"。杨图注失之。

杨图"穆公遬"注:无。《史记》卷一四《十二诸侯年表》:"卫穆公遬元年,齐(高国)[崔杼]来奔。"又卷三七《卫康叔世家》:"三十五年,成公卒,子穆公遬立。"⑤《左传·成公二年》:"八月,壬午,宋公鲍

---

① 杜预注,孔颖达正义《春秋左传正义》,中华书局,1980,第1906页。
② 宋衷注,秦嘉谟等辑《世本八种》,中华书局,2008,第43页。
③ 司马迁:《史记》,中华书局,1982,第560~562、1593~1594页。
④ 宋衷注,秦嘉谟等辑《世本八种》,中华书局,2008,第41页。
⑤ 司马迁:《史记》,中华书局,1982,第616~617、1595页。

卒。庚寅，卫侯遬卒。"①《世本八种》之《秦嘉谟辑补本》卷四《世家》："卫世家……成公生穆公邀。"穆公名，《史记》作邀，《左传》作遬，《世本》作邀。《汉书》卷八《宣帝纪》："冬十一月，匈奴呼遬累单于帅众来降。"颜注："遬，古速字。"②《说文·辵部》："速、遬，籀文从欶。"速、遬同，故《左传》言卫侯遬即卫穆公邀。检之文献，邀、遬二字非通假。杨图"邀"或为"遬"之形讹。"穆公"注当为"穆公：成公子邀，一作遬"。

杨图"定公臧"注：无。《史记》卷一四《十二诸侯年表》："卫定公臧元年。"又卷三七《卫康叔世家》："穆公……十一年……穆公卒，子定公臧立。"③《左传·成公十四年》："冬十月，庚寅，卫侯臧卒。"孔疏："《正义》曰：'臧父遬以二年八月卒而臧代立，其年十一月，卫大夫与公盟于蜀。'"④《世本八种》之《秦嘉谟辑补本》卷四《世家》："卫世家……穆公生定公臧及殇公狄。"定公名，《史记》《左传》《世本》作臧。《方言》卷一三："賦，臧也。"钱绎笺疏："臧，古藏字。"《广雅·释诂四》："窖，藏也。"王念孙疏证："臧，与藏同。"据文献，藏、臧同，"定公"注当补为"定公：穆公子臧，一作藏"。

杨图"殇公剽"注：定公弟。《史记》卷三七《卫康叔世家》："献公……十八年……孙文子、宁惠子共立定公弟秋为卫君，是为殇公。"《集解》："徐广曰：'班氏云献公弟焱。'"《索隐》："《左传》作'剽'，《古今人表》作'焱'，盖音相乱，字易改耳。音方遥反，又匹妙反。"⑤《左传·襄公二十五年》："卫侯入于夷仪。"孔疏："于时剽为卫君，非国逆。又不得位而称侯者，晋人称为卫侯以告鲁，故书侯也。"⑥ 又《襄公二十六年》："卫宁喜弑其君剽……甲午，卫侯衎复归于卫……《书》曰：宁喜弑其君剽。"⑦《汉书》卷二〇《古今人表》："卫殇公焱，献公弟。"颜注：

---

① 杜预注，孔颖达正义《春秋左传正义》，中华书局，1980，第1893页。
② 班固：《汉书》，中华书局，1962，第266页。
③ 司马迁：《史记》，中华书局，1982，第622、1596页。
④ 杜预注，孔颖达正义《春秋左传正义》，中华书局，1980，第1913页。
⑤ 司马迁：《史记》，中华书局，1982，第1596~1597页。
⑥ 杜预注，孔颖达正义《春秋左传正义》，中华书局，1980，第1982页。
⑦ 杜预注，孔颖达正义《春秋左传正义》，中华书局，1980，第1988~1989页。

"《春秋》焱作剽。"① 《世本八种》之《秦嘉谟辑补本》卷四《世家》："卫世家……穆公生定公臧及殇公狄。[校注：'狄'原本误作'秋'，据《史记》改。]"殇公名，《左传》作剽，《史记索隐》一作剽，一作焱，《汉书》《史记集解》作焱，《史记》作秋，《世本》作狄，未知孰是，阙疑存之。《汉书》《史记集解》以为殇公乃献公弟焱，据《史记·卫康叔世家》上下文言，殇公当献公弟，非定公弟。杨图言"殇公剽"与《左传》相合。结合文献，我们以为杨图"殇公剽：定公弟"当为"殇公：献公弟剽，一作焱，一作秋，一作狄"。

据《左传》、《史记》、《汉书》、杨图"世次注"体例，"桓公完"当为"桓公：庄公子完"；"宣公晋：桓公弟"当为"宣公：桓公弟晋"；"惠公朔"当为"惠公：宣公子朔"；"懿公赤：惠公子"当为"懿公：惠公子赤"；"戴公申：公子顽之子"当为"戴公：公子顽之子申"；"文公毁：戴公弟"当为"文公：戴公弟毁"；"成公郑"当为"成公：文公子郑"；"献公衎"当为"献公：定公子衎"；"襄公恶：献公子"当为"襄公：献公子恶"；"灵公元"当为"灵公：襄公子元"；"出公辄：灵公孙"当为"出公：灵公孙辄"；"庄公蒯聩：出公父"当为"庄公：出公父蒯聩"。

6. 宋世次

杨图"襄公"注：兹父。《史记》卷三八《宋微子世家》："桓公二年……三十一年春，桓公卒，太子兹甫立，是为襄公。"②《左传·僖公八年》："宋公疾，大子兹父固请曰：目夷长且仁，君其立之。"杜注："兹父，襄公也。目夷，兹父庶兄子鱼也。父音甫。"③ 又《僖公二十二年》："夏，五月，庚寅，宋公兹父卒。"孔疏："《正义》曰：兹父以九年即位，其年盟于葵丘。"④《世本八种》之《秦嘉谟辑补本》卷四《世家》："宋世家……桓公御说，御说生襄公兹甫，兹甫生成公王臣。"⑤ 襄公名，《左传》作兹父，《史记》《世本》作兹甫。杨图"兹父"与《左传》相合。《仪

---

① 班固：《汉书》，中华书局，1962，第921页。
② 司马迁：《史记》，中华书局，1982，第1625页。
③ 杜预注，孔颖达正义《春秋左传正义》，中华书局，1980，第1799页。
④ 杜预注，孔颖达正义《春秋左传正义》，中华书局，1980，第1814页。
⑤ 宋衷注，秦嘉谟等辑《世本八种》，中华书局，2008，第43页。

礼·士相见礼》："若父则游目。"郑玄注："今文父为甫。"《诗·大雅·绵》："古公亶父。"陆德明释文："父，本亦作甫。"据文献言，"襄公"注当为"襄公：桓公子兹甫，一作兹父"。

杨图"文公鲍"注：昭公弟。《史记》卷一四《十二诸侯年表》："襄夫人使卫伯杀昭公，弟鲍立。宋文公鲍元年昭公弟。"又卷三八《宋微子世家》："九年，昭公无道……夫人王姬使卫伯攻杀昭公杵臼。弟鲍革立，是为文公。"①《左传·文公十六年》："宋公子鲍礼于国人。"杜注："鲍，昭公庶弟，文公也。"②《汉书》卷二〇《古今人表》："宋文公鲍，昭公弟。"③《世本八种》之《秦嘉谟辑补本》卷四《世家》："宋世家……王臣生昭公杵臼、文公鲍，鲍生共公瑕。"④文公名，《左传》《汉书》《世本》作鲍，《史记》一作鲍，一作鲍革，杨图言文公名与《左传》《汉书》《世本》相合，与《史记》言有异。据文献，"文公"注当为"文公：昭公弟鲍，一作鲍革"。

杨图"共公"注：固。《史记》卷一四《十二诸侯年表》："宋共公瑕元年。"又卷三八《宋微子世家》："二十二年，文公卒，子共公瑕立。"⑤《左传·成公十五年》："夏，六月，宋公固卒。"孔疏："曰父鲍以二年八月卒而固代立，其年十一月，宋大夫与公盟于蜀。"⑥《汉书》卷二〇《古今人表》："宋共公瑕，文公子。"⑦《世本八种》之《秦嘉谟辑补本》卷四《世家》："宋世家……鲍生共公瑕，瑕生平公成。"共公名，《左传》作固，《史记》《汉书》《世本》作瑕。杨图言文公名与《左传》相合。据文献，"共公"注当为"共公：文公子瑕，一作固"。

杨图"景公"注：头曼。《史记》卷一四《十二诸侯年表》："宋景公头曼元年。"《索隐》："音万。"又卷三八《宋微子世家》："十五年，元公为鲁昭公避季氏居外，为之求入鲁，行道卒，子景公头曼立。"⑧《左传·

---

① 司马迁：《史记》，中华书局，1982，第609～610、1628页。
② 杜预注，孔颖达正义《春秋左传正义》，中华书局，1980，第1859页。
③ 班固：《汉书》，中华书局，1962，第916页。
④ 宋衷注，秦嘉谟等辑《世本八种》，中华书局，2008，第43页。
⑤ 司马迁：《史记》，中华书局，1982，第622、1630页。
⑥ 杜预注，孔颖达正义《春秋左传正义》，中华书局，1980，第1914页。
⑦ 班固：《汉书》，中华书局，1962，第918页。
⑧ 司马迁：《史记》，中华书局，1982，第1630页。

昭公二十五年》："十一月，宋公元公将为公故如晋，梦大子栾即位于庙，已与平公，服而相之。"杜注："平公，元公父。"①《汉书》卷二〇《古今人表》："宋景公兜栾。"《世本八种》之《秦嘉谟辑补本》卷四《世家》："宋世家……佐生景公头曼。"景公名，《左传》作栾，《史记》《世本》作头曼，《汉书》作兜栾。杨图景公名与《史记》《世本》相合。《殷周金文集成》载青铜器宋公栾簠（编号4589）铭文："有殷天乙唐孙宋公栾作其妹勾吴夫人季子媵簠。"②可见宋景公自称其名为栾。"栾""头曼""兜栾"乃合音与分音的关系。上古，"栾""曼"皆属元部；中古，栾为来母，头为定母，兜为端母；我们以为上古来纽音 r，定纽音 d 兜 t，汉蕃语多有 d、r 互变。据文献，"景公"注当为"景公：元公子头曼，一作栾，一作兜栾"。

据《左传》、《史记》、《汉书》、杨图"世次注"体例，"穆公：和"当为"穆公：宣公弟和"；"殇公与夷：宣公子"当为"殇公：宣公子与夷"；"庄公冯：穆公子"当为"庄公：穆公子冯"；"闵公：捷"当为"闵公（或作湣公、愍公）：庄公子捷"；"桓公御说：闵公弟"当为"桓公：闵公（或作湣公、愍公）弟御说"；"成公：王臣"当为"成公：襄公子王臣"；"昭公：杵臼"当为"昭公：成公子杵臼"；"平公：成"当为"平公：共公子成"；"元公：佐"当为"元公：平公子佐"。

7. 秦世次

杨图"康公"注：罃弘。《史记》卷五《秦本纪》："三十九年，缪公卒……缪公子四十人，其太子罃代立，是为康公。"又卷一四《十二诸侯年表》："秦康公罃元年。"《索隐》："音乙耕反。"③《左传·僖公十五年》："秦获晋侯以归，晋大夫反首拔舍……穆姬闻晋侯将至，以大子罃、弘与女简璧，登台而履薪焉。"杜注："罃，康公名；弘，其母弟也；简璧，罃、弘姊妹。"孔疏："文十八年，秦伯罃卒，即此康公也。罃、弘连文，即言与女简璧，知弘是罃弟，简璧是其姊妹也。刘向《列女传》说此事

---

① 杜预注，孔颖达正义《春秋左传正义》，中华书局，1980，第2110页。
② 中国社会科学院考古研究所编《殷周金文集成》，中华书局，2007。
③ 司马迁：《史记》，中华书局，1982，第194～195、603～604页。

云：与大子䓨、公子弘与女简璧，亦以简璧为女也。"① 《世本八种》之《秦嘉谟辑补本》卷四《世家》："秦世家……缪公立三十九年，生康公䓨。"② 有关康公名，《史记》，《世本》，《左传》，《左传》杜预注、孔颖达疏等皆作䓨，杨图作䓨弘，与诸家所言相异，据文献言，"康公"注当为"康公：缪（穆）公子䓨"，杨图乃衍一"弘"字。

杨图"共公"注：稻。《史记》卷五《秦本纪》："康公立十二年卒，子共公立。"《索隐》："名貑。"又卷一四《十二诸侯年表》："秦共公和元年。"③《左传·宣公四年》："春，王正月，公及齐侯平莒及郯。莒人不肯，公伐莒，取向。秦伯稻卒。"④《世本八种》之《秦嘉谟辑补本》卷四《世家》："秦世家……康公立十二年，生共公貑。"又《茆泮林辑本》："秦伯稻，秦共公也。注：《穀梁·宣四年》疏。"⑤ 共公名，《史记》作和，《史记索隐》作貑，《左传》作稻，《世本》作貑，一作稻，阙疑存之。据文献言，"共公"注当为"共公：康公子和，一作稻，一作貑，一作貑"。

杨图"桓公"注：荣。《史记》卷五《秦本纪》："共公立五年卒，子桓公立。"又卷一四《十二诸侯年表》："秦桓公元年。"⑥《左传·宣公十五年》："秋，七月，秦桓公伐晋，次于辅氏。"⑦《汉书》卷二〇《古今人表》："秦桓公，共公子。"⑧《世本八种》之《秦嘉谟辑补本》卷四《世家》："秦世家……共公立五年，生桓公和。"桓公名，《史记》《汉书》《左传》无，《世本》作和，杨图言荣与《世本》异，不知杨图所据，阙疑存之。据文献言，"桓公"注当为"桓公：共公子和，一作荣"。

杨图"悼公"注：无。《史记》卷五《秦本纪》："惠公立十年卒，子悼公立。"又卷一四《十二诸侯年表》："秦悼公元年。"⑨《汉书》卷二

---

① 杜预注，孔颖达正义《春秋左传正义》，中华书局，1980，第1806页。
② 宋衷注，秦嘉谟等辑《世本八种》，中华书局，2008，第44页。
③ 司马迁：《史记》，中华书局，1982，第195~196、611页。
④ 杜预注，孔颖达正义《春秋左传正义》，中华书局，1980，第1869页。
⑤ 宋衷注，秦嘉谟等辑《世本八种》，中华书局，2008，第44、25页。
⑥ 司马迁：《史记》，中华书局，1982，第196、615页。
⑦ 杜预注，孔颖达正义《春秋左传正义》，中华书局，1980，第1888页。
⑧ 班固：《汉书》，中华书局，1962，第915页。
⑨ 司马迁：《史记》，中华书局，1982，第198、673页。

○《古今人表》："秦悼公，惠公弟。"①《世本八种》之《秦嘉谟辑补本》卷四《世家》："秦世家……惠公立十年，生悼公。"悼公名，文献无。据文献，杨图"悼公"注当补为"悼公：惠公子，其名不详"。《汉书》作惠公弟，失之。

据《左传》、《史记》、《汉书》、杨图"世次注"体例，"宁公：无"当为"宁公：文公孙"；"出子：无"当为"出公：宁公子曼"；"宣公：无"当为"宣公：德公子"；"景公：无"当为"景公：桓公子后伯车"；"元公：佐"当为"元公：平公子佐"；"哀公"当为"哀公：景公子珵公"。

8. 楚世次

杨图"杜敖"注：熊膳。《史记》卷一四《十二诸侯年表》："楚堵敖囏元年。"《集解》："徐广曰：'一作动。'"《索隐》："楚杜敖囏，音艰。系家作'庄敖'，刘音壮，此作'杜敖'。刘氏云亦作'堵'。堵、杜声相近，与系家乖，不详其由也。"又卷四〇《楚世家》："十三年，卒，子熊囏立，是为庄敖。"《集解》："《史记音隐》云：'囏，古艰字。'"②《汉书》卷二〇《古今人表》："楚杜敖。注：文王子。"颜注："即堵敖。"③《左传·庄公十四年》："楚子如息，以食人享，遂灭息，以息妫归，生堵敖及成王焉。"杜注："堵敖，丁古反，下五羔反。杜云'楚人'，谓未成君为敖。《史记》作杜敖。"④《世本八种》之《秦嘉谟辑补本》卷四《世家》："楚世家……文王生熊囏，是为杜敖。"⑤据文献，杜敖亦作堵敖、庄敖，其名，《史记》《世本》作囏，《史记集解》作动，杨图作膳，与文献皆异，失之。据文献，杨图"杜敖"注当补正为"杜敖（堵敖、庄敖）：文王子囏，一作动"。

杨图"成王"注：杜敖弟頵。《史记》卷一四《十二诸侯年表》："弟恽杀堵敖自立，楚成王恽元年。"又卷四〇《楚世家》："庄敖五年，欲杀其弟熊恽，恽奔随，与随袭弑庄敖代立，是为成王。"《索隐》："恽音纡粉

---

① 班固：《汉书》，中华书局，1962，第933页。
② 司马迁：《史记》，中华书局，1982，第573~574、1696页。
③ 班固：《汉书》，中华书局，1962，第909页。
④ 杜预注，孔颖达正义《春秋左传正义》，中华书局，1980，第1771页。
⑤ 宋衷注，秦嘉谟等辑《世本八种》，中华书局，2008，第46页。

反。《左传》作'頵',纡贫反。"①《汉书》卷二〇《古今人表》:"楚成王恽。"颜注:"《左传》作頵,音于伦反。"②《左传·文公元年》:"冬,十月,丁未,楚世子商臣弑其君頵。"杜注:"商臣,穆王也。弑君例在宣四年。頵,忧伦反,又丘伦反。"③今传世青铜器有楚王頵钟,铭文云"楚王頵自作铃钟",可证楚成王名頵。《世本八种》之《秦嘉谟辑补本》卷四《世家》:"楚世家……杜敖弟熊恽,是为成王。"④成王名,《史记》《汉书》《世本》作恽,《左传》作頵,杨图与《左传》相合。据文献,杨图"成王"注当补为"成王:杜敖(庄敖、堵敖)弟恽,一作頵"。

杨图"庄王"注:旅。《史记》卷一四《十二诸侯年表》:"楚庄王侣元年,灭庸。"又卷四〇《楚世家》:"穆王立……二十年,卒,子庄王侣立。"⑤《左传·文公十四年》:"楚庄王立。"杜注:"穆王子也。"又《宣公十八年》:"甲戌,楚子旅卒。"⑥楚子旅即楚庄王。《世本八种》之《秦嘉谟辑补本》卷四《世家》:"楚世家……穆王生庄王侣。"庄王名,《史记》《世本》作侣,《左传》作旅,杨图与《左传》相合。《左传·宣公十八年》:"楚子旅卒。"洪亮吉诂:"《史记》年表、世家并作侣。"据文献,杨图"庄王"注当补为"庄王:穆王子侣,一作旅"。

杨图"康王"注:昭。《史记》卷一四《十二诸侯年表》:"楚康王昭元年。"《索隐》:"楚康王略,系家名招。"又卷四〇《楚世家》:"三十一年,共王卒,子康王招立。"⑦《左传·襄公二十八年》:"乙未,楚子昭卒。"杜注:"康王也,十二月无乙未日,误。"⑧《国语》卷五《鲁语下》:"襄公如楚,及汉,闻康王卒,欲还。"注:"康王,楚恭王之子康王昭也。"⑨《世本八种》之《秦嘉谟辑补本》卷四《世家》:"楚世家……恭王

---

① 司马迁:《史记》,中华书局,1982,第575~576、1696页。
② 班固:《汉书》,中华书局,1962,第912页。
③ 杜预注,孔颖达正义《春秋左传正义》,中华书局,1980,第1836页。
④ 宋衷注,秦嘉谟等辑《世本八种》,中华书局,2008,第46页。
⑤ 司马迁:《史记》,中华书局,1982,第608~609、1699页。
⑥ 杜预注,孔颖达正义《春秋左传正义》,中华书局,1980,第1854、1890页。
⑦ 司马迁:《史记》,中华书局,1982,第636、1703页。
⑧ 杜预注,孔颖达正义《春秋左传正义》,中华书局,1980,第1998页。
⑨ 左丘明:《国语》,上海师范大学古籍整理研究所校点,上海古籍出版社,1988,第191页。

生康王招。注：《史记·十二诸侯年表索隐》。"① 康王名，《史记索隐》《世本》作招，《左传》、《国语》注作昭，《史记》作昭，一作招。《读书杂志·汉隶拾遗·校官碑》："宗懿招德。" 王念孙按："'招'与'昭'同……'昭'古通作'招'。"②《经义述闻》卷二〇《国语上》："好尽言以招人过：'立于淫乱之国，而好尽言以招人过，怨之本也。'……引之谨按……作'招'者，借字耳……汉《校官碑》'宗懿招德'即昭德，是'昭'字古通作'招'。'招人过'即昭人过。"③ 据文献，昭、招古通用，基于此，杨图"康王"注当补为"康王：共（恭）王子招，一作昭"。

杨图"郏敖"注：麋。《史记》卷一四《十二诸侯年表》："楚熊郏敖元年。" 又卷四〇《楚世家》："康王立十五年卒，子员立，是为郏敖。"《索隐》："音云。《左传》作'麏'。"④《左传·襄公二十九年》："诸侯之大夫皆至于墓，楚郏敖即位。" 杜注："郏敖，康王子熊麋也。"⑤《世本八种》之《秦嘉谟辑补本》卷四《世家》："楚世家……康王生员，是为郏敖。"⑥ 郏敖名，《史记》《世本》作员，《史记索隐》作麏，《左传》杜注作麋，杨图作麋与文献言皆不符。《左传·文公十六年》："麇子逃归。" 洪亮吉诂："麇，字亦作麏。"《说文·鹿部》朱骏声通训定声："麇，字亦作麏。"《左传·哀公十四年》："逢泽有介麇焉。" 陆德明释文："麇，本又作麋。" 据文献，麇、麏、麋通。由此，杨图"郏敖"注当补为"郏敖：康王子员，一作麏，一作麇，一作麋"。

杨图"平王"注：共王子疾弃。《史记》卷一四《十二诸侯年表》："醉杀蔡侯，使弃疾围之……弃疾作乱自立，灵王自杀。复陈、蔡。楚平王居元年共王子，抱玉。" 又卷四〇《楚世家》："初，共王有宠子五人……唯独弃疾后立，为平王。"⑦《汉书》卷二〇《古今人表》："楚平王弃疾。注：灵王弟。" 又卷二七《五行志下》："五年，楚平王居卒，子昷

---

① 宋衷注，秦嘉谟等辑《世本八种》，中华书局，2008，第46页。
② 王念孙：《读书杂志》，徐炜君等点校，上海古籍出版社，2015，第2552页。
③ 王引之：《经义述闻》，虞思征等点校，上海古籍出版社，2018，第1180~1181页。
④ 司马迁：《史记》，中华书局，1982，第644、1703页。
⑤ 杜预注，孔颖达正义《春秋左传正义》，中华书局，1980，第2005页。
⑥ 宋衷注，秦嘉谟等辑《世本八种》，中华书局，2008，第46页。
⑦ 司马迁：《史记》，中华书局，1982，第651~656、1709页。

奔楚，王室乃定。"①《左传·昭公二十六年》："九月，庚申，楚子居卒。"② 楚子居即楚平王。《世本八种》之《秦嘉谟辑补本》卷四《世家》："楚世家……平王者，恭王庶子熊居，平王生昭王珍。"平王名，《史记》《汉书》一作弃疾，一作居，《左传》《世本》作居。据文献，杨图"疾弃"乃"弃疾"之倒文。"平王"注当为"平王：共（恭）王子弃疾，一作居"。

杨图"昭王"注：轸。《史记》卷一四《十二诸侯年表》："欲立子西，子西不肯。秦女子立，为昭王。楚昭王珍元年诛无忌以说众。"又卷四〇《楚世家》："十三年，平王卒……乃立太子珍，是为昭王。"③《汉书》卷二〇《古今人表》："楚昭王。注：平王子。"④《左传·哀公六年》："秋，七月，庚寅，楚子轸卒。"杜注："轸，之忍反。《史记》作'珍'字。"⑤ 楚子轸即楚昭王。《世本八种》之《秦嘉谟辑补本》卷四《世家》："楚世家……平王生昭王珍。"平王名，《史记》《世本》作珍，《左传》作轸。《廿二史考异》卷四《史记四》："卒自娶秦女，生熊珍。《春秋》'珍'作'轸'，《伍子胥传》亦作'轸'。"⑥ 可知，轸、珍通。据文献，杨图"昭王"注当为"昭王：平王子珍，一作轸"。

据《左传》、《史记》、《汉书》、杨图"世次注"体例，"穆王：商臣"当为"穆王：成王子商臣"；"共王：审"当为"共王：庄王子审"；"灵王：围"当为"灵王：郏敖子围"；"惠王：章"当为"惠王：昭王子章"。

9. 蔡世次

杨图"宣侯考父"注：无。《史记》卷一四《十二诸侯年表》："蔡宣侯楷论元年。"又卷三五《管蔡世家》："戴侯十年卒，子宣侯措父立。"⑦《汉书》卷二〇《古今人表》："蔡宣侯。注：戴侯子。"⑧《左传·隐公八

---

① 班固：《汉书》，中华书局，1962，第927、1514页。
② 杜预注，孔颖达正义《春秋左传正义》，中华书局，1980，第2112页。
③ 司马迁：《史记》，中华书局，1982，第659~660、1714页。
④ 班固：《汉书》，中华书局，1962，第929、1514页。
⑤ 杜预注，孔颖达正义《春秋左传正义》，中华书局，1980，第2161页。
⑥ 钱大昕：《廿二史考异》，方诗铭、周殿杰校点，上海古籍出版社，2014，第52页。
⑦ 司马迁：《史记》，中华书局，1982，第539、1568页。
⑧ 班固：《汉书》，中华书局，1962，第904页。

年》："夏，六月，己亥，蔡侯考父卒。"①《世本八种》之《秦嘉谟辑补本》卷四《世家》："蔡世家……戴侯生宣侯措父。"②宣侯名，《史记》作措父，一作楷论，《世本》作措父，《左传》作考父，杨图与《左传》言同，不知孰是，阙疑存之。由此，"宣侯"注当补为"宣侯：戴侯子措父，一作考父，一作楷论"。

杨图"缪侯肸"注：无。《史记》卷一四《十二诸侯年表》："蔡穆侯肸元年。"又卷三五《管蔡世家》："哀侯留九岁，死于楚。凡立二十年卒。蔡人立其子肸，是为缪侯。"③《左传·僖公十四年》："冬，蔡侯肸卒。"杜注："无传，未同盟而赴以名。肸，许乙反。"④蔡侯肸即蔡穆侯。《世本八种》之《秦嘉谟辑补本》卷四《世家》："蔡世家……献舞生缪侯肸。"缪侯名，《史记》《左传》作肸，《世本》作肸，杨图与《世本》同。《玉篇·十部》："肸，（肸）蠁，布也。今为肸。"肸、肸乃古今字。由此，"缪（穆）侯"注当为"缪（穆）侯：哀侯子肸，一作肸"。

杨图"昭侯田"注：无。《史记》卷一四《十二诸侯年表》："蔡昭侯申元年悼侯弟。"又卷三五《管蔡世家》："悼侯三年卒，弟昭侯申立。"⑤《左传·哀公四年》："春，王二月，庚戌，盗杀蔡侯申。"孔疏："文侯申生景侯固，固生灵侯般，般生隐大子。今昭侯申是隐大子之子。《杜世族谱》亦然。计昭侯是文侯玄孙，乃与高祖同名。"⑥蔡昭侯与蔡文侯同名，亦名申。《世本八种》之《秦嘉谟辑补本》卷四《世家》："蔡世家……庐生蔡侯朱、悼侯东国、昭侯申。"⑦昭侯名，《史记》《左传》《世本》皆作申，杨图作田与文献皆异，乃申之形讹。由此，"昭侯"注当为"昭侯：悼侯弟申"。

据《左传》、《史记》、《汉书》、杨图"世次注"体例，"桓侯封人"当为"桓侯：宣侯子封人"；"哀侯献舞"当为"哀侯：桓侯弟献舞"；

---

① 杜预注，孔颖达正义《春秋左传正义》，中华书局，1980，第1732页。
② 宋衷注，秦嘉谟等辑《世本八种》，中华书局，2008，第40页。
③ 司马迁：《史记》，中华书局，1982，第574、1566页。
④ 杜预注，孔颖达正义《春秋左传正义》，中华书局，1980，第1803页。
⑤ 司马迁：《史记》，中华书局，1982，第659~660、1568页。
⑥ 杜预注，孔颖达正义《春秋左传正义》，中华书局，1980，第2158页。
⑦ 宋衷注，秦嘉谟等辑《世本八种》，中华书局，2008，第40页。

"庄侯甲午"当为"庄侯：穆（缪）侯子甲午"；"文侯申"当为"文侯：庄侯子申"；"景侯固"当为"景侯：文侯子固"；"灵侯般"当为"灵侯：景侯子般，一作班"；"平侯庐"当为"平侯：景侯子庐"；"悼侯东国"当为"悼侯：灵侯孙东国"；"成侯朔"当为"成侯：昭侯子朔"。

10. 郑世次

杨图"厉公"注：奔蔡，至此复入。《史记》卷一四《十二诸侯年表》："郑厉公元年，厉公亡后十七岁复入。"又卷四二《郑世家》："六月甲子，假杀郑子及其二子而迎厉公突，突自栎复入即位。"①《汉书》卷二〇《古今人表》："郑厉公突。注：严公子。"②《左传·庄公二十一年》："夏，五月，辛酉，郑伯突卒……冬，十有二月，葬郑厉公。"③ 郑伯突即郑厉公。《世本八种》之《秦嘉谟辑补本》卷四《世家》："郑世家……寤生生昭公忽及厉公突。"厉公名，《史记》《汉书》《左传》《世本》皆作突。由此，"厉公"注当补为"厉公：庄公子突，《汉书》作严公子突"。据杨图注体例，杨图注"奔蔡，至此复入"当衍文。

杨图"文公捷"注：无。《史记》卷一四《十二诸侯年表》："郑文公捷元年。"又卷四二《郑世家》："秋，厉公卒，子文公踕立。"《索隐》："音在接反。"④《汉书》卷二〇《古今人表》："郑文公棲。注：厉公子。"⑤《左传·僖公三十二年》："夏，四月，己丑，郑伯捷卒。"杜注："无传。文公也，三同盟。捷，在妾反。"⑥ 郑伯捷即郑文公。《世本八种》之《秦嘉谟辑补本》卷四《世家》："郑世家……厉公生文公捷。"文公名，《史记》作捷，一作踕，《汉书》作棲，《世本》作捷。《论语·泰伯》："孟敬子问之。"何晏集解："马曰：孟敬子，鲁大夫仲孙捷。"陆德明释文："孙捷：在接反，本又作踕，同。"⑦ 据文献，"文公"注当补为"文公：厉公子捷，一作踕，一作棲"。

---

① 司马迁：《史记》，中华书局，1982，第571、1764页。
② 班固：《汉书》，中华书局，1962，第906页。
③ 杜预注，孔颖达正义《春秋左传正义》，中华书局，1980，第1774页。
④ 司马迁：《史记》，中华书局，1982，第575、1764页。
⑤ 班固：《汉书》，中华书局，1962，第909页。
⑥ 杜预注，孔颖达正义《春秋左传正义》，中华书局，1980，第1832页。
⑦ 陆德明：《经典释文》，张一弓点校，上海古籍出版社，2013，第1365页。

杨图"悼公费"注：无。《史记》卷一四《十二诸侯年表》："襄公薨，郑悼公费元年，公如楚讼。"又卷四二《郑世家》："十八年，襄公卒，子悼公濆立。"《索隐》："刘音祕。邹本一作'沸'，一作'弗'。《左传》作'费'，音扶味反。"①《汉书》卷二〇《古今人表》："郑悼公。注：襄公子。"②《左传·成公六年》："夏，六月，郯子来朝。公孙婴齐如晋。壬申，郑伯费卒。"杜注："前年同盟虫牢。费音祕。"③郑伯费即郑悼公。李富孙异文释："《郑世家》作濆，《索隐》引邹本作沸，又作弗。《竹书纪年》：晋缪侯名费生。《世本》作弗。"《世本八种》之《秦嘉谟辑补本》卷四《世家》："郑世家……坚生悼公费。注：《春秋穀梁传》成六年疏引云郑伯费是郑悼公，盖约举文。"悼公名，《史记》作濆，一作费，《史记索隐》作沸，一作弗，《左传》《世本》作费。《说文·水部》朱骏声通训定声："沸，字亦作濆。"又《贝部》："费，假借为拂，实为弗。"据李富孙、朱骏声等言，"悼公"注当补为"悼公：襄公子濆，一作费，一作沸，一作弗"。

杨图"釐公髡顽"注：无。《史记》卷一四《十二诸侯年表》："郑釐公恽元年，子驷使贼夜杀釐公。"又卷四二《郑世家》："十四年，成公卒，子恽立。是为釐公。"《索隐》："纡粉反。《左传》作髡顽。"④《汉书》卷二〇《古今人表》："郑釐公。注：成公子。"⑤《左传·襄公七年》："郑伯髡顽如会，未见诸侯，丙戌，卒于鄵。"⑥郑伯髡顽即郑釐公。《世本八种》之《秦嘉谟辑补本》卷四《世家》："郑世家……睔生釐公恽。"釐公名，《史记》《世本》作恽，《左传》作髡顽。《经籍籑诂》卷一三《元韵》："髡……《左氏成十年》'郑釐公名髡顽'，《穀梁》'髡作顡'，《史记·十二诸侯年表》'髡作恽'。"⑦髡、恽二字通。《礼记·王制》"是故公家不畜刑人"郑玄注："周则……髡者使守积。"陆德明释文："髡，五忽反，

---

① 司马迁：《史记》，中华书局，1982，第623、1769页。
② 班固：《汉书》，中华书局，1962，第917页。
③ 杜预注，孔颖达正义《春秋左传正义》，中华书局，1980，第1902页。
④ 司马迁：《史记》，中华书局，1982，第630~632、1771页。
⑤ 班固：《汉书》，中华书局，1962，第920~921页。
⑥ 杜预注，孔颖达正义《春秋左传正义》，中华书局，1980，第1938页。
⑦ 阮元：《经籍籑诂》，成都古籍书店，1982，第200页。

本又作完，音同。"据文献，髡、完二字同，顽、完二字音同，则"髡顽"亦作"髡完"；又据词义而言，髡、完义同，我们以为《左传》、杨图言鳌公名"髡顽"当为"髡"，实乃衍一顽字。故杨图"鳌公髡顽"当为"鳌公：成公子髡，一作惲"。

据《左传》、《史记》、《汉书》、杨图"世次注"体例，"庄公：寤生"当为"庄公：武公子寤生"；"厉公突"当为"厉公：庄公子突"；"昭公忽：庄公子"当为"昭公：庄公子忽"；"缪公兰"当为"缪公：文公子兰"；"灵公夷"当为"灵公：缪公子夷"；"襄公坚：灵公弟"当为"襄公：灵公弟坚"；"成公睔：悼公弟"当为"成公：悼公弟睔"；"简公嘉"当为"简公：鳌公子嘉"；"定公宁"当为"定公：简公子宁"；"献公虿"当为"献公：定公子虿"；"声公胜"当为"声公：献公子胜"。

11. 滕世次

杨图"隐公"注：虞。《左传·哀公十一年》："秋，七月，辛酉，滕子虞母卒。冬，十有一月，葬滕隐公。"① 滕子虞母即滕隐公。《世本八种》之《秦嘉谟辑补本》卷四《世家》："滕世家……顷公卒，隐公虞母立。"② 隐公名，《左传》《世本》作虞母。据文献，"隐公"注当为"顷公子虞母"，杨图作"虞"，其后当脱一"母"字。

杨图所言滕侯、宣侯、孝侯、昭侯、文侯、成公、悼侯、顷侯、隐公，文献有说。《世本八种》之《雷学淇校辑本》上《滕世》："错叔绣，文王子。宋衷曰：今沛国公邱是滕国也。齐景公亡滕，隐公、考公麋、元公弘。注：淇案，史无滕世家，其系不可考。见于《春秋》经传及《孟子》者，有滕侯谷、宣公婴齐、昭公元、滕子寿、成公原、悼公宁、顷公结、隐公虞毋及定公、文公，其属则未闻也。《左传正义》引《世本》谓'隐公之后，仍有六世为君'，《孟子》所载'定公、文公'，殆其二矣。"③

12. 杞世次

杨图"孝公"注：丐。《史记》卷三六《陈杞世家》："桓公十七年

---

① 杜预注，孔颖达正义《春秋左传正义》，中华书局，1980，第2165～2166页。
② 宋衷注，秦嘉谟等辑《世本八种》，中华书局，2008，第51页。
③ 宋衷注，秦嘉谟等辑《世本八种》，中华书局，2008，第18页。

卒，子孝公匄立。"《索隐》："音盖。匄，名。"①《左传·襄公二十三年》："三月，己巳，杞伯匄卒。夏，邾畀我来奔。葬杞孝公。"杜注："匄，古害反。"② 杞伯匄即杞孝公。《世本八种》之《秦嘉谟辑补本》卷四《世家》："杞世家……桓公立十七年，生孝公匄。"孝公名，《史记》《左传》《世本》皆作匄。《左传·襄公十九年》："晋士匄帅师侵齐。"洪亮吉诂："《白虎通》引'匄'作'丐'。"又《成公十六年》："范匄趋进。"陆德明释文："范匄，本又作丐，古害反。"据文献，匄、丐二字同，故"孝公"注当为"孝公：桓公子匄，一作丐"。

杨图"平公"注：文公弟郁釐。《史记》卷三六《陈杞世家》："文公十四年卒，弟平公鬱立。"《索隐》："一作'郁釐'，谯周云名郁来，盖'鬱''郁'，'釐''来'并声相近，遂不同耳。"③《左传·昭公二十四年》："秋，八月，大雩。丁酉，杞伯郁釐卒。"杜注："无传。未同盟而赴以名……郁，于六反。釐本又作𨤲，力之反，又音来。"④ 杞伯郁釐即杞平公。《世本八种》之《秦嘉谟辑补本》卷四《世家》："杞世家……桓公立十七年，生孝公匄及文公益姑、平公郁。"平公名，《史记》作鬱，《史记索隐》作郁来，一作郁釐，《左传》作郁釐，《世本》作郁，阙疑存之。故"平公"注当为"平公：文公弟郁釐，一作郁，一作郁来，一作鬱"。

杨图"僖公"注：隐公弟过。《史记》卷三六《陈杞世家》："七月，隐公弟遂弑隐公自立，是为釐公。"⑤《左传·哀公八年》："冬，十有二月，癸亥，杞伯过卒。"杜注："无传。未同盟而赴以名。"孔疏："《世族谱》云：'僖公过，悼公曾孙'……《杞世家》'僖公过是悼公之子'，疑《谱》误。"⑥ 杞伯过即杞僖公。《世本八种》之《秦嘉谟辑补本》卷四《世家》："杞世家……悼公立十二年，生隐公乞及釐公遂。"僖（一作釐）公名，《史记》《世本》作遂，《左传》作过。故"僖公"注当补为"僖（釐）公：悼公子、隐公弟遂，一作过"。

---

① 司马迁：《史记》，中华书局，1982，第 1584~1585 页。
② 杜预注，孔颖达正义《春秋左传正义》，中华书局，1980，第 1975 页。
③ 司马迁：《史记》，中华书局，1982，第 1584~1585 页。
④ 杜预注，孔颖达正义《春秋左传正义》，中华书局，1980，第 2105 页。
⑤ 司马迁：《史记》，中华书局，1982，第 1584 页。
⑥ 杜预注，孔颖达正义《春秋左传正义》，中华书局，1980，第 2163 页。

据《左传》、《史记》、《汉书》、杨图"世次注"体例,"德公"当为"德公:共公子";"悼公:成"当为"悼公:平公子成";"隐公:乞"当为"隐公:悼公子乞"。

13. 薛世次

杨图"惠公夷宜"注:无。《左传·哀公十年》:"薛伯夷卒。秋,葬薛惠公。"杜注:"无传。赴以名故书。"① 薛伯夷即薛惠公。《世本八种》之《秦嘉谟辑补本》卷四《世家》:"薛世家……伯勤生简侯文欢,文欢生惠侯夷黄。"惠公名,《左传》作夷,《春秋名号归一图》卷下"薛"亦作夷,《世本》作夷黄,杨图作夷宜,不知孰是,阙疑存之。故"惠公"注当补为"惠公:简侯子夷,一作夷黄,一作夷宜"。

杨图"献侯谷""襄公定""薛伯比",《世本八种》无载。有关此三人,仅见于《左传·昭公三十一年》《左传·定公十二年》《左传·定公十三年》。《世本八种》之《秦嘉谟辑补本》卷四《世家》之"薛世家"凡六十四世,秦嘉谟注言:"以上据《世族谱》及《唐书·世系表》补'薛世家'。《春秋经》有薛献公谷、襄公足、薛伯比,表皆无之,惟惠侯名谥同耳。"② 检之《春秋经》,襄公乃名定,非秦嘉谟本言足。

14. 吴世次

杨图"余眜"注:寿梦子。《史记》卷三一《吴太伯世家》:"二十五年,王寿梦卒。寿梦有子四人,长曰诸樊,次曰余祭,次曰余眜,次曰季札。"《索隐》:"《左传》曰'阍戕戴吴'。杜预曰'戴吴,余祭也'。又襄二十八年《左传》,齐庆封奔吴,句余与之朱方。杜预曰'句余,吴子夷末也'。计余祭以襄二十九年卒,则二十八年赐庆封邑,不得是夷末。且句余、余祭或谓是一人,夷末惟《史记》《公羊》作'余眜',《左氏》及《穀梁》并为'余祭'。夷末、句余音字各异,不得为一,或杜氏误耳。"《正义》:"祭,侧界反。眜,莫葛反。"③ 据《史记索隐》,"余眜"名一作"夷末",名"句余"有误。《左传·襄公二十九年》:"庚午,卫侯衎卒,阍弑吴子余祭……吴子使札来聘。"杜注:"吴子余祭既遣札聘上国而后

---

① 杜预注,孔颖达正义《春秋左传正义》,中华书局,1980,第2165页。
② 宋衷注,秦嘉谟等辑《世本八种》,中华书局,2008,第52页。
③ 司马迁:《史记》,中华书局,1982,第1449页。

死，札以六月到鲁，未闻丧也，不称公子，其礼未同于上国。"孔疏："贾逵、服虔皆以为夷末新即位，使来通聘……是故杜以为通嗣君，通余祭嗣也。二十五年，遏为巢牛臣所杀，余祭嗣立至此始，使札通上国，吴子未死之前，命札出使。"① 据《左传》及其杜注、孔疏言，吴子余祭即为王寿梦第三子，季札之兄。《世本八种》之《秦嘉谟辑补本》卷四《世家》："吴太伯世家……去齐生寿梦，寿梦生诸樊、余祭、夷昧及僚。"寿梦第三子名，《史记》作余眛，《左传》作余祭，《左传》孔疏引贾逵、服虔言作夷末，《世本》作夷昧。朱骏声《说文通训定声》下册《履部第十二》："《公羊·昭十五》'吴子夷昧'，《汉·李广利传》'名昧蔡为宛王'。注：音末，又为眛。"②《公羊传·昭公十五年》："吴子夷眛卒。"陆德明释文："夷末，亡葛反。"③ 据文献，昧、眛、末三字通，则杨图"余眛"注当补为"余：寿梦子，一作余眛，一作余祭，一作夷末，一作夷昧"。

据《史记》、《左传》、《世本》、杨图"世次注"体例，"寿梦"当为"寿梦：去齐子"；"诸樊"当为"诸樊：寿梦长子"；"余祭"当为"余祭：寿梦次子"；"王僚"当为"王僚：余眛子"；"夫差"当为"夫差：阖闾子"。

15. 许世次

杨图"穆公"注：新臣。《左传·哀公十三年》："夏，许男新臣卒……八月，公自伐楚，葬许穆公。"④ 许男新臣即许穆公。《世本八种》之《秦嘉谟辑补本》卷四《世家》："许世家……桓公郑庄公弟也。注：《春秋释例九》：案杜预于此条下注云'《世本》无许叔，疑郑即是，是《世本》有此文也云云'。许叔即穆公新臣，见《春秋》。盖《世本》以为桓公，名亦不同。"据秦嘉谟言，桓公即许穆公。许穆公，《左传》有载，《世本八种》无。

杨图"元公"注：成。《左传·哀公十三年》："夏，许男成卒……葬许元公。"杜注："无传。成音城，本或作戌。"⑤ 许男成即许元公。《世本

---

① 杜预注，孔颖达正义《春秋左传正义》，中华书局，1980，第2004页。
② 朱骏声：《说文通训定声》，中华书局，2016，第562页。
③ 陆德明：《经典释文》，张一弓点校，上海古籍出版社，2013，第1323页。
④ 杜预注，孔颖达正义《春秋左传正义》，中华书局，1980，第1792页。
⑤ 杜预注，孔颖达正义《春秋左传正义》，中华书局，1980，第2171页。

八种》之《秦嘉谟辑补本》卷四《世家》:"许世家……郑灭许,以斯归,元公成立。"元公名,《左传》《世本》作成,《左传》杜注作戊。故"元公"注当补为"元公:名成,一作戊"。

16. 邾世次

杨图"桓公"注:华。《左传·哀公八年》:"使诸大夫奉大子革以为政。"杜注:"革,邾大子桓公也。"① 邾太子革即邾桓公。《世本八种》之《秦嘉谟辑补本》卷四《世家》:"邾世家……隐公奔鲁,子桓公革立。"桓公名,《左传》《世本》作革,杨图作华,与文献载相异,失之。

17. 莒世次

杨图"庚舆"注:著丘公弟。《左传·昭公十四年》:"秋,八月,莒著丘公卒,郊公不戚。国人弗顺,欲立著丘公之弟庚与……而善于庚与……我出君而纳庚与。"杜注:"郊公,著公丘子……庚与,莒共公。"② 《世本八种》之《秦嘉谟辑补本》卷四《世家》:"莒世家……著邱公之弟共公庚舆立。"杨图"庚舆",《左传》作庚与,《世本》作庚舆。据文献,"庚舆",一作"庚与"。又杨图"共公"注:买。其说与《左传》杜注、《世本》皆异,杨说失之。

杨图"莒子"注:任。杨图此条,检之宋之前文献,皆无。杨图此条乃莒世次谱之辑佚材料。元代马端临《文献通考》卷二六二《封建考三》之"春秋列国传授本末事迹二"载有莒子任说,马说当据杨图言。

18. 曹世次

杨图"庄公"注:射姑。《史记》卷一四《十二诸侯年表》:"曹庄公射姑元年。"又卷三五《管蔡世家》:"五十五年,桓公卒,子庄公夕姑立。"《索隐》:"上音亦。即射姑也,同音亦。"③ 《左传·桓公九年》:"冬,曹伯使其世子射姑来朝。"杜注:"射姑音亦,又音夜。"④ 《汉书》卷二〇《古今人表》:"曹严公亦姑。注:桓公子。"颜注:"即射姑也。"⑤ 《世本八种》之《秦嘉谟辑补本》卷四《世家》:"曹世家……终生生庄公

---

① 杜预注,孔颖达正义《春秋左传正义》,中华书局,1980,第2164页。
② 杜预注,孔颖达正义《春秋左传正义》,中华书局,1980,第2076页。
③ 司马迁:《史记》,中华书局,1982,第560、1571页。
④ 杜预注,孔颖达正义《春秋左传正义》,中华书局,1980,第1754页。
⑤ 班固:《汉书》,中华书局,1962,第905页。

夕姑。"庄公名，《史记》作射姑，一作夕姑，《左传》、《汉书》颜师古注作射姑，《汉书》作亦姑，《世本》作夕姑。故"庄公"注当补为"庄公：桓公子射姑，一作夕姑，一作亦姑"。

杨图"僖公"注：夷赤。《史记》卷一四《十二诸侯年表》："曹釐公夷元年。"又卷三五《管蔡世家》："三十一年，庄公卒，子釐公夷立。"①《左传·庄公二十四年》："冬，戎侵曹，曹羁出奔陈，赤归于曹。"杜注："赤，曹僖公也。盖为戎所纳，故曰归。"孔疏："《史记·曹世家》与《年表》皆云'僖公名夷'，三家经传有五而皆言赤。杜以郑突类之，知赤是曹君，故以赤为僖公。书有舛误，何必《史记》，是而杜说非也。《传例》曰'诸侯纳之曰归'。以戎侵曹而赤归，故云'盖为戎所纳也'。贾逵以为羁是曹君，赤是戎之外孙，故戎侵曹逐羁而立，赤亦以意言之，无所据也。"② 《汉书》卷二〇《古今人表》："曹釐公夷。注：严公子。"③ 《世本八种》之《秦嘉谟辑补本》卷四《世家》："曹世家……夕姑生釐公夷。"僖公（一作釐公）名，《史记》《汉书》《世本》作夷，《左传》杜预注作赤，《左传》孔颖达疏以为《史记》三家注皆作赤及杜说不确，孔疏引贾逵"僖公名羁"说，杨图与文献皆异。据文献，"僖公"注当补为"僖公（一作釐公）：庄公子（一作严公子）夷，一作赤，一作羁"。

杨图"平公"注：须。《史记》卷一四《十二诸侯年表》："曹平公须元年。"又卷三五《管蔡世家》："二十七年，武公卒，子平公顷立。"④《左传·昭公十八年》："春，王三月，曹伯须卒……秋，葬曹平公。"⑤《汉书》卷二〇《古今人表》："曹平公。注：武公子。"⑥《世本八种》之《秦嘉谟辑补本》卷四《世家》："曹世家……胜生平公顷。"平公名，《史记》作须，一作顷，《汉书》无，《世本》作顷，《左传》作须。据文献，"平公"注当补为"平公：武公子顷，一作须"。

---

① 司马迁：《史记》，中华书局，1982，第576、1571页。
② 杜预注，孔颖达正义《春秋左传正义》，中华书局，1980，第1779页。
③ 班固：《汉书》，中华书局，1962，第908页。
④ 司马迁：《史记》，中华书局，1982，第654、1572页。
⑤ 杜预注，孔颖达正义《春秋左传正义》，中华书局，1980，第2085页。
⑥ 班固：《汉书》，中华书局，1962，第924页。

杨图"襄公"注：野。《史记》卷一四《十二诸侯年表》："曹襄公元年。"《集解》："徐广曰：'一作声。'"又卷三五《管蔡世家》："九年，悼公朝于宋，宋囚之；曹立其弟野，是为声公。"①《左传·襄公三十一年》："夏，六月，辛巳，公薨于楚宫。秋，九月，癸巳，子野卒。己亥，仲孙羯卒。冬，十月，滕子来会葬。癸酉，葬我君襄公。"②《汉书》卷二〇《古今人表》："曹声公。注：悼公弟。"③《世本八种》之《秦嘉谟辑补本》卷四《世家》无"襄公"，亦无"声公"。杨图"襄公"，《史记》作襄公，一作声公，《史记集解》《汉书》作声公，《左传》作襄公，《世本》无襄公，亦无声公。据文献，"襄公"注当补为"襄公（一作声公）：悼公弟野"。

据《史记》、《左传》、《世本》、杨图"世次注"体例，"桓公：终生"当为"桓公：缪公子终生"；"昭公：班"当为"昭公：鳌（一作僖）公子班"；"共公：襄"当为"共公：昭公子襄"；"文公：寿"当为"文公：共公子寿"；"宣公：庐"当为"宣公：文公子庐，一作强"；"成公：负刍"当为"成公：宣公弟负刍"；"武公：胜"当为"武公：成公子胜"；"悼公：午"当为"悼公：平公子午"；"隐公：通"当为"隐公：平公弟通"；"靖公：露"当为"靖公：声公（一作襄公）弟露"；"伯阳"当为"伯阳：靖公子"。

19. 陈世次

杨图"厉公"注：桓公子跃。《史记》卷一四《十二诸侯年表》："陈文公围元年生桓公鲍、厉公他，他母蔡女。"又卷三六《陈杞世家》："桓公弟佗，其母蔡女，故蔡人为佗杀五父及桓公太子免而立佗，是为厉公。桓公病而乱作，国人分散，故再赴。"《集解》："谯周曰：'《春秋传》谓佗即五父，世家与传违。……徐广曰：'班氏云厉公跃者，桓公之弟也。'"《索隐》："谯周曰'《春秋传》谓他即五父，与此违'者，此以他为厉公，太子免弟跃为利公，而《左传》以厉公名跃。他立未逾年，无谥，故'蔡人杀陈他'。又庄二十二年《传》云'陈厉公，蔡出也，故蔡人杀五父而

---

① 司马迁：《史记》，中华书局，1982，第661、1573页。
② 杜预注，孔颖达正义《春秋左传正义》，中华书局，1980，第2014页。
③ 班固：《汉书》，中华书局，1962，第927页。

立之'。则他与五父俱为蔡人所杀,其事不异,是一人明矣。《史记》既以他为厉公,遂以跃为利公。寻厉利声相近,遂误以他为厉公,五父为别人,是太史公错耳。班固又以厉公跃为桓公弟,又误。"① 《左传·桓公十二年》:"八月,壬辰,陈侯跃卒。"杜注:"无传,厉公也。"孔疏:"跃为厉公,《世本》文也。庄二十二年《传》曰'陈厉公,蔡出也,故蔡人杀五父而立之'。五父即佗,六年杀佗而厉公立也。《陈世家》以佗与五父为二人。言蔡人为佗杀五父及桓公大子免而立佗,是为厉公。立七年,大子免之三弟跃、林、杵臼共弑厉公而跃立,是为利公。利公立,五月卒,林立,是为庄公。案:《传》五父、佗一人,而《世家》以为二人。案:《经》蔡人杀佗在桓公卒之明年,不得为佗立七年也。佗以六年见杀,跃以此年始卒,不得为跃立五月也。既以佗为厉公,又妄称跃为利公,《世本》本无利公,皆是马迁妄说。束晳言'马迁分一人以为两人,以无为有',谓此事也。"② 《汉书》卷二〇《古今人表》:"陈厉公。注:桓公弟。"③《世本八种》之《秦嘉谟辑补本》卷四《世家》:"陈世家……鲍生厉公跃、庄公林、宣公杵臼。注:《左传·桓十二年》正义引跃为厉公,下文又引云:《世本》无利公。约举文。""厉公"名,《史记》作佗(他),《史记集解》《史记索隐》作佗(即五父),《世本》《左传》作跃。杨图言"陈佗:桓公弟",又言"厉公:桓公子跃",杨图以为跃为厉公,佗非厉公,与《史记》相异,与《世本》《左传》合,不知孰是,阙疑存之。据文献,"厉公"注当补为"厉公:桓公弟佗(五父),一作桓公子跃"。

据《史记》、《左传》、《世本》、杨图"世次注"体例,"穆公:款"当为"穆公:宣公子款";"共公:朔"当为"共公:穆公子朔";"灵公:平国"当为"灵公:共公子平国";"成公:午"当为"成公:灵公子午";"哀公:弱"当为"哀公:成公子弱";"怀公:柳"当为"怀公:惠公子柳";"闵公:越"当为"闵公:怀公子越"。

---

① 司马迁:《史记》,中华书局,1982,第538、1576~1577页。
② 杜预注,孔颖达正义《春秋左传正义》,中华书局,1980,第1756页。
③ 班固:《汉书》,中华书局,1962,第905页。

三 "诸国地理"[①]

杨图《春秋笔削发微图》之"诸国地理"内容体例为：国名下注"今某某"或"某某"，所列国名凡九十三个，其中六个无注文，今据相关史料补充其注文。

1. 阳

古阳国地望，今不详。古阳国，文献有载。《史记》卷二七《天官书》："昴、毕间为天街。其阴，阴国；阳，阳国。"《正义》："天街二星，在毕、昴间，主国界也。街南为华夏之国，街北为夷狄之国。"《集解》："孟康曰：'阴，西南，象坤维，河山已北国；阳，河山已南国。'"[②] 张守节言阳国为华夏之国，因其位于天街二星之南，故名。《左传·闵公二年》："二年，春，王正月，齐人迁阳。"杜注："无传。阳，国名。盖齐人逼徙之。"孔疏："《正义》曰：《世本》无有阳国，不知何姓。《杜世族谱》土地名阙，不知所在，与宋人迁宿文同，知阳是国名，盖齐人逼迁之。"[③] 杜预、孔颖达皆以为阳乃国名。

《读史方舆纪要》卷一《历代州域形势一》："阳，沂水县南有阳都城，故阳国。或曰阳国本在今益都县东南，齐偪迁之于此。《左传》闵二年'齐人迁阳'。"[④] 顾祖禹以为古阳国或在沂水县（今山东沂水县西南之阳都城），或在益都县。顾氏所言可补苴杨图之阙。

2. 绞

古绞国地望，今不详。古绞国，首见于《左传》。《左传·桓公十一年》："楚屈瑕将盟贰轸，郧人军于蒲骚，将与随、绞、州、蓼，伐楚师，莫敖患之"。又《桓公十二年》："楚伐绞，军其南门。莫敖屈瑕曰：'绞小而轻……伐绞之役，楚师分涉于彭。'"[⑤] 《左传》两次言及绞国，内容涉及绞国与随、州、蓼等国合力讨伐楚国，然未言明绞国地望。林宝《元和姓纂》卷六"巧绞"："《左传》有绞国，在随、唐之南。"林氏以为绞

[①] 杨甲：《六经图》，台湾商务印书馆，1982，第443页。
[②] 司马迁：《史记》，中华书局，1982，第1306页。
[③] 杜预注，孔颖达正义《春秋左传正义》，中华书局，1980，第1787页。
[④] 顾祖禹：《读史方舆纪要》，贺次君、施和金点校，中华书局，2005，第16页。
[⑤] 杜预注，孔颖达正义《春秋左传正义》，中华书局，1980，第1755～1756页。

国在今湖北随县唐县镇。郑樵《通志·氏族略二》、罗泌《路史》卷二五《国名纪》言"绞：佼也，楚伐取之。邾邑有绞，在随唐之南，《传》云'佼小而轻是国也'"①，从林说。《读史方舆纪要》卷一《历代州域形势一》："绞，在湖广郧阳县西北。桓十二年'楚伐绞'。"②《春秋大事表》之"春秋舆图"言："郧阳府：郧县，绞国在县西北。"③ 顾栋高言绞国在湖广郧阳县。顾祖禹、顾栋高说法一致。

有关绞国地望，大致有三说：一为汉东说，即随唐之南说；二为今湖北郧县说；三为今湖北谷城县说。对此，学者亦有考论。如李海勇《古绞国地望蠡则》④ 依据文献进行考证，以为绞国地望之"汉东说""郧阳说"皆不可信，他提出了绞国当在先谷城后丹江左绞这一新说，然他言这仅是一种合理的可能，绞国真正的地望依然有待新材料等的佐证。杨图"绞"下无说，今人李海勇的看法可备一说，可补苴杨图之阙。

3. 郧

古郧国，文献有载。《左传·宣公四年》："初，若敖娶于郧，生斗伯比。若敖卒，从其母畜于郧，淫于郧子之女。"杜注："郧，国名。郧本又作䢵。"⑤ 《史记》卷四〇《楚世家》："云梦不知其王也，射伤王。王走郧。"《正义》："《括地志》云：'安州安陆县城，本春秋时郧国城也。'"⑥ 张守节以为郧国在安陆县。《汉书》卷二八《地理志上》："江夏郡，高帝置。属荆州……竟陵，章山在东北，古文以为内方山。郧乡，楚郧公邑。莽曰守平……云杜。""云杜"应劭注："《左传》'若敖取于郧，今郧亭是也'。"⑦《汉志》言郧乡在竟陵。

《玉篇·邑部》："郧，江夏云社县东地。"顾野王以为郧国在江夏云社县，"云社"，《汉志》作"云杜"。《元和郡县图志》卷二七《江南道三》："安州，安陆……春秋时郧国，后为楚所灭。汉为安陆县。"⑧ 李吉甫以为

---

① 罗泌：《路史》，台湾商务印书馆，1982，第276页。
② 顾祖禹：《读史方舆纪要》，贺次君、施和金点校，中华书局，2005，第21页。
③ 顾栋高辑《春秋大事表》，吴树平、李解民点校，中华书局，1993，第2706页。
④ 李海勇：《古绞国地望蠡则》，《江汉考古》1997年第4期，第49~52页。
⑤ 杜预注，孔颖达正义《春秋左传正义》，中华书局，1980，第1870页。
⑥ 司马迁：《史记》，中华书局，1982，第1715~1716页。
⑦ 班固：《汉书》，中华书局，1962，第1567~1568页。
⑧ 李吉甫：《元和郡县图志》，贺次君点校，中华书局，1983，第649页。

鄖国在安陆。《六书故》第二十六《工事二》："鄖，杜氏曰：'江夏云杜县东南有鄖城。'陆氏曰：'邧本作鄖。又均州亦有鄖乡县，本锡县，晋太康改此名。'《说文》曰：'汉南之国，汉中有鄖关。'杜氏曰：'鄖，发阳也。'"① 戴侗以为鄖或在云杜县，或在鄖乡县。《读史方舆纪要》卷一《历代州域形势一》："鄖，亦作邧。今德安府治，即故鄖都也。"② 顾祖禹以为鄖在今德安府。《春秋大事表》之"春秋舆图"言："德安府：安陆：鄖国即邧，今县治。"③ 顾栋高言鄖国即邧国，在德安府安陆县。

据《汉志》等文献，考竟陵、安陆、云杜等地皆隶属江夏郡，皆在德安府界，顾祖禹说乃综合诸家之说，为是。杨图可据此补之。

4. 茅戎

古茅戎国，文献有载。《史记》卷五《秦本纪》："缪公任好元年，自将伐茅津。"《正义》："刘伯庄云：'戎号也。'《括地志》云：'茅津及茅城在陕州河北县西二十里。《注水经》云茅亭，茅戎号。'"④ 张守节正义引《括地志》言古茅戎国在陕州河北县。又茅津地望，《左传·文公三年》杜注言"茅津在河东大阳县西"。《春秋传说汇纂》："今平阳府平陆县有大阳渡，即春秋茅津也，有古茅城南对陕州。"《水经注》卷四《河水》："河北对茅城故茅亭，茅戎邑也，《公羊》曰：晋败之大阳者也，津亦取名焉。"汉河东郡大阳县地，东汉置河北县，唐改平陆，即今山西平陆。⑤ 故古茅戎国在大阳县（河北县）。

《读史方舆纪要》卷一《历代州域形势一》："茅戎，在河南陕州境。成元年'刘康公伐茅戎败绩于徐吾氏'。杜预曰：'茅戎，戎之别种。'"⑥ 顾祖禹言古茅戎国地望在陕州，茅戎乃春秋时期诸戎之一。

据以上文献言，古茅戎国乃春秋诸戎之一支，地望在陕州大阳县（河北县），此可补杨图之阙。

---

① 戴侗：《六书故》，上海社会科学院出版社，2006，第635页。
② 顾祖禹：《读史方舆纪要》，贺次君、施和金点校，中华书局，2005，第21页。
③ 顾栋高辑《春秋大事表》，吴树平、李解民点校，中华书局，1993，第2706页。
④ 司马迁：《史记》，中华书局，1982，第185~186页。
⑤ 辛迪：《春秋诸戎及其地域分布考》，《中国国家博物馆馆刊》2013年第4期，第78页。
⑥ 顾祖禹：《读史方舆纪要》，贺次君、施和金点校，中华书局，2005，第23页。

5. 巢

古巢国，文献有说。《左传·文公十二年》云："夏，楚人围巢。"杜注："巢，吴楚间小国。庐江六县东有居巢城。"① 《国语·鲁语上》："桀奔南巢。"韦昭注："南巢，扬州地，巢伯之国，今庐江居巢县是也。"②《淮南子》卷八《本经训》："于是汤乃以革车三百乘伐桀于南巢。"高诱注："南巢，今庐江巢县是也。"③《水经注》卷二九《沔水下》："沔水与江合流……又东北出居巢县南。古巢国也，汤伐桀，桀奔南巢，即巢泽也。"《史记·楚世家》："楚太子建母在居巢。"《正义》："庐州巢县是也。"《读史方舆纪要》卷一《历代州域形势一》："巢，今南直无为州巢县东北有居巢城。文十二年'楚围巢'。"④ 据杜预、韦昭、高诱、张守节、顾祖禹等言，巢、南巢、巢伯国即古巢国，乃吴楚间一小国，由于史料记载颇少且古时疆域无定制，故古巢国疆域今不详。古巢国或在庐江六县，或在庐江居巢县，或在庐江巢县。

有关古巢国地望，历来说法不一，学界对诸说亦有考论。其中崔思棣、崔恒升《古巢国地望考辨》⑤ 对诸说进行详考，以为古巢国北界不超过柘皋，东达无为，南通庐江西北，西至肥东，其地在巢县说为大家认可，我们以为其论有理。据此，古巢国地望在巢县地域可补苴杨图之阙。

6. 郓

古郓国，文献有载。《左传·成公九年》："楚公子婴齐帅师伐莒，庚申，莒溃，楚人入郓。"杜注："郓，莒别邑也。"又《成公十六年》："晋人执季文子于苕丘，公还，待于郓。"杜注："郓，鲁西邑，东郡廪丘县东有郓城。"⑥ 杜预以为郓乃莒之别邑，或为廪丘县之郓城。

《玉篇·邑部》："郓，鲁地名。"《水经注》卷五"沂水注"："京相璠曰：'琅邪姑幕县南四十里员亭，故鲁郓邑世变其字，非也。'"《六书故》

---

① 杜预注，孔颖达正义《春秋左传正义》，中华书局，1980，第1851页。
② 左丘明：《国语》，上海师范大学古籍整理研究所校点，上海古籍出版社，1988，第182~183页。
③ 刘文典：《淮南鸿烈集解》，冯逸等点校，中华书局，2013，第308页。
④ 顾祖禹：《读史方舆纪要》，贺次君、施和金点校，中华书局，2005，第20页。
⑤ 崔思棣、崔恒升：《古巢国地望考辨》，《安徽大学学报》（哲学社会科学版）1984年第A4期，第75~80页。
⑥ 杜预注，孔颖达正义《春秋左传正义》，中华书局，1980，第1905、1920页。

第二十六《工事二》："郓，杜氏曰：'莒、鲁所争者，城阳姑幕县南有员亭，员殆郓也。'《舆地记》曰：'今密州诸城县，古诸郓地也。'……杜氏曰：'鲁西邑东郡廪丘县东有郓城。'今为沧州郓城县……按《春秋》有二郓，莒在鲁东，莒、鲁所争，东郓也。公待于郓者，西郓也。文公城诸及郓，不闻与莒争，及成公时，楚伐莒入郓，则郓自为莒邑，亦不闻忧取诸鲁也，父公所城殆西郓乎。"① 戴侗言郓皆本《左传》杜预注：或为姑幕县员亭，今密州诸城县；或为沧州（济州）郓城县。

《说文·邑部》："郓，河内沁水乡。从邑，军声。鲁有郓地。"段注："河内沁水乡。河内郡沁水、二志同，今河南怀庆府济源县县东北有故沁水城是也。沁水县有郓乡……鲁有郓地，见左氏《春秋》经、传，《公羊》作运。文公十二年、成公九年、襄公十二年、昭公元年之郓，杜云：莒别邑，在城阳姑幕县，此在鲁东者也。成公十六年之郓，杜云：鲁西邑，在东郡廪丘，此在鲁西境也。东郓当在今山东青州府诸城县，西郓在今山东曹州府郓城县，有郓城故城。按此与沛城父有郲乡、鲁东有郲戎为一例。别于前义。"② 段玉裁以为郓国分为东郓国和西郓国。东郓在山东青州诸城，据《元和郡县图志》卷一一《河南道七》"密州，高密。中。《禹贡》青州之域……管县四：诸城，高密"③，段氏言青州诸城即杜预、戴侗言密州诸城；西郓在今山东曹州府郓城县，据《新五代史》《清一统志》，五代，郓城县属济州，清属曹州府。

据上，我们以为郓乃春秋时鲁国邑地：东郓在青州诸城（今山东潍坊诸城），西郓在曹州郓城（今山东菏泽郓城）。杜预、戴侗、段玉裁所言可补聂杨图之阙。

---

① 戴侗：《六书故》，上海社会科学院出版社，2006，第633页。
② 段玉裁注《说文解字注》，上海古籍出版社，1988，第288页。
③ 李吉甫：《元和郡县图志》，贺次君点校，中华书局，1983，第291~292、298页。

第四章
杨甲《六经图》版本比勘

第一节　杨甲《六经图》"四库本"与"吴本"比勘

宋代杨甲《六经图》，今传文渊阁四库全书本（简称"文渊阁本"）[1]，文澜阁四库全书本（简称"文澜阁本"）[2]，文渊阁本与文澜阁本又合称"四库本"，台北故宫博物院藏吴翬飞、黄松年、崔崇之、唐次云、李自修、赵元辅编本（简称"吴本"）[3]。比勘三本，异文、图如下。

一　卷一《大易象数钩深图》

"八卦相荡图"：文渊阁本、文澜阁本"徃来"之"徃"，吴本作"往"。按：《玉篇·彳部》言"徃"乃"往"之古体。[4]《正字通·彳部》："往：隶作往，俗作徃。"[5]吴本"往"乃正体，文渊阁本、文澜阁本"徃"乃俗体、古体。

"帝出震图"：吴本"帝居中央"及符号用黑色方框围之，文渊阁本、文澜阁本无。

"序上下经图"："巽"下之"师卦"，文渊阁本、文澜阁本画作"☷☴"，吴本画作"☰☷"，吴本所画乃泰卦，非师卦，文渊阁本、文澜阁本

---

[1] 杨甲：《六经图》，台湾商务印书馆，1982。
[2] 杨甲：《六经图》，杭州出版社，2015。
[3] 吴翬飞等编《六经图》，台湾商务印书馆，1988。
[4] 顾野王：《大广益会玉篇》，中华书局，1987，第47页。
[5] 张自烈、廖文英：《正字通》，中国工人出版社，1996，第347页。

所画乃师卦；"升卦"，文渊阁本、文澜阁本画作"☷☴"，吴本画作"☷☰"，吴本所画乃泰卦，失之。

"四卦合律图"：文渊阁本"蕤宾"之"宾"，文澜阁本、吴本作"賔"，按：《五经文字》卷上"贝部"言"賔"，经典多作"賔"①，《古今韵会举要》言"賔"乃"宾"之俗体，文渊阁本"宾"乃正体；图中"乾""坤""既济""未济"，吴本皆用黑色方框涂之，如"乾"等，文渊阁本、文澜阁本无。

"三变大成图"：吴本"山泽"与"通气"之间无竖线相隔，"天三丙"与"地四丁"之间无竖线相隔，"雷风"与"相薄"之间无竖线相隔，"天七庚"与"地八辛"之间无竖线相隔，以上四条文渊阁本、文澜阁本皆有竖线相隔。

"六十四卦万物数图"：文渊阁本"乘"，文澜阁本、吴本作"乗"，按：《五经文字》卷下"舛部"言"乗"乃隶省②，文渊阁本"乘"乃正体。

"运会歷数图"：文渊阁本、文澜阁本"运会歷数图"之"歷"，吴本作"曆"。按：《说文·日部》言"曆，厤象也……《史记》通用'歷'"。《汉书》亦通作"歷"，《干禄字书》言"歷"乃"曆"之俗体。

"乾坤大父母图"："泰卦"，吴本、文渊阁本画作"☰☰"，文澜阁本画作"☷☰"，吴本、文渊阁本所画乃乾卦，失之；文澜阁本所画为"泰卦"。

"八卦生六十四卦图"："乾"之"大壮三"，吴本画作"☰☰"，文渊阁本、文澜阁本画作"☳☰"，吴本所画乃乾卦，非"大壮卦"，失之；"坎"之"困二"，吴本、文渊阁本皆画作"☵☵"，文澜阁本画作"☱☵"，吴本、文渊阁本所画乃讼卦，失之，文澜阁本所画为是；"艮"之"谦七"，吴本画作"☷☶"，文渊阁本、文澜阁本画作"☷☶"，吴本所画乃明夷卦，失之；"艮"之"旅三"，文澜阁本、吴本画作"☲☶"，文渊阁本画作"☲☷"，文渊阁本所画乃坤卦，失之；"艮"之"小过四"，文澜阁本、吴本画作"☳☶"，文渊阁本画作"☳☷"，文渊阁本所画乃坤卦，失之；"艮"之"寨

---

① 张参：《五经文字》，吉林出版集团有限责任公司，2005。
② 张参：《五经文字》，吉林出版集团有限责任公司，2005，第41页。

六"，文澜阁本、吴本画作"☷"，文渊阁本画作"☶"，文渊阁本所画乃谦卦，失之；"巽"之"姤一"，吴本、文渊阁本皆画作"☰"，文澜阁本画作"☷"，吴本、文渊阁本所画乃乾卦，失之，文澜阁本所画为是；"离"之"同人一"，吴本画作"☰"，文渊阁本、文澜阁本画作"☲"，吴本所画乃乾卦，失之，文渊阁本、文澜阁本所画乃同人卦；"兑"之"中孚"，吴本所画漫灭不清，文渊阁本、文澜阁本画作"☴"，文渊阁本、文澜阁本所画为是，吴本当据文渊阁本、文澜阁本补画；"兑"后"履一"之"履"，文渊阁本、文澜阁本作"履"，吴本作"履"，按：《说文》"履"之古文从页从足，段注言履之古体或作履，吴本"履"乃讹字，文渊阁本、文澜阁本"履"为是。

"八卦变六十四卦图"："坤"之"山雷颐（游魂）"，吴本作"水天需（游魂）"，文渊阁本、文澜阁本作"山雷颐（游魂）"，文渊阁本、文澜阁本为是，吴本失之；"巽"之"水天需（游魂）"，吴本作"山雷颐（游魂）"，文渊阁本、文澜阁本作"水天需（游魂）"，文渊阁本、文澜阁本为是，吴本失之。

"阳卦顺生"："离巳"所图六个圈，文渊阁本、文澜阁本画作白圈〇，吴本画为黑圈●。

"阴卦逆生"："巽右遍用"，文澜阁本、吴本画作"☴"，文渊阁本画作"☶"，文渊阁本所画乃艮卦，非巽卦。

"复姤临遁泰否六卦生六十四卦图"：六卦图之每一卦皆有二图，文渊阁本、文澜阁本二图在同一方框内，吴本二图分属两个方框。

"六十四卦反对变图"："二阴四阳反对变十二卦"之"无妄"，文澜阁本、吴本画作"☳"，此乃无妄卦；文渊阁本画作"☱"，此乃履卦，非无妄卦，失之。"三阴三阳反对变二十四卦"之"丰"，文澜阁本、文渊阁本画作"☳"，此乃丰卦；吴本画作"☳"，此乃大壮卦，非丰卦，失之。"六十四卦反对变图"包括四图，文澜阁本、文渊阁本每两图在同一方框内，吴本每图在一个方框内；又每图左右两行文字，文渊阁本、文澜阁本没有方框围之，吴本皆分别用方框围之。

"六十四卦卦气图"：文渊阁本、文澜阁本"群鸟养羞"，吴本作"群鸟养羞"。兑卦，文渊阁本、文澜阁本画作"☱"，此乃兑卦；吴本画作

"☱"，此乃履卦，非兑卦，失之。文渊阁本、文澜阁本"水始冰"，吴本作"冰始水"。"六十四卦卦气图"，文渊阁本、文澜阁本所画皆放在一个大方框内，吴本则以九个方框分别围之。坎、震、离、兑四卦之六爻分别对应二十四节气，吴本一爻对应一个节气，二者之间以曲线连接；文渊阁本、文澜阁本无曲线连接。

"十三卦取象图"：文渊阁本、文澜阁本十三卦无具体卦象，吴本则有十三卦卦象。文渊阁本、文澜阁本以一个方框围七卦及其内容，一个方框围六卦及其内容；吴本则以十三竖格分别对应十三卦。"涣卦"，吴本画作"☲"，此乃未济卦；文渊阁本、文澜阁本画作"☴"，二本所画为是。

"三陈九卦之图"：文渊阁本、文澜阁本"益长裕而不谦"，吴本作"益长裕而不设"，按：《易·系辞传上》言"益，长裕而不设"，文渊阁本、文澜阁本所言失之，吴本所言为是。文渊阁本、文澜阁本"井以辨义"，吴本作"井以辩义"，按：十三经注疏本《周易·系辞传下》言"井以辨义"，吴本所言有待商榷。

"先甲后甲图"：文渊阁本、文澜阁本"自甲子至癸巳"，吴本作"自甲子至癸巳三十日"。

文渊阁本、文澜阁本"阴阳奇偶"之"竒"，吴本作"奇"。

"二仪得十变化"：文渊阁本图最下五黑圈●，文澜阁本、吴本作六黑圈●，文澜阁本、吴本为是。

"揲蓍之法图"：文渊阁本、文澜阁本没有分格，一方框围之；吴本按照文字内容横纵分格。

"八卦司化图"：文渊阁本、文澜阁本"巽"，吴本作"㢲"。

"邵氏皇极经世图"：文渊阁本、文澜阁本图右正声之"一声至十声"、右正音之"一音至十二音"，皆在同一方框内，未有中间区分线；吴本右正声之"一声至十声"、右正音之"一音至十二音"则有中间区分线。

"温公潜虚拟玄图"：文渊阁本、文澜阁本将"气图""名图""体图"之内容分别以方框围之，吴本则三图在同一方框内。吴本"气图""名图""体图"六字皆画方框。

二 卷二《尚书轨范撮要图》

"七政五辰图"：吴本日、月下有云气，文渊阁本、文澜阁本无。

"诸侯玉帛图"之"信圭"：吴本"矦执之"，文渊阁本、文澜阁本作"侯执之"，按：《五经文字》"矦"乃隶省，《干禄字书·平声》言"矦"乃"侯"之俗体。"三帛"，文渊阁本、文澜阁本无，吴本有；吴本"纁"，文渊阁本、文澜阁本作"纁"。"二生"，文渊阁本、文澜阁本无，吴本有；"卿"，文渊阁本、文澜阁本作"卿"；"一死"，文渊阁本、文澜阁本无，吴本有。

"律度量衡图"："量""斛面""衡"名，文渊阁本、文澜阁本有，吴本无。

"五声八音图"：文渊阁本、文澜阁本"絲"，吴本作"絲"；文渊阁本、文澜阁本"弦"，吴本作"絃"。

"五刑四罪图"：文渊阁本、文澜阁本"九州之外"，吴本作"九州之罪"。按：《尚书·舜典》："五流有宅，五宅三居。"孔传："五居之差，有三等之居，大罪四裔，次九州之外，次千里之外。"① 吴本"九州之罪"失之，当以文澜阁本、文渊阁本为是。文渊阁本、文澜阁本"幽州今在燕山"，吴本作"幽州在今燕山"。

"禹贡导山"：文渊阁本、文澜阁本"西倾"，吴本作"西顷"，按：《尚书·禹贡》"西倾因桓是来"，孔传、孔疏皆言西倾山，《史记》《汉书》亦言"西倾山"，吴本"西顷"失之，当以文澜阁本、文渊阁本为是。文渊阁本、文澜阁本"愽阳山"，吴本作"博阳山"，按：《干禄字书·入声》"愽、博，上通下正"，吴本"博"乃正体，文渊阁本、文澜阁本"愽"乃通体。文渊阁本、文澜阁本作"扬州"，吴本作"杨州"，按："扬""杨"古通，"扬州"亦作"杨州"。

"禹贡导川"：逆河、大陆之间，文渊阁本、文澜阁本有"九河"二字，吴本无；文渊阁本、文澜阁本"鸟鼠同穴"之"鼠"，吴本作"䶄"，按：《山海经·西山经》《汉书·地理志》《水经注》等文献言"鸟鼠同穴山"，吴本"䶄"乃"鼠"字之讹，失之。

"禹贡九州谱图"：文渊阁本梁之"浮于洛"，吴本、文澜阁本作"浮于潜"，按：《尚书·禹贡》《史记·夏本纪》《汉书·地理志》言"华阳

---

① 孔安国传，孔颖达正义《尚书正义》，中华书局，1980，第130页。

黑水惟梁州……浮于潜"，吴本、文澜阁本言与文献相符，为是，文渊阁本失之。文渊阁本、文澜阁本荆之"沱潜汉"，吴本作"沱潜汉"。

"禹贡九州谱图"，吴本有横线纵线之表格，文渊阁本、文澜阁本皆无。

"尧制五服图"：文渊阁本、文澜阁本"绥服：三百里揆文教"之"文"，吴本作"又"，按：十三经注疏本《尚书·胤征》"三百里揆文教"，吴本失之。文渊阁本"二百里奋武奋"之后"奋"，文澜阁本、吴本作"卫"，按：据《尚书·胤征》"二百里奋武卫"，文渊阁本失之，文澜阁本、吴本所言为是。文渊阁本"五百里：绥服政事"之"事"，文澜阁本、吴本作"教"，按：《尚书·胤征》"三百里揆文教"，文澜阁本、吴本所言为是，文渊阁本失之。

"召诰土中图"：文渊阁本"第三中表"，文澜阁本、吴本"第三北表"，据图中所示：第一南表、第二中表，则第三当为北表，故文渊阁本失之，吴本、文澜阁本为是；文渊阁本、文澜阁本"表影之末立中表"之"末"，吴本作"未"，据文意，吴本失之，文渊阁本、文澜阁本为是。

"九畴本《河图》"：文渊阁本、文澜阁本"庶征"，吴本"庶证"，据十三经注疏本《尚书·洪范》"八、庶征：曰雨"，吴本失之，文渊阁本、文澜阁本为是。

"洪范九畴图"：文渊阁本、文澜阁本"八庶征"，吴本作"八庶政"，按：十三经注疏本《尚书·洪范》"八、庶征：曰雨"，吴本失之，文渊阁本、文澜阁本为是。

"九畴合八畴数图"：文渊阁本、文澜阁本"庶征"，吴本作"庶证"，按：十三经注疏本《尚书·洪范》"八、庶征：曰雨"，吴本失之，文渊阁本、文澜阁本为是。

"九畴相乘得数图"：文渊阁本、文澜阁本"庶征不与五相"之"征"，吴本作"证"，按：十三经注疏本《尚书·洪范》"八、庶征：曰雨"，吴本失之，文渊阁本、文澜阁本为是。文渊阁本、文澜阁本"七稽疑"，吴本作"稽疑七"，按：十三经注疏本《尚书·洪范》"七、稽疑：择建立卜筮人"，吴本失之，文渊阁本、文澜阁本为是。

"刘向洪范传图"：文渊阁本、文澜阁本"咎豫"，吴本作"咎舒"，按：苏洵《嘉祐集》卷七《洪范论》"若夫皇极之不建也……视不明，厥咎豫"①，吴本失之，文渊阁本、文澜阁本为是。文渊阁本、文澜阁本"咎眊"，吴本作"咎眊"，按：《嘉祐集》卷七《洪范论》"今《传》又增咎以眊……况眊与蒙无异"，吴本失之，文渊阁本、文澜阁本为是。吴本"常雨""常旸""常燠""常寒""常风""常阴"之"常"，文渊阁本、文澜阁本皆作"恒"，据《嘉祐集》卷七《洪范论》"常雨知，常旸古，常燠斋，常寒主，常风六极知"，则吴本为是。

"老泉先生洪范之图"：文渊阁本"言从义"，文澜阁本、吴本"言从乂"，按：《嘉祐集》卷七《洪范论》"验之肃、乂、哲、谋、圣，一出于五事"，文澜阁本、吴本为是，文渊阁本失之。吴本"常雨""常旸""常燠""常寒""常风"之"常"，文渊阁本、文澜阁本皆作"恒"，据《嘉祐集》卷七《洪范论》"常雨知，常旸古，常燠斋，常寒主，常风六极知"，则吴本为是。

"皇极不言数图"，吴本"庶证"，文渊阁本、文澜阁本作"庶征"，据《尚书·洪范》"八、庶征：曰雨"，吴本失之，文渊阁本、文澜阁本为是。

"汉儒传授书学图"：吴本"伏生"左下"张生"，文渊阁本、文澜阁本无；吴本"地余"与"平当"之间有"林尊"，文渊阁本、文澜阁本无；吴本"许商""孔霸""牟卿"之上有"周堪"，文渊阁本、文澜阁本无；吴本"樊并""霸"上有"张霸之父"，文渊阁本、文澜阁本无；吴本"王良"上"卿"，文渊阁本、文澜阁本作"简卿"；吴本"胜"下"卿"上有"张""杨""霸"三人，文渊阁本、文澜阁本作"张驯""杨仲续""孔霸"，据名字辞例，文渊阁本、文澜阁本人名为全称，为是，吴本当据文渊阁本、文澜阁本补。

三　卷三《毛诗正变指南图》

"作诗时世"：文渊阁本、文澜阁本"二南谱"，吴本作"一南谱"，"二南谱"当为《周南谱》《召南谱》，吴本失之。

"族谱"：公子顽，文渊阁本、文澜阁本注作"宣公庶兄"，吴本注作

---

① 苏洵：《嘉祐集》，台湾商务印书馆，1977。

"宣公庶子"。《左传·闵公二年》："齐人使昭伯烝于宣姜。"杜注："昭伯，惠公庶兄，宣公子顽也。"[1] 据《左传》及杜注，"宣公庶兄"当为"宣公庶子"，吴本为是，文渊阁本、文澜阁本失之。襄公，文渊阁本、文澜阁本注作"名诸儿"，吴本注作"名诸兜"；宣公，文渊阁本注作"杵血"，文澜阁本、吴本注作"杵臼"，据《史记》卷三六《陈杞世家》"庄公七年卒，少弟杵臼立，是为宣公"[2]、《左传·哀公五年》"秋，九月，癸酉，齐侯杵臼卒"孔疏"襄二十五年，崔杼弑庄公而立杵臼"，[3] 文澜阁本、吴本为是，文渊阁本失之；凡伯，文渊阁本、文澜阁本注作"周公之胤"，吴本注作"周公之胤"，据《说文》，胤乃胤之古体，二字同。

"十五国风地理图"：格式不同：文渊阁本、文澜阁本"周南""召南""邶鄘卫""王""郑""齐""魏""晋""陈""秦""桧""曹""豳""鲁"之内容，分别在单独方框内；吴本则"周南""召南"内容在同一方框，"邶鄘卫""王"内容在同一方框，"郑""齐"内容在同一方框，"晋""陈"内容在同一方框，"桧""曹"内容在同一方框，"豳""鲁"内容在同一方框，"魏"内容在单独方框，"秦"内容在单独方框。文渊阁本、文澜阁本长城城墙图标志未标黑，吴本则标黑。文渊阁本、文澜阁本"蛮荆"下方框无文，吴本"蛮荆"下则方框内写有"今荆湖南路"二字。

文渊阁本、文澜阁本"十五国风地理图"后为"公刘相阴阳图"，吴本"十五国风地理图"后为"日居月诸图"。

"日居月诸图"：文渊阁本、文澜阁本"北极：出地上三十六度"，吴本作"北极：出地上二十六度"，据《晋书》卷一一《天文志上》"北极出地三十六度"[4]，吴本失之，文渊阁本、文澜阁本为是；吴本"黑道""赤道""黄道"下面各有一黑圈●，文渊阁本、文澜阁本则皆无。

"齐国风挈壶氏图"：文渊阁本、文澜阁本"唐制吕才定""今制燕肃定"等字横写，且无方框围之；吴本"唐制吕才定""今制燕肃定"等字

---

[1] 杜预注，孔颖达正义《春秋左传正义》，中华书局，1980，第1788页。
[2] 司马迁：《史记》，中华书局，1982，第1577页。
[3] 杜预注，孔颖达正义《春秋左传正义》，中华书局，1980，第2159页。
[4] 房玄龄等：《晋书》，中华书局，1974，第285页。

纵写，且以方框围之。

"辟雍泮宫图"：文渊阁本、文澜阁本"又作辟雍"之"雍"，吴本作"廱"，按：《诗·大雅·灵台》作"于乐辟廱"，《白虎通》言"辟廱，四面如璧，水雝之"，《广韵》作"辟廱"。《说文·隹部》"雝"段注以为经典多用为雝和、辟雝。隶作雍，文献所言多作辟廱、辟雝。文渊阁本、文澜阁本"泮宫"图旁无文字，吴本"泮宫"图旁则有"辟雍水圆如璧，泮宫半之"等字。

"释谷名"后，吴本作"释礼乐器名""释兵农器名""四诗传授图上""释鸟名""释虫名""释鱼名""释兽名""释马名""释衣服制名""释车马器名""四诗传授图下"；文渊阁本、文澜阁本作"释鸟名""释虫名""释鱼名""释兽名""释马名""释衣服制名""释车马器名""释礼乐器名""释兵农器名""四诗传授图"。

四　卷四《周礼文物大全图》

"王宫制图"：吴本"社""稷"二图皆标黑，文渊阁本、文澜阁本未标黑。吴本"阙"图作"回"，文渊阁本、文澜阁本"阙"图作"▯"。

"营国制图"：吴本图中"九经""九纬""三次""男子左""女子右""后市""后正寝"等字样，文渊阁本、文澜阁本皆无。吴本图中"路门""应门""雉门""库门""皋门"皆标黑，文渊阁本、文澜阁本皆未标黑。

"经涂九轨图"：吴本"轨广八尺，九轨广七十二尺，城门容三轨"外图标黑，文渊阁本、文澜阁本未标黑。

"治朝图"：吴本图中"王"字标黑，文渊阁本、文澜阁本则未标黑。

"燕朝图"：吴本图中"王南乡"字标黑，文渊阁本、文澜阁本未标黑。

"外朝图"：吴本图中"王"字标黑，文渊阁本、文澜阁本则未标黑。

"次扆制图"：吴本"次""扆"二图分别以框围之，文渊阁本、文澜阁本则二图合在一框。

"几筵制图"：吴本"几""筵"二图分别以框围之，文渊阁本、文澜阁本则二图合在一框。吴本"几"图第一、第三、第五，"几"上平面为黑体；文渊阁本、文澜阁本之"几"上平面则为白体。

"王畿千里图"：吴本图中"畿"字标黑，文渊阁本、文澜阁本则未标黑。

"王畿乡遂采地图"：吴本图中"邦都""邦县""家削""六遂""六乡"等字样皆标黑，文渊阁本、文澜阁本则未标黑。

"四井为邑图"：吴本图中"邑"字标黑，文渊阁本、文澜阁本则未标黑。

"四邑为丘图"：吴本图中"丘"字标黑，文渊阁本、文澜阁本则未标黑。

"四丘为甸图"：吴本图中"甸"字标黑，文渊阁本、文澜阁本则未标黑。

"四甸为县图"：吴本图中"县"字标黑，文渊阁本、文澜阁本则未标黑。

"四县为都图"：吴本图中"都"字标黑，文渊阁本、文澜阁本则未标黑。

"四都为同图"：吴本图中"同"字标黑，文渊阁本、文澜阁本则未标黑。

"职方氏九服图"：吴本图中"王畿"字标黑，文渊阁本、文澜阁本则未标黑。

"职方九州图"：文澜阁本、吴本"杨"，文渊阁本作"扬"，按："扬""杨"古通，如"扬州"一作"杨州"；吴本图中"山镇""泽薮""川""浸""民""畜""谷""利"皆标黑色，文渊阁本、文澜阁本未标黑色。

"圭璧璋瓒藻藉制图"："方明"，文渊阁本、文澜阁本"以著玉也"，吴本作"以著五也"。《仪礼·觐礼》："诸侯觐于天子……加方明于其上。方明者，木也，方四尺。设六色，东方青，南方赤，西方白，北方黑，上玄，下黄。设六玉，上圭，下璧，南方璋，西方琥，北方璜，东方圭。"胡培翚正义："方明……设六玉者，每面各设一玉，以为之饰。"[①] 据《仪礼》文，吴本作"以著五也"失之，"五"当为"玉"，文渊阁本、文澜

---

① 胡培翚：《仪礼正义》，段熙仲点校，江苏古籍出版社，1993，第1310、1315页。

阁本为是。

"圆丘乐图"：文渊阁本、文澜阁本"大司乐以圆钟为宫"之"圆钟"，吴本作"夹钟"。按：《周礼·春官·大司乐》："凡乐，圆钟为宫，黄钟为角。"据《大司乐》言，吴本"夹钟"失之，文渊阁本、文澜阁本为是。

"宗庙乐图"：吴本、文澜阁本"以黄钟为宫"之"黄钟"，文渊阁本作"黄溹"。按：《后汉书·律历志上》："以黄钟为宫，太簇为商，姑洗为角，林钟为徵，南吕为羽，应钟为变宫，蕤宾为变徵。"文渊阁本作"黄溹"与文献不符，失之，吴本、文澜阁本为是。

"分舞乐图"：文渊阁本、文澜阁本"奏太簇"，吴本作"奏大簇"，据《礼记》《淮南子》等载"十二律"，"大簇"当为"太簇"；文渊阁本"歌吕仲"，文澜阁本、吴本作"歌仲吕"，据《周礼》《吕氏春秋》等言，文澜阁本、吴本为是，文渊阁本失之。

"笋虡钟磬制图"：文澜阁本、文渊阁本"细钧有钟无镈"之"镈"，吴本作"钟"。《国语·周语下》："细钧有钟无镈，昭其大也。大钧有镈无钟，甚大无镈，鸣其细也。"① 吴本作"钟"失之，文渊阁本、文澜阁本言与文献符，为是。

"制鼓图"：文澜阁本、文渊阁本"灵鼓"之"祭地示也"，吴本作"祭地祇也"。按：检之文献，"地示"亦作"地祇"。

"祭器制图"：文渊阁本、文澜阁本"已见"，吴本作"玄见"。文渊阁本、文澜阁本"爵坫"，吴本作"爵玷"，按：《仪礼》文载爵坫，无爵玷，吴本失之。"疏布巾"：文渊阁本"六尊"，吴本、文澜阁本作"八尊"。按：《周礼·天官·幂人》"祭祀，以疏布巾幂八尊"，吴本、文澜阁本"八尊"为是，文渊阁本失之。"登"：文渊阁本、文澜阁本作"登"，吴本作"登"。

"六尊制图"："尊壶"，吴本通体皆黑色，文渊阁本、文澜阁本皆无色。

"鬯人制图"："概""散"二图，吴本通体皆黑色，文渊阁本、文澜

---

① 左丘明：《国语》，上海师范大学古籍整理研究所校点，上海古籍出版社，1988，第35页。

阁本皆无色。

"九旗制图":"旗":文渊阁本、文澜阁本"熊虎为旗",吴本作"熊虎为旌"。按:《周礼·春官·司常》"司常掌九旗之物名,各有属以待国事。日月为常,交龙为旂,通帛为旜,杂帛为物,熊虎为旗",吴本"熊虎为旌"与《周礼》言不符,失之,文渊阁本、文澜阁本所言为是。

"簪人图":"画爻木":文渊阁本"金以钱",文澜阁本、吴本作"今以钱"。按:《仪礼·士冠礼》:"筮与席,所卦者,具馔于西塾。"郑注:"所卦者,所以画地记爻。"贾疏:"筮法,依七八九六之爻而记之,但古用木画地,今则用钱。"文澜阁本、吴本与贾说相合,为是,文渊阁本作"金以钱"失之。

"土圭测日图":文渊阁本、文澜阁本"太东多风……而日景",吴本作"太东多风……而景"。按:据《周礼·地官·大司徒》所言,吴本为是,文渊阁本、文澜阁本失之。

"传授图":文渊阁本"往",吴本作"徃",前已言明"往""徃"之别,兹不赘述;吴本"改正七十九处",文渊阁本、文澜阁本无。

五　卷八《礼记制度示掌图》

"月令明堂图":文渊阁本、文澜阁本"窗",吴本皆作"窻"。按:《正字通·穴部》:"窻,俗字本作囱,别作窗。"① 吴本"窻"乃"窗"之俗体。

"十二律还相为宫图":文渊阁本、文澜阁本"☶",乃艮卦,吴本作"☲",乃离卦。按:杨图乾、巽相对,则坤当与艮相对,故文渊阁本、文澜阁本为是,吴本失之。

"月令十二律管候气图"之"候",文渊阁本、文澜阁本作"候",吴本作"侯";文渊阁本、文澜阁本"气候之法",吴本作"候气之法"。按:《后汉书》《梦溪笔谈》等文献载"候气之法",文渊阁本、文澜阁本与文献所言不符,失之;文渊阁本、文澜阁本两图分别在各自方框内,吴本则两图在同一方框。

---

① 张自烈、廖文英《正字通》,中国工人出版社,1996,第785页。

"月令所属图"：文渊阁本、文澜阁本"祭肺臭焦"，吴本作"祭胐臭焦"。按：《礼记》《吕氏春秋》言"其臭焦，其祀灶，祭先肺"，《易》言"噬干肺"，"胐"乃"肺"之古体。文渊阁本、文澜阁本"神后土"，吴本作"神后上"。按：《礼记·月令》"中央土，其帝黄帝，其神后土"，吴本"神后上"失之，当如文渊阁本、文澜阁本所言。

"月令仲春昏星"：文渊阁本、文澜阁本"疏"，吴本作"踈"。按：《玉篇》《正字通》皆以"踈"为"疏"之讹字。

"五社制度图"：文渊阁本、文澜阁本"社"，吴本皆作"杜"。按："杜"乃"社"之讹字，吴本失之。

"王制商建国图"：文渊阁本、文澜阁本两图在同一方框内，吴本两图各自在一个方框内。

"公五百里之国四为大国"：文渊阁本、文澜阁本"凡"，吴本作"几"。按：《干禄字书·平声》："几、凡，上俗下正"①，吴本"几"乃俗体，文渊阁本、文澜阁本"凡"乃正体。

礼记十三"器用制图"："梡俎"、"嶡俎"、"棋俎"、"房俎"：文渊阁本、文渊阁本"俎"，吴本皆作"爼"。按：《说文》《玉篇》载"俎"字俱列且部，从仌，不从仌，《刊谬补缺切韵·语韵》"俎，豆"，《字汇》《正字通》皆以为"爼"乃"俎"之讹字，吴本作"爼"，失之。"禁"：文渊阁本"扃"，吴本作"扄"。按：《说文》《玉篇》等文献载"扃"从户，同声，无句声，《刊谬补缺切韵·寞韵》"扃，古萤反，户外开门"，吴本作"扄"乃"扃"之讹字，失之。"匜"：文渊阁本、文澜阁本"匜"中间有夔纹，吴本"匜"通体为黑色，无夔纹。按：据《商周彝器通考》载出土实物，"匜"大都有夔纹，亦有其他纹饰，吴本"匜"或为一种。

"五庙三庙图"之"图"字，文渊阁本、文澜阁本皆有，吴本无，作"五庙三庙"。"别子祖宗图"之"图"字，文渊阁本、文澜阁本皆有，吴本无，作"别子祖宗"。按：吴本通例，图名后大都有"图"字。

"郊禘宗祖"：文渊阁本、文澜阁本"配太祖"，吴本作"配大祖"，"大"通"太"，二字为通假字；文渊阁本、文澜阁本"郊禘宗祖"文字

---

① 施安昌编《颜真卿书〈干禄字书〉》，紫禁城出版社，1992，第34页。

皆在同一框内，吴本"郊禘宗祖"文字皆以框分别隔之，共隔成二十八个方框。

"燕礼图"：文渊阁本、文澜阁本图内无东西南北四字，吴本有东西南北四字，分别位于相应方位，四字分别以黑框围之。

"投壶礼图"：吴本"南""两盈"分别以黑色方框围之，"席"字以黑色圆框围之，文渊阁本、文澜阁本无"南""两盈""席"字。文渊阁本、文澜阁本"司射庭长及冠士"之"士"，吴本作"上"。按：《礼记·投壶》"司射、庭长及冠士立者，皆属宾党"，孔疏"冠士者，谓外人来观投壶，成人加冠之士。尊之，故令属宾党"①，吴本作"上"失之，当如文渊阁本、文澜阁本言。"马"：文渊阁本、文澜阁本二"算"字，吴本皆作"筭"。按：《干禄字书·去声》"筭、算，上俗下正"，《说文·竹部》"算，读若筭"，段注"筭为算之器。算为筭之用。二字音同而义别"，《五经文字·竹部》"筭：相乱反，作筭讹。算：先卵反，从具，见《礼经》"②，可知"算""筭"乃音同义别，《礼》文作"算"，《投壶礼》乃《礼》文，故吴本"筭"失之，文澜阁本、文渊阁本"算"为是。

"乡饮礼图"：文渊阁本、文澜阁本"扬觯"，吴本作"杨觯"。按：《礼记·乡饮酒义》《礼记·射义》所载为"扬觯"，"扬""杨"二字古通，故"扬觯"亦作"杨觯"，吴本言之有理。文渊阁本、文澜阁本一圆框内无字，吴本则于圆框内作"土"字，按照"乡饮礼图"内容所言"主坐东南，宾坐西北"之坐位，文渊阁本、文澜阁本、吴本圆框内当为"主"字，文渊阁本、文澜阁本当补之，吴本当更之。文渊阁本、文澜阁本"乡饮礼图"内容之"宾"，吴本皆作"賔"，"宾""賔"之别前已说，兹不赘述。

"养老礼图"：文渊阁本、文澜阁本"冕而总干"之"总"，吴本作"揔"。按：《周礼·天官·叙官》："以佐王均邦国。"郑玄注："郑司农云：'邦治谓揔六官之职也。'"孙诒让正义："揔，俗总字。"③ 吴本"揔"乃俗体。文渊阁本、文澜阁本"群老位"之"群"，吴本作"羣"。按：

---

① 郑玄注，孔颖达正义《礼记正义》，中华书局，1980，第1667页。
② 张参：《五经文字》，吉林出版集团有限责任公司，2005，第17页。
③ 孙诒让：《周礼正义》，王文锦、陈玉霞点校，中华书局，1987，第15~16页。

《楚辞·七谏·初放》"羣众成朋兮",王逸注"羣,一作群"①,"群""羣"乃异体字。

"习射礼图":文渊阁本、文澜阁本"鹿中""兕中""皮树中""闾中""虎中"分别画在各自方框内,吴本则五中画在同一方框内。

"飨礼图":文渊阁本、文澜阁本图之东向言"稻粱黍稷"之"粱",吴本作"梁",据文献载,五谷之"粱"当如文渊阁本、文澜阁本所说,吴本失之。吴本载文字中"上公""侯伯""子男"皆标注黑体,文渊阁本、文澜阁本所载文字未标注黑体。

"内外用事之日":文渊阁本、文澜阁本载文字皆在一方框内,吴本载文字则每两行在同一方框内。

"祭祀用樽之数":文渊阁本、文澜阁本载文字皆在同一方框内,吴本载文字则按照"祭宗庙十八樽""禘祭十六樽""时祭十二樽"分成三大类,三大类分别在三个方框内,其后内容亦是每大类所含六小类,分别以方框围之。

"礼记名数":文渊阁本、文澜阁本"丧",吴本作"喪"。文渊阁本、文澜阁本"宾",吴本皆作"賔"。文渊阁本、文澜阁本"长幼""幼顺"之"幼",吴本作"㓜"。文渊阁本"周乘路"之"乘",吴本作"乗"。文渊阁本、文澜阁本"篪",吴本作"箎"。按:《周礼》及郑注、《尔雅》及郭注等皆言"篪"乃乐器,以竹为之,《刊谬补缺切韵·支韵》言"篪,乐管,七孔"②;"箎"乃高大之竹义,与"篪"有异,吴本失之。文渊阁本、文澜阁本"北不尽恒山"之"恒山",吴本作"常山"。按:宋真宗名恒,宋避帝讳为常山,吴本作"常山"有理。文渊阁本、文澜阁本"疏通知远书"之"疏",吴本作"踈"。文渊阁本、文澜阁本"司寇"之"寇",吴本作"冦"。按:《干禄字书·去声》以"冦"为俗体,"寇"为正体,《刊谬补缺切韵》卷四亦载"寇,苦侯反,暴也",吴本"冦"当为俗体。文渊阁本、文澜阁本"巡狩"之"巡",吴本皆作"廵"。按:文献所载"廵""巡"二字,实乃异体字。文渊阁本、文澜阁本"妇聼"之"聼",吴本作"聽",按:《刊谬补缺切韵·清韵》"聼,他定反……

---

① 洪兴祖:《楚辞补注》,白化文等点校,中华书局,1983,第236页。
② 王仁煦:《刊谬补缺切韵》,长孙讷言注,上海古籍出版社,2002,第16页。

正，又他丁反"①，吴本作"聽"或为俗体。

"礼记传授图"：文渊阁本、文澜阁本"凡"，吴本作"几"，"凡""几"之别，前已有说，兹不赘述。文渊阁本、文澜阁本"余十二篇"，吴本作"余十一篇"。文渊阁本"删"，吴本皆作"删"。

六 卷十《春秋笔削发微图》

文渊阁本、文澜阁本十二公之名，吴本皆作谥号，不言公字，如文渊阁本、文澜阁本"隐公"，吴本作"隐"。吴本十二公之名皆黑框围之，文渊阁本、文澜阁本无黑框。文渊阁本、文澜阁本"隐公"之"齐""楚""陈""曹"等国名下注文皆小字，吴本此四国名下文字皆与国名字号一样，非小字，且其字皆黑体，如文渊阁本、文澜阁本"隐公"之"楚：武王十九年至二十九年"，吴本则作"**周：武王十九年至二十九年**"。

文渊阁本、文澜阁本"桓公"之"楚""郑""燕"国名下文字皆小字，吴本则国名下文字与国名字号一样，非小字，如文渊阁本、文澜阁本"桓公"之"楚：武王三十年至四十七年"，吴本则作"**楚：武王三十年至四十七年**"。

文渊阁本、文澜阁本"闵公"之"周""齐""晋""秦""楚""宋""卫""陈""蔡""曹""郑""燕"等国名下注文皆小字，吴本则十二国国名下注文皆与国名字号一样，非小字，且其字皆黑体，如文渊阁本"闵公"之"周：惠王十六年至十七年"，吴本则作"**周：惠王十六年至十七年**"；文渊阁本、文澜阁本"闵公"之"晋""秦""楚""宋""卫""陈""蔡""曹""郑""燕"等国名下注文格式皆为"某年至某年"，吴本则无"至"字，仅言"某年某年"，如文渊阁本、文澜阁本"曹：昭公元年至二年"，吴本作"**曹：昭公元年二年**"。

文渊阁本、文澜阁本"成公"下"吴：寿梦元年至十二年，寿梦元年，成六年也"，吴本作"**吴寿梦元年至十二年**：寿梦元年，成六年"。

文渊阁本、文澜阁本"定公"下"周""楚""宋""卫""蔡"等国名下注文皆小字，吴本则十二国国名下注文皆与国名字号一样，非小字，

---

① 王仁煦：《刊谬补缺切韵》，长孙讷言注，上海古籍出版社，2002，第73页。

且其字皆黑体,如文渊阁本、文澜阁本"定公"之"周:敬王十一年至二十五年",吴本则作"**周:敬王十一年至二十五年**"。

文渊阁本、文澜阁本"哀公"下"吴:夫差二年至十七年",吴本作"**吴:夫差二年至十七年**"。

吴本"世次"诸图之公侯人物皆以竖线连接,文渊阁本、文澜阁本无竖线连接;文渊阁本、文澜阁本"滕世次""杞世次""薛世次""吴世次""虞世次""许世次""邾世次""莒世次",吴本分别作"滕""杞""薛""吴""虞""许""邾""莒"。

春秋一百二十四国爵姓:文渊阁本、文澜阁本"有爵无姓者一十七国"之"七",吴本作"六",然吴本所列则十七国,故吴本作"六"失之;文渊阁本、文澜阁本"有姓无爵者一十六国"之"六",吴本作"八",然吴本所列仅十六国,故吴本作"八"失之;文渊阁本、文澜阁本"爵姓皆亡者三十三国"之"亡",吴本作"亾"。

齐盟:文渊阁本、文澜阁本"越王句践"之"越",吴本作"䟆"。

与盟之国:文渊阁本、文澜阁本每几国分列在五个竖栏里,吴本则每一个国皆以方框围之。

春秋诸国地理图:吴本城墙疆域皆标黑,文渊阁本、文澜阁本则未标黑。

地名所属:吴本"东京"、"南京"、"西京"、"北京"、"青州"、"密州"、"济州"、"沂州"、"登州"、"兖州"、"曹州"、"海州"、"博州"、"郓州"、"扬州"、"齐州"、"利国军"、"并州"、"赵州"、"亳州"、"陈州"、"颍州"、"德州"、"棣州"、"怀州"、"河中府"、"虢州"(文渊阁本、文澜阁本作"虢州")、"永兴"、"同州"、"凤翔"、"许州"、"蔡州"、"汝州"、"莱州"、"维州"、"邓州"、"襄州"、"鄂州"、"濠州"、"润州"、"庐州"、"苏州"、"洪州"、"兴元"、"潞州"、"祁州"、"广德"、"常州"等地名皆为黑体,文渊阁本、文澜阁本则未标注黑体。吴本每一地名皆方框围之,文渊阁本、文澜阁本则几个地名在同一竖方框内。

诸国地理:吴本每一国名及注皆以方框围之,文渊阁本、文澜阁本则几个国名在同一竖方框内。文渊阁本、文澜阁本"虢",吴本作"虢"。文渊阁本、文澜阁本"共",吴本作"苂"。

吴本"周地""鲁地""陈地""齐地""晋地""宋地""卫地""郑地""楚地""邾地""莒地""纪地"等字皆标为黑体，文渊阁本、文澜阁本则未标为黑体。

文渊阁本、文澜阁本"鲁地"之"防"下注"瑯琊"，吴本作"琅邪"。文渊阁本、文澜阁本"齐地"之"阳州"下注"境上"，吴本作"境土"。文渊阁本、文澜阁本"晋地"之"蒇"下注"瑯琊"，吴本作"琅邪"；又"晋地"之"赤棘"，吴本作"赤棘"；又"晋地"之"适歴"，吴本作"适曆"。文渊阁本、文澜阁本"宋地"之"虚"，吴本作"虗"。按：《字汇·虍部》："虗，俗虚字"，文渊阁本、文澜阁本"虚"乃正体。文渊阁本、文澜阁本"卫地"之"平阳"下注"泰山"，吴本作"太山"。文渊阁本、文澜阁本"郑地"之"鄦"，吴本作"鄢"。文渊阁本、文澜阁本"郑地"之"祊田"下注"泰山"，吴本作"太山"。按：古代周天子祭祀泰山时因汤沐之需而圈定的地域谓之祊田，《孟子·梁惠王上》"挟太山以超北海"，"太山"亦作"泰山"；"祊田"下注"瑯"，吴本作"琅"。

结　语

文渊阁本与文澜阁本内容、图式、文字基本一致，仅个别文字相异；二本与吴本在文字、内容、图式方面皆有相异之处，三本比勘相异之处如下。

文字有异：三本间异文多为文字的俗体、正体，古体、今体之别，有的文字为避讳而改。文渊阁本、文澜阁本多用正体字，吴本多用俗体字。

内容有异：据传世文献，考之三本内容，文澜阁本讹误较少，吴本、文渊阁本讹误稍多。

图像优劣：吴本图像分明，图文清晰易辨，一目了然，较之文渊阁本、文澜阁本为胜。明版筑居刻朱墨套印本（北京师范大学图书馆藏）与吴本相同。

版式有异：文渊阁本、文澜阁本四图图名皆纵向书写（《周礼文物大全图》《礼记制度示掌图》图名采用横向书写方式），吴本六图皆横向书写，且吴本图名皆标黑。

文渊阁本、文澜阁本采用"左图右书"方式,吴本采用"上图下书"方式。吴本《周礼文物大全图》内容多用"。"隔之,四库本则以空格隔之。

第二节　杨甲《六经图》"尚书图"与明清六经图"尚书图"比勘

杨甲《六经图》(简称"杨图")之《尚书轨范撮要图》,简称"尚书图",其内容与陈仁锡《六经图》(简称"陈图")、章达和卢谦《五经图》(简称"章图")、吴继仕《七经图》(简称"吴图")、王皜《六经图》(简称"王图")、郑之侨《六经图》(简称"郑图")、杨魁植《九经图》(简称"杨魁植图")、江为龙《朱子六经图》(简称"江图")、潘宷鼎《六经图考》(简称"潘图")等相较存有相异之处,我们欲结合相关文献,参以出土实物等,进行考索,兹举数例考说如下。

一　柷

杨图卷二《尚书轨范撮要图》之"柷"(见图 4-1)有图无文,卷五《周礼文物大全图》之"柷"图文并茂;吴图卷四《周礼文物大全图》载"柷"图文并茂;陈图卷二《尚书轨范撮要图》、卷五《周礼文物大全图》并载"柷",有图有文;王图卷二《尚书轨范撮要图》之"柷"图文并茂,卷三《毛诗正变指南图》之"柷"有文无图;郑图卷四《尚书图》、卷六《诗经图》之"柷"图文并茂;杨魁植图卷二《尚书图》有图有文;江图卷二《诗经图》、卷四《尚书图》之"柷"有图无文,卷八《周礼图》之"柷"图文并茂。有关诸图载"柷"之情况见表 4-1。

表 4-1　诸图载"柷"之情况

	杨图	吴图	陈图	王图	郑图	杨魁植图	江图
尚书图	1次图		1次图、文	1次图、文	1次图、文	1次图、文	1次图
诗经图				1次文	1次图、文		1次图

续表

	杨图	吴图	陈图	王图	郑图	杨魁植图	江图
周礼图	1次 图、文	1次 图、文	1次 图、文				1次 图、文

由表4-1可知,"柷"在《六经图》文献中出现的次数或为1次,或为2次,或为3次,《六经图》诸本所载"柷"之文如下所列。

杨图卷二《尚书轨范撮要图》有图无文。又卷五《周礼文物大全图》"乐器制图"之"柷":"小师掌教播鼗柷敔。柷如漆桶,方二尺四寸,深一尺八寸,中有椎柄,连底桐之,令左右击。"①

吴图卷四《周礼文物大全图》"乐器制图"之"柷":"小师掌教播鼗柷敔。柷如漆桶,方二尺四寸,深一尺八寸,中有□柄(□表示其字漫灭不清),连底挏之,令左右击。"②

陈图卷二《尚书轨范撮要图》"九韶乐器之图":"柷、敔之状,经典无文,汉初已来学者相传皆云:'柷如漆桶,中有椎柄,动而击其旁也……乐之初击柷以作之。'"又卷五《周礼文物大全图》"乐器制图"之"柷"云:"小师掌教播鼗柷敔。柷如漆桶,方二尺四寸,深一尺八寸,中有椎柄,连底桐之,令左右击。"③

王图卷二《尚书轨范撮要图》"箫韶乐器图"之"柷"云:"乐初击柷以作之,状如漆桶,方二尺四寸,深一尺八寸,中有椎柄,连底撞之,令左右击。"卷三《毛诗正变指南图》"器物释名"之"礼乐器类":"柷,木椌。"④

郑图卷四《尚书图》"九韶乐器之图"之"柷"(见图4-2)云:"郭璞云:柷如漆桶,方二尺四寸,深一尺八寸,中有椎柄,连底撞之,令左右击以起乐。"又卷六《诗经图》"乐器舟车戈矛之图"之"柷":"柷状如漆桶,二尺四寸,深一尺八寸,中有椎柄,连底撞之,令左右击以起乐。"

---

① 杨甲:《六经图》,台湾商务印书馆,1982,第327页。
② 吴继仕:《七经图》,齐鲁书社,1997,第491页。
③ 陈仁锡:《六经图》,《八编经世类纂》本,台北华文书局,1966,第77、123页。
④ 王皜:《六经图》,齐鲁书社,1997,第57、108页。

杨魁植图卷二《尚书图》"乐器图"之"柷":"状如漆桶,方二尺四寸。"①

江图卷八《周礼图》"乐器制图"之"柷":"状如漆桶,方二尺四寸。"②

我们将"尚书图"中出现的"柷"作一比较,考释"柷"之形制、功能等。将杨图、陈图、王图、郑图、杨魁植图、江图进行文、图比勘,杨图有图无文,待补苴罅漏。

在诸本中,唯郑图作者对文字施以句读,其他图作皆无标点,然结合相关文献,考之文意,郑图"中有椎柄,连底撞之"当读作"中有椎,柄连,底撞之",其他图作标点亦当如此。柷之形制、功用,文献有载。《尔雅·释乐》:"所以鼓柷谓之止。"郭璞注:"柷如漆桶,方二尺四寸,深一尺八寸,中有椎,柄连底,挏之,令左右击。止者。其椎名。"③《周礼·春官·小师》:"掌教鼓、鼗、柷、敔。"郑玄注引郑司农:"柷,如漆筒,中有椎。"《吕氏春秋·仲夏》:"饬钟磬柷敔。"高诱注:"柷,如漆桶,中有木椎,左右击以节乐。"《礼记·王制》:"天子赐诸侯乐,则以柷将之。"孔颖达疏:"《汉礼器制度》:柷状如漆筒,中有椎,将作乐,先击之。"《诗·周颂·有瞽》:"鞉磬柷圉。"孔颖达疏:"柷状如漆筒,中有椎,合之者,投椎于其中而撞之。"④《尚书·益稷》:"合止柷敔。"孔颖达疏:"戛击是作用之名,非乐器也。故以戛击为柷敔。柷敔之状,经典无文。汉初已来,学者相传皆云'柷如漆桶,中有椎,柄动而击其旁也'……郭璞云'柷如漆桶,方二尺四寸,深一尺八寸,中有椎,柄连底,挏之,令左右击。止者,其椎名也'。"⑤《礼记·乐记》:"后圣人作为鞉、鼓、椌、楬。"郑注:"椌,苦江反,柷也。"孔颖达疏:"按郑注《诗·有瞽》篇云柷形如漆筒,中有椎。"⑥《通典》卷一四四《乐四》之"柷":"柷如漆桶,方二尺四寸,深一尺八寸,中有椎柄,连底,旁开孔。

---

① 杨魁植:《九经图》,齐鲁书社,1997,第549页。
② 江为龙:《朱子六经图》,齐鲁书社,1997,第187页。
③ 郭璞注,邢昺疏《尔雅注疏》,中华书局,1980,第2602页。
④ 毛亨传,郑玄笺,孔颖达正义《毛诗正义》,中华书局,1980,第594~595页。
⑤ 孔安国传,孔颖达正义《尚书正义》,中华书局,1980,第144页。
⑥ 郑玄注,孔颖达正义《礼记正义》,中华书局,1980,第1541页。

内手于中击之，以举乐。"①《说文·木部》："柷，乐，木空也。所以止音为节。"段注："《周颂》毛传曰：'柷，木椌也。'……柷以始乐，非以止音也。……今按当作以止作音为柷。《释乐》曰'所以鼓柷谓之止'，盖椌之言空也，自其如桼桶言之也。柷之言触也，自其椎柄之撞言之也。《皋陶谟》：'合止柷敔。'郑注云：'柷状如桼桶而有椎，合之者，投椎其中而撞之。'《尔雅》郭注云'柷如桼桶，方二尺四寸'。《风俗通》《广雅》云：三尺五寸。深一尺八寸。《风俗通》云：尺五寸。中有椎柄，连底挏之，令左右击，止者，其椎名。刘熙云'柷，祝也。故训祝为始'，以作乐也。"②

据以上诸说，柄是椎柄，不是把手。此椎反装，即椎头在上，柄在下，其柄装在柷底部，用时稍晃动柷身，则椎左右击柷内壁而出声，不是用手拿椎来敲的。学者陇菲《柷、敔考辨》一文以为，柷、敔之为器，在上古原是两种不同的节奏乐器。二者同为木制，但一有锯齿，奏法为刷、锯；一无锯齿，奏法为打、击。③ 其说有理。聂崇义《三礼图集注》卷五"柷"："《书》曰'合止柷敔'。郑氏注云'柷状如漆筒，而有椎。合乐之时，投椎其中而撞之'。宜从郑注。今太常乐亦人执其椎，投而击之。"聂氏言乃人投椎于其中，杜佑言以手于中击之，显然与文献载有异，与以上诸说不符，失之。

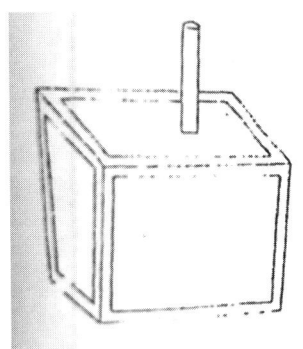
图4-1 杨甲《六经图》"柷"

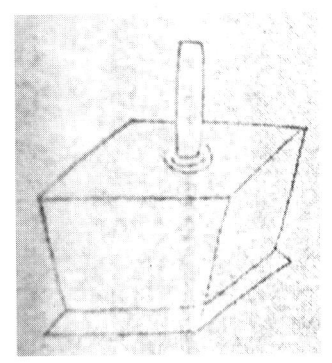
图4-2 郑之侨《六经图》"柷"

---

① 杜佑：《通典》，王文锦、陈玉霞点校，中华书局，1988，第3680页。
② 段玉裁注《说文解字注》，上海古籍出版社，1988，第265页。
③ 陇菲：《柷、敔考辨》，《中国音乐》2019年第3期，第68~76页。

诸图所言"柷"之形制、功能与汉代以来学者看法基本一致，检之出土文献，未见"柷"物。学者亦有考辨，综合而言，我们以为"柷"乃音乐开始时击打之器，其状如漆桶，中有椎，柄连底，用时晃动柷身，使其撞击侧壁自然发出声音，即陈图言"动而击其旁也"。

二 圭瓒

杨图卷二《尚书轨范撮要图》"平王锡圭瓒图"（见图4-3）载：

> 平王锡晋文侯秬鬯圭瓒。《传》曰：以圭为杓柄谓之圭瓒。祭之初酌郁鬯之酒以祼尸。圭瓒者酌郁鬯之杓，杓下有槃，瓒即槃之名也，是以圭为杓之柄，故谓之圭瓒。《周礼·典瑞》曰：祼圭有瓒，以肆先王，以祼宾客。郑司农云于圭头为器可以挹鬯，祼祭谓之瓒。《诗》云：瑟彼玉瓒，黄流在中。毛《传》云：玉瓒，圭瓒也。黄金所以饰流鬯也。郑云：黄流，秬鬯也。圭瓒之状，以圭为柄，黄金为勺，青金为外，朱中央。①

陈图卷二《尚书轨范撮要图》"平王锡圭瓒图"②与杨图之图、文皆一致。章图卷二《尚书图》"冕弁玉器图"之"圭瓒"有图无文，图有二：一为圭瓒，一为有槃。又卷三《诗经图》"圭璧礼器之图"之"圭瓒"言"旱麓"。③

江图卷二《诗经图》"圭璧之图"之"圭瓒"（有图无文）言"旱麓"，又卷四《尚书图》"圭瓒图"（有图无文）言"平王锡晋文侯秬鬯圭瓒"。④杨魁植图卷二《尚书图》"圭瓒"（有图无文）言"有槃"；又卷三《诗经图》"瓒"（有图无文）言"圭瓒，旱麓"。⑤王图卷二《尚书轨范撮要图》"冕弁图"之"圭瓒"（有图有文）：

---

① 杨甲：《六经图》，台湾商务印书馆，1982，第224页。
② 陈仁锡：《六经图》，台北华文书局，1966，第85页。
③ 章达：《五经图》，齐鲁书社，1997，第10、14页。
④ 江为龙：《朱子六经图》，齐鲁书社，1997，第125、145页。
⑤ 杨魁植：《九经图》，齐鲁书社，1997，第550、571页。

第四章·杨甲《六经图》版本比勘 / 311

　　陈氏曰：祼圭尺有二寸。大璋、中璋九寸，边璋七寸。圭璋，其柄也。瓒，其勺也。柄则圭璋纯玉为之，三璋之勺，则饰以金焉。《玉人》谓黄金勺，青金外是也。先儒谓凡流皆为龙口，瓒槃大五升，口径八寸，下有槃口，径一尺。①

　　又卷三《毛诗正变指南图》"礼器图"之"圭瓒"（图文并茂）：

　　玉瓒，圭瓒也。以圭为柄，黄金为勺，酌郁以祼也。王祼以圭瓒，诸臣助之。亚祼以璋瓒，左右奉之。②

　　郑图卷四《尚书图》之"平王锡晋文侯秬鬯圭瓒"（见图4-4）云：

　　陈氏云：祼圭尺有二寸。大璋、中璋九寸，边璋七寸。圭璋，其柄也。瓒，其勺也。柄则圭璋纯玉为之，三璋之勺，则饰以金焉。玉人所谓黄金勺，青金外是也。瓒大如槃，五升，口径八寸，深二寸，其柄用圭。有流，流皆为龙口。又右者有圭瓒、璋瓒，而无下槃。兹案《玉府》云若合诸侯，则供珠槃、玉敦。注云：敦、槃，珠以为饰。然则此瓒下之槃，亦宜用黄金，青金为外，朱中央。圭瓒既深二寸，此槃宜深一寸，足径八寸，高二寸。③

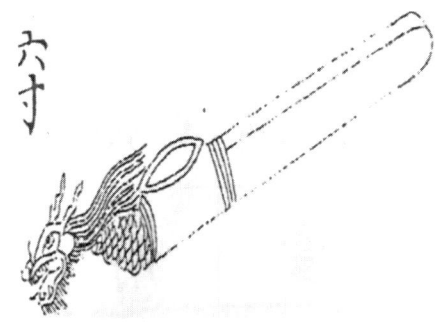

图4-3　杨甲《六经图》"圭瓒"　　图4-4　郑之侨《六经图》"圭瓒"

---

① 王皞：《六经图》，齐鲁书社，1997，第73页。
② 王皞：《六经图》，齐鲁书社，1997，第107页。
③ 郑之侨：《六经图》，清乾隆八年（1743）铅山鹅湖书院述堂藏版。

又郑图卷六《诗经图》之"圭瓒"(有图有文)言:

圭瓒之状,以圭为柄,黄金为勺,青金为外,朱中央。酌鬯以祼也,大五升,口径八寸,有流,龙口,璋瓒如之。①

据《六经图》诸本载"圭瓒"之文,列表4-2。

表4-2 诸本《六经图》载"圭瓒"

	杨图	陈图	章图	王图	江图	杨魁植图	郑图
尚书图	图、文	图、文	图	图、文	图	图	图、文
诗经图			图	图、文	图	图	图、文
内容	形制、功用	形制、功用		形制、大小			形制、大小
引文	《尚书正义》《周礼注疏》《毛诗正义》	《尚书正义》《周礼注疏》《毛诗正义》		《礼书》			《礼书》

杨图、陈图、王图、郑图言"圭瓒"形制本《尚书正义》《周礼注疏》《毛诗正义》《礼书》等文献。《周礼·考工记·玉人》云:"祼圭尺有二寸,有瓒,以祀庙。"郑注:"瓒如盘,其柄用圭,有流。"《诗·大雅·旱麓》:"瑟彼玉瓒,黄流在中。"毛传:"玉瓒,圭瓒也。"郑笺:"圭瓒之状,以圭为柄,黄金为勺,青金为外,朱中央矣。"②郑玄言"瓒"之形制甚明:瓒形如盘,呈圆形,其后有柄,以圭为之,其前有流,乃出水处。《玉人》又云:"大璋中璋九寸,边璋七寸,射四寸,厚寸。黄金勺,青金外,朱中,鼻寸,衡四寸,有缫。"郑注:"勺,故书或作约。杜子春云'当为勺,谓酒尊中勺也'。郑司农云'鼻谓勺龙头鼻也,衡谓勺柄龙头也'。玄谓'鼻,勺流也。凡流皆为龙口也。衡,古文横,假借字也。衡谓勺径也,三璋之勺形如圭瓒'。"郑玄以为圭瓒之制,犹如三璋之勺形,且谓鼻为勺流也,勺流乃龙口。其说与先郑所云"鼻谓勺龙头鼻也"有异,郑玄言乃据《汉礼器制度》及三璋之形。又,《玉人》言"鼻

---

① 郑之侨:《六经图》,清乾隆八年铅山鹅湖书院述堂藏版。
② 马瑞辰:《毛诗传笺通释》,陈金生点校,中华书局,1989,第829~830页。

寸"，若如先郑所云"鼻谓勺龙头鼻也"，则不知"寸"是言宽狭，抑或言长短，无从所定，若如郑玄所言鼻为勺流则知寸为勺之长。故郑玄所云有理。聂崇义《三礼图集注》卷一四《尊彝图》之"圭瓒"图，与郑注所言相合，当据郑注而画。

郑图言"瓒大如槃，五升"，与前人说法有异。《周礼·春官·典瑞》："裸圭有瓒，以肆先王，以裸宾客。"郑注："汉礼，瓒槃大五升，口径八寸，下有槃，口径一尺。"聂崇义《三礼图集注》以为"瓒槃大五升"当为"瓒大五升"。刘绩《三礼图》、王图言"瓒盘大五升"当为"瓒勺大五升"。《礼记·明堂位》："灌用玉瓒大圭。"郑注："瓒形如槃，容五升，以大圭为柄，是谓圭瓒。"郑玄注《玉人》《明堂位》所言"瓒如槃""大五升"，笔者以为十三经注疏本《周礼注疏》、王图所言"瓒盘大五升"，当为"瓒，大五升"，乃衍一"盘"字。《左传·昭公十七年》："郑裨灶言于子产曰：'宋卫陈郑将同日火。若我用瓘斝玉瓒。郑必不火。"杜注："瓒，勺也。"① 刘绩《三礼图》卷三："按九寸七寸之璋，中皆射四寸，圆为槃，则圭瓒当倍之，射八寸矣。汉礼：瓒槃大五升，口径八寸，下有槃，口径一尺。郑玄引叔孙通之作而误以鼻为龙头流。若云'瓒勺大五升，口径八寸，下有盘，口径八寸'，则义自明矣。"② 刘氏以为"瓒槃"当作"瓒勺"与上下文辞及文献所载不符，失之；刘绩言"下有槃，口径一尺"，此槃为盛圭瓒之槃，与勺乃为二物，刘氏混而言之，不当。

郑图、王图言"口径八寸"，杨图、章图、陈图、吴图皆以为"口径皆可六寸"；郑图言"有流，流皆为龙口"乃据陈祥道《礼书》言，据出土实物，瓒之形制与郑玄注、郑图、王图所言皆有异。1976年陕西扶风云塘铜器窖藏出土的两件战国伯公父"玉瓒"，形制如图4-5所示。又辉县固围村5号战国墓出土的陶瓒，形制如图4-6所示。商周时期的妇好墓和庄白一号窖藏出土的两件铜瓒，器柄均作尖首圭状，当为圭瓒之属。据出土"瓒"之形制大小，口径或为八寸，或为六寸，诸图所言"八寸""六寸"皆为瓒之一种，郑图言"流皆为龙口"，出土实物尚难佐证，故郑图所言阙疑。杨图、陈图、王图、章图、江图、杨魁植图、郑图等所绘"圭

---

① 杜预注，孔颖达正义《春秋左传正义》，中华书局，1980，第2084页。
② 刘绩：《三礼图》，上海古籍出版社，1987，第375页。

瓒"图，与出土实物皆异，阙疑存之。

图 4-5　陕西扶风云塘出土"玉瓒"

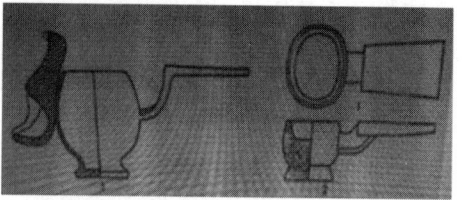
图 4-6　河南辉县固围村出土"瓒"

三　球

球，诸图有载。杨图卷二《尚书轨范撮要图》"九韶乐器图"之"球"[①] 有图无文，其"球"图乃悬一圆形物，非悬"磬"（见图 4-7）。陈图卷二《尚书轨范撮要图》"九韶乐器之图"之"球"有图无文，其"球"图同杨图。章图卷二《书经图》"箫韶乐器之图"[②] 之"球"图所悬乃一磬，开口度呈钝角。王图卷二《尚书轨范撮要图》"箫韶乐器图"之"球"（见图 4-8）："球，玉也。乐器惟磬用玉，故球为玉磬。"[③] 江图卷四《尚书图》"九韶乐器图"之"球"有图无文，其呈一圆形，非悬磬。杨魁植图卷二《尚书图》"乐器图"之"球"[④] 有图无文，其形乃磬，开口度为直角。潘图卷二《尚书轨范撮要图》"九韶乐器图"之"球"（见图 4-9）云：

球，玉也。鸣球谓击球使鸣，乐器惟磬用玉，故球为玉磬。[⑤]

郑图卷四《尚书图》"虞书九韶乐器之图"之"球"（见图 4-10）云：

孔氏云：球，玉也。乐器惟磬用玉，故球为玉磬。《乐经》云黄

---

① 杨甲：《六经图》，台湾商务印书馆，1982，第 205 页。
② 章达：《五经图》，齐鲁书社，1997，第 8 页。
③ 王皜：《六经图》，齐鲁书社，1997，第 56 页。
④ 杨魁植：《九经图》，齐鲁书社，1997，第 548 页。
⑤ 潘寀鼎：《六经图考》，清康熙元年（1662）礼耕堂重订本。

钟磬前长二律二尺七寸,后长二律一尺八寸。此特悬大磬,配镈钟者也。①

图 4-7　杨甲《六经图》"球"

图 4-8　王皞《六经图》"球"

图 4-9　潘宷鼎《六经图考》"球"

图 4-10　郑之侨《六经图》"球"

据上述文献载"球"之形,列表 4-3。

---

① 郑之侨:《六经图》,清乾隆八年铅山鹅湖书院述堂藏版。

表 4-3　诸本《六经图》载"球"情况

	杨图	陈图	章图	王图	江图	杨魁植图	潘图	郑图
尚书图	图	图	图	图、文	图	图	图、文	图、文
形制	圆形	圆形	磬（钝角）	磬（直角）	圆环状	磬（直角）	圆鼓状	磬（直角）
虡之底座	两虎	两鸟	两鸟	两鸟	无	两鸟	两虎	两虎

据表 4-3，诸本载"球"大都有图无文，惟王图、潘图、郑图图文并茂。又诸图相异之处有二：一为形制，或为圆形（圆环状、圆鼓状），或为磬；二为虡之底座，或为两鸟，或为两虎，或无饰物。

检之文献，"球"之形制等见载于《尚书正义》《说文》等。《书·益稷》："戛击鸣球。"孔安国传："球，玉磬。此舜庙堂之乐。"孔颖达疏："《释器》云：'球，玉也。'鸣球谓击球使鸣，乐器惟磬用玉，故球为玉磬。"[①] 孔颖达以为乐器中仅磬用玉，故释玉磬为球，孔氏释"球"义有臆断之嫌。《说文·石部》："磬，乐石也。"《玉篇·磬部》："磬，以石为乐器也。"《楚辞·大招》："叩钟调磬。"王逸注："石曰磬。"《诗·商颂·那》："依我磬声。"郑玄笺："磬，玉磬。"可知，玉磬与球之间无必然联系，孔氏释球为玉磬与文献不符，亦不合文义，故其言失当，郑图释"球"义即本之孔氏之言，故郑图释"球"说失当。章图、王图、杨魁植图、郑图皆图"球"为玉磬，失之；潘图文乃以玉磬为球，潘图"球"乃圆鼓状，非磬。

清代学者对"球"义亦有考说。《说文·玉部》："球，玉声也。从玉，求声。璆，球或从翏。"段玉裁注："铉本'玉磬也'，非。《尔雅·释器》曰：'璆，美玉也。'《禹贡》《礼器》郑注同。《商颂》'小球大球'传曰：'球，玉也。'按磬以球为之，故名球。非球之本训为玉磬。"[②] 段玉裁从声训角度分析磬名球，然球之本义非玉磬，段氏以为球之义当为玉，其言兹备一说。《诗·商颂·长发》："受小球大球。"马瑞辰《毛诗传笺通释》卷三二《长发》："球者，捄之假借。《广雅·释诂》：'拱、捄，法也。'盖本《三家诗》。王尚书曰：'小球大球，小共大共，皆言法

[①] 孔安国传，孔颖达正义《尚书正义》，中华书局，1980，第 144 页。
[②] 段玉裁注《说文解字注》，上海古籍出版社，1988，第 12 页。

制有小大之差.'是也。说详《经义述闻》。"① 马瑞辰亦从声训角度言"球"乃"捄"之假借,"捄"义为法,故"球"义亦为法也。段氏以"球"为玉,杨图、陈图、江图绘"球"乃圆形(圆环状),未言球为玉;马氏以"球"为法,诸图皆不采。

现代学者对"球"亦有新说,他们对"球乃玉磬说"多持反对意见,如柳羽《关于一些出土乐器的名称》指出,"戛击鸣球"之"球"就是在西安半坡遗址和山西荆村遗址发现的那些球形或类球形的气鸣发音器,认为释"球"为"磬"是错误的。② 又如郑锦扬《中国音乐史的宏观时空视野》一文以为"戛击鸣球"之"球"指距今十万年左右的许家窑人所加工制作的滚圆形石球。③ 今人所言"球"乃球形发音器,或为滚圆形石球。杨图、陈图、江图绘"球"为圆形(圆环状),与今人所言圆形物,在形制上相类。

"球"图虡之底座,杨图、潘图、郑图皆为"两虎",陈图、章图、王图、杨魁植图皆为"两鸟",江图无饰物。关于虡之底座,《周礼》有说。《周礼·考工记·磬氏》:"梓人为笋虡。天下之大兽五:脂者、膏者、赢者、羽者、鳞者。……赢者、羽者、鳞者以为笋虡。"郑注:"赢者,谓虎豹貔螭,为兽浅毛者之属。羽,鸟属。鳞,龙蛇之属。"④ 又检之出土实物,2015年湖北省枣阳郭家庙曾侯墓葬出土的编钟架子底座为三只百灵鸟,2016年江苏省无锡鸿山越墓出土乐器的架子底座乃多蛇环绕。由文献及出土实物看,"两虎""两鸟"皆有理,存之。

第三节　杨甲《六经图》"诗经图"与明清六经图"诗经图"比勘

文渊阁本杨甲《六经图》⑤ 载《毛诗正变指南图》内容与陈仁锡《六

---

① 马瑞辰:《毛诗传笺通释》,陈金生点校,中华书局,1989,第1175页。
② 柳羽:《关于一些出土乐器的名称》,《乐器》1989年第4期,第5~6页。
③ 郑锦扬:《中国音乐史的宏观时空视野》,《中国音乐》1990年第1期,第33~35页。
④ 郑玄注,贾公彦疏《周礼注疏》,中华书局,1980,第924~925页。
⑤ 杨甲:《六经图》,台湾商务印书馆,1982。

经图》[1]、王皞《六经图》[2]、郑之侨《六经图》[3] 等所载多有相异之处，今比勘诸本内容，考说其相异之处，举例考说如下。

一 "十五国风地理图"

1. 杨图 "十五国风地理图"

作为宋代读经之图，杨图乃据《诗经》"十五国风"之十五国诸侯所封之地域，图之范围乃长江以北、长城以南之地区，其中长城以城墙形状标记，其形较为突出，未标明"长城"二字；此图未标注东西南北四个方向，图之东西无海状标识；图中所见行政建制有路、府、州、郡、县、邑。注记体例如下。

国风之属：图中国风标识有十三，其中十国风之地名外皆加圆圈标示，周南、召南二国风名外皆加方框标示，豳风未有标注；除邶、鄘、卫三国风无注记，其他十国风皆有注记；图中未见唐风、王风之名。

凡山之属皆山名外加三角形标示，共 9 例。凡水之属则水名外加方框标示，共 12 例，水道以单曲线标示。凡泽之属则泽名外加椭圆形标示，共 1 例。凡地之属名外加方框标示，共 19 例。

图中所涉地名，注记格式凡四类：今某某地，在某某，今属某某地，某某。注记体例有四：一是沿革类，如"始封于华阳郑县，后因于郑川"；二是区域界限类，如"在北京东"；三是古今对照类，如"今汝南郡郑县"；四是历史典故类，如"始皇都"。

2. 陈图 "十五国风地理图"

长城标记较为突出，未标明"长城"二字；此图未标注东西南北四个方向，图之东西无海状标识；图中所见行政建制有路、府、州、郡、县、邑。注记体例如下。

国风之属：图中国风之名有十二，未见唐风、王风、桧风之名；其中九国风之地名外皆加圆圈标示，周南、召南二国风名外皆加方框标示，豳风名外未有标识；除邶、卫二国风无注记，其他十国风皆有注记。

---

[1] 陈仁锡：《六经图》，台北京华书局，1968。
[2] 王皞：《六经图》，齐鲁书社，1997。
[3] 郑之侨：《六经图》，清乾隆八年铅山鹅湖书院述堂藏版。

凡山之属，山名外皆加三角形标示，共9例。凡水之属，水名外皆加方框标示，共13例，水道以单曲线标示。凡泽之属，泽名外加椭圆形标示，共1例。凡地之属，其名外加方框标示，共19例。图中所涉其他地名，注记格式、体例同杨图。

3. 王图"十五国地理"

长城未标有城墙状符号，标识不明显，且未标明"长城"二字；未标注东西南北四个方向，图之东西有海状标识；图中所见行政建制有路、府、州、郡、县、邑。

国风之属：图中国风之名有十三，未见唐风、王风之名。其中十风名外加圆圈标示，周南、召南二国风则名外加方框标示，唯豳风无任何标识；除周南、召南、邶、鄘、卫五国风无注记外，其他八国风皆有注记。

凡山之属，山名上方以山形标示，共9例。其他如水、泽、路皆未标示，不易识别，此图较杨图、陈图较为简略；水凡13例，水道以单曲线标示；地之属计17例；泽凡1例。图中所涉其他地名，注记格式、体例同杨图。

4. 郑图"十五国风地理之图"

长城以蜿蜒城墙状示之，且标有"长城"二字，其标记非常突出；此图标注"黄河"，黄河位于积石山附近，乃据河源之"导河积石"说；此图有标注外国名字，如"交趾"（今越南）；此图标注东西南北四个方向，按照上北下南左西右东之位示之；图之东西未有海状标识；图中所见行政建制有省、路、州、县，"省"的出现表明此图非宋版地理之图，当为在宋版基础上增补而为之的清代地理图作。注记体例如下。

国风之属：十五国风之地名外皆加圆圈标示；除周南、召南、齐、鄘、秦五国风无注记，其他十国风皆有注记。

凡山之属，山名外加山之形状标示，共14例。凡水之属无具体标识，水道以双曲线示之，水道两头或两侧列有水名，共16例。凡泽之属，泽名外加圆圈标示，圈内带有水草之形，共1例。凡地之属皆无标注，共19例。图中所涉其他地名，注记格式、体例同杨图。

据四图内容，绘表4-4。

表 4-4　杨图、陈图、王图、郑图"十五国风地理图"比较

	杨图	陈图	王图	郑图
图名	十五国风地理图	十五国风地理图	十五国地理	十五国风地理之图
国风	周南、召南、邶、鄘、卫、豳、郑、齐、魏、秦、桧、曹、陈（凡十三）	周南、召南、邶、鄘、卫、豳、郑、齐、魏、秦、曹、陈（凡十二）	周南、召南、邶、鄘、卫、豳、郑、齐、魏、秦、桧、曹、陈（凡十三）	周南、召南、邶、鄘、卫、豳、郑、齐、魏、秦、桧、曹、陈、唐、王（凡十五）
山	泰山、南山、桓未山、新南山、峄山、亮山、梁山、终南山、岐山（凡九山，无注记）	泰山、南山、徂来山、新南山、峄山、亮山、梁山、终南山、岐山（凡九山，无注记）	泰山、南山、徂来山、新南山、峄山、危山、梁山、终南山、岐山（凡九山，无注记）	泰山、太行山、医巫闾山、天思山、梁山、终南山、岐山、笋头山、积石山、鸟鼠同穴山、嶓冢山、熊耳山、骊山、岷山（凡十四山，有注记：岷山、泰山）
水	汾水、渭水、溱水、洧水、沂水、淮水、泾水、丰水、洽水、汉水、汝水、沱水（凡十二，无注记）	汾水、渭水、溱水、洧水、沂水、淮水、泾水、丰水、洽水、汉水、汝水、沱水、汶水（凡十三，无注记）	汾水、渭、溱水、洧水、沂水、淮水、泾水、丰水、洽水、汉水、汝水、沱水、汶水（凡十三，无注记）	汾、渭、溱、洧、沂、淮、泾、沣、洽、汉、沱、洛、漆沮、汶、洙泗（凡十六，有注记：沂、汾）
地	河北东路、河东路、京东西路、京西北路、京西南路、陕西五路、淮西路、江南西路、江南东路、荆湖北路、荆湖南路、两浙路、福建路、西川、广南东路、广南西路、和路、夔路、东川（凡十九）	河北东路、河东路、京东西路、京西北路、京西南路、陕西五路、淮西路、江南西路、江南东路、荆湖北路、荆湖南路、两浙路、福建路、西川、广南东路、广南西路、和路、夔路、东川（凡十九）	河北东路、河东路、京东西路、京西北路、京西南路、陕西西路、淮南西路、江南西路、江南东路、荆湖北路、两浙路、福建路、西川、广南东路、广南西路、夔路、东川（凡十七，无荆湖南路、和路）	河东、江南、荆南、淮南、剑南省、云南、广南、海南、江西、福建、甘肃省、燕南、镇东省（凡十三）
泽	菏泽	菏泽	菏泽	菏泽

检之四图，相异之处如下。

1. 格式不同

"周南""召南"，杨图、陈图、王图皆套以方框，郑图则套以圆圈。"豳风"，杨图、陈图、王图皆未有标注，郑图则套以圆圈。杨图，"邶风"

"鄘风""卫风"无注记；陈图，"邶风""卫风"无注记；王图，"周南""召南""邶风""鄘风""卫风"无注记；郑图，"周南""召南""齐风""秦风""鄘风"无注记。

杨图、陈图、郑图，"长城"以城墙状示之，王图无任何标识；杨图、陈图、王图无"长城"二字，郑图有"长城"二字。杨图、王图、郑图等三图之东西无海状标识，王图东西有海状标识。杨图、陈图、王图，字体大小基本一致，郑图字体偏大，与三图不同。

杨图、陈图、王图，方向无说明，皆按十五国之地理方位绘制；郑图标注东西南北四个方位，按照上北、下南、左西、右东绘图。

2. 内容不同

十五国风见于图者，杨图、陈图、王图分别为十三、十二、十三，仅郑图十五。

"山"属：杨图、陈图、王图皆九山，山名有异。如杨图"桓未山"，陈图、王图皆名"徂来山"。按："桓未山"，《山海经》《水经注》等文献皆无；"徂来山"，《水经注》载汶水西南流经徂徕山西，郦道元作"徂徕山"，陈图、王图作"徂来山"。又如杨图、陈图"亮山"，王图名"危山"。按：《新唐书·地理志》载梓潼县"有亮山"，《舆地纪胜》卷一八六《隆庆府》载"葛山：旧名亮山。在梓潼县北二十五里"[①]；王图"危山"，文献皆无，王图言失之，当为"亮山"。杨图、陈图、王图"山"之位置、名称仅是个别山名有异，当为同一体系。郑图载太行山、医巫闾山、天思山、笄头山、积石山、鸟鼠同穴山、嶓冢山、熊耳山、骊山、岷山等山，除"天思山"外，都见载于《水经注》《史记·夏本纪》《汉书·地理志》等文献。山之注记位置有异：杨图、陈图山名皆在△内，王图山名在山形符号之下，郑图山名在山形符号内。杨图、陈图、王图"岐山"标在"终南山"之南，"曹国"标在"泰山"之西南，"陕"标在"周南"之北；郑图则"岐山"标在"终南山"之北，"曹国"标在"泰山"之西，"陕"标在"周南"之西北。郑图与杨图、陈图、王图所载之山，无论名称还是位置多有不同，实为另一体系。

---

① 王象之：《舆地纪胜》，中华书局，1992，第4794页。

"水"属：杨图、陈图、王图言"黄河"为"河"，有渭水、泾水两条支流；郑图则名"黄河"，不言"河"，有大小六条支流，即汶、洙泗、洛、渭、泾、汾。较之陈图、王图，杨图无"汶水"，其他河名与陈图、王图皆同；较之杨图、陈图、王图，郑图多"洛""漆沮""洙泗"，无"汝"；王图"渭"当作"渭水"；杨图、陈图、王图中淮河与长江相连，汶水作为淮河北源，郑图则淮河与长江平行，各自入海；就河流名称及数量而言，杨图、陈图、王图所载水名、数量基本一致，当属同一体系，较之三图，郑图河流数量较多，所载河道较为丰富，首次出现"黄河"。

"地"属：除王图无"荆湖南路""和路"外，杨图、陈图、王图所载"路"之数量和名称皆相同，三图为同一体系。郑图所载"省"（相当于宋代"路"）之数量和名称，如"剑南省""云南""海南""江西""福建""甘肃省""燕南""镇东省"皆清代行政建制，与之前三图截然不同，未因袭前图之制，乃新体系。

"行政建制"：杨图、陈图、王图载行政建制包括路、府、州、郡、县、邑（六级制），三图一致；郑图载行政建制为省、路、州、县（四级制），较之三图，郑图行政建制更为概括，其他三图较为细化。

3. 图例不同

杨图、陈图绘国风以〇示之，山以△示之，河以□示之，河道以单曲线示之，泽以椭圆形示之，二图以不同符号代表不同事物，图绘特点较为形象、鲜明，特别是陈图，线条更为细腻，摹画更为精美，颇得明代绘画之精要。王图绘国风以〇示之，山以山形符号示之，河道以单曲线示之，其他则无标识，其图区分度较小，较之杨图、陈图，较为简略，乃示意图。郑图首次标注东西南北四个方向，其绘国风以〇示之，山以山形符号示之，河道以双曲线示之，其源头标注"黄河"，泽以圆形（内有水草）标示，较之同一时代的王图，郑图更为形象，山、水、泽、河道特征凸显，易于识别和观察；较之杨图、陈图、王图，郑图是更为严格意义上的地图，具有一定的开创性。

4. 绘图祖本不同

由图中典型的地理要素来看，如"京西南路""江南东路""荆湖北路"，"路"乃宋代行政建制，则杨图、陈图、王图三图的绘图祖本当为宋代绘制，就绘图祖本言，明代陈仁锡图、清代王皓图基本因袭了杨甲图。郑图中出现的"剑南省""甘肃省""镇东省"乃清代行政建制，其绘图祖本当为清代绘制，除内容有因袭杨图之处外，郑图实为一新制地理图作。

总的说来，"十五国风地理图"是以《诗经》"十五国风"为图之内容，宋明清三代有关"十五国风"的图所绘内容大致相近，所绘地理要素的标识等具有明显的源流关系，但在不同时期、不同著作的地图之间也存在细微差别。此四幅图均未注"折地"（比例尺），可知，与绘制全国行政区域图要求精确性不同，为经作图，只是大致标示出相对方位即可，故此类图科学价值相对较小。成一农《"十五国风"系列地图研究》中指出，"十五国风"主题地图展现的中国古代地图绘制特点有二：其一为中国古代新绘制地图是比较难的，其二为宋代以来中国古代地图绘制呈现爆发性增长。[①] 成一农所言有理。据其说，杨图、陈图、王图之"十五国风地理图"乃一脉相承，郑图之"十五国风地理图"在因袭杨图的基础上，有所创新。

二　十五国风地域考辨

《毛诗正变指南图》之"十五国风"名下有注文，比勘诸图，国名下注释互有异同，真伪有待辨明，兹举例考释如下。

（一）郑

杨图"郑：始封于华阳郑县，后因于郑川"，陈图、吴图、王图同杨图，郑图作"郑：今郑州"。章图《诗经图》："郑：今郑州。"

《史记》卷五《秦本纪》："十一年，初县杜、郑。"《集解》："《地理志》：京兆有郑县、杜县也。"《正义》："《括地志》云：'下杜故城在雍州长安县东南九里，古杜伯国。华州郑县也。《毛诗谱》云"郑国者，周畿内之地"。宣王封其弟于咸林之地，是为郑桓公。'"[②] 张守节言郑县乃华州郑县，郑国乃郑桓公采邑，属咸林之地，咸林即今陕西华县。

[①] 成一农：《"十五国风"系列地图研究》，《安徽史学》2017年第5期，第21~22页。
[②] 司马迁：《史记》，中华书局，1982，第182页。

《汉书》卷二八《地理志下》："郑国，今河南之新郑，本高辛氏火正祝融之虚也。及成皋、荥阳，颍川之崇高、阳城，皆郑分也。本周宣王弟友为周司徒，食采于宗周畿内，是为郑。"颜注："即今之华阴郑县。"[①] 班固以为郑国在今河南新郑，颜师古以为郑国即今之华阴郑县。

《诗三家义集疏》卷一《郑·缁衣第五》言："《疏》：郑，国名。《汉书·地理志》：'京兆尹郑县，周宣王弟郑桓公邑。'应劭注：'宣王母弟友所封。'《史记索隐》引《世本》云：'郑桓公居棫林，徙拾。'宋忠注：'棫林与拾皆旧地名，自封桓公，乃名为郑。'愚案：'《秦纪》晋悼公追秦军，渡泾至棫林，今与拾皆无考。《一统志》：'陕西华州北，故郑城也。'……《地理志》：'河南郡新郑县，《诗》郑国，郑桓公之子武公所国。'《一统志》：'河南新郑县西，故郑城也。'"[②] 王先谦以为郑国在棫林，其地或为陕西华州，或为河南新郑。

《读史方舆纪要》卷一《历代州域形势一》："郑，今河南开封府以西至成皋故关，皆郑分也。《都邑考》：郑都新郑。今河南新郑县。又陕西华州西北有故郑城，则郑桓公始封邑也。"又卷三《历代州域形势三》："京兆郡，汉郡……太元十二年，分京兆、冯翊、弘农置华山郡，领郑县等县五。郑县，今华州治。"[③] 顾祖禹言郑国或在河南新郑县，或在陕西华州郑县，郑桓公始封之邑乃陕西华州郑县。

据文献，郑国故地有二说，杨图、陈图、吴图、王图言"始封于华阳郑县，后因于郑川"，反映了郑国国都的地理沿革，我们以为《清一统志》所言有理，四图所言当为"始封于华州郑县，后因于郑州"，"郑川"当为"郑州"之讹误。章图、郑图言"今郑州"亦有理。

（二）桧

杨图言"桧：今在荥阳密县东北"，陈图"桧：今在□□□县东北"，王图"桧：今在荥阳密县东北"，章图"桧：今郑州"，郑图"桧：今新郑"。

《诗谱·桧风谱》："桧者，古高辛氏火正祝融之墟，国在《禹贡》豫

---

① 班固：《汉书》，中华书局，1962，第1651页。
② 王先谦：《诗三家义集疏》，吴格点校，中华书局，1987，第334页。
③ 顾祖禹：《读史方舆纪要》，贺次君、施和金点校，中华书局，2005，第11、104页。

州外方之北，荥波之南，居于溱洧之间……其国北邻于虢。"①《汉书》卷二八《地理志下》："子男之国，虢、会为大。"颜注："会读曰郐，字或作桧。桧国在豫州外方之北，荥播之南，溱、洧之间，妘姓之国。"颜师古以为桧国在豫州外方之北。颜说与《诗谱》言同。

《国语·郑语》："妘姓邬郐路偪阳。"韦昭注："郐，今新郑也。"《史记》卷四二《郑世家》："地近虢、郐。"《集解》："徐广曰……郐在密县。"《正义》："《括地志》云……故郐城在郑州新郑县东北三十二里。"② 裴骃以为郐国在密县，张守节以为郐国在郑州新郑县东北，张说与韦昭说同。

《左传·僖公三十三年》："文夫人敛而葬之郐城之下。"杜注："郐城，故郐国，在荥阳密县东北。""荥阳"，今属河南郑州，杨图"荥阳"，文献无，据《汉书》《水经注疏》，"荣阳"乃"荥阳"之误。王图所言当据杜预注，章图、郑图言"今新郑""今郑州"乃桧国地域之大概，与其他文献所言基本相符。

古桧国，一名郐国，其古城遗址于1986年11月由河南省人民政府公布，郐国故城遗址位于今河南省新密市曲梁乡大樊庄古城角寨村。

（三）著

杨图言"著，今汝南郡郏县"，吴图作"著，今汝南郡郏县"③，章图作"著，今南郡县"④，陈图作"著，今汝南郡郏县"⑤，王图作"著，今济南郡属"⑥，郑图作"著，今磁州邯郸县"，潘图作"蓍，今汝南郡郏县"，清代卢云英《五经图》（简称"卢图"）作"著，今邯郑县"⑦，江图作"著，今磁州"⑧，清代常定远《六经图》（简称"常图"）作"著，

---

① 王谟：《增订汉魏丛书 汉魏遗书钞》（第六册），西南师范大学出版社、东方出版社，2011，第157页。
② 司马迁：《史记》，中华书局，1982，第1757～1758页。
③ 吴继仕：《七经图》，齐鲁书社，1997，第438页。
④ 章达：《五经图》，齐鲁书社，1997，第13页。
⑤ 陈仁锡：《六经图》，上海古籍出版社，2002，第179页。
⑥ 王皞：《六经图》，齐鲁书社，1997，第95页。
⑦ 卢云英：《五经图》，齐鲁书社，1997，第340页。
⑧ 江为龙：《朱子六经图》，齐鲁书社，1997，第118页。

今邯郸县"①，杨魁植图作"著，今济州邯郸县"②。著之地望有诸多说法：或言汝南郡郑县，或言汶南郡郑县，或言南郡县，或言磁州邯郸县，或言邯郑县，或言济南郡属，或言济州邯郸县，或言邯郸县。又"著"，潘图作"薯"。

"十五国风地理图"中"著"之地望，其他国内外传世文献亦有载。中华再造善本《毛诗指南图》之"十五国风地理图"言"著，今汝南郡郑县"。（按：此本据北京师范大学图书馆藏明版筑居刻朱墨套印本影印。）明代钟惺《诗经图史合考》（《四库存目丛书》经部第64册，吉林省图书馆藏明末刻本）言"著，汝南郡郑县"。〔日〕松本愚山《五经图汇》卷三《毛诗图》之"十五国风地理之图"言"著，今磁州邯郸县"。

《史记》卷五四《曹相国世家》："还定济北郡，攻著、漯阴、平原、鬲、卢。"《索隐》："《地理志》著县属济南。"③《汉书》卷二八《地理志上》："济南郡。故齐。文帝十六年别为济南国。景帝二年为郡。莽曰乐安。属青州……县十四……著，宜成。侯国。"颜注："音竹庶反，又音直庶反。而韦昭误以为蓍龟之蓍字，乃音纪咨反，失之远矣。"④ 司马贞、班固皆言著县隶属济南郡，且济南郡无郑县。杨图言"汶南郡"，与文献不符，且检之文献皆无"汶南郡"，杨图所言"汶"当为"济"。据颜师古言，潘图"薯"当作"著"，此当形讹所致。

《汉书》卷二八《地理志上》："汝南郡，高帝置。莽曰汝汾。分为赏都尉。属豫州……县三十七：平舆，阳安，阳城，㶏强，富波，女阳，鲖阳，吴房，安成，南顿，朗陵，细阳，宜春，女阴，新蔡，新息，灊阳，期思，慎阳，慎，召陵，弋阳，西平，上蔡，䆮，西华，长平，宜禄，项，新郪，归德，新阳，安昌，安阳，博阳，成阳，定陵。"⑤《元和郡县图志》卷九《河南道五》："蔡州……古豫州之域……汉立汝南郡……管县十二：汝阳，汝南，平舆，吴房，西平，朗山，新息，真阳，上蔡，新蔡，襃信，郾

---

① 常定远：《六经图》，文物出版社，2015。
② 杨魁植：《九经图》，齐鲁书社，1997，第555页。
③ 司马迁：《史记》，中华书局，1982，第2027页。
④ 班固：《汉书》，中华书局，1962，第1581页。
⑤ 班固：《汉书》，中华书局，1962，第1561~1562页。

城。"① 据《汉志》《元和志》言，汝南郡无郑县。《汉志》《读史方舆纪要》言郑县隶属京兆尹。吴图、陈图、潘图所言失当。章图言"南郡县"，卢图言"邯郑县"，二县，文献皆无，二图所言皆失之。

《元和郡县图志》卷一五《河东道四》、《元丰九域志》卷二《河北路》、《宋史》卷八六《地理志二》、《金史》卷二五《地理志中》等所言磁州邯郸县之地域范围与《汉书》等言著县之地域完全不符。

《中国古今地名大辞典》"十三画"之"著县"："春秋齐著邑，汉置著县，北齐省，故城在今山东济阳县西南。《汉书·曹参传》'从卜齐收著漯阴'。颜师古注：《诗·齐风》'俟我于著乎而'，即著县也。《寰宇记》著城。相传地生蓍草，每年上贡，故名。《齐乘》'著本音竹庶'。韦昭误以为菁蔡之菁，后人缘此有贡蓍之说。"② 臧励龢等言著乃春秋齐国之邑，故城在今山东济阳。

又按杨甲图等诸家六经图所示，著在齐国附近，紧邻泰山和沂水，结合文献所载，我们以为：著县乃齐国之邑，当隶属济南郡，王图言有理。

（四）梁山

杨图"梁山：冯靖夏阳西北"，章图、郑图"梁山"无注记，陈图"梁山：冯□夏阳西北"，王图、潘图皆作"梁山在冯翊夏阳西北"。

《史记》卷二《夏本纪》："壶口，治梁及岐。"《集解》："郑玄曰：'《地理志》：壶口山在河东北屈县之东南，梁山在左冯翊夏阳。'"《索隐》："郑玄曰：'《地理志》：壶口山在河东北屈县之东南，梁山在左冯翊夏阳。'"《正义》："《括地志》云：'壶口山在慈州吉昌县西南五十里冀州境也。梁山在同州韩城县东南十九里。'"裴骃、司马贞皆言梁山在左冯翊夏阳，张守节言梁山在同州韩城县东南。

《汉书》卷二八《地理志上》："左冯翊，故秦内史……县二十四……夏阳，故少梁，秦惠文王十一年更名。《禹贡》梁山在西北，龙门山在北。"③ 班固言夏阳乃冯翊之县也，梁山在夏阳西北。

《尚书·禹贡》："壶口治梁及岐。"注："郑康成曰：'《地理志》：壶

---

① 李吉甫：《元和郡县图志》，贺次君点校，中华书局，1983，第237~238页。
② 臧励龢等编《中国古今地名大辞典》，商务印书馆，1931，第1055页。
③ 班固：《汉书》，中华书局，1962，第1545页。

口在河东北屈，梁山在左冯翊夏阳。'"疏："《水经·禹贡山水泽地所在》云：'在夏阳县西北河上。'案：夏阳县在今陕西韩城县西南，山在县西北九十里。"① 孙星衍以为梁山在夏阳县（今陕西韩城县西南）西北九十里。

据史籍，杨图"冯靖夏阳西北"当为"冯翊夏阳县西北"，即今韩城县西北，章图、陈图、郑图当据此补。

第四节　杨甲《六经图》"礼图"与明清六经图"礼图"比勘

有关六经图诸本载"周礼图""礼记图"之数量，文献所言不一。《四库全书总目·经部·五经总义类存目》《六经图》提要言："其书成于绍兴中……据王象之《舆地纪胜》'碑目'：甲图尝勒碑昌州郡学，今未见拓本，无由考其原目。陈振孙《书录解题》引《馆阁书目》载邦翰所补之本……《周礼》六十有五图，《礼记》四十有三图……《礼记》四十有一，皆较原数少二；《周礼》六十有八，较原数多三……《书录解题》载有东嘉叶仲堪字思文重编毛氏之书，定为易图一百三十、书图六十三、周礼图六十一、礼记图六十三。"② 台北故宫博物院藏《宋版六经图》载，周礼图名曰《文物大全图》，凡六十八图；礼记图名曰《制度示掌图》，凡四十一图。清王皜辑《六经图》言周礼图六十有二，礼记图五十有一。周礼图、礼记图之数量的差异亦说明自杨甲撰《六经图》以来，其图作多为其后学者增删补缀，内容难免存在讹误失当之处。

以图释经，肇自两汉，抵宋乃渐盛，杨甲一改往昔"左图右书，以图辅文"的撰作方式，其《六经图》以图为主，辅以文字。有关《六经图》之流传，吴长庚、冯会明《〈六经图〉碑本书本之流传与演变》言："后世其书之流传沿着两条线索发展，一从昌州石本到信州碑本，一从程森刻本到吴继仕刻本，四库全书本收书本一种，而碑本则无存。再到四库全书

---

① 孙星衍：《尚书今古文注疏》，陈抗、盛冬铃点校，台北文津出版社，1987，第139页。
② 永瑢等：《四库全书总目》，中华书局，1965，第271页。

本。"① 据该文，其具体版本大略有：杨甲《六经图》，毛邦翰补杨甲之本（程森汇刻大本），叶仲堪重编毛邦翰之本，元卢天祥《六经图》刻本，明吴继仕集毛邦翰之本与杨复《仪礼图》编《七经图》本，熙春堂摹刻宋本《六经图》，万历间有侍御卢谦刊本，抚州卫承芳、方应明金陵摹刻本，修吉堂考正本，清代有潘寀鼎康熙刻本，王皜乾隆五年刻本，常定远雍正重刻本，江为龙宜春刻本，郑之侨鹅湖书院木刻本，卢云英重编《五经图》本，杨魁植校刊《九经图》本，等等。今以台北故宫博物院藏杨甲《宋版六经图》（简称"故宫本"）为底本，以清王皜辑《六经图》（北京图书馆藏清乾隆五年刻本，简称"王本"）、文渊阁四库全书本杨甲《六经图》（简称"四库本"）、清郑之侨辑《六经图》（乾隆八年刻本，简称"郑本"）为参校本进行比勘，兹取数例相异之处，结合相关文献考释图说。

一 《周礼文物大全图》考略

（一）凡

故宫本《周礼文物大全图》"几筵制图"之"凡"云："《司几筵》五几左右，玉彤彤漆素。阮氏《图》'凡长五尺，高二尺，广二尺，两端赤，中央黑漆'。马融以为长三尺，无'两端赤，中央黑'之义。"故宫本"凡"，四库本、王本作"几"；"几筵制图"，王本作"次宸几筵制图"；故宫本"黑漆"，四库本、王本皆无"漆"字。郑本无"几"图。

《礼记·曾子问》："升奠币于殡东几上，哭降。"郑注云："几筵于殡东，明继体也。"孔疏云："按阮谌《礼图》云'几长五尺，高尺二寸，广二尺'。"聂崇义《三礼图集注》卷八"弓矢图"之"几"："阮氏《图》几长五尺，高尺二寸，广二尺，两端赤，中央黑漆。"② 杨甲所引阮谌"几"图"高二尺"与孔疏、聂图"高尺二寸"有异，不知孰是。马端临《文献通考》卷一二〇《王礼考十五》："凶事仍几。注：'凡几之长短，阮谌云：几长五尺，高二尺，广二尺。'"③ 沈廷芳《十三经注疏正字》卷

---

① 吴长庚、冯会明：《〈六经图〉碑本书本之流传与演变》，《江西社会科学》2003年第2期，第64~68页。
② 聂崇义集注《三礼图集注》，上海古籍出版社，1987，第113页。
③ 马端临：《文献通考》，中华书局，1986，第1085页。

八:"阮《图》几长五尺,高二尺二寸,广二尺。"① 马端临引阮谌《三礼图》"几"高二尺,沈廷芳引阮谌《三礼图》"几"高二尺二寸,此与故宫本、王本所载亦有异。

《周礼·春官·司几筵》:"司几筵掌五几五席之名物,辨其用,与其位。凡大朝觐、大飨射,凡封国命诸侯,王位设黼依……左右玉几……诸侯祭祀席,蒲筵缋纯,加莞席纷纯,右雕几……筵国宾于牖前,亦如之,左彤几。甸役,则设熊席,右漆几。凡丧事,设苇席,右素几。"先秦礼仪活动中,"几"与"席"在不同场合下相对应使用。《司几筵》又云:"吉事变几,凶事仍几。"古之礼有隆杀之节,吉礼、凶礼用几制度自是不同,因此"几"之形制大小当据不同仪礼场合、不同身份特征而定,故文献所言"几"之不同尺寸符合当时的礼制,"几"之形制之差异当为不同礼制下的体现。诸家所称引阮谌《三礼图》"几"之不同形制大小或为版本传抄讹误所致,兹存诸说。

阮谌乃东汉人,其《三礼图》当据汉制而言。据文献载,汉制尺寸约为:1尺=23.1厘米,1寸=2.31厘米。故宫本"几"高二尺,约为46.2厘米,长五尺,约为115.5厘米;孔颖达"几"高尺二寸,约为27.72厘米;马端临"几"高五尺,约为115.5厘米;沈廷芳"几"高二尺二寸,约为50.82厘米。1972年长沙马王堆一号汉墓出土的西汉"漆几"高43厘米,长63厘米。则故宫本、王本所言"几"之高度与出土文物大致相符,长度与出土文物不合。

(二) 桓圭

故宫本"圭璧璋瓒藻藉制图"之"桓圭"(见图4-11)言:"命圭九寸曰桓圭,公守之。""藻",王本、郑本、四库本皆作"缫"。故宫本与王本、郑本有异。郑图如图4-12所示。故宫本图形制与聂崇义《三礼图集注》卷一〇《玉瑞图》"桓圭"图(见图4-13)亦有异。《周礼·春官·大宗伯》:"公执桓圭。"郑玄注:"公,二王之后及王之上公。双植谓之桓,桓,宫室之象,所以安其上也。桓圭盖亦以桓为瑑饰,圭长九寸。"贾疏:"所以安其上也者,以其宫室在上,须得桓楹乃安。若天子在上,

---

① 沈廷芳:《十三经注疏正字》,台湾商务印书馆,1982。

须诸侯卫守乃安……盖亦以桓为瑑饰者。"《考工记·玉人》:"命圭九寸谓之桓圭,公守之。"《礼记·杂记下》:"赞大行曰:圭,公九寸,侯、伯七寸,子、男五寸,博三寸,厚半寸,剡上左右各寸半。"孔颖达疏:"剡,杀也。杀上左右角各寸半也。""桓圭"长九寸,上左右各削寸半,中刻两竖线,如桓楹,故称桓圭。桓圭上左右各削去一寸半,即如聂图所示,非故宫本图"尖端直上"。王本、郑本、聂图"桓圭"图皆有桓楹之形,故宫本无两竖线,与郑注、贾疏所言不符。

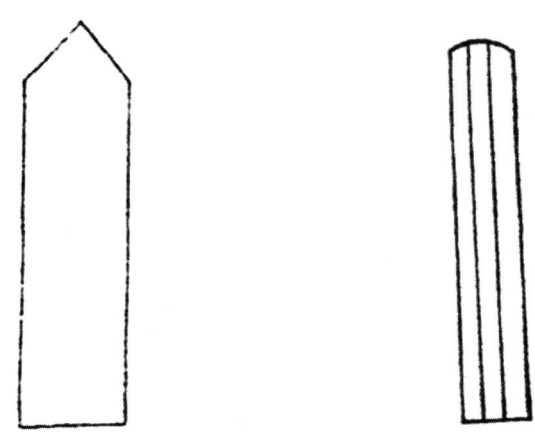

图 4-11 杨甲《六经图》"桓圭"　　图 4-12 郑之侨《六经图》"桓圭"

(三) 埙

故宫本"乐器制图"之"埙"(见图 4-14):"笙师掌教埙,瞽蒙掌播埙。锐上平底,大者如鹅子,小者如鸡子,大小不同而同于六孔。"故宫本"蒙",四库本作"矇"。王本"乐器制图":"壎,土为之,形如卵,上圆而锐象天,下平象地,饰云气,一孔吹之,五孔出声。"(见图 4-15)故宫本"埙",王本作"壎"。郑本"乐器制图":"埙,小师掌教埙。埙,烧土为之。形如雁卵,谓之雅埙。郭氏云'大如鹅子,锐上平底。凡六孔,上一,前三,后二'。"(见图 4-16)故宫本"笙师",郑本作"小师"。王本"壎"饰云气,他本皆无。

《尔雅·释乐》:"大埙谓之嘂。"郭璞注:"埙,烧土为之,大如鹅子,锐上平底,形如称锤,六孔。小者如鸡子。"《周礼·春官·小师》:

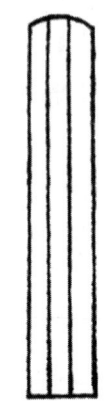 

图 4-13　聂崇义《三礼图集注》"桓圭"　　图 4-14　杨甲《六经图》"埙"

 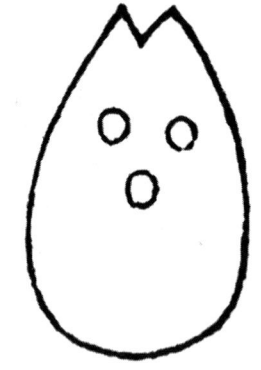

图 4-15　王皞《六经图》"埙"　　图 4-16　郑之侨《六经图》"埙"

"小师掌教鼓鼗、柷、敔、埙、箫、管、弦、歌。"郑玄注:"埙,烧土为之,大如雁卵。"《汉书》卷二一《律历志上》:"八音:土曰埙。"应劭注:"《世本》暴辛公作埙。"颜师古注:"烧土为之,其形锐上而平底,六孔吹之。埙音许元反,字或作壎,其音同耳。"① 故宫本"埙"图与《周礼》郑注、《尔雅》郭注、《汉书》颜师古注大致相符,仅其图"埙"底乃圆形,非文献所载平底。故宫本图"埙"上呈弯月形,底部乃圆形,我们以为其"埙"底部圆形或据"大如鹅子""大如雁卵"而画之,郑

---

① 班固:《汉书》,中华书局,1962,第958页。

注、郭注仅言其大小如鹅子、雁卵，未言其形如之，故宫本图当理解有误，与文献所载不符，失之。聂崇义《三礼图集注》卷五《投壶图》"古埙""今埙"与其他文献所载大致相符。2010年河北省邢台市柏乡县小里村的仰韶文化遗址一灰坑中出土了一件完整的汉代陶埙。该陶埙为泥质红陶，手制，刺猬状，空腹腔，平底。顶部左右各有一个不规则形音孔，腹部正面有一吹孔，器身有8组指甲纹装饰。器身高8厘米，最大直径7厘米，音孔最长直径约为0.5厘米，吹孔直径为2厘米。2014年河南新郑出土汉代七音孔陶埙，通高10厘米、腹径3.3厘米、底径2.6厘米，正面参列5孔，呈"V"字形，背面横列二孔，孔径0.4厘米～0.5厘米，锐上一圆形吹孔，直径1.5厘米，外形如鸡卵，完全不同于原始社会到殷代的几种陶埙，而且音孔排列有序。故宫本载"埙"图与出土实物皆有异，失之。王本"燻"图画云气，与出土文物及文献所载皆有异，乃臆测，失当。

（四）献尊

故宫本"六尊制图"之"献尊"（献，音作牺）言："春祠夏禴朝践用两献尊，一盛玄酒，一盛醴齐，并刻全牛之形，凿背为尊。""六尊制图"，王本作"六尊图"，郑本作"六尊之图"；"凿背为尊"，王本无。郑本"献尊"言："《明堂位》云：'献象，周尊也。献尊画牛。'《司尊彝》云：'春祠夏禴，其朝践，用两献尊，一盛玄酒，一盛醴齐。王以玉爵酌醴齐以献尸也。'"

按：《礼记·明堂位》："牺象，周尊也。"孔疏："牺象，周尊者也，画沙羽及象骨饰尊也。"[①] 郑本言"献尊画牛"，《明堂位》无，乃臆测之辞。《周礼·春官·司尊彝》："春祠、夏禴，祼用鸡彝鸟彝，皆有舟，其朝践用两献尊，其再献用两象尊，皆有罍。"郑注："郑司农云'舟，尊下台，若今时承槃。献读为牺，牺尊饰以翡翠，象尊以象凤皇'。或曰'以象骨饰尊'。《明堂位》曰'牺象，周尊也'。《春秋传》曰'牺象不出门'。尊以祼神，罍神之所饮也。"贾疏："云'献读为牺，牺尊饰以翡翠'者，翡赤翠青为饰，象尊以凤皇，此二者于义不安，故更解以象骨饰

---

① 郑玄注，孔颖达正义《礼记正义》，中华书局，1980，第1490页。

尊，此义后郑从之。其云'饰以翡翠'，后郑犹不从之矣。"① 郑注言牺尊以翡翠饰之，画以凤凰之形；象尊以象骨饰之。孔氏引阮图则言牺尊画以牛形，与郑注异。《三礼图集注》卷一四"尊彝图"之"献尊"："《礼器》曰：'庙堂之上，牺尊在西。'注云：'牺，《周礼》作献。'又《诗·颂》毛传说：'用沙羽以饰尊。'然则毛、郑'献''沙'二字读与婆娑之'娑'义同，皆谓刻凤皇之象于尊，其形婆娑然。又《诗》传疏说王肃注《礼》，以牺、象二尊并全刻牛、象之形，凿背为尊……案阮氏《图》，其牺尊饰以牛……其图中形制，亦于尊上画牛为饰，则与王肃所说全殊。揆之人情，可为一法。今与郑义并《图》于右，请择而用之。"② 聂氏以为"牺尊"之形制，阮图、王说、郑图各不相同，阮图"牺尊"乃于其尊体画牛，郑图"牺尊"乃于其尊体画凤凰，王肃说"牺尊"乃牛形，非于尊体画牛为饰。聂图不言孰是孰非，兹存三说。《诗·鲁颂·閟宫》："牺尊将将。"孔颖达疏："王肃云：'大和中，鲁郡于地中得齐大夫子尾送女器，有牺尊，以牺牛为尊。然则象尊，尊为象形也。'"又《梁书》卷五〇《刘杳传》："古者樽彝，皆刻木为鸟兽，凿顶及背，以出内酒。顷魏世鲁郡地中得齐大夫子尾送女器，有牺樽作牺牛形。晋永嘉贼曹嶷于青州发齐景公冢，又得此二樽，形亦为牛象。二处皆古之遗器，知非虚也。"③ 则王肃说有理，阮、郑二图有待商榷。

《文物》《考古》等载有商代及两周时期出土的兽尊，这些兽尊皆为动物之形，非将动物形体画于尊体之上，故"牺尊"乃牛形为是。1975年宝鸡市茹家庄一号西周墓出土"象尊"，其形乃象形：腹腔中空，高卷鼻，舒小尾，细目圆睁，四足粗壮矮短。盖上有双环钮：后设小半环，与器之小半环以"8"形链套合，使盖可开启而不脱。又出土一"三足鸟尊"，其形亦为三足鸟形：三足粗短，羽尾宽垂，昂首勾喙，双目圆睁。背开方口，口上置盖，体腔中空，身披羽纹，宽尾边垂花翎纹，足饰鳞纹。山东济宁曲阜孔府所藏"商周十供"之"牺尊"乃周代酒器。高29厘米，身长39厘米。通体为小牛形，酒自牛背注入，由牛口倾出。前腿直立，后腿

---

① 郑玄注，贾公彦疏《周礼注疏》，中华书局，1980，第773~774页。
② 聂崇义集注《三礼图集注》，上海古籍出版社，1987，第205页。
③ 姚思廉：《梁书》，中华书局，1973，第715页。

微曲，双耳直伸稍后仰，小尾下垂。上海博物馆藏1923年山西浑源出土的"牺尊"："高33.7厘米，长58.7厘米。曲角前伸，鼻有环，背有三圆孔，失盖。通体饰云雷纹。"①（见图4-17）礼学家钱玄《三礼通论》亦言："献尊，六尊之一。'献'借作'牺'。尊为兽形，其上有口，盛郁鬯，祭宗庙朝践时用之。"②钱说亦从王肃说。结合出土实物及文献所载等，我们以为"牺尊"（献尊）当为牛形之器，其背部有开口以备盛酒。

图4-17 上海博物馆藏"牺尊"

二 《礼记制度示掌图》考说

（一）明堂

故宫本《礼记制度示掌图》"月令明堂图"："孟春居青阳左个，仲春居青阳太庙，季春居青阳右个。孟夏居明堂左个，仲夏居明堂太庙，季夏居明堂右个，中央居太庙太室。孟秋居总章左个，仲秋居总章太庙，季秋居总章右个。孟冬居玄堂左个，仲冬居玄堂大庙，季冬居玄堂右个。"王本"月令明堂图"："明堂之制，中央为太庙太室，周回为堂。室者十有二以象十二月，天子按月居之。个，明堂旁舍也。按明堂、路寝、宗庙皆有五室、十二堂、四门，每月视朔听政于其堂，王居必随日月之会也，闰月无所会之次。"郑本"月令明堂之图"："明堂制，上圆下方，八窗四

---

① 容庚、张维持：《殷周青铜器通论》，中华书局，2012，第51页。
② 钱玄：《三礼通论》，南京师范大学出版社，1996，第336页。

闼……九室法九州，十二堂法十二月……青阳左个，寅上之室。青阳太庙，卯上之室。青阳右个，辰上之室。明堂左个，巳上之室。明堂太庙，午上之室。明堂右个，未上之室。太庙太室云者，太庙明堂总名。太室，中央室也。总章左个，申上之室。总章太庙，酉上之室。"三本言月令明堂内容有异有同，王本言"室者十有二以象十二月"，此十二室乃十二堂；又言明堂如宗庙、路寝，皆五室。郑本言明堂九室。

据文辞，故宫本"仲冬居玄堂大庙"之"大庙"当为"太庙"。《周礼·考工记》："周人明堂，度九尺之筵，东西九筵，南北七筵，堂崇一筵，五室，凡室二筵。"郑玄注："堂上为五室，象五行也。"《尚书·顾命》："牖间南向，敷重篾席……先辂在左塾之前，次辂在右塾之前。"孔疏："案郑注《周礼》：宗庙路寝，制如明堂，明堂则五室。此路寝得有东房西房者，《郑志》张逸以此问。郑答云：'成王崩在镐京，镐京宫室因文武更不改作，故同诸侯之制，有左右房也。'孔无明说，或与郑异，路寝之制不必同明堂也。"①《考工记》郑注、《顾命》孔疏言"明堂"乃"治朝"义，非"月令明堂"。《大戴礼记·盛德篇》："明堂者，古有之也，凡九室：一室而有四户、八牖，凡三十六户、七十二牖。"又曰："上圆下方，九室十二堂。"蔡邕《明堂月令论》言："九室以象九州，十二宫以应辰，三十六户，七十二牖，以四户八牖，乘九室之数也。"《三辅黄图》卷五："《大戴礼》云'明堂九室'……《考工记》云'明堂五室'。称'九室'者，取象阳数也……五室者，象五行也。"可见"明堂"有"五室""九室"之说。

聂崇义《三礼图集注》卷四"宫室图"之"明堂"存有"五室""九室"二说，未言孰是。陈祥道《礼书》卷一四"周明堂"言明堂乃五室，其与太庙、路寝非同制。②《戴震全书》第五册《考工记图》卷下言明堂五室。③阮元《揅经室集》卷三《明堂论》亦言明堂五室。④金榜《礼笺》卷三"明堂"以为王之听政之明堂（路寝）乃五室，合诸侯之明堂无室庙

---

① 孔安国传，孔颖达正义《尚书正义》，中华书局，1980，第239~240页。
② 陈祥道：《礼书》，书目文献出版社，1993，第152页。
③ 张岱年主编《戴震全书》（第五册），黄山书社，1995，第431页。
④ 阮元：《揅经室集》，中华书局，1993，第510页。

个之制。①黄以周《礼书通故》卷一五《明堂礼通故》:"《记·月令》言听朔之礼,有青阳、明堂、总章、玄堂诸太庙及左右个之名。郑玄注以《匠人》五室之制言之,左右个即太庙之左右偏,而或者分之为九室,又且分之为十二堂。贾思伯云:'《月令》本无九室之文。原其制置,不乖五室。青阳右个即明堂左个,明堂右个即总章左个,如此则室犹是五,而布政十二。五室之理,谓可为安。'"又:"以周案:《盛德篇》上记九室为秦制,下记十二堂为汉制,二者不同,故郑《驳异义》云'《戴记》上下显异'是也。蔡邕《明堂论》误据秦、汉制以为周礼。李谧斥《匠人》文,语多悖晦。其说五室外有左右个,实亦九室之制,与《匠人》文不同也。蔡、李两说并同《盛德》文。"②陈氏、戴氏、黄氏等学者主"明堂五室"说。俞樾《群经平义》"九室十二堂考"则言五室九室、四堂十二堂之变迁,其说"九室十二堂乃秦汉之制"言之有据,可谓卓识。孙诒让《周礼正义》集诸家之成,于明堂之制,参酌折中,其搜罗可谓广矣,其持"五室乃明堂之通制"之论。

杨宗震《明堂通考》据文献及诸儒所言以为:五室乃周制,九室乃秦汉之制,孙诒让之说可谓切当。③薛梦潇《"周人明堂"的本义、重建与经学想象》结合文献及西安大土门遗址、洛阳南郊礼制建筑遗址等出土实物,以为蔡邕明堂九室符合汉代明堂制度,郑玄力主"五室"说,驳斥蔡"九室"说也有道理,之所以偏离或溢出"周人明堂"的本义,正是深受现实中汉代明堂制度的影响。④我们以为《礼记·明堂位》孔疏"四堂十二室"⑤之"十二室"说乃讹误,"九室"说如郑玄所言乃衍"五室"说,故明堂"五室"乃周制,"九室"乃秦汉之制。

(二)冕旒

故宫本"冠冕制图"之"冕旒"(见图4-18):"冕至周始加旒,藻玉皆五采,前后各十二,广八寸,长尺六寸。"故宫本"冠冕制图",王本

---

① 金榜:《礼笺》,凤凰出版社,2005,第4579~4580页。
② 黄以周:《礼书通故》,王文锦点校,中华书局,2007,第709~711页。
③ 杨宗震:《明堂通考》,《女师大学术季刊》1921年第2期,第1158~1203页。
④ 薛梦潇:《"周人明堂"的本义、重建与经学想象》,《历史研究》2015年第6期,第22~42页。
⑤ 郑玄注,孔颖达正义《礼记正义》,中华书局,1980,第1487页。

作"冠冕器用制图"。郑本"冠冕制图"无"冕旒"。

图 4-18　杨甲《六经图》"冕旒"

《说文·玉部》云:"瑬,垂玉也,冕饰。"孙诒让《周礼正义·夏官·弁师》云:"斿,正字当作瑬……旒者,斿之俗也。""旒"或"玉藻"就是悬挂于冕板(延)之下的玉串。简言之,藻就是用来串玉的彩色丝绳,藻上穿以玉珠即为旒,或谓玉藻,一串玉珠为一旒。故宫本"藻玉"或作"玉藻"。有关冕之旒,学者看法不一:或以为旒前后皆有,各十二,此说以郑玄、贾公彦、聂崇义、杨甲为代表;或以为旒有前无后,此说以王应电、江永、金榜、张惠言、黄以周为代表。《周礼·夏官·弁师》:"五采缫,十有二就,皆五采玉十有二。"郑玄注:"绳垂于延之前后,各十二……绳之每一币而贯五采玉。十二斿则十二玉也。"[①] 聂崇义《三礼图集注》卷一《冕服图》所绘制的"衮冕""鷩冕""毳冕""𫄨冕"等冕图皆前后有旒。陈祥道《礼书》卷三"上公衮冕""侯伯鷩冕""子男毳冕""诸侯之孤希冕"等图皆前后有旒,并言旒有前无后非古制也。故宫本、王本、郑本所载"衮冕""鷩冕""毳冕"等图亦皆前后有旒。王应电、江永皆据《大戴礼记》以为冕前有旒,其后无旒。金榜《礼笺》卷一"冕旒"言古冕旒之制当以大小夏侯氏所言'有前无后'为是。[②] 黄以周《礼书通故》卷三曰:"郑注、孔贾二疏义同。欧阳谓天子前后垂旒各十二,非经义也。江慎修从大小夏侯说,云:'冕而前旒,所以

[①] 郑玄注,贾公彦疏《周礼注疏》,中华书局,1980,第854页。
[②] 金榜:《礼笺》,凤凰出版社,2005,第4561页。

蔽明'，则无后旒可知。谓'前后皆有旒'，此因《玉藻》'前后邃延'而误耳。前后邃延，谓板长尺六寸。自延端至武前后皆深邃，非谓后亦有旒。"① 黄氏在《礼书通故》卷四九中还绘出只有前旒而无后旒的"天子衮冕图"（见图4-19）。张惠言《仪礼图》卷 "衣服"之"冕"言："三公诸侯及卿大夫皆有前无后……古者冕而前旒所以蔽明也……前旒义取蔽明则无后旒可知。《记》言十二旒，未尝谓前后皆有也。《玉藻》所云'前后邃延'者，谓延之前后出于武者皆深邃耳，前后据延言，不据延之垂者言。"②

有关旒制，古代学者据礼文立说，今之学者亦有考论，如台湾学者王宇清《周礼六冕考辨》，丁鼎、于少飞《"冕无后旒"说考论》③，阎步克《宗经、复古与尊君、实用（上）——中古〈周礼〉六冕制度的兴衰变异》④ 等。王宇清、丁鼎、于少飞、阎步克皆以为"前后皆有旒"，笔者以为此说有理。检之出土实物，山东邹城明代鲁荒王朱檀墓中出土"九旒冕"之形为"前后有旒"（见图4-20）。综上，"前后有旒"说更符合前后对称、前旒蔽明后旒相佐之义，此说有理。

图4-19 黄以周《礼书通故》"天子衮冕图"

图4-20 山东省博物馆藏"明鲁荒王九旒冕"

---

① 黄以周：《礼书通故》，王文锦点校，中华书局，2007，第78页。
② 张惠言：《仪礼图》，清同治九年（1870）楚北崇文书局重雕刻本。
③ 丁鼎、于少飞：《"冕无后旒"说考论》，《中国文化研究》2015年第1期，第86~94页。
④ 阎步克：《宗经、复古与尊君、实用（上）——中古〈周礼〉六冕制度的兴衰变异》，《北京大学学报》（哲学社会科学版）2005年第6期。

结　语

故宫本杨甲《六经图》之礼图，其撰图方式较之聂崇义、杨复已有不同：聂图、杨图皆附图于书，以书为主，以图为辅；杨甲图则以图为主，以文为辅。其图作屡经传刻，增删缀补较多，存世版本内容亦是有同有异，讹误亦是难以避免，尽管如此，这些都无损"原图编序配合，疏密相间，几若天设"的特点。杨甲礼图，以图为主，使得礼书的内容更加具体、形象化地呈现出来，复杂的结构内容一经图示立刻清晰了然。礼图源于礼经，礼图作为礼经的部分，实则具有独立性。从根本来说，礼图仅是以直观的方式给人以感性的认识，便于人们对礼经的学习和了解。综合而言，杨甲礼图撰作提纲挈领，具有系统性、形象性、概括性的特点。

第五章
杨甲《六经图》的价值

一 对宋代经学的影响

宋代经学是中国经学史上的一个重要时期，皮锡瑞《经学历史》[1] 称宋代为"经学变古时代"。王应麟《困学纪闻》卷八《经说》言："自汉儒至于庆历间，谈经者守训故而不凿。《七经小传》出而稍尚新奇矣，至三经义行，视汉儒之学若土梗。"[2] 王氏言明宋学至庆历年间（1041~1048）始有改变，"疑经辨伪"之风盛行。六经作为中国经学之本经，在这一时期亦为学者所考辨。受"疑经辨伪"之风的影响，研治六经之方法亦呈多样化，其中以图解经成为宋人解读六经的"新疏体"，经图之作对于六经文中日月星辰的征象、山川土田的疆域、侯王公卿的等级，以及衣冠器物之形、居处饮食之贵贱等，均有图示。李维桢在章达本《五经图序》中言："图书犹经纬相错而成文。古之学者，左图右书，索象于图，索理于书，得其理而举其象，如以左契合右契也。故图书并重。"[3] 明焦竑曾云："理或千言未了，象则一见可知。"清胡渭《易图明辨》言无论是天文地理、鸟兽草木、宫室车旗、服饰器用还是世系位置，图都可用来"佐书之不能尽"，经图对于推求经义之源流，因形契理，有提纲挈领之作用，成为研习六经的津涉。受当时的学术风气及宋代雕版印刷术繁荣的影响，随着经书的发展，经图也日益增加，宋代图学大兴，经图之作"汗牛充

---

[1] 皮锡瑞：《经学历史》，周予同注释，中华书局，2004。
[2] 王应麟：《困学纪闻》，翁元圻等注，吕宗力等校点，上海古籍出版社，2008，第1094页。
[3] 章达：《五经图》，齐鲁书社，1997。

栋"，其中尤以聂崇义《三礼图集注》、杨甲《六经图》影响深远。与宋儒聂崇义《三礼图集注》注释"礼经"不同的是，布衣杨甲乃史上首次以图注释全部六经，且成为其后学者撰作六经图的范本，其筚路蓝缕之功和文献价值亦不言自明。此外，杨图对于宋代经学亦产生了较大影响，略述如下。

五代冯道奏请雕印《九经》，此乃儒家经典付梓之始。宋代重经取士，绍兴二十七年（1157）令国子监生及科举取士习诗赋者，皆习经义，作为经学指南的经图，达于极盛。杨甲《六经图》亦成为士子学习的图本，因要教导士子普遍习经，故各州官学外大都立有石经图，据王象之《舆地纪胜》载，杨图曾勒石昌州郡学，因杨图涵盖六经，便于士子诵读、研习经文，一时习杨图者比比皆是，杨图石刻拓本盛行，较之同时期其他经图，其地位最高。杨图的盛行推动了研习六经的学风，促进了经学的发展。

杨图各经图名分别为《大易象数钩深图》《尚书轨范撮要图》《毛诗正变指南图》《周礼文物大全图》《礼记制度示掌图》《春秋笔削发微图》。其图名未按传统的"周易图""尚书图""毛诗图""周礼图""礼记图""春秋图"为名，而是将每经之核心要义概括为之：《周易》→象数，《尚书》→轨范，《诗经》→正变，《周礼》→文物，《礼记》→制度，《春秋》→笔削；"钩深"出自《易·系辞上》"探赜索隐，钩深致远"，"轨范"出自《尚书序》"所以恢弘至道，示人主以轨范也"，"正变"见于《毛诗序》，"文物"见于《周礼序》，"制度"见于《礼记序》，"笔削"见于《春秋序》。每经图名皆杨氏首创，宋代之后学者撰六经图皆因袭杨图各经图之名。据《四库全书总目》，杨图有《周易》七十图、《尚书》五十五图、《诗经》四十五图、《周礼》六十八图、《礼记》四十一图、《春秋》四十三图，考其撰图体例，每一经图皆据经之重要内容大略为图，非每篇、每章皆为图，如《诗经》三百零五篇，非每篇为图，而是择要为图。关于每经图之数量，其后宋儒虽有增删补缀，然就数量而言，毛邦翰、叶仲堪等图之数量与杨图相差无几。无论经图名称，抑或撰图数量，皆为宋代及之后六经图撰作范本。

杨图内容之序按照《周易》《尚书》《诗经》《周礼》《礼记》《春秋》排列，此序当据《汉书·武帝纪赞》"孝武初立，卓然罢黜百家，表章六经"颜师古注"六经,谓《易》《诗》《书》《春秋》《礼》《乐》也"排列,即"《易》居首"之排列方式。有关六经之序,唐人已有考索。陆德明《经典释文》卷一《序录》之"次第"言:"五经六籍,圣人设教训,诱机要,宁有短长?然时有浇淳,随病投药,不相沿袭,岂无先后?所以次第互有不同。如《礼记·经解》之说,以《诗》为首;《七略》《艺文志》所记,用《易》居前;阮孝绪《七录》亦同此次;而王俭《七志》,《孝经》为初。原其后前,义各有旨。今欲以著述早晚,经义总别,以成次第。"其次序说为:"《周易》:虽文起周代,而卦肇伏羲。既处名教之初,故《易》为七经之首……《古文尚书》:既起五帝之末,理后三皇之经,故次于《易》……《毛诗》:既起周文,又兼《商颂》,故在尧舜之后,次于《易》《书》……《三礼》:《周》《仪》二礼,并周公所制,宜次文王;《礼记》虽有戴圣所录,然志名已久,又记二《礼》阙遗,相从次于《诗》下……古有《乐经》,谓之六籍,灭亡既久,赤阙焉。《春秋》:既是孔子所作,理当后于周公,故次于《礼》。"① 据陆说,六经之序乃按著述先后来定,"《诗》居首"亦是六经之序,杨图采"《易》居首"说编撰全文,亦是按照六经著述先后之序排列。杨伯峻、周予同先生皆以为陆说有理。然学界对此亦有不同看法,金景芳先生以为陆说实不足据,乃是刘歆出于为古文家争地位之目杜撰而已。廖明春先生以为"《易》居首"之次序或与孔子晚年对《周易》等认识的变化有关。钟书林《"六经"次序新探》以为六经之次序,是西汉六经恢复早晚次序的客观反映,《易》排首位乃因其未遭秦火而率先被保存下来。② 此论可谓精当。杨图未按"《诗》为首"之序,采"《易》为首"之序可谓精审。

杨图《大易象数钩深图》以"易有太极图"开篇,"乾知太始""坤作成物"紧随其后,以天地阴阳五行、万物生生变化无穷的宇宙观引领全文,此与朱熹《周易本义》以《河图》《洛书》数图冠于书首不同,亦与刘牧《易数钩隐图》③卷首为"太极第一"有异。较之二书,杨图有着较为科学的宇宙观,虽与刘牧书开篇皆为太极,然刘书"太极无数与象,今

---

① 陆德明:《经典释文》,张一弓点校,上海古籍出版社,2013,第11~14页。
② 钟书林:《"六经"次序新探》,《齐鲁学刊》2015年第3期,第13~16页。
③ 刘牧:《易数钩隐图》,上海古籍出版社,1989。

以二仪之气混而为一"说较为笼统，杨图"太极图"采周敦颐之说，旁附旧图，图文比勘，甚有"疑变开创"之风。又汉代学者以《河图》为八卦、《洛书》为九畴，不知图是点画，书是文字，有宋一代学者以《河图》《洛书》为黑白点示之，白为阳，黑为阴，杨图亦是以黑白点图示《河图》《洛书》数图，以抽象的白黑点图为主要内容，以解释作《易》原理为主要目的，点画清晰，其图一目了然。其后宋代学者撰《六经图》之"易图"都沿袭了杨图，"黑白点图"也是宋代图学的特征。《尚书轨范撮要图》有"积年数"，即从尧开始至成书时的累计年数。杨图积年数最后止于"圣宋庆历四年"（1044），此乃杨图编撰之特点。《毛诗正变指南图》"十五国风地理图"乃迄今世界上最早刊印的地图，以各类标记标注国风、山川、河流、长城等，将十五国风地域清晰完整地展现出来，体现了杨甲较高的撰图水准。《周礼文物大全图》六十八图大多与聂崇义《三礼图集注》相同，然杨图亦有独撰之处，如"职方氏九州图"、"止"图、"兵舞"图、"旄舞"图等，聂图无。聂图、杨图皆按照"左书右图"体例编撰，然二图亦有区别：聂图图文并茂，以文为主，以图为辅，杨图图文兼有，以图为主，以文为辅；聂图绘图位置皆在右，杨图绘图位置在右为主，亦有图之位置在上之例；聂图释经多引经据典，综合考索，名曰"集注体"，杨图释经以一家之说为主，每释经，征引文献数量不多，以图绘释经为主。可知，杨图虽为"左书右图"体经图，然与宋初经图亦有不同，多有创新之处。

杨甲《六经图》乃其名世之作，是书在形式上多有开创，内容上征引诸多文献，择其善者而从之，注释经文或本旧说，或另立新说，绘图方面多有创新，特别是将六经中有关地理之文，绘制成图，多有开创，屹立于世界地图学之巅，实为宋代经学之巨擘。

总之，杨图作为经学史上的一部继往开来的重要著作，是宋代其他六经图撰作的祖本，其释经多有创新之处，影响较大，极大地推动了宋代经学的发展。

二 对经图发展的影响

宋以前，经图之作皆为释读某一经而撰图，直至杨甲，始为解读全部六经而撰图。因此，杨图在经图史上有筚路蓝缕之功，为后世六经图撰作提供了范本。

其一，体例方面。杨图"左书右图"体实为图为主，文为辅，与宋初聂崇义《三礼图集注》文为主，图为辅相异。元明清三代的六经图文献，撰图体例皆本杨图之"图为主，文为辅"。从经图之文字数量，以及绘图数量，皆可得出"图为主"的结论（见表5-1）。

表 5-1　诸本六经图载图数量

	周易图	尚书图	诗经图	周礼图	礼记图	春秋图
杨图	70图	67图	45图	213图	96图	46图
章图	53图	69图	69图	242图	70图	25图
陈图	37图	55图	45图	240图	93图	48图
吴图	70图	55图	45图	227图	88图	71图
郑图	64图	70图	129图	247图	114图	115图
王图	72图	64图	123图	213图	101图	15图
杨魁植图	90图	114图	111图	226图	129图	77图

注：图之数量按照文献中出现的全部别图计算。

表5-1中所列图之数量乃每一经图文献中所有图，包括一图中之别图，此前在杨图体例中有说明，如一文四图、一文六图等；文献所载经图之数量乃就目录中大类而言，故经图文献中实际图之数量较目录所载为多。就图之数量，比之各经图文字数量，皆符合"图为主，文为辅"之特点。

其二，内容方面。据史籍载，杨图之前有《易图》《毛诗图》《三礼图》《尚书图》《春秋图》等，宋之前图作存世不多，宋代图作较多。翻阅各图，比之杨图，我们以为杨图内容与之前各类经图大都不同，如宋人刘牧《易数钩隐图》与杨图之《大易象数钩深图》在内容编撰和体例上皆相异，可知，杨图之内容编撰体例乃独创，与之前旧图存在颇多不同。后世六经图大都因袭杨图内容，其影响可见一斑。如《大易象数钩深图》之"方圆相生图""帝出震图""先甲后甲图""三陈九卦之图"等，元明清六经图多本杨说；《尚书轨范撮要图》之"世次图""尧典四仲中星图""七政五辰图""五声八音图""禹贡九山名数图""禹贡九川名数图""周营洛邑图""平王锡圭瓒图"等，之后六经图文献皆本杨图；《毛诗正变指南图》之"十五国风地理图""十五国风谱""释菜名""释木名""释草名"等，之后六经图皆因杨图；《周礼文物大全图》之"宫寝制图""次宸制图""几筵制图""职方氏九州图""后服制图""六尊制图""六彝制图"等，之后六经图亦皆因杨图；《礼记制度示掌图》之"冠冕制图""器用制图""冠礼器图"等，之后六经图亦本杨图；《春秋笔削发微图》之"世次图""春秋一百二十四国爵姓""春秋诸国地理图"等，之后六经图亦本杨图。兹列表5-2比勘诸图内容异同情况。

表5-2　诸本六经图内容异同

	易图	书图	诗图	周礼图	礼记图	春秋图
章图	48图同 5图异	48图同 13图异	35图同 7图异	200图同 5图异	62图同 8图异	23图同 2图异
陈图	30图 7图异	50图同 5图异	42图同 3图异	198图同 11图异	90图同 3图异	39图同 4图异
吴图	68图同 2图异	50图同 5图异	42图同 3图异	202图同 7图异	80图同 8图异	38图同 6图异
郑图	60图同 10图异	52图同 13图异	33图同 10图异	196图同 12图异	67图同 13图异	37图同 6图异
王图	58图同 12图异	51图同 13图异	40图同 3图异	209图同 4图异	80图同 11图异	12图同 3图异
杨魁植图	55图同 10图异	54图同 12图异	41图同 2图异	202图同 2图异	90图同 5图异	40图同 3图异

注：由于每经图收图数量不同，此异同表，我们仅比较六经图之图名、绘图完全相同类，图名同而绘图有异类，图名异而绘图同类三种情况；其他六经图中有者，杨图无，这种情况不作比较。

据表5-2载，明清六经图作与杨图内容相同者占绝大部分，可见杨图内容多为后世六经图文献所因袭。这一方面说明杨图影响较大，另一方面说明杨图内容编撰科学合理、谬误较少。又据表5-1，后世六经图文献在杨图基础上数量或增或减，明代六经图文献与杨图数量大致相当，清代六经图文献多在杨图基础上有增加，表明清代学者在杨图基础上有所创新。

其三，绘图方面。杨图载具体图之数凡五百三十七，其中有一百二十余幅是用几何图形和事物形象来表示统计数字资料的统计图。① 杨图有条形图、曲线图、面积图、象形图等，如月令十二律管候气条形图、四仲日月短曲线图、尧制五服同心矩形面积图、四等附庸国单位面积图、十五国风地理区域图等。另在杨图序中还提出了统计图的绘制理论和方法。这些理论和方法对于后世六经图文献皆有参考价值，后世图作之绘图方法大都与杨图一致。

杨甲绘图之法，皆依文献所载。如卷八《礼记制度示掌图》之"月令十二律管候气图"："气候之法，为室三重，户闭，涂衅必周，密布缇缦。室中以木为案。置十二律管，内庳外高，各从其方位，加律其上，以葭莩灰实其端，案历而候之。气至则一律飞灰。其为气所动者灰散，其人及风所动者灰聚。地有疏密，不能无差式，故以木案试之。然后实土案上令坚密均，其上以水平其概，然后埋律。其下虽有疏密，为木案所节，其气自平，但在调其案上之土耳。又《隋志》论其法，先治一室，令地极平，乃埋律管，皆使上齐，入地有深浅。冬至阳气距地面九寸而止。惟黄钟一管达之，故黄钟为之应。正月距地面八寸止，自太簇以上皆达，黄钟、大吕皆已虚，故惟太簇一律飞灰。"② 杨图"气候之法"乃据《后汉书·律历志》和《隋志》立说。"月令十二律管候气图"（见图 5-1）是表示各月阳气和阴气的变化及其对十二律管影响的统计图。其制图方法是以地面（地平线）为基线，在其线下按十二个月的顺序画十二个条形，在各条形上标明它所代表的乐器名称及长度，条形顶端注有各月份在地下存在的阳气和阴气与地面的距离。地气的深浅与乐管的长短成正比例；乐管的长短与发音的高低成反比例。例如：冬至阳气距离地面最远，达九寸，与它相应的乐器黄钟管最长，也是九寸，而发音最低。十月阴气距离地面最近，仅四寸七分，与它相应的乐器应钟管最短，也是四寸七分，而发音则最高。这是一幅表示地气与乐器相关的单式条形图。③

又如杨图"十五国风地理图"为区域地图，是后世六经图作的地理图祖本。这幅地图是按照实际人文和自然要素绘制的，具有一定的科学性。

---

① 李惠村、莫曰达：《中国统计史》，中国统计出版社，1993。
② 杨甲：《六经图》，台湾商务印书馆，1982，第 376~377 页。
③ 莫曰达：《中国古代统计思想史》，中国统计出版社，2004，第 309~310 页。

它具有方向性，并采用注记和符号两种表达方式。值得称道的是，它以古地名为基础，旁注今地名（古今对照法）。是图的印刷水平虽比较低，但却比欧洲现存第一幅印刷地图——布兰迪斯1475年刊印的《吕贝克编年史》中所附地图早300余年，并且科学性亦略胜一筹。[①] 在杨图"十五国风地理图"之后，陈图、吴图、章图、王图、郑图、卢图、杨魁植图等皆有此图，经比勘，除郑图与杨图略有不同外，其余诸图与杨图大致相同。

综上，杨图对宋代经学和后世经图的影响巨大，在一定程度上而言，其作具有划时代意义，填补了经图史一大空白，开经学"以图释六经"研究之先河，具有极高的文献价值，在地图学领域杨图更是领先世界，实为中华民族的瑰宝。

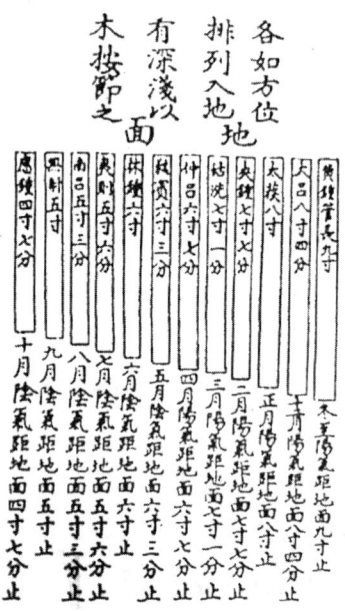

图 5-1　杨甲《六经图》"月令十二律管候气图"

---

① 王兆明、傅朗云主编《中华古文献大辞典·地理卷》，吉林文史出版社，1991。

结 论

　　杨甲《六经图》作为经图史上的巨作，其编撰体例较为科学，内容完备，撰图方式一改聂崇义《三礼图集注》"文为主，图为辅"之体，独创"图为主，文为辅"，真正实现以图解经、以图注经之"图疏体"。此体图样功能占据主导，图、文分离，以图为主，实用性凸显，成为古代学者研治六经和科举考试的必读典籍。此体具有极大开创性，体现了宋代疑经之风。

　　杨图撰作提纲挈领，由目录到正文，再到传授源流，图释清晰明了，具有系统性、形象性、概括性的特点。尤其是《大易象数钩深图》，将抽象而复杂的象数问题图像化，使人一目了然。若《诗经》之"毛诗小序图""鸟兽草木之名"和《春秋》之"诸国世次""春秋年谱"之类，虽名曰图，然则何图之可言哉？故以图解经，当思本经之内容所在，而细加揣摩，或构筑体系，或系联关系，或写真求实，或以图示意。使人见图得义，豁然贯通，俾有得焉！是书屡经传刻，增删缀补较多，存世版本内容有同有异，讹误亦是难以避免，但这些都无损"原图编序配合，疏密相间，几若天设"的特点。

　　杨图内容多有创新，如《大易象数钩深图》用黑白点标示《河图》《洛书》，《尚书轨范撮要图》由尧始至宋庆历四年结束之"积年数"，《毛诗正变指南图》"十五国风地理图"开地域图之先河，《周礼文物大全图》增《三礼图集注》所未备之礼器，《礼记制度示掌图》以谱这一形式标示礼文之体例，《春秋笔削发微图》之"族谱图"为后世六经图文献"族谱"学之本。

杨图开经图史"以图解全部六经"之先河，促进了宋代经学和图学的发展，成为后世六经图撰作的范本，是经图学术史研究的重要著作。

历史学和文献学研究有理论研究、方法研究、材料研究三大门类，后者尤为缺乏，亟须做系统而扎实的深入细致工作。本书即属于材料研究，前两者的产生和发展又须建立在扎实的基础工作之上，其意义和价值也正体现在这方面。同时，本书发掘的新材料及考察结果，可为前人的研究结论提供参证或修正之依据，或为其他研究提供借鉴，其史料价值也体现在此。

参考文献

一 古代典籍

班固：《白虎通义》，中国书店，2018。

班固：《汉书》，中华书局，1962。

鲍云龙：《天原发微》，鲍宁辨正，上海古籍出版社，1987。

蔡沈：《书经集传》，中国书店，1994。

蔡邕：《独断》，上海古籍出版社，1990。

常定远：《六经图》，文物出版社，2015。

陈澧：《东塾读书记》，中华书局，1966。

陈仁锡：《六经图》，上海古籍出版社，2002。

陈振孙：《直斋书录解题》，上海古籍出版社，1987。

陈祥道：《礼书》，书目文献出版社，1993。

陈旸：《乐书》，《中华礼藏·礼乐卷·乐典之属》（第二册），浙江大学出版社，2016。

程大昌：《禹贡山川地理图》，上海古籍出版社，2003。

崔豹：《古今注》，中华书局，1985。

戴德：《大戴礼记》，北京图书馆出版社，2004。

戴侗：《六书故》，上海社会科学院出版社，2006。

戴震：《考工记图》，黄山书社，1995。

董仲舒：《春秋繁露》，上海古籍出版社，1989。

杜佑：《通典》，王文锦、陈玉霞点校，中华书局，1988。

杜预注，孔颖达正义《春秋左传正义》，中华书局，1980。

段玉裁注《说文解字注》，上海古籍出版社，1988。

范晔：《后汉书》，中华书局，1965。

方孔炤、方以智：《周易时论合编》，郑万耕点校，中华书局，2019。

房玄龄等：《晋书》，中华书局，1974。

冯继先：《春秋名号归一图》，程远芬整理《宝礼堂宋本书录》，上海古籍出版社，1987。

傅增湘：《藏园群书经眼录》，中华书局，1983。

傅增湘编纂《宋代蜀文辑存》，台北新文丰出版公司，1974。

顾栋高辑《春秋大事表》，吴树平、李解民点校，中华书局，1993。

顾野王：《大广益会玉篇》，中华书局，1987。

顾祖禹：《读史方舆纪要》，贺次君、施和金点校，中华书局，2005。

高诱注，毕沅校《吕氏春秋》，徐小蛮标点，上海古籍出版社，2014。

郭璞注，毕沅校《山海经》，上海古籍出版社，1989。

郭璞注，邢昺疏《尔雅注疏》，中华书局，1980。

郝懿行：《尔雅义疏》，王其和等点校，中华书局，2017。

韩康伯注，孔颖达正义《周易正义》，中华书局，1980。

何休注，徐彦疏《春秋公羊传注疏》，中华书局，1980。

洪兴祖：《楚辞补注》，白化文等点校，中华书局，1983。

胡培翚：《仪礼正义》，段熙仲点校，江苏古籍出版社，1993。

胡渭：《禹贡锥指》，邹逸麟整理，上海古籍出版社，1996。

胡渭：《易图明辨》，阮元、王先谦编《清经解续编》（第九册），凤凰出版社，2005。

黄以周：《礼书通故》，王文锦点校，中华书局，2007。

黄虞稷：《千顷堂书目》，瞿凤起、潘景郑整理，上海古籍出版社，2001。

黄镇成：《尚书通考》，上海古籍出版社，1989。

江为龙：《朱子六经图》，齐鲁书社，1997。

江永：《礼书纲目》，上海古籍出版社，1987。

焦循：《孟子正义》，中华书局，1987。

金榜：《礼笺》，凤凰出版社，2005。

焦竑：《国史经籍志》，中华书局，1985。

孔安国传，孔颖达正义《尚书正义》，中华书局，1980。

孔广森：《礼学卮言》，上海书店，1988。

孔广森：《大戴礼记补注》，凤凰出版社，2005。

李道平篡疏《周易集解篡疏》，台北广文书局，1976。

郦道元注，杨守敬、熊会贞疏《水经注疏》，段熙仲点校，陈桥驿复校，江苏古籍出版社，1989。

李昉等：《太平御览》，中华书局，1960。

李吉甫：《元和郡县图志》，贺次君点校，中华书局，1983。

黎靖德：《朱子语类》，王星贤点校，中华书局，1986。

刘牧：《易数钩隐图》，上海古籍出版社，1989。

刘昫等：《旧唐书》，中华书局，1975。

陆德明：《经典释文》，张一弓点校，上海古籍出版社，2013。

陆玑：《毛诗草木鸟兽虫鱼疏》，《增订汉魏丛书 汉魏遗书钞》（第一册），西南大学出版社、东方出版社，2011。

卢云英：《五经图》，齐鲁书社，1997。

罗泌：《路史》，中华书局，1989。

马瑞辰：《毛诗传笺通释》，陈金生点校，中华书局，1989。

马端临：《文献通考》，中华书局，1986。

马国翰：《玉函山房辑佚书》，京都中文出版社，1979。

聂崇义集注《三礼图集注》，上海古籍出版社，1987。

欧阳修、宋祁：《新唐书》，中华书局，1975。

皮锡瑞：《经学通论》，中华书局，1954。

钱绎撰集《方言笺疏》，李发舜、黄建中点校，中华书局，1991。

钱曾：《也是园藏书目目录》，上海书店，1994。

瞿镛：《铁琴铜剑楼藏宋元本书目》，北京图书馆出版社，2003。

阮元：《车制图考》，上海书店，1994。

沈括著，胡道静校证《梦溪笔谈校证》，上海古籍出版社，1987。

司马迁：《史记》，中华书局，1982。

宋衷注，秦嘉谟等辑《世本八种》，中华书局，2008。

苏洵：《嘉祐集》，台湾商务印书馆，1977。
孙能传：《内阁藏书目录》，台北广文书局，1970。
孙星衍：《尚书今古文注疏》，陈抗、盛冬铃点校，台北文津出版社，1987。
孙诒让：《九旗古谊述》，《大戴礼记斠补》后附，雪克点校，齐鲁书社，1988。
孙诒让：《周礼正义》，王文锦、陈玉霞点校，中华书局，1987。
唐玄宗敕撰《唐月令注》，商务印书馆，1936。
脱脱等：《宋史》，中华书局，1985。
王昶辑《金石萃编》，中国书店，1985。
王存：《元丰九域志》，王文楚、魏嵩山点校，中华书局，1984。
王皞：《六经图》，齐鲁书社，1997。
王谟辑《汉魏遗书钞》，西南师范大学出版社、东方出版社，2011。
王念孙：《读书杂志》，徐炜君等点校，上海古籍出版社，2015。
王念孙：《广雅疏证》（附索引），钟宇讯点校，中华书局，2004。
王琦辑注：《李太白全集》，中华书局，1977。
王仁煦：《刊谬补缺切韵》，长孙讷言注，上海古籍出版社，2002。
王肃注：《孔子家语》，上海书店，1989。
王先谦：《诗三家义集疏》，吴格点校，中华书局，1987。
王先谦撰集《释名疏证补》，上海古籍出版社，1984。
王先谦：《荀子集解》，中华书局，1954。
王象之：《舆地纪胜》，中华书局，1992。
王应电：《周礼图说》，上海古籍出版社，1989。
王应麟：《玉海》，广陵书社，2016。
魏收：《魏书》，中华书局，1974。
魏徵、令狐德棻：《隋书》，中华书局，1973。
翁方纲：《经义考补正》，中国书店，2009。
翁方纲：《通志堂经解目录》，台北广文书局，1968。
吴澄：《月令七十二候集解》，商务印书馆，1936。
吴继仕：《七经图》，齐鲁书社，1997。
徐坚等：《初学记》，中华书局，1962。

许慎:《说文解字》,徐铉等校,上海古籍出版社,2007。

徐松:《宋会要辑稿》,中华书局,1957。

颜师古注,王应麟补注《急就篇》,钟谦钧辑《古经解汇函》(附小学汇函),广陵书社,2012。

施安昌编《颜真卿书〈干禄字书〉》,紫禁城出版社,1992。

杨甲:《六经图》,台湾商务印书馆,1982。

杨魁植:《九经图》,齐鲁书社,1997。

扬雄:《扬子法言》,李轨注,上海古籍出版社,1989。

姚思廉:《梁书》,中华书局,1973。

佚名:《元本三辅黄图》,国家图书馆出版社,2018。

永瑢等:《四库全书总目》,中华书局,1965。

尤袤:《遂初堂书目》,上海古籍出版社,1989。

张伯行辑《太极图详解》,学苑出版社,1990。

张参:《五经文字》,吉林出版集团有限责任公司,2005。

章达:《五经图》,齐鲁书社,1997。

张惠言:《易图条辨》,阮元、王先谦编《清经解续编》(第十册),凤凰出版社,2005。

张惠言:《仪礼图》,同治九年楚北崇文书局重雕刻本。

臧励龢等编《中国古今地名大辞典》,商务印书馆,1931。

章如愚:《群书考索》,上海古籍出版社,1992。

张松孙修,寇质言、李培峘纂《遂宁县志》,乾隆五十二年刻本。

张廷玉等:《明史》,中华书局,1974。

章学诚:《章氏遗书》,文物出版社,1982。

张自烈、廖文英:《正字通》,中国工人出版社,1996。

赵世迥:《易经告蒙》,上海古籍出版社,1987。

赵彦卫:《云麓漫钞》,中华书局,1989。

郑樵:《通志二十略》,中华书局,1995。

郑玄:《驳五经异义》,中华书局,1985。

郑玄注,贾公彦疏《仪礼注疏》,中华书局,1980。

郑玄注,贾公彦疏《周礼注疏》,中华书局,1980。

郑玄注，孔颖达正义《礼记正义》，中华书局，1980。
周敦颐：《太极图说》，朱熹注解，广陵书社，2019。
邹汉勋：《读书偶识》，中华书局，2008。
朱熹：《周易本义》，中国书店，1994。
朱彝尊：《经义考》，上海古籍出版社，1989。
左丘明：《国语》，上海师范大学古籍整理研究所校点，上海古籍出版社，1988。
〔日〕冈元凤纂辑《毛诗品物图考》，中国书店，1985。

二　现代典籍

陈习删：《民国重修大足县志》，中国学典馆北泉分馆印刷厂排印，1945。
聂崇义纂辑《新定三礼图》，丁鼎点校解说，清华大学出版社，2006。
冯惠民：《明代书目题跋丛刊》，书目文献出版社，1994。
冯友兰、李万健等选编《中国哲学史新编》，人民出版社，2001。
侯外庐等主编《宋明理学史》（上），人民出版社，1984。
湖北省博物馆：《战国时期的礼乐文明》，文物出版社，2007。
湖南省博物馆等编辑《长沙马王堆一号汉墓发掘简报》，文物出版社，1972。
胡玉缙撰，王欣夫辑《四库全书总目提要补正》，上海书店出版社，1998。
贾贵荣、王冠辑《宋元版书目题跋辑刊》，北京图书馆出版社，2003。
金毓黻等编《四库全书提要》，中华书局，2014。
孔德平等：《祭孔礼乐研究》，文物出版社，2009。
李惠村、莫曰达：《中国统计史》，中国统计出版社，1993。
刘兴均：《〈周礼〉名物词研究》，巴蜀书社，2001。
马承源主编《中国青铜器》，上海古籍出版社，1988。
莫曰达：《中国古代统计思想史》，中国统计出版社，2004。
牟宗三：《心体与性体》，上海古籍出版社，1999。
那志良：《中国古玉图释》，台北南天书局，1990。
钱玄：《三礼通论》，南京师范大学出版社，1996。
裘锡圭主编《长沙马王堆汉墓简帛集成》，中华书局，2014。

容庚、张维持：《殷周青铜器通论》，中华书局，2012。

上海图书馆编《中国丛书综录》，上海古籍出版社，1982。

《四库全书》出版工作委员会编《四库全书提要汇编》，商务印书馆，2006。

孙机：《中国古舆服论丛》，上海古籍出版社，2013。

王世民：《北宋时期的制礼作乐与古器研究》，王世民《考古学史与商周铜器研究》，社会科学文献出版社，2017。

王兆明、傅朗云主编《中华古文献大辞典·地理卷》，吉林文史出版社，1991。

徐蜀主编《国家图书馆藏古籍题跋丛刊》，北京图书馆出版社，2002。

许肇鼎：《宋代蜀人著作存佚录》，巴蜀书社，1986。

徐中舒：《徐中舒历史论文选辑》，中华书局，1998。

杨伯峻：《列子集释》，中华书局，1979。

张岱年主编《戴震全书》，黄山书社，1995。

郑吉雄：《易图象与易诠释·周敦颐〈太极图〉及其相关诠释问题》，台北乐学书局，2002。

中国社会科学院考古研究所编《殷周金文集成》，中华书局，2007。

中华书局编辑部编《宋元明清书目题跋丛刊》，中华书局，2006。

三 期刊

白发红：《以〈说〉证〈图〉：周子〈太极图〉试析》，《周易研究》2019年第2期。

陈建国：《安徽天长县出土西周青铜匜》，《考古》1986年第6期。

成一农：《"十五国风"系列地图研究》，《安徽史学》2017年第5期。

崔思棣、崔恒升：《古巢国地望考辨》，《安徽大学学报》（哲学社会科学版）1984年第A4期。

党士学：《关于秦陵二号铜车马》，《文博》1985年第2期。

丁鼎、于少飞：《"冕无后旒"说考论》，《中国文化研究》2015年第1期。

付明易：《〈周营洛邑图〉初探》，《河南科技大学学报》（社会科学版）2018年第4期。

纪国泰：《〈说文〉"蛐""蠽"解诂——兼议蜀方言三种昆虫的得名》，

《西华大学学报》（哲学社会科学版）2016年第5期。

黎晟：《宋人三代古物图像知识的形成、传播与重构》，《民族艺术》2018年第1期。

李芳芝：《河南确山发现春秋道国青铜器》，《中原文物》1992年第2期。

李海勇：《古绞国地望蠡则》，《江汉考古》1997年第4期

柳羽：《关于一些出土乐器的名称》，《乐器》1989年第4期。

陇菲：《柷、敔考辨》，《中国音乐》2019年第3期。

吕绍纲：《说〈禹贡〉碣石》，《史学集刊》1995年第1期。

罗开玉：《秦汉三国湔氐道、湔县考——兼论川西北的开发序例及其氐人诸题》，《四川师院学报》（社会科学版）1985年第3期。

牛宏成：《"蜀郡作造羊"铜洗考》，《文物鉴定与鉴赏》2014年第11期。

牛敬飞：《经学与礼制的互动：论五精帝在魏晋南朝郊祀、明堂之发展》，《文史》2017年第4期。

任乃宏：《"碣石"新考》，《文物春秋》2014第2期。

邵炳军：《卫武公〈宾之初筵〉创作时世考论》，《甘肃高师学报》2001年第6期。

邵炳军：《卫武公〈青蝇〉创作时世考论》，《西北师大学报》（社会科学版）2000年第3期。

唐文明：《气化、形化与德化——周敦颐太极图再论》，《清华大学学报》（哲学社会科学版）2021年第4期。

汪璐：《历代图说〈诗经〉文献概况》，《儒藏论坛》2012年。

汪前进：《石刻〈六经图〉综考》，《自然科学史研究》1993年第1期。

汪显超：《"参伍以变，错综其数"与〈洛书〉》，《中山大学学报》（社会科学版）2000年第2期。

王敏、徐自强：《石刻〈六经图〉记》，《国家图书馆学刊》1980年第3期。

王培峰：《汉唐时期"五经"学系统的内部调整与发展》，《新华文摘》2018年第21期。

吴长庚：《六经图碑述考》，《孔子研究》2003年第2期。

吴长庚、冯会明：《〈六经图〉碑本书本之流传与演变》，《江西社会科学》2003年第2期。

辛迪：《春秋诸戎及其地域分布考》，《中国国家博物馆馆刊》2013 年第 4 期。

许一伶：《汉代建鼓舞研究》，《东南文化》2004 年第 3 期。

薛梦潇：《"周人明堂"的本义、重建与经学想象》，《历史研究》2015 年第 6 期。

阎步克：《宗经、复古与尊君、实用（上）——中古〈周礼〉六冕制度的兴衰变异》，《北京大学学报》（哲学社会科学版）2005 年第 6 期。

杨小栓：《河南临汝县出土西周铜匜》，《考古》1984 年第 2 期。

杨宗震：《明堂通考》，《女师大学术季刊》1930 年第 2 期。

詹鄞鑫：《释甲骨文"彝"字》，《北京大学学报》（哲学社会科学版）1986 年第 2 期。

张昌平：《商周之际的凤鸟纹卣——从孝民屯到石鼓山》，《考古与文物》2019 年第 4 期。

张鹤泉：《东汉五郊迎气祭祀考》，《人文杂志》2011 年第 3 期。

张克宾：《从文辞到象数：论〈系辞传〉"参伍""错综"说的意义衍生》，《周易研究》2019 年第 1 期。

赵光贤：《〈诗·十月之交〉作于平王时代说》，《齐鲁学刊》1984 年第 1 期。

郑锦扬：《中国音乐史的宏观时空视野》，《中国音乐》1990 年第 1 期。

钟书林：《"六经"次序新探》，《齐鲁学刊》2015 年第 3 期。

朱世学：《三峡地区墓葬出土的铜洗与铜壶》，《三峡大学学报》（人文社会科学版）2019 第 6 期。

邹衡：《郑州小双桥商代遗址隞（嚣）都说辑补》，《考古与文物》1998 年第 4 期。

图书在版编目(CIP)数据

杨甲《六经图》整理与研究 / 乔辉著. -- 北京：社会科学文献出版社，2022.7
ISBN 978 - 7 - 5228 - 0307 - 4

Ⅰ.①杨… Ⅱ.①乔… Ⅲ.①六经-研究 Ⅳ.①B222

中国版本图书馆 CIP 数据核字 (2022) 第 109759 号

杨甲《六经图》整理与研究

著　　者 / 乔　辉

出 版 人 / 王利民
责任编辑 / 宋淑洁
文稿编辑 / 许文文
责任印制 / 王京美

出　　版 / 社会科学文献出版社（010）59367226
　　　　　　地址：北京市北三环中路甲29号院华龙大厦　邮编：100029
　　　　　　网址：www.ssap.com.cn

发　　行 / 社会科学文献出版社（010）59367028
印　　装 / 三河市龙林印务有限公司

规　　格 / 开　本：787mm × 1092mm　1/16
　　　　　　印　张：22.75　字　数：361千字

版　　次 / 2022年7月第1版　2022年7月第1次印刷
书　　号 / ISBN 978 - 7 - 5228 - 0307 - 4
定　　价 / 98.00元

读者服务电话：4008918866

版权所有 翻印必究